Der Unstrut-Hainich-Kreis

Zwischen Urwald und Flusslandschaft, mittelalterlichem Charme und gepflegtem Brauchtum

Iris Henning

ISBN 978-3-86037-489-4

1. Auflage

©2012 Edition Limosa GmbH
Lüchower Straße 13a, 29459 Clenze
Telefon (0 58 44) 97 11 61-0, Telefax (0 58 44) 97 11 63-9
mail@limosa.de, www.limosa.de

Redaktion:
Iris Henning

Satz und Layout:
Zdenko Baticeli, Christin Brösel, Lena Hermann

Korrektorat:
Ulrike Kauber

Unter Mitarbeit von:
Martina Bergmann, Sathis Nageswaran, Doreen Rinke

Medienberatung:
Marion Stolze

Gedruckt in der Europäischen Union.
Der Inhalt dieses Buches ist auf säurefreiem, alterungsbeständigem Papier gedruckt,
hergestellt aus chlorfrei gebleichtem Zellstoff aus FSC®-zertifiziertem Holz.

Iris Henning

Der Unstrut-Hainich-Kreis

Zwischen Urwald und Flusslandschaft, mittelalterlichem Charme und gepflegtem Brauchtum

Inhalt

Marienkirche in Mühlhausen

Bauernkriegsspektakel in Mühlhausen

Gemeinde Rodeberg

Gemeinde Anrode

Gemeinde Dünwald

Gemeinde Menteroda

Gemeinde Weinbergen

Mallinden in Oberdorla

Gemeinde Herbsleben

Gemeinde Großvargula

Gemeinde Unstruttal

Bei den Beiträgen mit **roten** Überschriften handelt es sich um (Selbst-) Darstellungen der Protagonisten dieses Buches. Die mit **grünen** Überschriften versehenen Beiträge sind redaktionelle Darstellungen zu verschiedenen Themen des Unstrut-Hainich-Kreises.

Grußwort

»Heimat ist kein geographischer Begriff.
Man trägt sie in sich selbst.«
Andrej Sinjawski (1925 bis 1997),
russischer Schriftsteller

Liebe Leserinnen und Leser,

ein Fluss – die Unstrut – und ein Höhenzug – der Hainich – geben unserem Kreis seinen Namen. Außergewöhnliche Sehenswürdigkeiten, wie den Mittelpunkt Deutschlands oder die 2011 zum UNESCO-Weltnaturerbe ernannten Buchenwälder im Nationalpark Hainich, begeistern jedes Jahr hunderttausende Besucher. Mittelalterliche Stadtbilder in der Müntzerstadt Mühlhausen und der Kurstadt Bad Langensalza oder die romantisch verträumten Dörfer inmitten von Feldern und Wiesen runden das Angebot ab. Sie sehen, es gibt viele Gründe, den Unstrut-Hainich-Kreis näher kennen zu lernen.

In den vier Städten und 43 Gemeinden unseres Landkreises leben insgesamt mehr als 110 000 Einwohner. Interessante Geschichten, zahlreiche Sehenswürdigkeiten, einmalige Naturschönheiten, Urwälder mitten in Deutschland, jahrhundertealte Traditionen sowie ein neu ausgebautes Radwegenetz prägen das Gesicht der Region.

Dieses Buch wird Ihr Interesse wecken und die touristische Entwicklung unseres Kreisgebietes unterstützen. Neben den regionalen Besonderheiten werden auch das kulturelle Leben, jahrhundertealte Brauchtümer und Traditionen sowie typische Produkte und Sehenswürdigkeiten vorgestellt.
Besuchen Sie, liebe Leserinnen und Leser, unsere einzigartige Region und überzeugen Sie sich vor Ort von der einmaligen Schönheit unseres Landkreises. Seien Sie dabei und lassen Sie sich begeistern!

Mit freundlichen Grüßen

Harald Zanker
Landrat des Unstrut-Hainich-Kreises

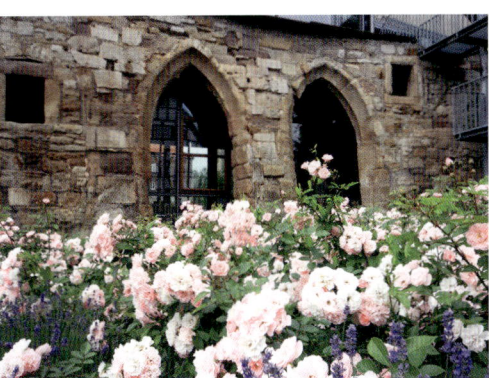

Kloster Volkenroda

Walpurgis-Waldfee im Hainich

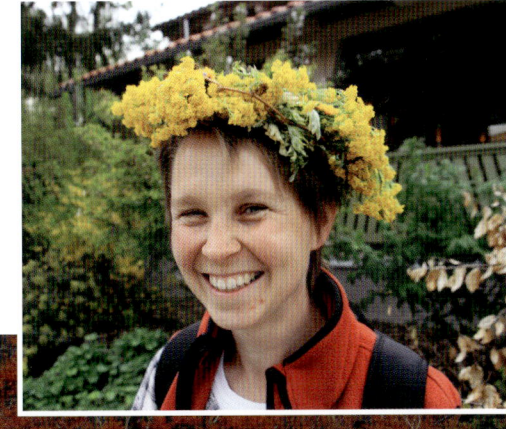

Baumkronenpfad an der Thiemsburg

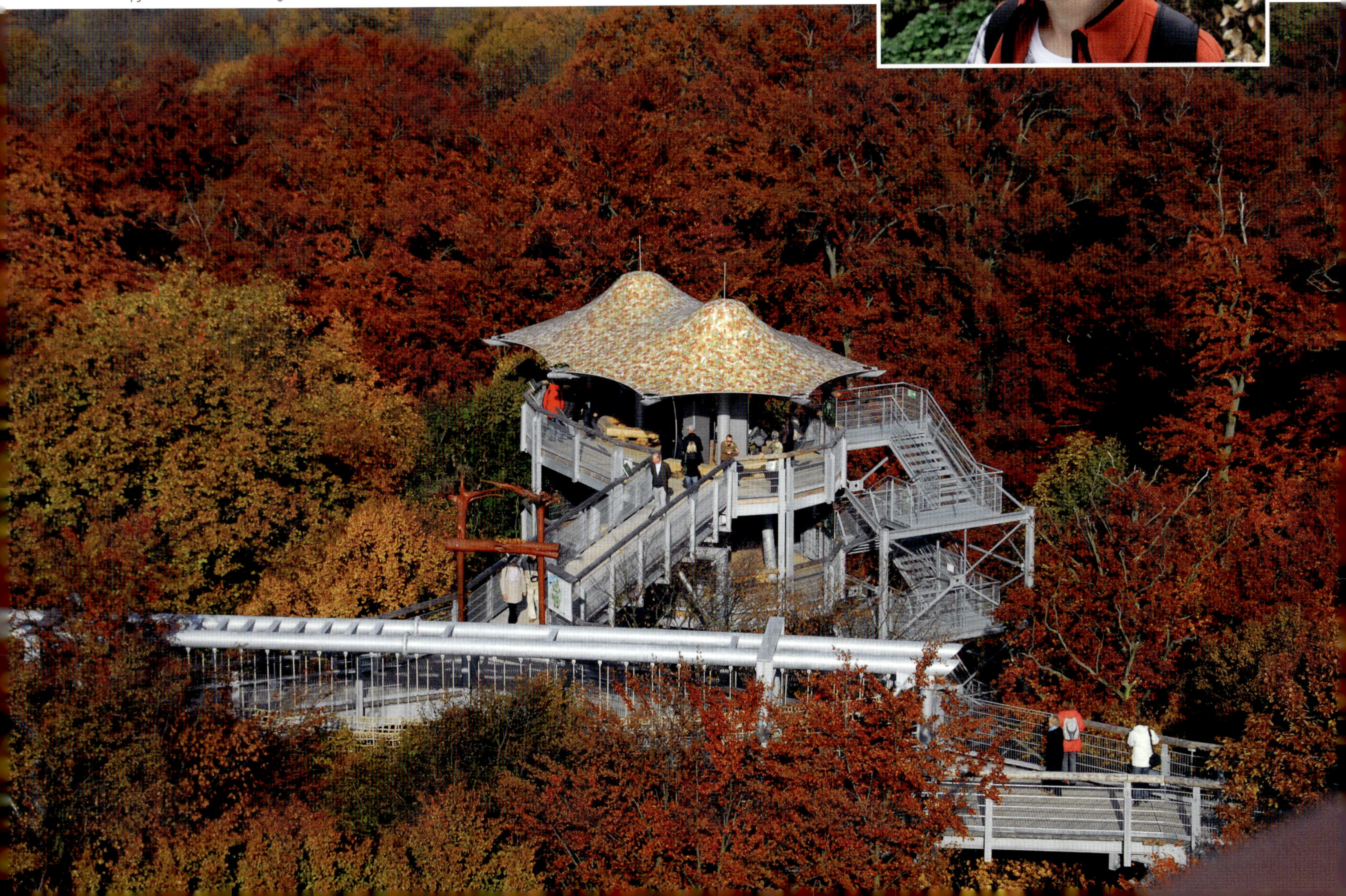

Blick auf den Untermarkt in Mühlhausen

Der Unstrut-Hainich-Kreis

In der Mitte Deutschlands, geprägt durch einen bewaldeten Gebirgszug und einen Fluss

Ein Entdeckungsland für Wanderer

Der Landkreis Unstrut-Hainich liegt im Nordwesten des Freistaats Thüringen und entstand aus den zwei ehemals selbstständigen Landkreisen Mühlhausen und Bad Langensalza als Ergebnis der Gebietsreform am 1. Juli 1994. Er wird durch zwei namengebende geografische Merkmale gekennzeichnet: Der bewaldete Gebirgszug Hainich, eingebettet im Naturpark Eichsfeld-Hainich-Werratal, erstreckt sich unter anderem über den Westteil des Landkreises. Der Fluss Unstrut – flankiert durch markante Auenwälder und Wiesen – durchfließt den Landkreis von Nordwest nach Südost.

Der geografische Mittelpunkt Deutschlands gilt als Besonderheit für den Unstrut-Hainich-Kreis. Er wurde zu Beginn der 1990er Jahre in der Gemeinde Niederdorla, unweit der Kreisstadt Mühlhausen, ermittelt.

Der Unstrut-Hainich-Kreis zählt etwa 110 000 Einwohner und dehnt sich über eine Fläche von etwas mehr als 975 Quadratkilometer aus. Vier Städte und 43 Gemeinden mit wiederum zahlreichen Ortsteilen prägen das Gesicht der Region. Die Kreisstadt Mühlhausen als Mittelzentrum ist mit etwa 36 000 Einwohnern die größte Stadt und kann auf eine interessante Geschichte und auf viele Sehenswürdigkeiten verweisen.

Germanische Siedlung am Opfermoor bei Niederdorla

Begegnung im Nationalpark Hainich

Die Mühlhäuser Stadtmauer

Blick über Bad Tennstedt

»Flusspferde« an der Unstrut

Geisleden
Beinrode
Reifenstein
Deuna
Großberndten
Holzthaleben
Kreuzebra
247
Hüpstedt
Zaunröden
Keula
Großbrüchter
Schernberg
249
Flinsberg
Dingelstädt
Dünwald
Toba
Hohenebra
4
Beberstedt
Sollstedt
Menteroda
Wachstedt
Eigenrode
Urbach
Ebeleben
Westerengel
Horsmar
Kaisershagen
Windeberg
249
Abtsbessingen
Büttstedt
Lengefeld
Dachrieden
Saalfeld
Obermehler
Wasserthaleben
Großbartloff
Anrode
Dörna
Ammern
Schlotheim
Großenehrich
Effelder
Bickenriede
Hollenbach
Unstruttal
Grabe
Körner
Marolterode
Blankenburg
Mittelsömmern
Annaberg
Struth
Görmar
Kutzleben
Kloster Zella
Rodeberg
Pfafferode
Mühlhausen
Bollstedt
Issersheilingen
Kirchheiligen
Bruchstedt
Lengenfeld unterm Stein
Eigenrieden
249
Weinbergen
Neunheilingen
Ballhausen
Hildebrandshausen
Mühlhäuser
Stadtwald
Felchta
Bothenheilingen
Kleinwelsbach
Tottleben
Diedorf
Oberdorla
247
Altengottern
Großwelsbach
84
Urleben
Bad Tennstedt
Wendehausen
Heyerode
Niederdorla
Seebach
Großengottern
Sundhausen
Langula
Talsperre
Großengottern
Thamsbrück
Klettstedt
Kleinvargula
Treffurt
Schierschwende
Oppershausen
Talsperre
Seebach
Heroldishausen
Merxleben
Herbsleben
Kammerforst
Mülverstedt
Schönstedt
Bad Langensalza
Nägelstedt
Großvargula
Nazza
Weberstedt
Zimmern
Illeben
Tonna
176
Schnellmannshausen
Altstedt
Henningsleben
Eckardtsleben
Döllstädt
176
250
Mihla
Nationalpark
Hainich
Aschara
Großfahner
Talsperre
Dachwig
Witterda
Creuzburg
Bischofroda
Reichenbach
Wiegleben
Westhausen
Bienstädt
7
Neukirchen
Krauthausen
247
Deubachshof
Stregda
4
84
Behringen
Wangenheim
Bufleben
Molschleben
Talsperre
Tüngeda/
Wangenheim
Goldbach

9

Geschichte eines Landkreises

Vom Königreich zum Preußentum

Am 1. Juli 1994 wurde der Unstrut-Hainich-Kreis aus den Kreisen Bad Langensalza und Mühlhausen gebildet. Die beiden Altkreise gehen direkt auf die Einteilung des preußischen Regierungsbezirks Erfurt zurück. Die Kreiseinteilung wurde am 5. April 1816 im Amtsblatt der königlichen Regierung zu Erfurt verkündet und trat somit in Kraft.

Der Langensalzaer Kreis bestand aus den drei Städten Langensalza, Tennstedt und Thamsbrück sowie 43 Gemeinden. Bis zur Gegenwart haben sich viele dieser Dörfer als Ortsteile größeren Gemeinden angeschlossen. Den Titel »Bad« bekam Langensalza erst am 28. Juli 1956.

Zum Mühlhäuser Kreis gehörten bei der Gründung im Jahr 1816 die 19 Dörfer der Reichsstadt Mühlhausen, die drei Dörfer der Vogtei, die elf Dörfer und Höfe der Ganerbschaft Treffurt sowie 19 eichsfeldische Orte und der Gerichtshof Hildebrandshausen.

Den preußischen Kreisen stand bereits je ein Landrat vor. Es gab auch einen Kreistag, dessen Mitglieder nach dem preußischen Dreiklassenwahlrecht bestimmt wurden. Dieses Wahlrecht bevorzugte den Adel und das reiche Bürgertum.

Nach dem Untergang des Heiligen Römischen Reiches deutscher Nation, 1806, auf Betreiben Napoleons I. und dem Zusammenbruch der französischen Fremdherrschaft nach der Völkerschlacht bei Leipzig, 1813, wurde auf dem Wiener Kongress 1814/1815 für Preußen der Weg frei gemacht, die Herrschaft in den ehemals kursächsischen Teilen Thüringens zu übernehmen.

Große Teile Thüringens wurden nun zur preußischen Provinz Sachsen. Preußische Verwaltungseffizienz teilte diese Provinz in Bezirke und Kreise ein. So kam es 1816 zur Gründung der Kreise Mühlhausen und Langensalza. Beide Verwaltungseinheiten überstanden das Deutsche Kaiserreich, 1871 bis 1918, die Weimarer Republik, das »Dritte Reich«, die DDR-Zeit sowie die ersten vier Jahre des wiedervereinigten Deutschlands.

Seit Mitte des sechsten Jahrtausends vor unserer Zeit ist in hiesiger Region dauernde Landwirtschaft nachgewiesen. Von 600 vor bis 600 nach Christus galt das Opfermoor bei Niederdorla als heiliger Ort, der weit über Thüringen hinaus bekannt war.

Adel und Machtkämpfe

Am Anfang einer organisierten Verwaltung des heutigen Unstrut-Hainich-Kreises stand das Thüringer Königreich, das die Franken in der Schlacht an der Unstrut im Jahr 531 blutig vernichteten. Die Region wurde fränkisch. Die Stadt Mühlhausen entstand in der Nähe einer fränkischen Königsburg. Fränkische Adlige wurden Grundeigentümer. So bilden zum Beispiel die Schenkungsurkunden eines Grafen Erpho die ersten urkundlichen Erwähnungen vieler Orte.

Aus dem Fränkischen Reich wurde in unserer Region das Ostfränkische Reich, dann das Deutsche Reich und bis 1806 das Heilige Römische Reich deutscher Nation.

Nach dem Aussterben der ludowingischen Thüringer Landgrafen, 1247, fiel der Ostteil der Landgrafschaft

Im Unstrut-Hainich-Kreis, bei Niederdorla, befindet sich der Mittelpunkt Deutschlands.

Als mittelalterliche Schönheit zeigt sich Bad Langensalza.

Thüringen an das sächsische Haus der Wettiner. Für die Region des heutigen Unstrut-Hainich-Kreises bedeutete dies: Das Eichsfeld gehörte zum Erzbistum Mainz, das Gebiet um Langensalza kam zu Kursachsen, die Ganerbschaft Treffurt mit der Vogtei bekam mehrere Herren. Durch die Erbteilung des sächsischen Herrscherhauses bildeten sich in Thüringen Herrschaften wie Sachsen-Gotha und Sachsen-Weimar. Daneben entstand auch die Herrschaft Schwarzburg-Sondershausen. Weitere Teilungen und Zuweisungen folgten. Einzig Mühlhausen blieb durch Jahrhunderte hinweg als Freie Reichsstadt nur dem Kaiser unterstellt und somit de facto selbstständig. Erst 1802 wurde Mühlhausen preußisch.

Berühmtheiten und Großereignisse

Unabhängig von den häufigen territorialen Veränderungen und Verschiebungen gab es Ereignisse und Personen, die die hiesige Region weit über ihre Grenzen hinaus bekannt gemacht haben.

Johann Sebastian Bach, dem die Musikwelt Göttlichkeit unterstellt, absolvierte in Mühlhausen

Viele Eichsfelddörfer, wie Lengenfeld unterm Stein, gehören zum Landkreis.

Ein alljährliches Bauernkriegsspektakel an originalen Schauplätzen in der Kreisstadt Mühlhausen erinnert an den Deutschen Bauernkrieg.

se war bei ihrer Fertigstellung, 1883, die längste Hängebrücke der Welt.

Der Langensalzaer Arzt und Heiler Christoph Wilhelm Hufeland begründete die wissenschaftliche Makrobiotik als die Lehre, wie der Mensch durch gesunde Lebensweise und Ernährung bis ins hohe Alter fit und gesund bleiben kann.

Die Museen und Archive des Unstrut-Hainich-Kreises laden ein, sich mit der vielfältigen und interessanten Geschichte der Region zu befassen. Das Archiv des Kreises selbst, das Kreisarchiv, bildet mit seinen über 3000 laufenden Metern Akten einen reichen Schatz, den zu entdecken es sich lohnt, vor allem für die Geschichte des 19. Jahrhunderts bis zur Gegenwart.

Die Marienkirche in Mühlhausen besitzt den höchsten Kirchturm in Thüringen.

1707/1708 eine seiner ersten Anstellungen als Organist und Komponist.

In der Schlacht bei Bad Langensalza, 1866, verlor das sonst eher siegreiche Preußen eine Schlacht gegen Truppen des Königreichs Hannover. In den Deutschen Einigungskriegen kämpften Preußen und Österreich um die Vorherrschaft im deutschen Raum. Preußen gewann. Ein Preußenkönig wurde 1871 als Wilhelm I. der Kaiser des Deutschen Kaiserreiches. Ein weiteres historisches Großereignis von natio-

naler Bedeutung ist der Deutsche Bauernkrieg. Der radikale Reformator Thomas Müntzer wollte in Mühlhausen seine sozialen Utopien verwirklichen. Müntzer scheiterte. Er und die bewaffneten Bauern und Mühlhäuser Bürger, die sich ihm angeschlossen hatten, wurden militärisch von den Fürsten geschlagen. Bei Görmar fanden 1525 Müntzer und weitere Aufständische ihr Ende auf dem Richtblock. Der Mühlhäuser Ingenieur Johann August Röbling konstruierte die Brooklyn Bridge in New York. Die-

Die begehbare historische Stadtmauer in Mühlhausen zählt zu den Attraktionen.

Nationalpark Hainich

Urwald mitten in Deutschland

Deutschland wäre ohne Einfluss des Menschen ein Buchenland. Auf rund 70 Prozent der Fläche würden Laubwälder wachsen, in denen die Rotbuche dominiert.

Wie nun ein Buchen-Urwald in Deutschland aber aussieht, lässt sich strenggenommen nicht mehr zeigen. Besiedlung und Nutzung über Tausende von Jahren haben die Urwälder verschwinden lassen. Heute kommen noch auf weniger als fünf Prozent der Landesfläche Buchenwälder vor – so auch im Hainich.

Der Hainich, ein etwa 16 000 Hektar umfassender Höhenzug im Westen des Freistaates Thüringen, liegt zentral in Deutschland. Er ist fast vollständig von Laubwäldern bedeckt und damit das größte zusammenhängende Laubwaldgebiet in Deutschland. Der Nationalpark Hainich, der 1997 gegründet wurde und vollständig im Naturpark Eichsfeld-Hainich-Werratal liegt, nimmt mit einer Größe von etwa 7500 Hektar den Südteil dieses Höhenzuges ein. Aufgrund seiner Lage – der geografische Mit-

Blick auf das bunte Herbstblätterdach

Hautnah ist die Natur zu erleben.

Seit Juni 2011 steht der Nationalpark Hainich auf der Liste des UNESCO-Welterbes.

telpunkt Deutschlands bei Niederdorla liegt in unmittelbarer Nachbarschaft zum Nationalpark – und seinen sehr naturnahen Waldbereichen wirbt der Nationalpark Hainich mit dem Slogan »Urwald mitten in Deutschland«.

Ein Lebensraummosaik

Der Hainich stellt den westlichen Teil des Muschelkalkringes um das Thüringer Becken dar und gehört zum Naturraum »Hainich-Dün-Hainleite«. Kennzeichnend für diesen Naturraum sind die überwiegend bewaldeten Muschelkalkhochflächen mit Höhenlagen von 300 bis 500 Meter über dem Meeresspiegel.

Der Südhainich, die Fläche des jetzigen Nationalparks, diente über Jahrzehnte dem Militär. Da Teilbereiche forstlich kaum genutzt wurden, konnten sich hier in den letzten 40 Jahren Waldbestände entwickeln, die natürlichen Wäldern – in Mitteleuropa längst verschwunden – vermutlich sehr nahe kommen. Durch Rodungen entstanden große Freiflächen, auf denen sich jetzt ein beeindruckender Wiederbewaldungs-Prozess abspielt. Die ehemaligen Schießbahnen wurden durch Schafbeweidung offengehalten; diese Beweidung findet – flächenmäßig deutlich reduziert – auch aktuell noch statt.

Der Nationalpark Hainich präsentiert sich daher heute als ein Lebensraummosaik, bestehend aus Magerrasen in den Randbereichen, die durchsetzt sind mit zahlreichen Kleingewässern sowie größeren und kleineren Gebüschen und Gehölzgruppen, angrenzend großflächige Verbuschungsflächen, die in die flächenmäßig dominierenden arten- und strukturreichen Laubholzbestände mit hohem Totholzanteil übergehen.

Bildung und Tourismus

Voraussetzung für die Umweltbildung und die Gewährleistung der Erholungsfunktion im Nationalpark ist eine angemessene touristische Infrastruktur. Bei seiner Gründung 1997 führte nur ein einziger Wanderweg, der Rennstieg (Kammweg des Hainich), durch den Nationalpark. Wer heute den Nationalpark erkunden will, hat 17 attraktive Wanderwege und Erlebnispfade mit einer Strecke von über 120 Kilometer zur Verfügung. Bis auf den Waagebalkenweg und den Rennstieg sind alle Wege als Rundwege angelegt. In Kombination mehrerer Wege kann man Halb- oder Ganztagswanderungen zusammenstellen.

Der Waagebalkenweg ist der längste Weg durch den Nationalpark Hainich. Seine Gesamtlänge be-

Der Nationalpark Hainich ist etwa 7500 Hektar groß.

trägt 42 Kilometer, wovon etwa 20 über die Flächen des Nationalparks verlaufen. Der Rennstieg ist der wohl bekannteste Wanderweg im Hainich. Er erstreckt sich auf einer Länge von 30 Kilometer entlang des Kammes des Hainich von Eigenrieden bis Behringen. Acht Kilometer davon verlaufen im Nationalpark.

Mit einem Fahrradsymbol gekennzeichnete Wege markieren das Radwegenetz. Mehr als 50 Kilometer Strecke kann man radwandernd im Nationalpark zurücklegen.

Zunehmend beliebt bei Besuchern ist die Fahrt per Kremser durch den Nationalpark. Informationsstellen mit Ausstellung in Behringen, an der Jugendherberge auf dem Harsberg und in Kammerforst sowie das Nationalparkzentrum an der Thiemsburg runden das Bildungsangebot des Nationalparks ab.

Natur hautnah erleben

Gleich mit Gründung des Nationalparks sind neben der Planung von Wander- und Radwegen auch erste Ideen für die Einrichtung von Erlebnispfaden entwickelt worden. Neben dem Erlebnispfad Brunstal entstand als jüngster Erlebnispfad der Märchen-Naturpfad Feensteig bei Weberstedt. Vierzehn Stationen warten mit besonderen Naturobjekten, Aufgaben oder Prüfungen auf den Besucher.

Der »Wildkatzenkinderwald«, entstanden in den Jahren 2001 und 2002, ist ein Waldspielplatz besonderer Art. Harmonisch eingefügt in die Waldlandschaft entstand ein großzügig angelegtes Erlebnisgelände für große und kleine Kinder mit kreativ gestalteten, nicht alltäglichen Spielelementen zum Toben, Turnen oder Verste-

Seltsame Pilze sprießen.

Ein Paradies für Pilze

cken. Kunstvoll gestaltete Waldgeister erlauben das phantasievolle Erleben der Natur im Nationalpark. Anschließend an den Wildkatzenkinderwald wurde 2006 eine Umweltbildungsstation eröffnet.

Nicht allen Menschen ist es möglich, sich uneingeschränkt in der Natur zu bewegen und sie selbstständig zu entdecken. Körperlich eingeschränkten Personen bleibt dieses Erlebnis meist verwehrt. So hat es sich der Nationalpark Hainich zum Ziel gesetzt, durch barrierefreie Angebote auch diesen Personengruppen die Möglichkeit zu geben, die Natur hautnah erleben zu können.

Trotz der Nutzung des Nationalparks für Bildung und Tourismus unterliegen etwa 90 Prozent der Nationalparkfläche einer natürlichen Entwicklung. Noch ist der Totholzanteil deutlich geringer als in alten Totalreservaten, was bei einem Zeitraum seit 1997 ohne Nutzung (nur Teilbereiche sind bereits 30 bis 40 Jahre nutzungsfrei) verständlich ist.

Der Nationalpark Hainich ist ein »Urwald von morgen«. Auf dem Weg zum »Urwald mitten in Deutschland« brauchen diese Bestände nur noch eines: Zeit!

Urwaldartige Waldbestände des Hainich mit viel Totholz

Im Frühjahr sind üppige Bärlauch-Blütenteppiche zu bewundern.

Ein UNESCO-Weltnaturerbe

Natur und Kultur in der Mitte Deutschlands

Am 25. Juni 2011, genau um 10.30 Uhr, war es während der 35. Sitzung des Welterbekomitees in Paris soweit: Der Antrag Deutschlands, die Welterbestätte »Buchenurwälder der Karpaten« in der Slowakei und der Ukraine um fünf alte Buchenwälder in Deutschland zu erweitern, wurde angenommen. Es handelt sich dabei um den Nationalpark Jasmund (Mecklenburg-Vorpommern), den Müritz-Nationalpark (Mecklenburg-Vorpommern), das Biosphärenreservat Schorfheide-Chorin (Brandenburg), den Nationalpark Kellerwald-Edersee (Hessen) und um den Nationalpark Hainich (Thüringen). Damit steht der Nationalpark Hainich auf der exklusiven Liste des Welterbes.

Das UNESCO-Welterbeübereinkommen stellt herausragende, einmalige Natur- und Kulturgüter unter weltweiten Schutz. Bei der Unterschutzstellung legt die UNESCO sehr strenge Kriterien an. Das Antragsverfahren an die UNESCO ist außerordentlich anspruchsvoll und erfordert eine qualifizierte Vorbereitung. Bereits einige Jahre zuvor, 2007, wurde mit den Arbeiten an einem fundierten Antrag begonnen. 2010 konnte dann Deutschland den Antrag »Alte Buchenwälder Deutschlands« bei der UNESCO einreichen.

Der Nationalpark Hainich repräsentiert dabei eines der wertvollsten Relikte großflächiger naturnaher Buchenwälder in Deutschland. Thüringen hat nun, nach drei Weltkulturerbestätten (Bauhaus in Weimar, Klassisches Weimar und Wartburg), mit dem Hainich seine erste Naturerbestätte.

Gleichgestellt mit den Galapagos-Inseln

Der Status als Weltnaturerbe ist eine besondere Auszeichnung, die den Nationalpark Hainich auf die gleiche Stufe stellt wie den Grand Canyon, die Serengeti oder die Galapagos-Inseln – oder wie in Deutschland die Fossilienlagerstätte Grube Messel bei Darmstadt (1995 Deutschlands erste Weltnaturerbestätte) und das Wattenmeer (seit 2009). Der Nationalpark Hainich hat damit eine noch höhere Wertschätzung in der Öffentlichkeit erhalten. Die besondere Bedeutung des Nationalparks Hainich wurde aus globaler Sicht sogar noch unterstrichen – aktuell sind weltweit weniger als 200 Naturgebiete im Rahmen der Welterbekonvention ausgewiesen.

Der Nationalpark Hainich repräsentiert eines der wertvollsten Relikte großflächiger, naturnaher Buchenwälder in Deutschland.

Das Motto der Nationalparkregion »Natur und Kultur in der Mitte Deutschlands« ist durch die enge Benachbarung von Weltnaturerbe Hainich zum Weltkulturerbe Wartburg (seit 1999) in Eisenach eindrucksvoll bestätigt worden.

Der Hainich im Frühjahr

Der Hainich im Herbst　*Morgenstimmung*

Flora und Fauna

Eine einzigartige Vielfalt

Im Nationalpark Hainich wachsen an die 1200 Pflanzenarten (813 Farn- und Blütenpflanzen, 221 Moose und 134 Flechten) und 1650 Pilzarten (Stand 2010). Aufgrund der Großflächigkeit der Wälder, der Habitatkontinuität, des Struktur- und Totholzreichtums sind hervorragende Voraussetzungen gegeben, einen großen Anteil des Artenspektrums mitteleuropäischer Kalk-Buchenwälder zu erhalten.

Geophyten kommen im Hainich beeindruckend flächendeckend vor. Auffallend und örtlich aspektbildend sind Bärlauch, Märzenbecher, Hohler Lerchensporn, Leberblümchen und Busch-Windröschen. In den Seggen-Buchenwäldern kommen neben Maiglöckchen, Berg- und Finger-Segge, Weißes und Rotes Waldvöglein als wärme- und lichtliebende Orchideen vor. Bemerkenswert ist der Nachweis des Südbuchen-Fadenstachelpilzes, eine Zeigerart für naturnahe Buchenwälder.

Wildkatze, Luchs & Co.

Der Artenbericht 2010 des Nationalparks listet 5782 Tierarten auf – darunter allein mehr als 2000 Käferarten! Die Fauna im Hainich stellt mit den Vorkommen von Wildkatze, Bechstein-Fledermaus und Mopsfledermaus, Mittelspecht und Grauspecht sowie der Urwaldreliktart Reitters Strunk-Saftkäfer eine hochgradig gefährdete, für Buchenwälder charakteristische Zusammensetzung dar. Im Hainich kommen zahlreiche ausbreitungsschwache oder spezialisierte Alt- und Totholzbewohner vor, die die hohe Kontinuität der vorkommenden Buchenwälder und die Bedeutung des Schutzgebietes bestätigen. Der in Deutschland stark gefährdete Luchs wurde im Umfeld bereits nachgewiesen.

Die Fledermaus fühlt sich wohl.

Die Wildkatze ist das Maskottchen des Hainich.

Der Mittelspecht ist hier zuhause.

Mit etwas Glück lassen sich die Tiere des Waldes beobachten. (hier: Damwild)

Der Hainich bietet einen einzigartigen Lebensraum.

Üppige Blütenteppiche bildet der Hohle Lerchensporn.

Dem Urwald aufs Dach steigen

Der Baumkronenpfad im Nationalpark Hainich

Der vielfältigste Lebensraum der Erde, das Öko-system Baumkronen, kann auf einem der schönsten Wipfelpfade Deutschlands ausgiebig erkundet werden. Auf dem Baumkronenpfad im Nationalpark Hainich finden sich auf etwa 530 Meter viel Wissens- und Staunenswertes über die Natur in der Hainichregion, ein herrlicher Blick vom Baumturm aus über das Thüringer Becken bis zu den Höhen von Harz und Thüringer Wald – dazu sogar Kletterpartien für Kinder und Junggebliebene. Eröffnet wurde der Pfad 2005 und bereits 2009 erweitert. Er wird jährlich von rund 200 000 Menschen besucht, so dass im Juni 2012 der 1,5-millionste Besucher begrüßt werden konnte.

Fledermaus, Wildkatze, Specht und Schmetterling, dazu die Rotbuche als charakteristische Baumart des Nationalparks Hainich, Totholz und Altbäume stehen am Baumkronenpfad beispielhaft für die besonderen Eigenschaften des Lebensraums Urwald-baumkronen: Strukturvielfalt und aus ihr folgend ein besonderes Klima. Dass Vielfalt im Baum- und Pflanzenbestand eines Waldes auch Artenvielfalt bei den Tieren bedeutet, erfahren Gäste nirgends besser als in den Kronen der Bäume mit ihren zahlreichen Vogel-, Käfer- und Falterarten.

Auf dem Baumkronenpfad im Nationalpark Hainich finden sich auf etwa 530 Meter viel Wissens- und Staunenswertes über die Natur in der Hainichregion.

Natur erforschen und erfahren – Überraschendes für Groß und Klein

Auf der großen Schleife durch die Baumkronen, auf Plattformen und in Nischen präsentieren Schautafeln manches Neue und Überraschende über die Tier- und Pflanzenwelt. Ranger stehen für Führungen und neugierige Fragen an den Fachmann zur Verfügung. Die Fragen der Kinder sind manchmal eine echte Herausforderung.

Hängebrücken über schwebend angebrachten Holz-blöcken oder ein dickes Tau in schwindelnder Höhe verhelfen in der Geborgenheit von Sicherheitsnetzen zum erwarteten Hauch von Abenteuer. Freude hat es bisher jedem gemacht, der durch die Abenteuerpassagen balancierte. Von der Turmplattform, 40 Meter über dem Waldboden, schweift der Blick weit über den Hainich und das Thüringer Becken.

Das Nationalparkzentrum – entdecke die Geheimnisse des Hainich

Ein weiterer Besuchermagnet ist die Ausstellung, die im neuen Nationalparkzentrum ihr Domizil gefunden hat. Interaktive Präsentationen, Filmvorführungen und Modelle stellen das Leben im und

Vom Baumturm aus bietet sich ein herrlicher Blick über das Thüringer Becken bis zu den Höhen von Harz und Thüringer Wald.

Das Leben im Hainich ist spannend und vielfältig.

Erlebnisreich und entspannend ist ein Spaziergang auf der großen Schleife durch die Baumkronen.

Hängebrücken verhelfen in der Geborgenheit von Sicherheitsnetzen zum erwarteten Hauch von Abenteuer.

am Boden sowie die Kreisläufe der Natur dar. Unter der Überschrift »Biodiversität global« werden die Entschlüsselung von »Erfindungen der belebten Natur« und ihre innovative Umsetzung in der Technik durch den Menschen präsentiert. Mutige Gäste können sich auf ein kleines Abenteuer mit einer Hängebrücke einlassen und die Ausstellung aus der Vogelperspektive betrachten. Überdimensionale Vogelnester laden in der oberen Etage zum Entspannen ein und erzählen Geschichten aus Wald und Flur. Die Besucher erwartet ein »Rastplatz und Liebesnest des Hainich«, »Verwandlungskünstler des Buchenwaldes« und vieles mehr. Ein Shop bietet allen, die erworbenes Wissen vertiefen möchten, informative Materialien, außerdem Souvenirs vom Baumkronenpfad und – sehr beliebt – Produkte aus der Region oder aus eigener Herstellung.

Öffnungszeiten

1. April bis 31. Oktober von 10 Uhr bis 19 Uhr
1. November bis 31. März von 10 Uhr bis 16 Uhr

(Am 24. und 31. Dezember bleibt der Pfad geschlossen. Wetterbedingte Schließungen sind möglich. Letzter Einlass eine Stunde vor Schließung. Der Baumkronenpfad ist barrierefrei zugänglich. Hunde sind nicht erlaubt.)

Beitrag von:
ReKo GmbH
Rumbachstraße 9 · 99947 Bad Langensalza
Tel. (0 36 03) 89 21 59 · Fax (0 36 03) 89 13 43
besucheranfrage@reko-uh.de
www.baumkronenpfad-hainich.eu

Abenteuer Natur auf dem Baumkronenpfad

Biologische Morgen- und Abendexpeditionen

Der Lebensraum Baumkronen ist spannend – besonders bei Tagesanbruch, wenn das Leben im Hainich erwacht, und zum Sonnenuntergang, wenn es im Wald stiller wird und die nachtaktiven Tiere zu beobachten sind. Geräusche und Bewegungen, die in der Tagesmitte kaum wahrnehmbar sind: Käfer, die geschäftig auf den Waldwegen krabbeln, eine davonhuschende Maus oder wechselndes Wild. Die Tag-Nacht-Grenze ist die richtige Zeit, Natur in ihrer ganzen Faszination zu erleben. Besucher können an wissenschaftlich fundierten Expeditionen zur Erkundung der Vielfalt des Tier- und Pflanzenlebens am Baumkronenpfad teilnehmen. Dabei erfahren sie, welche Pflanzen gerade ihre Blüten öffnen, welcher Vogel zwischen den Baumkronen unterwegs ist und was er auf seinem Speiseplan hat. In jeder Jahreszeit gibt es zur Morgen- und Abenddämmerung Interessantes und Spannendes zu entdecken.

Lichtfang-Abend auf dem Baumkronenpfad

In der »Blauen Stunde« nach Sonnenuntergang führt ein Nationalparkranger die Besucher auf einem gleichermaßen spannenden wie romantischen Rundgang durch die Lebenswelt der Baumkronen. Das schwindende Licht des Tages und die allmählich im Wald einkehrende Stille machen empfänglich für das Naturgeschehen in den Wipfeln. Der »Lichtfang« kann beginnen.

Ein Insektenforscher lockt mit dem Licht einer Speziallampe die nachtaktiven Insekten auf ein weißes Tuch. Nur so können sie lebend betrachtet, bestimmt und fotografiert werden. Zum Programm gehört auch eine exklusive Abendführung auf dem Baumkronenpfad.

Höhengenuss auf dem Baumkronenpfad

Am Forsthaus Thiemsburg und auf dem Baumkronenpfad findet jeden Frühherbst ein abendlicher »Höhengenuss« statt. Das Forsthaus, das Team vom Pfad und die Hainichland-Gastgeber warten mit kulinarischen Köstlichkeiten auf – hergestellt aus heimischen Produkten. Die regionalen Erzeuger präsentieren sich mit ihrer Produktpa-

Im »Lichtfang« können Insekten lebend betrachtet, bestimmt und fotografiert werden.

Ein Insektenforscher lockt mit dem Licht einer Speziallampe die nachtaktiven Insekten auf ein weißes Tuch.

lette und laden herzlich zum Probieren und Verkosten ein.

Dafür steht an zahlreichen romantisch ausgeleuchteten »Schlemmerinseln« eine Auswahl exzellenter Hainichland-Spezialitäten, regionaler Produkte und Kaffeevariationen mit süßer Verführung zum Genießen bereit.

Farbenprächtiger Sonnenuntergang im Hainich

Romantisch ausgeleuchtet sind die »Schlemmerinseln« während des Höhengenusses.

Am Forsthaus Thiemsburg und auf dem Baumkronenpfad findet jeden Frühherbst der abendliche »Höhengenuss« statt.

Beitrag von:
ReKo GmbH
Rumbachstraße 9 · 99947 Bad Langensalza
Tel. (0 36 03) 89 21 59 · Fax (0 36 03) 89 13 43
besucheranfrage@reko-uh.de
www.baumkronenpfad-hainich.eu

Ausstellung im Nationalparkzentrum

Geheimnisse im Hainich

Unmittelbar an der Thiemsburg befindet sich das Nationalparkzentrum.

Unmittelbar an der Thiemsburg liegt das Nationalparkzentrum. Eine Ausstellung mit einer Fläche von 700 Quadratmeter lädt die Besucher ein, bereits dort den Hainich mit seiner natürlichen Schönheit näher zu entdecken.

Im ersten Schauraum werden dem Besucher auf großformatigen, die ganze Wand einnehmende Bilder die besondere Schönheit der Buchenwälder des Hainich sowie einige seiner interessanten Bewohner gezeigt. Die Mitte des Raumes nimmt eine sogenannte Multivisionsbox für maximal 30 Personen ein, wo in einem Kurzfilm der heimliche Star des Nationalparks, die Wildkatze, in ihrem Lebensraum gezeigt wird.

Das Motto des Nationalparks »Natur Natur sein lassen«, das Werden und Vergehen vermitteln die Bilder an der Eingangswand sowie ein interaktives Element. Auf der gegenüberliegenden Wand zeigen die Frühlingsblüher, dass sie »mit der Sonne wachsen«.

Besucher der ersten Jahre werden sich noch an das kleine Brotzeithäuschen erinnern. Es wurde mit in die Ausstellung integriert und ist heute Lebensraum der »Kreaturen der Unterwelt«. Dort kann man einen drei Meter langen Hundertfüßer treffen! Im Mittelpunkt der nun erweiterten Ausstellung steht der Lebensraum Wald mit der im Hainich so bedeutsamen Baumart Buche. Dementsprechend wird der Raum von einer Buche dominiert, um die

sich die einzelnen Ausstellungselemente gruppieren. Dieser Ausstellungsteil spannt einen Bogen vom – aus globaler Sicht – kleinen Nationalpark Hainich auf Phänomene, die alle Menschen betreffen. Er soll mit seinen wohldurchdachten und interessanten Präsentationen, zum Beispiel mit einer Anzeigetafel für Zugvögel und ihren Flugbewegungen oder einem Tresor zum Wert der Natur, zum Nachdenken anregen und nachhaltiges Handeln fördern. Die Ausstellung geht dabei so wichtigen und interessanten Fragen nach wie: Was hat es mit der Artenvielfalt im Hainich auf sich? Wieso ist der Hainich für Vögel so wichtig? Wie ist der aktuelle Stand der Biodiversität weltweit? Welche Auswirkungen hat der Klimawandel auf den Hainich und auf die Biodiversität? Was können wir von der Natur lernen?

Zu finden in der Ausstellung sind außerdem ein »Liebesnest«, ein Schnupperbaumkronenpfad, eine Kuschelecke mit Geschichten erzählenden Eiern sowie speziell für Kinder eine Bastel-, Spiel- und Experimentierplattform.

Öffnungszeiten

Das Nationalparkzentrum ist ganzjährig geöffnet, außer am 24. und 31. Dezember; von April bis Oktober von 10 bis 19 Uhr und von November bis März von 10 bis 16 Uhr. Die Ausstellung im Nationalparkzentrum ist barrierefrei.

Die Ausstellung vermittelt Wissenswertes und Interessantes rund um die Buche.

Gleich nebenan gibt es einen Spielplatz für die kleinen Waldbesucher.

Originelle Umweltbildung, wie hier auf dem Baumkronenpfad, lockt Groß und Klein.

Im Mittelpunkt der Ausstellung steht der Lebensraum Wald.

Alles für die Katz'

Wildkatzendorf Hütscheroda

Im März 2012 war es soweit: Das »Wildkatzendorf Hütscheroda«, unmittelbar an der Grenze zum Nationalpark Hainich, wurde eröffnet. Endlich kann der Besucher der Hainichregion nun auch echte Wildkatzen erleben.

Denn eine der häufigsten Fragen der Besucher war bisher: »Wo kann ich denn eine Wildkatze sehen«? In Broschüren, auf Postern und in Veröffentlichungen taucht die Wildkatze als Symboltier für den Nationalpark Hainich zwar überall auf, in der Natur ist sie aber aufgrund ihrer heimlichen, nachtaktiven Lebensweise nur mit sehr viel Glück zu entdecken. Schon vor einigen Jahren entstand daher der Gedanke, Wildkatzen in einem naturnahen Gehege zu zeigen. Hieraus entwickelte sich die Idee des »Wildkatzendorfes Hütscheroda«, das jetzt in Zusammenarbeit von Kommunen, Verbänden und der Nationalparkverwaltung eröffnet werden konnte.

Der Besucher, der von der Bundesstraße 84 das kleine Dorf unweit von Bad Langensalza gele-

Im Wildkatzendorf haben die Gäste Gelegenheit, den scheuen Tieren zu begegnen.

gen, ansteuert, gelangt zunächst am Ortsrand zu einem neu angelegten Wanderparkplatz. Von dort kommt er zu Fuß zur Wildkatzenscheune, einer äußerst interessant gestalteten Informationsstelle mit sehenswerter Ausstellung. Dort kann er nicht nur seine Eintrittskarte für das Wildkatzengehege erwerben, sondern erfährt mittels Filmen, Karten und interaktiven Elementen viel über das Leben der Wildkatze und was es mit dem Projekt »Rettungsnetz Wildkatze« des BUND Deutschland auf sich hat. Von der Wildkatzenscheune sind es dann nur wenige hundert Meter zu einer spektakulären Schauanlage mit echten Wildkatzen.

Zuhause auf der Wildkatzenlichtung

Vier Wildkatzen, zwei Brüderpaare aus Zoos, sind dort auf der sogenannten Wildkatzenlichtung zuhause. Der Besucher sollte aber nicht enttäuscht sein, wenn er nicht sofort Wildkatzen entdeckt. Die Gehegebereiche bieten viel Unterschlupf und Versteckmöglichkeiten und entsprechen damit dem natürlichen Lebensraum, Laubwäldern mit hohem Strukturreichtum. Der Besucher hat aus unterschiedlichen Perspektiven Einblicke in die Gehege, auch von oben, und wird sich dann über eine Ent-

Die Wildkatzenscheune ist eine äußerst interessant gestaltete Informationsstelle mit sehenswerter Ausstellung.

Wissenswertes über das Leben der Wildkatze wird vermittelt.

Ein besonderer Höhepunkt ist ein 20 Meter hoher Aussichtsturm.

Nach dem Besuch bietet es sich an, den rund sieben Kilometer langen Wildkatzenpfad zu laufen.

deckung der Wildkatze fast so freuen wie bei einem der seltenen Kontakte in freier Wildbahn. Es kann aber auch sein, dass eine der Katzen sich scheinbar gelangweilt und unbeeindruckt vom neugierigen Menschen in einer Astgabel sonnt oder auf einem Stamm direkt vor dem Besucher entlangläuft. Die wilden Samtpfötchen leben eben ihren eigenen Stil.

Gute Aussichten

Nach dem Besuch bietet es sich an, den rund sieben Kilometer langen Wildkatzenpfad zu laufen. Er führt in den Nationalpark hinein, direkt in die natürlichen Lebensräume der Wildkatze. Ein besonderer Höhepunkt im wahrsten Sinne des Wortes ist ein 20 Meter hoher Aussichtsturm aus Holz. Von dort aus schweift der Blick über das Reich der Wildkatze weit hinüber bis zum Thüringer Wald, der Rhön und der Wartburg. Besonders im Herbst ist der Blick auf den ehemaligen Übungsplatz, wo neuer Wald mit vielen Baumarten heranwächst, sehr beeindruckend.

(Alle Beiträge zum und über den Nationalpark Hainich entstanden in kooperativer Zusammenarbeit mit dem Nationalpark Hainich).

Die Unstrut

Vom bösen Wasser zum sanften Tourismus

Ein aufgescheuchter Schwan

Wie ein schmales Band schlängelt sich die Unstrut mit ihren vielen Schleifen durch Thüringen und Sachsen-Anhalt. Romantisch ist die Landschaft, in die sich der Fluss sein Bett gegraben hat. Fruchtbare Felder und Wiesen, Weiden und Flussauen, Höhenzüge und Streuobstwiesen prägen das Bild der Uferlandschaft. Wer einmal als Wanderer, Radfahrer oder mit dem Kanu das Unstruttal entdeckt hat, wird immer wieder von dieser Landschaft angezogen.

Das Quellgebiet der Unstrut liegt im benachbarten Eichsfeld, westlich des Dörfchens Kefferhausen. Beinah unscheinbar sprudelt aus einer kleinen Quelle das erste Unstrutwasser – im Durchschnitt viereinhalb Liter pro Sekunde. Knapp 188 Kilometer bahnt sich die Unstrut ihren Weg, bis sie bei Naumburg in die Saale mündet. Dabei fließt sie von etwa 440 Meter über dem Meeresspiegel bis etwa 104 Meter über dem Meeresspiegel an der Mündung. Etwa 55 Kilometer ihres Weges schlängelt sich die Unstrut durch den Unstrut-Hainich-Kreis.

Der Name des Flusses ist in der Vergangenheit unterschiedlich gedeutet worden. Bereits im 6. Jahrhundert wird der Fluss als »Ohnestrudis« bezeichnet. Später, im Jahr 785, wurde in einer Urkunde besiegelt, dass Erzbischof Lullus von Mainz dem Kloster Fulda mehrere Güter an Vargula »an der Unstruth« übereignet hat. Heute geht man davon aus, dass das Grundwort »Strut« Sumpf oder allgemein Wasser bedeutet. Die Vorsilbe »Un« deutet auf ein negatives Vorzeichen: böse, übel oder unangenehm. Die Unstrut ist also ein böses, unangenehmes oder übles Wasser.

In der Tat verdankt die Unstrut ihren Namen dem einst sumpfigen Tal, durch das sie ihren Weg bahnt, und ihren zum Teil verheerenden Überschwemmungen in der Vergangenheit, die nur allzu oft Not und Elend über Land und Leute brachte. So ist überliefert, dass 1746, 1784, 1799, 1841 bis 1853, 1871, 1956 und 1994 das Hochwasser die Wiesen und Äcker des Tales längere Zeit überflutete. Mehrere Hochwasserschutzmaßnahmen wie Rückhaltebecken, Schleusen und Wehre sowie Flussregulierungen sollten und sollen die Ortschaften schützen.

Heute wird die gezähmte Unstrut dem sanften Tourismus erschlossen. Das anmutige Flusstal und zahlreiche kulturhistorische Sehenswürdigkeiten bieten den Bewohnern der Region und ihren Gästen viele Möglichkeiten zur Freizeitgestaltung und Erholung. Besonders beliebt sind die Naturparks und der Unstrut-Radwanderweg sowie die vielen ausgeschilderten Wanderwege. Die sich an den Fluss schmie-

Ihren besonderen Reiz gewinnt die Unstrut vor allem durch die Vielfalt der Flussauenbiotope.

Immer gibt es etwas zu entdecken.

Ungewohnte Perspektive auf eine Schafherde

Ein Idyll ist die ruhige Flusslandschaft.

Wasservögel fühlen sich wohl.

genden kleinen Städte und Dörfer sind oftmals älter als 1000 Jahre und haben geschichtlich, kulturell und architektonisch viel Interessantes zu bieten.

Mit dem Kanu kann die Unstrut bereits etwa ab Herbsleben erkundet werden. Wer den Flusslauf bis zur Mündung in die Saale befahren will, setzt besser nach dem Rückhaltebecken in Straußfurt, im Nachbarkreis Sömmerda, ein. Das Rückhaltebecken darf nämlich nicht befahren werden.

Mit dem Kanu kann die Unstrut bereits etwa ab Herbsleben erkundet werden.

Lebensraum für Pflanzen und Tiere

Ihren besonderen Reiz gewinnt die Unstrut vor allem durch den Gegensatz von Flussauenbiotopen und angrenzenden trockenen Böden. Die feuchten Ufer sind von Weiden, Pappeln und Eschen gesäumt. Auf den trockenen, kalkhaltigen Böden finden sich Trocken- und Halbtrockenrasen, an geschützten Stellen wachsen seltene Orchideen wie das Bleiche und das Purpur-Knabenkraut, die Bienen-, Spinnen- und Fliegen-Ragwurz, der Frauenschuh oder das Große Zweiblatt.

Die Unstrutgegend ist eine jahrhundertealte Kulturlandschaft, die besonders durch den Weinanbau geprägt ist und durch die Streuobstwiesen, die aus Weinbergsbrachen hervorgegangen sind. Das erste Weinanbaugebiet im Verlauf der Unstrut ist im Unstrut-Hainich-Kreis zu finden: in Vargula. Wasserliebende Vögel wie die Wasseramsel und der Eisvogel sind an der Unstrut heimisch, Kormoran und Reiher sind anzutreffen. Auch ein Exot fühlt sich inzwischen an der Unstrut wohl: die Nilgans. Sie ist afrikanischen Ursprungs und lebt üblicherweise an nahrungsreichen subtropischen Binnenseen und Flüssen. Vermutlich sind es Gefangenschaftsflüchtlinge, die sich auch an der Unstrut ausbreiten und dort ihre neue Heimat erobern.

Auch ein Exot fühlt sich inzwischen an der Unstrut wohl: die Nilgans.

Die Sage von der Unstrutnixe

Die Unstrutnixe, so erzählte eine alte Frau, ist ein gar gutes und böses Ding. Sie hat lange und triefende Haare, die vom Kopf bis auf die Ferse herunterhängen. Ihre Augen sind klein und wässerig, und wenn sie freundlich gesinnt ist, so blinzelt sie mit denselben wunderbar schelmisch. Ihr Antlitz ist schön und einnehmend, doch blass vom Wasser. Ihre ganze Gestalt ist wohlgeformt und regelmäßig. Ihr Kleid rauscht wie Seide, ist aber aus Stoffen gewebt, die tief unter den Wellen begraben liegen. Zuweilen steigt sie an das Ufer, aber nur in den Dämmerstunden und lustwandelt auf und nieder. Sie ist trotz ihrer Einsamkeit im Wasser eitel; denn nicht selten lächelt sie wohlgefällig, wenn der glatte ruhige Spiegel der Flut ihr Bild zurückstrahlt und in solchen Augenblicken beglückt sie die Menschen gern mit ihrer Gunst.

Malerisch können die Sonnenuntergänge sein.

Auf gutem Weg

Mit dem Fahrrad unterwegs

Der Ausbau zahlreicher Rad- und Wanderwege im Unstrut-Hainich-Kreis hat besonders in den vergangenen Jahren zu weiteren attraktiven Möglichkeiten der Freizeitgestaltung geführt. So werden auch künftig weitere Radwege ausgebaut, die eine Anbindung an alle touristischen Ziele ermöglichen und den Nationalpark mit all seinem Facettenreichtum auf umweltverträgliche Weise erlebbar machen.

Als überregionale Radfernwege wurden im Unstrut-Hainich-Kreis der Unstrut-Radweg und der Unstrut-Werra-Radweg eingestuft. Des Weiteren durchqueren zwei regional bedeutsame Radwege, die so genannte Rote Route und die Gelbe Route,

Natur und Landschaft begleiten die Radwanderer auf vielen Kilometern durch den Landkreis.

Die Mühlhäuser Stadtmauer mit Thomas-Müntzer-Denkmal

und viele Verbindungsradwege den Landkreis und vernetzen ihn mit den Nachbarregionen.

Unstrut-Werra-Radweg

Auf 32 Kilometer Länge verbindet der Radwanderweg den überregional bedeutsamen Werratalradweg mit dem Unstrut-Radweg. Etwa 25 Kilometer des Unstrut-Werra-Radweges verlaufen durch den Unstrut-Hainich-Kreis. Der Radweg beginnt in Mühlhausen, der altehrwürdigen, ehemaligen freien Reichsstadt mit der imposanten Marienkirche und sehenswerten Kirche Divi Blasii, in der Johann Sebastian Bach gewirkt hat. Der Weg führt über den Ort Oberdorla, in dessen Nähe – in Niederdorla – sich der geografische Mittelpunkt Deutschlands und ein germanisches Opfermoor befinden, bis nach Langula. Von dort empfiehlt sich ein Abstecher über die »Rote Route« nach Kammerforst in den Nationalpark Hainich, dem Urwald und Weltnaturerbe in der Mitte Deutschlands.

Überrascht wird der Radwanderer durch unberührte Natur und eine artenreiche Tier- und Pflanzenwelt. Es lohnt sich, das Fahrrad für ein paar Stunden abzustellen. Thematisch angelegte Wanderwege führen durch ein Naturparadies. Auf dem Baumkronenpfad genießen Besucher ein fantastisches Panorama über den Baumwipfeln des Nationalparks Hainich.

Wieder in Langula führt die Tour weiter durch das Langulaer Tal bis zum »Alten Bahnhof« in Heyerode. In dieser 427-Meter-Höhenlage ist der höchste Punkt der Strecke erreicht. Auf dem ehemaligen Bahndamm der Strecke Mühlhausen-Treffurt führt

Botanischer Garten in Bad Langensalza

Baumkronenpfad im Nationalpark Hainich

der Weg an Heyerode vorbei ins Haselbachtal. Über die Landstraße gelangt man schließlich von Heldra nach Treffurt und trifft dort auf den Werra-Radweg. Der Radweg ist für Familien, Naturliebhaber und Tourenradler geeignet.

Unstrut-Radweg

Der Unstrut-Radweg verbindet die Bundesländer Thüringen und Sachsen-Anhalt miteinander und begleitet die Unstrut auf ihrem etwa 190 Kilometer langen Lauf von der Quelle im Eichsfeld bei Kefferhausen durch das Thüringer Kernland, die Kyffhäuserregion und das südliche Sachsen-Anhalt bis zur Mündung in die Saale im Blütengrund bei Naumburg.

Im Unstrut-Hainich-Kreis verläuft der Unstrut-Radweg auf einer Länge von 54,2 Kilometer und berührt dabei die Orte Horsmar, Dachrieden, Reiser, Ammern, Mühlhausen, Görmar, Bollstedt, Altengottern, Thamsbrück, Bad Langensalza, Nägelstedt und Herbsleben.

Attraktionen am Wegesrand

Natur und Landschaft begleiten die Radwanderer auf vielen Kilometern durch den Landkreis. Ebenso ist interessanter Städtetourismus in Mühlhausen und Bad Langensalza zu erleben, so dass sich längerer Aufenthalt durchaus lohnt. Von Städteführern empfohlen werden in Mühlhausen die reichhaltige Museumslandschaft, der gut erhaltene mittelalterlich geprägte Stadtkern, die begehbare Stadtmauer, das hübsche Brunnenhaus an der Popperöder Quelle, die vielen Kirchen und die schön sanierten Fachwerkhäuser. In der Kur- und Rosenstadt Bad Langensalza sind neben der sehenswerten, sehr gepflegten Altstadt die schönen Themengärten, die Farbenpracht und Entspannung vom Alltag versprechen, und der Kurpark mit Friederikenschlösschen die Favoriten. Ein Abstecher in den nahen Nationalpark Hainich, der seit dem Jahr 2011 zum Weltnaturerbe zählt, und ein Spaziergang entlang des Baumkronenpfades sind ein extra Tipp.

Sehenswert ist das Viadukt bei Reiser.

Der Hakemann
Eine Unstrut-Sage

Irgendwo in der Unstrut wohnte der Hakemann. Niemand konnte genau sagen, wie er eigentlich aussah und wo er gerade auf Beute lauerte.

Gern ließ er sich vom Geräusch der Kinder anlocken, die an der Unstrut spielten. Unsichtbar und ganz geschwind schlich er heran. Und dann schlug er mit einem langen Haken aus der Tiefe der Unstrut heraus und zog eines der Kinder, das sich zu nahe ans Wasser gewagt hatte, in sein Reich hinein. Das Kind musste dann jämmerlich ertrinken.

Diese Sage erzählten alle Mütter ihren Kindern. So kam es, dass nur selten an der Unstrut gespielt wurde. Nur im Hochsommer wusste jedermann, dass an den flachen Stellen kein Hakemann lauern konnte. Deshalb wagten die größeren Schüler, die »Kullköppe«, die unter den Steinen im flachen Wasser zu finden waren, mit einer Gabel anzustechen oder mit flinken Händen zu fangen.

Die sardinengroßen Fische wurden dann gebraten und gegessen.

Mühlhausen in Thüringen

Stadt mit reichsstädtischer Vergangenheit

Eine Urkunde Kaiser Arnulfs aus dem Jahre 897, in der das Eichsfeld erstmals, Mühlhausen jedoch gar nicht erwähnt wird, lässt dennoch die tiefen gemeinsamen Wurzeln beider erahnen, die spätere Zeiten kaum vermuten lassen. Diedorf und Lengefeld, Ammern, Dachrieden, Görmar, Aemilienhausen – rings um Mühlhausen gelegene Orte werden als zum »(Ur)Eichsfeld« gehörend genannt. Trotz des Schweigens schriftlicher Überlieferung hat es Mühlhausen auch damals wohl doch schon gegeben, worauf der fränkisch-karolingerzeitliche Name »mulinhuso« hindeutet. Doch wir wissen erst von der Existenz Mühlhausens, als König Otto II. im Jahr 967 in »mulinhusen« eine Urkunde ausstellte. Sieben Jahre später schenkte der nunmehrige Kaiser seiner Gemahlin Theophanu Mühlhausen neben anderen Orten in der Region als Morgengabe. Mit völlig unbedeutenden Orten wird sich die Nichte des byzantinischen Kaisers wohl nicht zufrieden gegeben haben.

Eine königliche Pfalz

In den nächsten Jahrhunderten weilten immer wieder Kaiser und Könige in ihrer thüringischen Pfalz. So verzichtete der Staufer Konrad 1135 auf einem Hoftag gegenüber Kaiser Lothar III. hier auf sein Gegenkönigtum. Der Glanz der Reichsgeschichte leuchtete dann noch einmal über Mühlhausen, als Philipp von Schwaben, der jüngste Sohn Barbarossas, im Jahr 1198 zum König erhoben wurde. Andere Fürsten hatten Otto IV., den Sohn Herzog

Eine Inschrift gibt Auskunft.

Blick über die roten Dächer von Mühlhausen

Heinrichs des Löwen, zum König erhoben, so dass sich der welfisch-staufische Machtkampf der Väter in den Söhnen fortsetzte. Zum Schutz der inzwischen um die Pfalzburg gewachsenen städtischen Siedlung wurde deshalb die 2750 Meter lange innere Stadtmauer errichtet.

Die königlichen Ministerialen gewannen gegenüber ihrem Herrn immer größere Eigenständigkeit und bestimmten die Geschicke der Stadt. Einer von ihnen war es wohl auch, der das in Mühlhausen gesprochene Recht erstmals im Reich in deutscher Sprache niederschrieb. Ein anderer, Wachsmut von Mühlhausen, fand als Minnesänger sogar in Wort und Bild Aufnahme in die Manessische Liederhandschrift.

Handel und Gewerbe

Grundlage des städtischen Lebens waren allerdings Handel und Gewerbe: Schafwolle wurde zu Filz verarbeitet oder gesponnen, zu feinem Tuch gewebt und auch über die Landesgrenzen hinaus gehandelt. Aus Flachs wurde Leinwand gewebt, Fleischer und Bäcker sorgten für das leibliche Wohl. Vor allem die Gewandschneider (Tuchhändler) etablierten sich als patrizische Oberschicht, aus der auch die Mitglieder des 1251 erstmals erwähnten Rates stammten. Es war aber auch eine Zeit kriegerischer Auseinandersetzungen zwischen König und Gegenkönig(en), Fürsten, niederem Adel, Städten ... Handel und Wandel waren gestört; Erfurt, Mühlhausen und Nordhausen sicherten gemeinsam und tatkräftig ihre Interessen. Im Jahr 1256 zerstörten die Mühlhäuser die königliche Pfalzburg, anscheinend ohne Gegenwehr der gleichgesinnten Ritter, um Begehrlichkeiten der Fürsten nach diesem militärischen Stützpunkt zu begegnen.

Veränderung des Stadtbildes

In der sich nun entfaltenden städtischen Blüte errichteten die Mühlhäuser viele der bis heute das Stadtbild bestimmenden Bauwerke. Zwischen Alt- und Neustadt gelegen, ist das in seinen ältesten Teilen um 1300 entstandene Rathaus bis heute Sitz der städtischen Selbstverwaltung. Die in Renaissance und Barock errichteten Erweiterungsbauten und die nach Abbruch der Klausurgebäude des Franziskanerklosters dort aufgesiedelte »Neue Straße« lassen die Platzanlage kaum noch ahnen, auf dem sich der Kernbau des Rathauses einst als Mittelpunkt der Stadt präsentierte. Die Rathaushalle bietet dem Besucher einen Blick in die Geschichte von Stadt und Gebäude: Der Schwibbogen verbindet den älteren Ostteil mit dem in den 1330er Jahren erbauten westlichen Hallenbereich, dessen symmetrisch angelegte Portale den gleichberechtigten Zugang aus Alt- und Neustadt gewährleisteten. Die Darstellung der vier Weltreiche in der Decke sowie ein Gemälde mit der Darstellung des Weltgerichts symbolisieren die Gerichtshoheit des

An die königliche Pfalz erinnert diese künstlich geschaffene Ruine.

Abendstimmung in der Ratsstraße, vor dem Mühlhäuser Rathaus

Rates. Das Gemälde »Thomas Müntzer setzt den Ewigen Rat ein« erinnert an die Zeit von Reformation und Bauernkrieg, in der Mühlhausen zum Zentrum der thüringischen Aufstandsbewegung wurde. In der Großen Ratsstube zeigen gotische und Renaissance-Darstellungen die Reichsstände und die Kurfürsten des Heiligen Römischen Reichs, als dessen selbstbewusstes Glied sich die Reichsstadt sah. Im Zwischengeschoss des Renaissanceflügels befindet sich seit 1615 das Reichsstädtische Archiv, das sogar für Besucher zugänglich ist. In der Eingangshalle des Rathauses zeigen ein Mühlstein

mit Mühleisen den Ursprung von Stadtnamen und -wappen. Die Städtewappen der preußischen Provinz Sachsen erinnern an die Zugehörigkeit Mühlhausens zu Preußen.

Die erste große gotische Kirche Mitteldeutschlands

Die Kirche Divi Blasii wurde zwischen 1270 und 1300 als erste große gotische Kirche Mitteldeutschlands als Pfarrkirche der Altstadt vom Deutschen Orden erbaut. Bahnbrechend für unsere Region war die

Übernahme von Stilmitteln der nordfranzösischen Kathedralen wie der Fensterrosette in der Nordquerhaus-Fassade. Die wuchtigen Türme allerdings gehören zum Vorgängerbau, einer romanischen Basilika. Von der Ausstattung sind besonders die Glasfenster des Chores aus dem 14. Jahrhundert, die Grabsteine und das Chorgitter zu nennen. An dieser Kirche wirkte Johann Sebastian Bach von 1707 bis 1708 als Organist. Seine Disposition für einen Orgelneubau wurde für die 1959 eingeweihte Schuke-Orgel erneut zugrunde gelegt. Mit Bach fand Mühlhausen als Pflegestätte der Kirchenmusik seinen besonderen Glanzpunkt.

Höchster Kirchturm Thüringens

Die fünfschiffige Hallenkirche Sankt Marien mit dem höchsten Kirchturm Thüringens (87 Meter) dominiert die Stadtsilhouette aus jeder Himmelsrichtung. Das Figurenprogramm mit dem Kaiseraltan der Südquerhausfassade zeigt eindrucksvoll die unmittelbare Beziehung der Stadt zu Kaiser und Reich. Im Inneren lenken die vier Säulenreihen den Blick zu den Chorfenstern aus dem 14. Jahrhundert, zum Altar und der nachreformatorischen Ausstattung. Der radikale Reformator Thomas Müntzer predigte im Jahr 1525 hier in der Pfarrkirche der Oberstadt sein Verständnis des Gotteswortes von

Der Hospitalturm der Stadtmauer

Die fünfschiffige Hallenkirche Sankt Marien mit dem höchsten Kirchturm Thüringens (87 Meter) dominiert die Stadtsilhouette aus jeder Himmelsrichtung.

Eines der beliebtesten nahen Ausflugsziele der Mühlhäuser ist der Schwanenteich – auch im Winter.

Ein Denkmal vor dem Tor zur Stadt erinnert an Thomas Müntzer.

einer gerechten Welt. Eine Ausstellung erinnert an sein Wirken.

Stadt der Kirchen

Neben den beiden Hauptkirchen vermitteln weitere elf Kirchen und Kapellen eine Vorstellung vom mittelalterlichen Mühlhausen. In der ehemaligen Klosterkirche der Franziskaner aus dem 13. Jahrhundert befindet sich das Bauernkriegsmuseum. Als Museumsgalerie für Thüringer Malerei und Graphik wird die zwischen 1257 und 1287 erbaute Allerheiligenkirche mit ihrem schlanken Turm genutzt. Zu einer der schönsten Stadtbibliotheken wurde die Mühlhäuser, seit sie ihr neues Domizil im Jahr 2004 in der doppeltürmigen Jakobikirche fand. Mit der Sanierung der baulich gefährdeten Kilianikirche und ihrem Ausbau zur Spielstätte für ein Jugendtheater schuf Mühlhausen erneut ein Beispiel für die kulturelle Nutzung jahrzehntelang profanierter Kirchengebäude. Die anderen mittelalterlichen Kirchen dienen als evangelische Pfarrkirchen. Für die katholische Gemeinde wurden 1851 die Bonifatiuskapelle und 1905 die Josephskirche erbaut.

Reformation und Bauernkrieg

Um die Sicherheit der Stadt vor Überfällen des räuberischen Adels der Nachbarschaft zu erhöhen, wurde um die Vorstädte im 14. Jahrhundert ein zweiter Mauerring gelegt und das Landgebiet mit seinen 19 Dörfern erhielt den Landgraben als Schutz. Doch wie

Die Kirche Divi Blasii wurde zwischen 1270 und 1300 als erste große gotische Kirche Mitteldeutschlands als Pfarrkirche der Altstadt vom Deutschen Orden erbaut.

viele Regionen in Deutschland geriet auch Mühlhausen im 15. Jahrhundert in eine Krise, die schließlich Anfang des 16. Jahrhunderts in Reformation und Bauernkrieg mündete. Nach der Niederlage der Aufstandsbewegung kam die Stadt in die Gewalt der siegreichen Fürsten. Erst seit Mitte des 16. Jahrhunderts konnte sie ihre Reichsfreiheit wieder durchsetzen. Dieses »silberne Zeitalter« endete abrupt 1618 mit dem Ausbruch des Dreißigjährigen Krieges. Von den großen Bevölkerungsverlusten, dem Niedergang der Gewerbe und zunehmendem Druck benachbarter Territorialgewalten und schließlich dem Siebenjährigen Krieg konnte sich die Stadt bis zum Ende der Reichsfreiheit 1802 nicht wieder erholen. Trotzdem entstanden meist im 18. Jahrhundert am Unter- und Obermarkt sowie in den Hauptstraßen der Stadt repräsentative Bürgerhäuser, die das Stadtbild bis heute wesentlich prägen. Als eines der wenigen öffentlichen Gebäude wurde 1722/1723 die Brotlaube am Obermarkt neu gebaut.

Industrialisierung einer mittelalterlichen Stadt

Erst die in den 1860er Jahren in Mühlhausen einsetzende Industrialisierung – 1870 erfolgte der Anschluss an das Eisenbahnnetz – brachte spürbaren Aufschwung. Die Bevölkerung wuchs rasant, die Bebauung verdichtete sich und erfasste die Bereiche jenseits der äußeren Stadtmauer, die schließlich aufgegeben wurde. An der inneren Stadtmauer wurden außer dem Frauentor alle Tore abgebrochen und verkehrsmäßig notwendige Durchbrüche geschaffen, bis man Ende des 19. Jahrhunderts ihren historischen Wert erkannte. So wirkt sie bis heute als nahezu geschlossener Mauerring.

Grundlage dieses wirtschaftlichen Aufschwungs waren die traditionelle Textilindustrie und der Maschinenbau, die Bauindustrie, die Lederverarbeitung sowie die Nahrungs- und Genussmittelindustrie. Der Kalibergbau und später die Elektro-

technik erweiterten die Produktionsbasis. Bis 1989 bestimmte diese Gewerbestruktur die wirtschaftliche Basis der Stadt.

Im Zweiten Weltkrieg blieb Mühlhausen von größeren Zerstörungen bewahrt. Doch die jahrzehntelange Vernachlässigung der Bausubstanz durch Weltwirtschaftskrise, Aufrüstung, Kriegswirtschaft, Nachkriegszeit und schließliche Konzentration der Ressourcen auf Neubau in der DDR hinterließ tiefe Spuren. Doch immerhin blieb Mühlhausen bis auf ein Quartier im Jakobiviertel innerhalb der Stadtmauer von flächenhaftem Abriss verschont.

Nach der politischen Wende wurde mit Unterstützung durch Förderprogramme von Bund und Land Thüringen eine Sanierung öffentlicher und privater Gebäude sowie des Stadtraumes ins Werk gesetzt. Die Lebensqualität der Mühlhäuser erhöhte sich wesentlich und die Besucher der Stadt können deren reiche Geschichte erleben.

Martin Sünder, Stadtarchiv Mühlhausen

Mühlhausen

Tradition und Brauchtum

Mühlhausen, mitten im grünen Herzen Thüringens, hat nicht nur Geschichtliches zu bieten, sondern ein umfangreiches Kultur- und Freizeitangebot. Denn eines steht fest: Die Mühlhäuser feiern gern. Davon zeugen Traditionsfeste, die sich weit über die Stadt- und Thüringer Landesgrenze hinaus allergrößter Beliebtheit erfreuen und jährlich Tausende von Gästen anlocken.

Der Festreigen beginnt mit einem bunten Frühlingsfest auf dem Festplatz Blobach, unmittelbar vor dem Tor zur historischen Innenstadt. Eröffnet wird das Fest immer am Ostersamstag. Eine Woche lang feiern Besucher aus nah und fern heiter und ausgelassen den langersehnten Frühling.

Jedes Jahr im Frühling starten seit vielen Jahren traditionell auch die Mühlhäuser Musiktage. Bekannte Größen wie Leo Kottke, Ulla Meinecke, Pe Werner und Hannes Wader waren dabei schon Gäste auf der Musiktage-Bühne.

Immer wieder am Pfingstwochenende wird drei Tage lang das Stadtfest gefeiert. Die gesamte Innenstadt verwandelt sich in eine großartige Musik- und Schaubühne. Tausende Mühlhäuser und Gäste genießen ein abwechslungsreiches Programm.

Nur kurze Zeit nach dem Stadtfest erinnert ein historisches Bauernkriegsspektakel an die Bedeutung Mühlhausens zur Zeit des Deutschen Bauernkrieges.

Traditionelles Brauchtum pflegen die Mühlhäuser mit ihrer alljährlichen Holzfahrt im Juni. Erstmalig

Das historische Bauernkriegsspektakel erinnert an die Bedeutung Mühlhausens zur Zeit des Deutschen Bauernkrieges.

Während des Handwerkermarktes auf dem Kristanplatz am Kirmessonntag wird alte Handwerkskunst gezeigt.

Das Brunnenfest gehört zu den jährlichen Höhepunkten.

Mit Musik geht es am Kirmessonntag durch die Stadt.

wurde das Fest im Jahr 1815 urkundlich erwähnt. Heute wird die Mühlhäuser Holzfahrt mit Kutschfahrten in den heimischen Stadtwald, Musik und lustigen Wettkämpfen gefeiert.

Auch das traditionelle Brunnenfest, das abwechselnd durch Mühlhäuser Schulen geplant und kulturell an der schön geschmückten Popperöder Quelle mit Brunnenhaus ausgestaltet wird, ist immer ein Höhepunkt im Kulturleben der Stadt.

Unbestrittener Höhepunkt und eigentlich der Beginn der Jahreszeit, nach der die waschechten Mühlhäuser ihre eigenen Kalender aufstellen, ist die Mühlhäuser Stadtkirmes. Zu dieser Zeit, die immer auf die letzte Augustwoche fällt, umgibt sich Mühlhausen über eine Woche lang mit einem ganz besonderen Flair. 30 Kirmesgemeinden sind

im Traditionsverein Mühlhäuser Heimatfeste zusammengeschlossen und organisieren von da aus, gemeinsam mit der Stadtverwaltung, diese größte Stadtkirmes Deutschlands. Bunte Programme in den einzelnen Kirmesgemeinden in und um Mühlhausen, Spielmannszüge und ein jährlich wachsender Kirmesumzug am Kirmessonntag sind nur einige Attraktionen.

Seit 1993 organisiert die Stadtverwaltung alljährlich an jedem zweiten Sonntag im September – zum europaweiten »Tag des offenen Denkmals« – ein buntes Umweltfest mit Öko-Markt. Weitere Traditionen sind der Mühlhäuser Satireherbst sowie der kleine aber feine Mühlhäuser Weihnachtsmarkt mit Kunstmarkt.

Die Mühlhäuser Kirmes

Das Fest der Feste

Keine Kirmes ohne klangstarke Spielmannszüge

Ob groß oder klein: An der Kirmes haben alle ihren Spaß.

Jede Stadt hat ihre festlichen Höhepunkte im Jahr. Überall gibt es Anlässe, die gefeiert werden, ja werden müssen. Nicht anders ist es in Mühlhausen. Seit mehr als hundert Jahren wird die Mühlhäuser Kirmes als großes Volksfest gefeiert. Die Straßen und Plätze, besonders dort, wo die Kirmesgemeinden angesiedelt sind, werden mit bunten Ketten und Fahnen geschmückt. Über eine Woche lang wird ausgelassen und fröhlich gefeiert. Die Mühlhäuser Kirmes ist die größte Stadtkirmes Deutschlands. Doch woher kommt der Brauch?

Ein Stadtverordnetenbeschluss aus dem Jahr 1877 verlangte, dass der weltliche Teil der Kirchweihfeste nur noch an einem Tag im Jahr stattzufinden habe. Den damaligen Obrigkeiten waren die vielen Feste ein Dorn im Auge. Galt doch Mühlhausen auch im 19. Jahrhundert als eine Stadt mit vielen Kirchen und somit auch vielen Kirchweihfesten.

Was ursprünglich zu einer Einschränkung führen sollte, hat sich inzwischen als Glücksfall für die Mühlhäuser und ihre Stadt entwickelt. Das einzigartige Fest der Stadtkirmes wurde geboren. Inzwischen hat sie sich von einem Tag auf über eine Woche ausgeweitet und eine weitere Verlängerung scheint nicht ausgeschlossen.

Getragen wird die Mühlhäuser Kirmes vor allem durch den Traditionsverein Mühlhäuser Heimatfeste mit seinen etwa 30 Kirmesgemeinden. Deren älteste Vertreter – Sankt Jakobi, Rimbach und Schaffentorstraße – sind übrigens so alt wie die Stadtkirmes selbst. Die Kirmesgemeinden gestalten in ihren Bereichen für ihr Publikum und die Gäste aus nah und fern ein buntes, vielseitiges Programm. Erst durch den Einfallsreichtum und den Fleiß der Kirmesgemeinden wurde die Mühlhäuser Kirmes zum wirklichen Straßenfest mit besonderem Flair.

Die Mühlhäuser Kirmes beginnt in aller Regel am Freitag der letzten Woche im Monat August und endet am Sonntag der darauffolgenden Woche, wobei das erste Wochenende als die »Große Kirmes« und das darauffolgende Wochenende als »Kleine Kirmes« bezeichnet wird.

Höhepunkt ist der große Festumzug durch die Mühlhäuser Altstadt am Sonntagvormittag der Großen Kirmes, der alljährlich zehntausende Zuschauer anlockt. Dieser Umzug ist durchaus vergleichbar mit den bunten und ausgelassenen Karnevalumzügen im Rheinisch-Westfälischen. Gern werden von den

Kirmes – das ist auch ein Fest der Musik.

Auch schwarzer Humor kommt nicht zu kurz.

Kirmesgemeinden und Gästen verschiedene politische und stadthistorische Themen aufs Korn genommen. Die Themen für dieses Spektakel werden von den Kirmesgemeinden bis unmittelbar vor dem Umzug streng geheim gehalten.

Eine klangstarke Rolle sowohl beim Festumzug als auch bei den Veranstaltungen der Kirmesgemeinden spielen die Spielmannszüge. Sie sorgen mit Klängen von Schellenbaum, Trommelpfeifen, Trommeln und Fanfaren bereits am frühen Morgen des Kirmessonntags dafür, dass die Mühlhäuser rechtzeitig aus den Federn kommen.

Die Kirmesgemeinden gestalten für ihr Publikum und die Gäste ein buntes, vielseitiges Programm.

Bauernkriegsspektakel
Erinnerung wird lebendig

Thomas Schwalbe in der Rolle des umstrittenen Johann von Otthera. Mit viel Fingerspitzengefühl gelingt ihm eine äußerst differenzierte Darstellung.

Das Bauernkriegsspektakel zählt zu den jüngeren Traditionsfesten Mühlhausens. Seit 2004 findet es alljährlich im Mai an den historischen originalen Schauplätzen der Stadt statt. Die Mauern und Bauwerke Mühlhausens sind die perfekte Bühne für ein solches Spektakel. Der kleine Blobach, der Hohe Graben und das Frauentor mit seiner gut erhaltenen Stadtmauer sind grandiose Kulissen dieses Schauspiels.

Gewidmet ist das Bauernkriegsspektakel dem rebellischen Prediger Thomas Müntzer und seinem Wegbegleiter Heinrich Pfeiffer, die im Jahr 1525 zum großen Schlag gegen die Obrigkeit ausholten. Dieses Ereignis ging als Bauernkrieg in die deutsche Geschichte ein. Doch war das Ganze viel mehr

als nur ein Krieg oder eine Rebellion der Bauern. Es war der Traum der armen Leute von einer gerechteren Welt.

Während der Historienspiele werden Szenen aus dem spätmittelalterlichen Geschehen nachgestellt. Begleitet wird das Bauernkriegsspektakel von rustikalen mittelalterlichen Markt- und Handwerksständen und Gutem für Geist und Magen. Schauspiele, Spielleute, Narren, Gaukler, Märchenerzähler und schlagkräftige Ritter sorgen weiterhin für heitere und kurzweilige Stunden.

Wahre Begebenheiten

Urheber, Autor und Regisseur des Spektakels ist Matthias H. Herzer. Er entwickelte bereits im gesamten mitteldeutschen Raum historische Themenfeste. Alle Szenen, die in Mühlhausen gespielt werden, basieren auf wahren Begebenheiten, Aufzeichnungen und Briefen Thomas Müntzers. Auf künstlerische Freiheiten verzichtet der Autor weitgehend, abgesehen von den oft spaßigen Einwürfen der mehr als 100 Statisten, die aus den Kirmesgemeinden der Stadt kommen oder einfach an Geschichte Interessierte aus dem Landkreis sind. In historischen Kostümen führen die Protagonisten ihre Streitgespräche in einem fort und beweisen Witz und Erfindungskraft beim Improvisieren.

So werden historische Momente der unruhigen Jahre 1523 bis 1525 in Mühlhausen auf zwei Tage an einem Wochenende verteilt und Geschichte wird anschaulich greifbar nah und spannend.

Matthias H. Herzer ist der Urheber, Autor und Regisseur der Spielszenen innerhalb des Bauernkriegsspektakels in Mühlhausen. Er verkörpert wechselnd verschiedene historische Charaktere, sowohl Freunde wie auch Feinde von Thomas Müntzer.

Spaßig sind die Einsätze der Statisten.

Ohne die vielen Statisten, die aus den Kirmesgemeinden der Stadt kommen oder einfach an Geschichte Interessierte aus dem Landkreis sind, wäre das Bauernkriegsspektakel undenkbar.

Historische Momente aus dem Deutschen Bauernkrieg werden während des Spektakels anschaulich und greifbar nah.

»Die Macht soll gegeben werden dem gemeinen Volk«, predigte Thomas Müntzer. Die »Mühlhäuser elf Artikel« und ein »Ewiger Rat« sollten die Herrschaft von Patriziern und Adel in der Stadt für immer beenden. Doch der Traum einer gerechten Welt sollte nicht wahr werden. Auch an die bittere Niederlage mit der Hinrichtung Thomas Müntzers und vielen aus seinem Gefolge erinnert das Bauernkriegsspektakel.

Mühlhäuser Brunnenfest

Eine Tradition aus dem frühen 17. Jahrhundert

Das Brunnenfest ist die älteste Tradition in Mühlhausen. Bereits im Jahr 1605 wird dieses Fest an der Popperöder Quelle erwähnt. Ursprünglich wurde es nur vom Gymnasium, das – abgesehen von den Küsterschulen – nur Jungen besuchten, gefeiert. Das hübsche Brunnenhaus wurde im Jahr 1614 als Lusthaus eingeweiht. Ab 1720 feierte dann auch die Mädchenschule ihr Brunnenfest.

Eine Zeichnung erinnert an das Brunnenfest der Mädchen vor über hundert Jahren.

Ein Höhepunkt sind die traditionellen Brunnenfesttänze.

Mit Blumensträußen wird die Quelle geehrt.

Festlich gekleidet lauschen die Kinder der Festrede.

Rund um die Quelle versammeln sich die Kinder.

Anfang des 19. Jahrhunderts begingen bereits die Vorstadt- und Küsterschulen (Martini, Georgi, Petri und Nicolai) ihr Brunnenfest.

Brunnenfeste haben ihren rituellen Hintergrund in dem vorchristlichen heidnischen Wasserkult. Dem früheren Menschen muss voller Ehrfurcht und Dankbarkeit die Spendenfülle des Wassers noch eher zu Bewusstsein gekommen sein, als die der Sonne und des Feuers. Wurden doch vor allem durch das Wasser im bedeutenden Maße Leben, Gesundheit und Fruchtbarkeit des bearbeiteten Ackerbodens beeinflusst.

So ist auch heute noch das Brunnenfest eines der Höhepunkte im Schuljahr. Die Kinder ziehen bunt geschmückt mit Blumensträußen an Stöcken und die Mädchen mit Blumenkränzen im Haar dem Umzug voran bis zur Popperöder Quelle. Während der Quellfeier spricht der Schuldirektor und mit Liedern wird für das köstliche und lebensspendende Wasser gedankt. Blumenstöcke und Blumensträuße werden von den Kindern in der Quelle versenkt.

Weitere Höhepunkte sind die traditionellen Brunnenfesttänze und die Polonaise. Gegen Abend ziehen alle langsam nach Hause und nehmen die Erinnerung an einen wunderschönen Tag mit.

Sage von der Nymphe

Wundersam schön ist der Brunnen zu Popperode (Wüstung), abendwärts der Stadt, ein mächtiger Quell und spiegelklar bis zum Grunde. Seine Nymphe spendet unerschöpflich ihren quellenden Segen; sein Wasser speist zwei Teiche und treibt zwölf Mühlen. Zum Dank dafür wird ihm alljährlich unter Reden und frommen Lobgesängen ein Doppelfest der Jugend gefeiert. Dicht am Becken, das unter uralten Lindenbäumen ruht, steht ein getürmtes Lustschlösschen von eigentümlichem Bau, in dessen kühler Halle stand und steht manch guter Spruch. Der schönste und beste dieser Sprüche ward hinweggetüncht und möchte wohl erneut werden: »Ut lymphae Nymphas nimbus coronat, Ad fontem frontem fronde corones.«

(Ludwig Bechstein, Deutsches Sagenbuch, Leipzig 1853)

Mühlhäuser Holzfahrt

Traditionelles Brauchtum wird gepflegt

Die Mühlhäuser Holzfahrt wurde erstmalig 1815 urkundlich erwähnt. Seinen Ursprung hat das Fest im »Zwang« der einfachen Leute, gemeinsam das für den Winter benötigte Holz zu schlagen, zusammenzutragen, aufzuladen und abzufahren. Weil diese Arbeit in Gemeinschaft besser vorangeht, wurden »Holzfahrtgemeinschaften« gebildet. Gemeinsam zogen die Bürger jeweils in der Zeit um den Johannistag – wenn die Bestellung der Felder beendet war – mit Ochsen- und Leiterwagen ins Holz.

Später besorgten Fuhrunternehmen die Holzabfuhr. Wer es sich leisten konnte, fuhr mit der Kutsche zum »Weißen Haus« am Stadtwald. Einige Kilometer entfernt, am Spittelbrunnen, ließ der Magistrat »eigens einen gemauerten Herd mit mehreren Kochstellen errichten«, geht aus einer Chronik hervor. Ein Holzfest wurde gefeiert, bei dem unter anderem verschiedene Volkslieder gesungen wurden.

Kutschfahrten durch den Wald erinnern an die Holzfahrt.

Erst ab 1974 wurde dieses Heimatfest wieder aufgegriffen, da man in ihm eine Möglichkeit für Geselligkeit und Erholung sah. Alljährlich ziehen nun wieder hunderte Mühlhäuser zur »Holzfahrt«. Auf dem Festplatz, unter den schattenspendenden Bäumen, finden weit über 500 Gäste Platz. Es wird ein vielseitiges Programm geboten. Mühlhäuser Chöre, Jagdhornbläser, Blaskapellen, Spielmannszüge und Sänger treten vor der Kulisse des Stadtwaldes auf. Die Erwachsenen messen zünftig ihre Kräfte beim Wettsägen und Zielhacken. So versucht man heute, das Brauchtum jenes alten traditionellen Heimatfestes rund um das »Weiße Haus« zu pflegen.

Ammerscher Bahnhof

Stätte des guten Geschmacks

Bereits seit 1794 steht die Gaststätte Ammerscher Bahnhof für typische Hausmannskost. Der Ammerscher Bahnhof liegt am Stadtrand von Mühlhausen und lockt mit rustikalen Gerichten nach überlieferten Familienrezepten. Der Name des Hauses geht zurück auf die Zeit, in der es Lieblingsplatz der reisenden Händler war. Als am anderen Ende der Stadt der Bahnhof errichtet wurde, ernannten die Händler die Pferdeausspanne in der Ammerstraße ebenfalls zum Bahnhof – zur Reisestätte des guten Geschmacks.

Ein gemütlicher Biergarten lädt im Sommer zum Verweilen ein.

Drei Gasträume, ein Gartenrestaurant, drei Kegelbahnen und 13 gemütliche Hotelzimmer machen den Ammerschen Bahnhof zum beliebten Ausflugsziel. Die Speisekarte bietet eine reiche Auswahl an marktfrischen Gerichten. Die eigene Hausschlachterei mit Spezialitäten wie Mühlhäuser Zwiebelwurst, Leberwurst oder Sülze ist eine kulinarische Fundgrube.

Drei Gasträume, ein Gartenrestaurant, drei Kegelbahnen und 13 gemütliche Hotelzimmer machen den Ammerschen Bahnhof zum beliebten Ausflugsziel.

Quelle des Unstrutschlammes

Konditorei und Café Schikore

Das Café Schikore ist seit 1955 ein Familienunternehmen mit eigener Konditorei und damit das älteste Konditoreicafé der Stadt Mühlhausen. Das gemütliche Café im Herzen der Altstadt ist der einzige Betrieb im Umkreis von 50 Kilometer, der eine eigene Konditorei besitzt. Dieses Café überrascht mit einem reichhaltigen Angebot an Torten, Kuchen, Gebäck-Sorten und Pralinen, die täglich frisch zubereitet werden und als unübertroffen gelten. Dieses vielfältige Sortiment hat für jeden Geschmack etwas zu bieten.

Eine außergewöhnliche Spezialität ist der nur dort erhältliche süße »Unstrutschlamm«. Dessen Rezept bleibt ein wohlgehütetes Familiengeheimnis. Vom Konditormeister persönlich wird er unter Einsatz seines Lebens in klaren Vollmondnächten an geheimen Uferstellen der Unstrut geschöpft, wie er mit einem Augenzwinkern erzählt.

Eine außergewöhnliche Spezialität ist der nur dort erhältliche »Unstrutschlamm«.

Hotel
»Brauhaus zum Löwen«

Frisch Gezapftes zwischen Sudpfanne und Läuterbottich

Im Herzen der Altstadt, am Kornmarkt 3, liegt das Hotel »Brauhaus zum Löwen«, die einzige noch vorhandene Brauerei im Unstrut-Hainich-Kreis. Das Hauptgebäude wurde in der zweiten Hälfte des 16. Jahrhunderts errichtet, fiel aber im Jahr 1707 dem großen

Im Jahre 2002 wurde die Erlebnisgastronomie LEO (lateinisch für Löwe) eingeweiht, wo etwa 300 Personen bei Musik, Stimmung und Tanz Unterhaltung finden.

Das »Brauhaus zum Löwen« ist die einzige noch vorhandene Brauerei im Unstrut-Hainich-Kreis.

Brand am Kornmarkt zum Opfer und wurde in den Jahren 1707 bis 1713 im jetzigen Zustand wieder aufgebaut. Dann diente es fast 200 Jahre als Apotheke und trug im 20. Jahrhundert den Namen »Löwen-Apotheke«, die

Namensgebung für das heutige »Brauhaus zum Löwen«. Nach der politischen Wende 1989 führte das Bauwerk einen kurzen Dornröschenschlaf.
Im Jahre 1991 erwarb eine Gesellschaftergruppe aus Willingen/ Nordhessen das 300 Jahre alte Fachwerkhaus, investierte etwa vier Millionen Mark und eröffnete im Mai 1992 eine Gasthaus-Brauerei mit Biergarten und Hotelbetrieb, der heute über 81 geschmackvoll eingerichtete Zimmer, drei Tagungsräume, Parkplatz und Tiefgarage verfügt.
Im Jahre 2002 wurde die Erlebnisgastronomie LEO (lateinisch für Löwe) eingeweiht, wo etwa 300 Personen bei Musik, Stimmung und Tanz Unterhaltung finden.

In der Malztenne, die einst ein zugewachsener Hinterhof war, genießt man heute sein frisch gezapftes Bier zwischen Sudpfanne und Läuterbottich. Auch wenn es heute keine Medikamente mehr in der ehemaligen Löwen-Apotheke gibt, verspricht sich doch der ein oder andere Besucher eine wohltuende Wirkung vom erfrischend-kühlen Getränk.

Beitrag von:
Brauhaus zum Löwen
Felchtaer Straße 3
99974 Mühlhausen
Tel. (0 36 01) 47 10
Fax (0 36 01) 47 12 22
info@brauhaus-zum-loewen.de
www.brauhaus-zum-loewen.de

Einzige Brauerei im Landkreis

Hier kann man dem Meister über die Schulter schauen

So wurde das im Mittelalter geltende Reinheitsgebot in Mühlhausen bekanntgegeben.

Wer hat eigentlich das Bier erfunden? Das wollten die Zecher zu allen Zeiten gerne wissen. Vermutlich erfand man deswegen einige Erfinder. Die Ägypter behaupten, es sei das göttliche

Geschwisterpaar Isis und Osiris gewesen. Die Abendländer nehmen gern einen gewissen Herrn Gambrinus in Anspruch. Der griechische Historiker Diodorus Siculus, der im ersten Jahr-

hundert v.Chr. lebte, befürwortete die ägyptische Bier-Historie. Er führt aus, Osiris habe das aus gemälzter Gerste bereitete Bier im Jahre 2017 v.Chr. erfunden.
Wer das Bier nun tatsächlich erfunden hat, bleibt im jahrtausendealten Bierdunst verschwommen. Auch der Braumeister im »Brauhaus zum Löwen«, der einzigen noch existierenden Brauerei im Unstrut-Hainich-Kreis, schüttelt den Kopf. Aber wie gutes Bier nach dem deutschen Reinheitsgebot von 1516 hergestellt wird, das weiß er mit Bestimmtheit.
Jede Woche kann man dem Meister beim Ansetzen vom »Reichsstädtischen Pilsener« und vom »Apotheker Dunkel« über die Schultern schauen. Als Saisonbiere sollten auch das Rauchbier und das Weihnachtsbock nicht unerwähnt bleiben. Ungefähr 350 Kilo Malz sind pro Sud notwendig, weshalb mehrmals im Jahr das

Malz mit Hilfe eines Kranes und mit viel Muskelkraft auf dem Dachboden des Hauptgebäudes eingelagert wird. Der alte Dachboden wurde hierfür mit 10 Tonnen Stahl verstärkt, um das Gewicht des Malzes zu verkraften, das als Röst-, Sauer-, Pilsener, Münchner und geräuchertes Malz verarbeitet wird.
Im Laufe der Zeit ist aus dem kleinen Mühlhäuser »Brauhaus zum Löwen« eine bei Einheimischen und Gästen gleichermaßen beliebte Gasthaus-Brauerei und Erlebnisgastronomie geworden.

Jede Woche kann man dem Meister beim Ansetzen des Sudes über die Schultern schauen.

Mühlhäuser Museen

Museum am Lindenbühl

Der Neorenaissancebau am Lindenbühl, 1868 bis 1871 als Gymnasium errichtet, ist seit 1947 festes Domizil des Mühlhäuser Heimatmuseums, das aus dem 1879 gegründeten Gewerbemuseum hervorgegangen ist. Durch gewachsenen Sammlungsbestand und Umfang der wissenschaftlichen Bearbeitung ist dieses Haus dem Status eines Heimatmuseums entwachsen und zu einem Stadt- und Regionalgeschichtsmuseum geworden. Dort können die Besucher neben naturkundlichen (Geologie und Biologie Nordwestthüringens) und ur- und frühgeschichtlichen (Entwicklungen von der Steinzeit bis zur fränkischen Kolonisierung) Dauerausstellungen auch die thüringenweit einmalige Darstellung reichsstädtischer Geschichte erleben. Zum festen Programm des Museums gehören auch Sonderausstellungen, die sich vornehmlich kultur- und industriegeschichtlichen sowie historischen und ur- und frühgeschichtlichen Spezialthemen widmen.

Prächtige Details schmücken den Neorenaissancebau am Lindenbühl.

Ausstellungsspektrum

Gezeigt werden eine naturkundliche Ausstellung zur Geologie und Biologie Nordwestthüringens, eine Ausstellung zur Ur- und Frühgeschichte im Mühlhäuser Raum, eine Stadt- und regionalgeschichtliche Ausstellung sowie Sonderausstellungen vornehmlich zur Kulturgeschichte.

Geöffnet hat das Museum am Lindenbühl dienstags bis sonntags von 10 bis 17 Uhr.

Das als Gymnasium errichtete Gebäude ist seit 1947 festes Domizil des Mühlhäuser Heimatmuseums.

Kirche Sankt Marien

Müntzergedenkstätte

In welche Etappe der Kultur- und Stadtgeschichte Mühlhausens man auch Einblick nimmt, immer hat Sankt Marien – nach dem Erfurter Dom die zweitgrößte Hallenkirche Thüringens – eine wesentliche Rolle gespielt: Hier wurden im Mittelalter die kaiserlichen Rechtsentscheidungen verkündet, hier war die bevorzugte Begräbnisstätte der angesehensten Persönlichkeiten der Stadt, hier predigte Thomas Müntzer, einer der bedeutendsten Radikaltheologen des Deutschen Bauernkrieges, hier wurde

Nach dem Erfurter Dom ist die Marienkirche die zweitgrößte Hallenkirche Thüringens. Ihr 86,7 Meter hoher Turm ist der höchste des Bundeslandes und prägt maßgeblich die Stadtsilhouette.

Sehenswert

Die Kirche Sankt Marien beeindruckt durch ihre reiche sakrale Innenausstattung. Gezeigt werden eine Dokumentation zur älteren Baugeschichte, ein Turmmuseum, ein Müntzer-Memorial, eine Ausstellung zu Leben und Wirken Thomas Müntzers, ein Lapidarium sowie eine historische Steinmetzwerkstatt. Geöffnet hat die Müntzergedenkstätte dienstags bis sonntags von 10 bis 17 Uhr.

Fürstentag gehalten, hier erklang zum ersten Male die Ratswahlkantate des jungen Johann Sebastian Bach ...

Als Architektur- und Geschichtsdenkmal, als Müntzergedenkstätte, als Begegnungsort mit Kunst und Kultur, als Austragungsort musikalischer Veranstaltungen und als Stätte des religiösen Lebens ist die Marienkirche auch heute aufs Engste mit dem Geschick der Stadt und ihrer Bürger verbunden. In dem 1975 säkularisierten und seither museal genutzten Bau mitten im Stadtzentrum findet der Besucher in verschiedenen Ausstellungsbereichen ein reiches historisches und kulturhistorisches Angebot.

Die Marienkirche besticht durch ihre reiche sakrale Innenausstattung. Dazu gehört auch dieses prächtige Altarbild.

Die über 100 Jahre alte Sauer-Orgel in Sankt Marien wird von namhaften internationalen Organisten als ein überaus kostbares Instrument in der mitteldeutschen Orgellandschaft geschätzt.

Kornmarktkirche

Ein Bauernkriegsmuseum

Die ehemalige Klosterkirche Sankt Crucis, gelegen am Kornmarkt, weist sich durch ihre schlichte, von Maß und Proportion bestimmte Architektur als Bettelordenskirche aus. Der seit 1802 profanierte Bau, der zunächst als städtische Waage und Kornmagazin, seit dem späten 19. Jahrhundert gar als

Die seit dem Jahr 1802 profanierte Kornmarktkirche zeigt eine Ausstellung zu Reformation und Bauernkrieg.

Bauhülle für Büroräume und Wohnungen verwendet worden war, fand erst nach grundlegender Restaurierung in den Jahren 1973 bis 1975 und der nachfolgenden musealen Gestaltung eine angemessene Nutzung.

Der saalartige Innenraum beherbergt eine Ausstellung, die über den Verlauf, die Höhepunkte und die Nachwirkungen des Deutschen Bauernkrieges im Kontext der Zeit und als Bestandteil der deutschen Nationalgeschichte informiert. Diese mehrfach modifizierte Ausstellung wurde im Jahre 2003 nach völliger Neukonzeption und Umgestaltung der Öffentlichkeit wieder zugänglich gemacht. Seither ist auch ein Sonderausstellungsbereich integriert, in dem Spezialthemen zu Reformation und Bauernkrieg vorgestellt werden. Zusätzlich wird die Kornmarktkirche für Sonderveranstaltungen, vornehmlich musikalischer Art, genutzt.

Ein Besuchermagnet

Die Kornmarktkirche beherbergt eine Ausstellung zu Reformation und Bauernkrieg, Gruftlapidarium mit Dokumentation zur Bau- und Restaurierungsgeschichte, ein Außenlapidarium und einen Klostergarten sowie eine Sonderausstellungen zu Spezialthemen der Reformationsgeschichte und zur Rezeptionsgeschichte.

Geöffnet hat das Bauernkriegsmuseum dienstags bis sonntags von 10 bis 17 Uhr.

Einzigartig in der Mühlhäuser Museumslandschaft ist das Gruftlapidarium mit Dokumentation zur Bau- und Restaurierungsgeschichte.

Wertvolle Funde werden vorgestellt.

Klostergarten

Benedektinische und zisterziensische Gartenkunst

Mit einem irren Duft von frischen Kräutern empfängt im Frühjahr, Sommer und Herbst der historische Klostergarten der Kornmarktkirche seine Besucher. Thymian mischt sich mit Lavendel, Rosmarin mit Minze. Die Ruhe hinter der ehemaligen Klosterkirche lässt den betörenden Duft intensiver erleben. Kein Lärm der stört.

Erst seit dem Sommer des Jahres 2008 gibt es diesen Klostergarten. Benedektinische und zisterziensische Gartenkunst des Früh- und Hochmittelalters standen bei der Gründung des Klostergartens Pate. Der Garten sollte sich schließlich dem Charakter der mittelalterlichen Klosterkirche, der heutigen Kornmarktkirche, anpassen. Dabei ist gar nicht gewiss, ob jene Klosterkirche, in der die Franziskaner wirkten, jemals einen Kräutergarten besaß. Beweiskräftige Überlieferungen gibt es bislang keine, lediglich die Vermutung, dass auch die Franziskaner

Benedektinische und zisterziensische Gartenkunst zeigt der Garten.

einen Kräutergarten zur Selbstversorgung gehabt haben könnten. Überliefert ist dagegen das besondere Verhältnis des Heiligen Franziskus zu Pflanzen. Auch eine Anweisung an den »Bruder Gärtner« zur Anlage einer Kräuterbepflanzung ist historisch verbrieft.

Geöffnet hat der Garten genau wie das Bauernkriegsmuseum Kornmarktkirche dienstags bis sonntags von 10 bis 17 Uhr.

Den Duft der Kräuter genießt diese junge Dame.

Kräuter sind alles andere als langweilig.

Historische Wehranlage

Die Stadtmauer

Mühlhausen gehört zu den wenigen Städten, die noch über einen nahezu vollständigen mittelalterlichen Stadtmauerring verfügen. Trotz einiger Substanzverluste – im 19. Jahrhundert wurden bis auf das Innere und Äußere Frauentor alle Stadttore abgebrochen – vermittelt die Stadtmauer noch heute einen imponierenden Eindruck von der Wehrhaftigkeit und Bedeutung der einstigen Freien Reichsstadt. Von der Stadtseite des Inneren Frauentores aus können die museal gestalteten Befestigungsanlagen über eine Länge von mehr als 370 Metern besichtigt werden, zudem bietet sich von der Aussichtsplattform des Rabenturmes ein herrliches Panorama Mühlhausens und der Umgebung. Kleinere Sonderausstellungen mit Kabinett-Charakter im Inneren Frauentor ergänzen das museale Angebot der Historischen Wehranlage.

Geschichte und Souvenirs

Auf der Wehranlage finden die Gäste Ausstellungsbereiche zur Wehrgeschichte der Stadt Mühlhausen, zur Festkultur, zu Stadtbränden und zur Entwicklung des Stadtbildes. Ein Stilzimmer mit historischer Ausstattung gibt Einblick in die Wohnwelt des Bürgertums des 19. Jahrhunderts. Als Andenken werden historische Mühlhausen-Souvenirs angeboten. Geöffnet hat die Wehranlage nur in der Sommersaison von Gründonnerstag bis Ende Oktober. Öffnungszeiten sind dienstags bis sonntags von 10 bis 17 Uhr.

Von der Aussichtsplattform des Rabenturmes bietet sich ein herrliches Panorama Mühlhausens und der Umgebung.

Im Biedermeier-Pavillon ist ein Stilzimmer des 19. Jahrhunderts eingerichtet.

Im Frauentor der Wehranlage können kleinere Sonderausstellungen mit Kabinett-Charakter besichtigt werden.

Allerheiligenkirche

Museumsgalerie

Die Allerheiligenkirche, ein schlichter gotischer Bau mit barocker Innenausstattung, wurde nach Jahrzehnten der Fehlnutzung und des Verfalls in den Jahren 1985 bis 1989 grundlegend restauriert und anschließend von der Stadt Mühlhausen an die Mühlhäuser Museen zur Nutzung übergeben. Seither dient die Kirche als Museumsgalerie, in der Ausstellungen aus dem Bestand der Sammlung Thüringer Kunst der Mühlhäuser Museen sowie Sonderausstellungen zeitgenössischer Kunst zu sehen sind.

Mit einem Ausstellungsbereich zur Bau- und Restaurierungsgeschichte und zur barocken Innengestaltung erweisen die Mühlhäuser Museen dem Baudenkmal und der kulturhistorischen Ausstattung ihre Referenz. Neben der musealen Nutzung steht die Allerheiligenkirche auch für Sonderveranstaltungen zur Verfügung, so dass dieses lange Zeit vernachlässigte Kulturdenkmal heute wesentlich zur kulturell-künstlerischen Ausstrahlung der Region beiträgt.

Heimat für Thüringer Kunst

Thüringenweit einmalig sind die Ausstellungen der Sammlung Thüringer Kunst sowie die Sonderausstellungen zeitgenössischer Kunst. Sehenswert sind ebenso die Ausstellung zu Bau- und Restaurierungsgeschichte, zu barocker Innenausstattung sowie die barocker Sakralplastik. Die Allerheiligenkirche hat dienstags bis sonntags von 10 bis 17 Uhr geöffnet.

Die Allerheiligenkirche am unteren Steinweg von Mühlhausen ist ein schlichter gotischer Bau.

Seit 1989 dient die Kirche als Museumsgalerie.

Ein Hingucker ist die Deckenmalerei.

Humanitas

Wohnen in der Pflege

Das Pflegeunternehmen Humanitas ist ein traditionelles Mühlhäuser Familienunternehmen, welches sich seit 1995 der Pflege und Fürsorge hilfebedürftiger Menschen verschrieben hat. Seither ist die Familie Liebau mit ihren 120 Mitarbeitern stets um das Wohl der ihnen anvertrauten Menschen bemüht.

Als ambulanter Pflegedienst gegründet, wurde im Jahr 1997 eine Tagespflegeeinrichtung eröffnet. Die verfolgte das Ziel, pflegende Angehörige zu entlasten und den zu betreuenden Gästen in behaglicher Atmosphäre Gemeinschaft und Unterstützung zukommen zu lassen.

Aus den bis dahin sechsjährigen Erkenntnissen, über die Möglickeiten und Grenzen der ambulanten und tagespflegerischen Versorgung, reifte der Entschluss, das Leistungsangebot um eine vollstationäre Pflegeeinrichtung zu erweitern. Über die Stationen 2001 und 2004 wurde eine ehemalige Kinderklinik am Goetheweg – eine der bevorzugten

Wohnlagen Mühlhausens – komplett saniert, baulich den Bedürfnissen älterer Menschen angepasst und mit viel Liebe zum Detail ausgestattet. Im Jahr 2008 folgte die Gründung einer weiteren Tagespflegeeinrichtung im Nachbargebäude mit zusätzlichen Angeboten im betreuten Wohnen.

Denkmalschutzpreis für den Beurenhof

Im Oktober des Jahres 2009 wurde ein Traum Wirklichkeit. Familie Liebau hatte es geschafft, ein spätmittelalterliches Gebäudeensemble aus dem 16. Jahrhundert in zentralster Innenstadtlage zu einer vollstationären Pflegeeinrichtung umzugestalten, das in dieser Form wohl seinesgleichen sucht. Die Familie Liebau und alle am Projekt Beteiligten haben zudem mit dem Beurenhof am Untermarkt 7 ein dominantes innerstädtisches Denkmal gerettet. Mit viel Kraft und Fantasie haben sie das Haus nach 18 Jahren Leerstand saniert. Rund 2,5 Millionen Euro wurden investiert. Für dieses Engagement zur Restaurierung eines Denkmals und die nachhaltige Nutzbarkeit als innerstädtische Pflegeeinrichtung wurde der Thüringer Denkmalschutzpreis 2012 verliehen.

Seit seiner Einweihung hat sich der Beurenhof nicht nur zu einem bis auf den letzten Platz ausgebuchten Pflegezentrum, sondern auch zu einem in vielerlei Hinsicht vorzeigenswerten Denkmal entwickelt.

Beitrag von:
Humanitas – Wohnen in der Pflege
Goetheweg 109 · 99974 Mühlhausen
Tel. (0 36 01) 4 03 17 40
Fax (0 36 01) 4 03 17 55

Untermarkt 7 · 99974 Mühlhausen/Thüringen
Tel. (0 36 01) 85 12 90

Die Jakobikirche

Eine der schönsten Stadtbibliotheken in Deutschland

Seit dem 2. April 2004 ist die Jakobikirche Stadtbibliothek.

Mit dem Bau der heutigen Jakobikirche wurde um 1280 begonnen. Eine inzwischen verloschene Inschrift bezieht die Kaiserfigur in der Bogenkehle des Nordportals auf Heinrich VII. Ebenfalls in einer Inschrift wird 1363 als Jahr der Fertigstellung der Kirche genannt.

Die Jakobikirche wird 1296 erstmals urkundlich erwähnt. Sie war zu diesem Zeitpunkt Filialkirche der Pfarrkirche Sankt Marien. Diesen Status behielt sie bis zu ihrer Schließung. Bei archäologischen Untersuchungen wurden drei Vorgängerbauten der heutigen Kirche nachgewiesen. Der heutige Bau gehört im Wesentlichen der frühen (Ostteil der Kirche) und hohen Gotik an. Das Motiv des ungleichen Paares wird in der 1418 vollendeten eindrucksvollen Turmgruppe aufgegriffen.

Im Bauernkrieg läutete 1525 eine der Jakobi-Glocken zum Sturm. Bereits mit der Reformation verlor die ohnedies im Schatten der Marienkirche stehende Jakobikirche an Bedeutung, blieb aber Mittelpunkt ihrer Gemeinde. Nach der Reformation scheint die Kirche nur noch sporadisch genutzt worden zu sein. 1559 brannte das Gebäude infolge eines Blitzschlages aus, 1592 stürzte ein Teil der Gewölbe und Pfeiler ein. In den Jahren 1596/97 und 1732 bis 1735 erfolgten umfangreichere Wiederherstellungs- und Umbauarbeiten.

Im frühen 19. Jahrhundert ging die Jakobigemeinde endgültig in der Mariengemeinde auf, die Kirche wurde 1831 offiziell geschlossen und verlor im letzten Jahrhundert nahezu die gesamte Ausstattung. Aufgrund ihrer das Stadtbild prägenden Gestalt entging die Jakobikirche dem zunächst erwogenen Abbruch. Sie wurde als Lagerraum, zeitweise als Aushilfskirche während Baumaßnahmen an anderen Kirchen genutzt. Seit den 1930er Jahren begann infolge ausbleibender baulicher Unterhaltung ein allmählicher, zuletzt rapide zunehmender Verfall der Kirche. Erste, völlig unzureichende Sicherungsmaßnahmen wurden Ende der 1980er Jahre durchgeführt. Die fachgerechte umfassende Sanierung der Kirche erfolgte mit Unterbrechungen zwischen 1992 und 2002. Danach konnte von 2002 bis 2004 der Einbau der Stadtbibliothek beginnen.

Das Haus wird häufig auch gern als Veranstaltungsort genutzt. So war auch schon das Kieck Theater Weimar zu Gast.

Die Jakobikirche wird 1296 erstmals urkundlich erwähnt. Sie war zu diesem Zeitpunkt Filialkirche der Pfarrkirche Sankt Marien.

Am 2. April 2004 erfolgte die feierliche Eröffnung der Stadtbibliothek. Sie zählt heute zu den schönsten und interessantesten Stadtbibliotheken in Deutschland. Aus mehr als 80 000 Medieneinheiten wie Bücher, Hörbücher und Filme können die Nutzer wählen. Die Besucher haben die Möglichkeit, mittels PC und auch über das Internet in den Beständen zu recherchieren. In den Räumen der Stadtbibliothek stehen vier Internetplätze zur Verfügung. Das Haus wird häufig auch gern als Veranstaltungsort und Kulturstätte genutzt. Etwa 5000 Besucher kommen im Jahr zu Buchlesungen, Konzerten und anderen Höhepunkten in den Büchertempel.

Kilianikirche

Ein Tempel für Kunst, Kultur und Kommunikation

Ein Leuchtturm der Kultur ist die Mühlhäuser Kirche Sankt Kiliani geworden.

Im frühzeitlichen Kiliani-Viertel, einem Überbleibsel des wohl ältesten frühstädtischen Mühlhäuser Straßenmarktes, hat der Verein »3K – Kunst, Kultur und Kommunikation« ein Zuhause gefunden. Dort, in der Kirche Sankt Kiliani, hat dieser Verein seinen Spiel(t)raum verwirklicht: den Umbau der Kirche zu einem jugendkulturellen Zentrum.

Die Kilianikirche ist eine der ältesten Kirchen in Mühlhausen. Das Kilianspatrozinium deutet auf die Gründung der Kirche durch die um 700 von Würzburg ausgehende iroschottische Mission hin. Erwähnt wird die Kirche erstmals im Jahr 1287. Zwischen 1350 und 1358 entstand das schlichte Schiff der heutigen Kirche. Reste des romanischen Vorgängerbaus finden sich im Turmunterbau, auf dem nach dem Brand von 1707 ein zweigeschossiger Aufbau mit welscher Haube errichtet wurde.

Durch die Geschicke der Zeit war die Kilianikirche, am Rande der Mühlhäuser Altstadt, immer wieder einem Wechsel ihrer Nutzung unterlegen. Sie diente lange Zeit als Nebenkirche, war Pestkirche und wurde mehrfach in Stadtbränden beschädigt. Trotzdem war sie seit Jahrhunderten immer fester Bestandteil des sakralen Lebens der Stadt Mühlhausen.

Nach dem letzten Gottesdienst in den frühen 1960er Jahren stand die Kirche lange Zeit leer. Zuletzt war sie Lagerraum für eine Automobilwerkstatt.

Doch galt es, dieses Kulturdenkmal zu erhalten und im Sinne einer Umnutzung neu erlebbar zu machen.

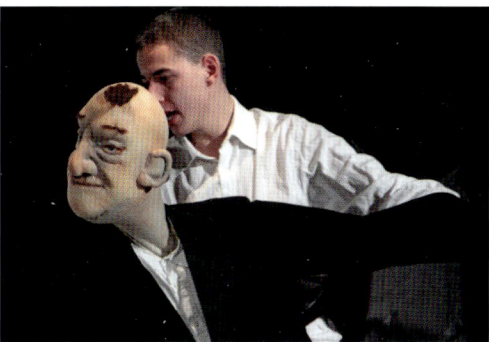

Auf der Bühne agieren meist nur Laien-Darsteller. Immer wieder beweist die 3K Theaterwerkstatt ihr hohes Spielniveau auf den nationalen Festivalbühnen.

Ein Spiel(t)raum wurde wahr

Im Frühsommer 2003 wurde der Startpunkt für den Aus- und Umbau der Kilianikirche gesetzt – mit der archäologischen Bodendenkmalerfassung.

Die Außenfassade wurde vollständig überarbeitet und dem gesamten Baukörper sein statisches Gleichgewicht durch Verankerungen und teilweise neues Aufmauern der Südwand wiedergegeben. Innerhalb der Neueindeckung des Kirchenschiffes musste der gesamte barocke Dachstuhl ersetzt werden.

Im Innenbereich der Kirche wurden nach Beendigung der Grabungen Bohrlöcher für das Stützsystem der neu einzubauenden Zwischenebene für den Spiel- und Zuschauerraum gesetzt und das Fußbodenniveau auf Höhe der mittelalterlichen Vorgängerbauten neu definiert. Über eine neu entstandene Treppe erreichen die Gäste heute den multifunktionalen Bühnenraum mit Platz für etwa 150 Zuschauer.

Im Erdgeschoss gibt es heute einen Café- und Empfangsbereich sowie weitere Funktionsräume für Sanitär, Garderobe, Haustechnik und Lager. An der Westwand wurden ein zweiter Treppenaufgang und ein Aufzug angebaut.

Diana Floetenmeyer und Albert Sadebeck – beide aus Mühlhausen und hier in der Inszenierung »Heute Abend: Lola Blau«- zählen zu den langjährigen Spielern.

Die restauratorische Reinigung des barocken Deckengemäldes lässt die Malerei wieder in ihrer originalen Farbigkeit aus dem Entstehungsjahr 1775 erscheinen und bildet über der Zwischenebene einen opulenten Abschluss des Innenraumes.

Mit der Fertigstellung im Jahr 2006 erhielt die Kilianikirche ihren gebührenden Platz im öffentlichen Leben der Stadt Mühlhausen zurück. Heute ist die Kilianikirche nicht nur ein jugendkulturelles Zentrum, sondern eine weit über die Grenze Thüringens hinweg anerkannte und beliebte Spielstätte, die Theater, Konzerte und manches mehr zu bieten hat.

Die Kilianikirche ist eine weit über die Grenze Thüringens hinweg anerkannte und beliebte Spielstätte.

Mühlhäuser Werkstätten für Behinderte e.V.

»Mitten im Leben – gemeinsam stark für die Region!«

Fingerfertigkeit ist in der manufact-Korbflechterei gefragt.

Im Jahr 1990 gründete sich die Einrichtung als gemeinnütziger Verein mit dem Anliegen, Menschen mit Behinderungen vielfältige Angebote entsprechend der individuellen Stärken und Ressourcen anzubieten. Heute hat sich der Verein zu einem wichtigen Partner für Menschen mit und ohne Behinderung, für Angehörige, Institutionen, Wirtschaft und Bevölkerung entwickelt. Gemeinsam wollen wir unsere Region stärken und Maßstäbe setzen.

Wir möchten Menschen Lebens- und Arbeitsperspektiven bieten, sie angemessen begleiten, ihnen in ihrer Entwicklung assistieren und Wissen vermitteln. Hoch motivierte und fachlich gut ausgebildete Mitarbeiter arbeiten im Sinne unseres christlichen Menschenbildes partnerschaftlich, qualitativ hochwertig, werteorientiert und respektvoll miteinander.

Lernen

Zwei Schulen in freier Trägerschaft unter einem Dach! Für Kinder und Jugendliche mit dem Förderschwerpunkt geistige Entwicklung ist das Förderzentrum »Janusz Korczak« ein Ort zum Lernen und zur persönlichen Entwicklung. In kleinen Klassen werden die Schüler hier ganztägig von speziell ausgebildeten Pädagogen unterrichtet.

Eine »Freie integrative Grundschule« ergänzt das Angebot und ermöglicht ein gemeinsames Lernen, von Kindern mit und ohne Behinderung von Anfang an.

Das ansprechend gestaltete Schulgebäude sowie das großzügige Außengelände ermöglichen Begegnung, Bewegung und kreative Entfaltung.

Eine beliebte Ausflugsgaststätte ist der »Alte Bahnhof«.

Individuelles Wohnen

Sehr sportlich: die Arbeitsgemeinschaft Fußball des Förderschulzentrums »Janusz Korczak«

Wo lernen Spaß macht!

Zwei Tochtergesellschaften sind Bestandteil Mühlhäuser Werkstätten. Die eine, die Firma manufact, ist als Integrationsbetrieb in den Bereichen Holzbearbeitung, Korbflechterei, Hausmeisterdienste und Gastronomie tätig. Individuelle Kundenanfragen, Cateringservice und kreative Einzelaufträge werden gern bearbeitet und haben schon viele vom Können überzeugt.

Die carfact GmbH ist als Kfz-Meisterbetrieb in der Region bekannt. Gern überzeugen die Mitarbeiter auch dort von unserem Können.

Interessierte Besucher sind den Beschäftigten und Mitarbeitern der Mühlhäuser Werkstätten stets herzlich willkommen.

Beitrag von:
Mühlhäuser Werkstätten e.V.
Treffurter Weg 14a · 99974 Mühlhausen
Tel. (0 36 01) 4 88 10 · Fax (0 36 01) 48 81 81
sekretariat@muehlhaeuser-werkstaetten.de
www.muehlhaeuser-werkstaetten.de

Wohnen

Mehrere Wohnstätten sind für Menschen mit geistigen und multiplen Behinderungen ein Zuhause. Vielfältige Wohnangebote können je nach Umfang der Behinderung genutzt werden. Wohnen vom Kind bis ins hohe Alter, Wohngemeinschaften, Paar- und Einzelwohnen, mit und ohne Assistenz sind unter anderen Möglichkeiten, die wir anbieten.

Ein weiteres Angebot für Klienten in der eigenen Häuslichkeit ist der familienentlastende Dienst (FED), der zur Unterstützung bei der Betreuung eines behinderten Familienangehörigen oder zu Freizeitbegleitungen zur Verfügung steht.

Arbeiten

In den anerkannten Werkstätten erhalten Menschen mit Handicap individuelle Arbeitsmöglichkeiten. Vielfältige Angebote in den Bereichen Dienstleistung, Industrie und Handwerk sowie berufliche Bildung gestatten effektives Arbeiten entsprechend persönlicher Neigungen unter Berücksichtigung der jeweiligen Fähig- und Fertigkeiten.

Ein attraktives Angebot zum Kennenlernen unserer Arbeit ist zum Beispiel der Landgasthof »Alter Bahnhof« in Heyerode. Der Landgasthof besticht durch eine hervorragende regionale Küche, ein tolles Ambiente und wunderbare Spiel- und Beschäftigungsmöglichkeiten für Kinder. Er ist ein Ort des Ausspannens und der Erholung. Menschen mit und ohne Behinderung sind gern für Sie da.

Auch der Werkstattladen mit Kostümschneiderei und -verleih am Mühlhäuser Steinweg ist ein besonderes Angebot.

Unsere floristische Schauwerkstatt in unmittelbarer Nähe zur Kirche Divi Blasii lockt immer wieder Besucher und Einkäufer. Hautnah können die Gäste miterleben, wie Kränze, florale Gestecke oder Körbe entstehen.

In der Nähe des »Äußeren Frauentores« wird der Festsaal »Schützenberg« mehr und mehr zum Ort der Bälle, Veranstaltungen und kultureller Angebote.

Auf unserem kleinen Bauernhof leben viele Tiere friedlich zusammen, die durch unsere Mitarbeiter liebevoll betreut werden.

In den anerkannten Werkstätten erhalten Menschen mit Handicap individuelle Arbeitsmöglichkeiten, zum Beispiel an der CNC-Maschine in der Werkstatt »Dietrich Bonhoeffer« in Mühlhausen.

Mühlhäuser Persönlichkeiten

Thomas Müntzer – Prediger und Reformator

Er war ein Pfarrer, der zum großen Schlag gegen die Obrigkeit ausholte: Thomas Müntzer. Gemeinhin ging dieses Ereignis als großer Bauernkrieg in die deutsche Geschichte ein. Doch war das Ganze viel mehr als nur ein Krieg oder eine Rebellion der Bauern. Es war der Traum von einer gerechteren Welt. Thomas Müntzer war der geistige Führer des radikalen reformatorischen Flügels im deutschen Bauernkrieg. Er gilt heute als der herausragende Reformator, der bei seiner Suche nach dem rechten Glauben auf die Not und das Elend des »gemeinen Mannes« traf.

Heute erinnert ein Denkmal am letzten erhalten gebliebenen Stadtmauertor, dem Frauentor, an den Prediger und Reformator Thomas Müntzer.

Einmal im Jahr kehrt Müntzer zurück: während des Bauernkriegsspektakels.

Auch an anderen Stätten in Mühlhausen gibt es Gedenkzeichen an Thomas Müntzer. Diese Büste steht auf dem Gelände des »Waldschlösschens« am Mühlhäuser Stadtwald.

»Luthers Erinnerung an Müntzer« heißt diese wertvolle zeitgenössische Plastik von Eberhard Linke. Sie bereichert seit 2012 die Ausstellung im Mühlhäuser Bauernkriegsmuseum in der Kornmarktkirche. Die Anschaffung dieser Arbeit ermöglichte der Freundeskreis Mühlhäuser Museen.

Um 1490 in Stolberg/Harz geboren, studierte er in Leipzig und Frankfurt/Oder und wurde 1514 in der Diözese Halberstadt zum Priester geweiht. In den folgenden Jahren setzte er sich als Prediger und Lehrer mit der Reformation auseinander. Seine kritischen Betrachtungen und Antworten brachten ihn immer öfter in Konflikt zu den Wittenberger Reformatoren um Martin Luther und zwangen ihn so zu einem unsteten, rastlosen und nicht ungefährlichen Leben.

Im März 1523 wurde Müntzer Prediger im kursächsischen Allstedt, bald nach Ostern heiratete er die ehemalige Nonne Ottilie von Gerson. Ein Sakrileg! In Allstedt führte Müntzer noch vor Luther die deutsche Sprache in den Gottesdienst ein. Sein evangelischer Gottesdienst, den nun jeder verstehen konnte, zog scharenweise Zuhörer auch aus der ferneren Umgebung an. Nach seiner kritischen Fürstenpredigt verließ er Allstedt.

Im August 1524 gelangte Müntzer nach Mühlhausen, wo die reformatorische Bewegung bereits zahlreiche Anhänger gefunden hatte, die gegen das herrschende Ratsregiment opponierten. Eine Aufstellung von elf Artikeln forderte die Wahl eines neuen Rats. Dieses Vorhaben, das Müntzer unterstützte, scheiterte. Er wurde der Stadt verwiesen. Doch schon ein Jahr später, im Jahr 1525, kehrte

er zurück und erhielt eine Predigerstelle an der Kirche Sankt Marien. Die Spannungen zwischen Rat und Bürgeropposition verschärften sich weiter. Am 16. März 1525 stimmten die Bürger in der Marienkirche mit Unterstützung Müntzers namentlich über die Absetzung des Rats ab. Sie entschieden sich mehrheitlich für ein neues Ratsregiment – den ewigen Rat –, der am 17. März ins Rathaus einzog.

Die Macht soll gegeben werden dem gemeinen Volk

Mit dem Bauernkrieg im Jahre 1525 wurde Mühlhausen durch Thomas Müntzer und seinen Mitstreiter Heinrich Pfeiffer zum Zentrum von deren radikalreformatorischer Bewegung: »Die Macht soll gegeben werden dem gemeinen Volk«. Die »Mühlhäuser elf Artikel« und ein »Ewiger Rat« sollten die Herrschaft von Patriziern und Adel in der Stadt für immer beenden.

Der rebellische Thomas Müntzer unterstützte die aufständischen Bürger und Bauern bei ihrem militärischen Aufgebot. Etwa 300 Anhänger folgten ihm nach Frankenhausen, wo die militärisch überlegenen Fürsten am 15. Mai 1525 rasch siegten. Müntzer wurde gefangengenommen und am 27. Mai vor den Toren Mühlhausens hingerichtet.

Ein Musikgenie

Johann Sebastian Bach war Organist in der Blasiuskirche

Johann Sebastian Bach, geboren am 31. März 1685 in Eisenach und gestorben am 28. Juli 1750 in Leipzig, gilt als einer der bekanntesten und berühmtesten deutschen Komponisten sowie Orgel- und Klaviervirtuose der Barock-Zeit. Seine Werke beeinflussten und beeinflussen nachfolgende Komponistengenerationen und inspirierten auch heute noch Musikschaffende immer wieder zu Bearbeitungen.

Nach seinem Orgelvorspiel am 24. April 1707 in der Freien Reichsstadt Mühlhausen wurde der junge, hochtalentierte Johann Sebastian Bach am 15. Juni zum Organisten der Blasiuskirche bestellt. Sein Gehalt betrug 85 Gulden, dazu kamen Naturalien und Einkünfte aus den Nebenkirchen. Wie schon zuvor

in Arnstadt, bezog er eine wesentlich höhere Bezahlung als sein Vorgänger und sein Nachfolger.

In Mühlhausen schuf Johann Sebastian Bach die Kompositionen wie die Kantaten »Aus der Tiefe rufe ich, Herr zu Dir« und »Gott ist mein König«, die neben anderen Werken seine Mühlhäuser Zeit als die der »frühen Meisterschaft« bezeichnet werden.

Doch der junge, ehrgeizige Bach wollte nicht lange in Mühlhausen bleiben. Bereits am 25. Juni 1708 reichte er sein Entlassungsgesuch ein, für das eine Vielzahl von Gründen verantwortlich zu sein scheint. Trotzdem blieb er der Stadt verbunden. Jeweils für den Februar 1709 und 1710 bekam er Aufträge für Ratswechselkantaten.

Nach der berühmten Persönlichkeit der Musikgeschichte ist heute ein Platz an der Divi-Blasii-Kirche benannt, ein Denkmal am Westportal dieser Kirche erinnert an Johann Sebastian Bachs Wirken in Mühlhausen.

Anlässlich des 84. Bachfestes der Neuen Bachgesellschaft wurde im Jahr 2009 vor der Kirche Divi Blasii das vom Hallenser Künstler Klaus Friedrich Messerschmidt geschaffene Bach-Denkmal feierlich eingeweiht.

Ein Auswanderer: Johann August Röbling

Der Erbauer der Brooklyn Bridge kommt aus Mühlhausen

In Amerika nannte er sich John August Roebling. Er ist einer der berühmtesten Brückenbau-Ingenieure der Welt. John August Roebling wurde als Johann August Röbling am 12. Juni 1806 in Mühlhausen geboren (gestorben am 22. Juli 1869 in New York). Er war das fünfte Kind von Friederike Therese Röbling und dem Tabakhändler Christoph Polykarpus Röbling. Als Knabe besuchte er in Mühlhausen das Gymnasium, das er wegen schlechter Zensuren in Religion und Latein verlassen musste. Am Privat-Pädagogium des jüdischen Mathematikers Dr. Ephraim Salomon Unger in Erfurt setze er seine Ausbildung fort.

1824 immatrikulierte sich Johann August Röbling in Berlin an der Königlichen Bauakademie und studierte dort Architektur, Tief- und Brückenbau, Deichbau, Hydraulik und Maschinenbau. Nach seinem Examen im Jahr 1826 arbeitete er anfangs als »Baukondukteur« in Westfalen, wo er bereits 1828

erste Pläne für Hängebrücken über Ruhr und Lenne entwickelte, die aber nicht verwirklicht wurden.

Im Mai 1831 wanderte Johann August Röbling zusammen mit seinem Bruder Karl und weiteren Bürgern Mühlhausens nach Amerika aus.

Im Jahr 1865 begann Roebling mit den Planungen für die Brooklyn Bridge, die den East River in New York überspannen und die Stadtteile Brooklyn und Manhattan verbinden sollte. Während Vermessungsarbeiten für einen Brückenpfeiler hatte er am 6. Juli 1869 in Fulton Ferry einen Unfall, in dessen Folge er an einer Tetanusinfektion starb. Sein Sohn, Washington Roebling, setzte die Arbeit fort.

Die Mühlhäuser setzten ihrem berühmten Sohn ein Denkmal. So bleibt Johann August Röbling immer in seiner Geburtsstadt.

Ökumenisches Hainich Klinikum gGmbH

Größte psychiatrische Einrichtung in Thüringen

Wenn es in Thüringen um die Behandlung von seelischen und nervlichen Erkrankungen geht, kommt man an einem Namen nicht vorbei: Die Ökumenische Hainich Klinikum gGmbH als Fachkrankenhaus für Neurologie, Psychiatrie und Psychotherapie, Kinder- und Jugendpsychiatrie ist im Freistaat die größte psychiatrische Einrichtung. Mit über 900 Beschäftigten ist das Krankenhaus auch einer der größten Arbeitgeber der Region.

24 schmucke Pavillons stehen den Patienten als Wohnunterkünfte zur Verfügung.

Modernst ausgestattet ist die Klinik – hier ein Blick in ein Foyer.

Blick auf das Sozialzentrum

Bei Steigerungsraten von bis zu 10 Prozent werden jährlich über 8000 Patienten behandelt. Um deren Behandlung kümmern sich im Krankenhaus derzeit über 50 Ärzte, 50 Psychologen, zwei Apotheker sowie 520 Schwestern und Pfleger, elf Physiotherapeuten, 15 Sozialarbeiter und 30 Ergotherapeuten und viele andere Spezialisten. Für das leibliche Wohl sorgen sich in der Küche, im Restaurant und in der Caféteria 20 Mitarbeiter. 50 Damen engagieren sich für saubere Räume und Häuser und den denkmalgeschützten Park pflegen sieben Gärtner. Gegründet wurde die Klinik 1912 im christlich geprägten, humanen Geist der ausgehenden wilhelminischen Ära. Der nationalsozialistische Vererbungswahn hat hier später etwa 3000 Menschen das Leben und noch mehr durch ebenso brutale wie sinnlose ärztliche Eingriffe die körperliche Unversehrtheit gekostet. Die Haupttäter wurden entweder verurteilt oder wichen der Verantwortung durch Selbstmord aus.

In der DDR und nach der Wende konnte das Krankenhaus wieder seinen alten Rang zurückgewinnen und an seine humane und ärztliche Tradition anknüpfen. »Der gesellschaftliche Trend hat dieses lange in staatlicher Trägerschaft befindliche Haus nun zu einer ökumenischen, von katholischen und evangelischen Einrichtungen getragenen, gemeinnützigen Krankenhaus der Diakonie gemacht und damit – wenn man will – wieder zurückgetragen an die Stelle, von der aus alles begann: dem christlich geprägten, wertorientierten Helfen-Wollen«, so Prof. Dr. med. Lothar Adler als ärztlicher Direktor und Geschäftsführer.

Eine moderne Klinik in denkmalgeschützter Lage

Heute versorgt die Klinik den Nordwesten Thüringens mit fast einer Million Menschen. In seiner großzügig angelegten und denkmalgeschützten Park- und Villenanlage bietet sie alle modernen Untersuchungs- und Behandlungsmethoden der Neurologie, Psychotherapie und Psychiatrie an und arbeitet eng mit Kliniken zusammen. In vollstationärer Behandlung befinden sich dabei etwa 720 Patienten mit schweren Erkrankungen. 24 Pavillons stehen ihnen als Wohnunterkünfte zur Verfügung. Für leichtere Fälle gibt es eine Tagesklinik am Standort. Hier kommen die Patienten am Morgen und gehen am Abend nach der Behandlung wieder nach Hause.

Seit der Wende wurden rund 110 Millionen Euro in die Klinik investiert. So wurden unter anderem mit 22 Millionen Euro ein neurologisch-psychiatrisches Zentrum und mit 2,5 Millionen Euro ein neues Wohnheim für geistig Behinderte geschaffen. Von den vorhandenen 24 Pavillons wurden 18 bereits saniert. Ein besonderer Bereich ist der Neubau für Maßregelvollzug/Forensik. Dort finden im Rahmen des Maßregelvollzuges sowie durch richterlichen Beschluss vorläufig untergebrachte Patienten Aufnahme. Die

Blick auf die Verwaltung: Über 8000 Patienten werden jährlich in der Klinik behandelt.

80 Plätze im Neubau der Forensischen Psychiatrie befinden sich in einem gegen unkontrolliertes Verlassen aufwendig und optimal gesicherten Areal, mit einem gleichzeitig angemessenen Angebot an Möglichkeiten zur therapeutischen Förderung individueller Kompetenzen sowie zur Gestaltung des sozialen Lebens im Rahmen der Unterbringung.

Hilfe für psychisch Kranke

Die größte Klinik ist die Klinik für Psychiatrie und Psychotherapie. Sie widmet sich der Behandlung aller psychischen Störungen Erwachsener, die durch schwerwiegende negative, teils kindlich beginnende Erfahrungen, aber auch durch Hirnstoffwechselstörungen oder beides entstehen. »Es geht

um die häufigsten Erkrankungen, die Menschen betreffen. Etwa ein Drittel aller Menschen leidet nach neuesten Untersuchungen im Leben irgendwann unter behandlungsbedürftigen seelischen Störungen – kein Wunder, wenn man bedenkt, dass das menschliche Gehirn das komplizierteste Organ ist und wir heute in einer höchst komplexen, anspruchsvollen Umwelt leben und uns behaupten müssen, die sich weit entfernt hat von dem, wie Menschen ursprünglich lebten«, gibt Prof. Lothar Adler zu bedenken.

Die Psychiatrie und Psychotherapie verfüge heute über höchst wirksame Behandlungsverfahren, die die Gesundheit ganz wiederherstellen oder doch wenigstens Leiden mildern können, so Prof. Adler. In den letzten Jahrzehnten habe sich das Wissen über psychische Erkrankungen explosionsartig vermehrt. Niemand könne mehr alles über das Fach wissen und erfolgreich anwenden. In dieser Klinik würden für die meisten Störungen deshalb spezialisierte Stationen zur Verfügung stehen, die einen mehrdimensionalen und individuellen Zugang zu den jeweiligen Problemen erlauben.

Die Ökumenisches Hainich Klinikum gGmbH ist die größte psychiatrische Einrichtung im Freistaat.

Beitrag von:
Ökumenisches Hainich Klinikum gGmbH
Fachkrankenhaus für Neurologie, Psychiatrie und Psychotherapie, Kinder- und Jugendpsychiatrie und -psychotherapie

Pfafferode 102 · 99974 Mühlhausen
Tel. (0 36 01) 80 30 · Fax (0 36 01) 44 05 59
www.oehk.de

Ambulanz für Erwachsene: (0 36 01) 80 3192
Ambulanz für Kinder und Jugendliche:
(0 36 01) 80 32 37

Mühlhäuser Stadtwald

Der Stolz der Einwohner

Mahnmal: In dem Rüstungsbetrieb waren während des Zweiten Weltkrieges Frauen zur Zwangsarbeit eingesetzt.

Ganz stolz sind die Mühlhäuser auf ihren Stadtwald. Er ist so groß, dass man sich durchaus darin verlaufen könnte. Mit einer Fläche von knapp 3100 Hektar ist er der größte Kommunalwald im Freistaat Thüringen. Der Stadtwald setzt sich unter anderen aus den Waldungen im Nordhainich zwischen Mühlhausen und Eigenrieden, am Kühmstedter Berg bei Horsmar, dem Rosenhagen bei Beberstedt, weiten Teilen der Mühlhäuser Hardt, dem Forstberg, dem Reiserschen Hagen und Abschnitten des Mühlhäuser Landgrabens zusammen.

Buchenmischwälder prägen den Charakter des Stadtwaldes. Hauptbaumart ist die Rotbuche, gefolgt von Esche und Bergahorn. Alte Eichen entstammen ehemaligen Mittelwäldern. Eichen-Neupflanzungen wurden in den trockeneren und wärmeren Bereichen des Mühlhäuser Stadtwaldes angelegt. Ausgedehnte Schluchtwälder sind im sogenannten Steingraben, am Südrand des Mühlhäuser Stadtwaldes, zu entdecken.

Beliebtes Naherholungsgebiet

Der Mühlhäuser Stadtwald ist eines der ältesten und beliebtesten Naherholungsgebiete, durch das viele Wanderwege sowie angelegte schmale Fußpfade zu verschiedenen Attraktionen und Schutzhütten führen.

Der Mühlhäuser Stadtwald ist eines der ältesten und beliebtesten Naherholungsgebiete.

Dazu zählen die 1884 vom damaligen Oberförster Brehme gepflanzten Mammutbäume, die mittlerweile die wahrscheinlich ältesten und höchsten Berg-Mammutbäume Thüringens sind. Eine Sehenswürdigkeit ist eine über 400 Jahre alte Korpusbuche, die als Naturdenkmal geschützt ist. Ein alljährliches Frühjahrswunder ist das große Märzenbechervorkommen am Weißen Haus. Beliebt bei Wanderern ist der Spittelbrunnen im Süden, ein mit Muschelkalkquadern gefasster Brunnen. Seinen Namen hat er von dem ehemaligen Dorf Spudelborn, das bereits im Mittelalter, im 13. Jahrhundert, aufgegeben wurde.

Erlebnisreiche Wege

Entlang der Wanderwege im Mühlhäuser Stadtwald befinden sich auch mehrere Denkmale für verdiente Bürger der Stadt. Ruinen der von der Roten Armee im Jahr 1947 gesprengten ehemaligen Gerätebau GmbH, eines inmitten des Waldes versteckt liegenden Rüstungsbetriebs, stehen als ein Mahn- und Denkmal. In dem Rüstungsbetrieb waren während des Zweiten Weltkrieges Frauen zur Zwangsarbeit eingesetzt.

Mehrere regionale und überregionale Wanderwege führen durch den Mühlhäuser Stadtwald oder finden dort ihren Anfang. Am Ostrand des Mühlhäuser Stadtwaldes führt zum Beispiel der Waagebalkenweg entlang, eine alte Handelsroute, die die ehemalige Freie Reichsstadt mit dem Harth-Haus bei Bad Langensalza verbindet und auch den Nationalpark Hainich tangiert. Auch der Barbarossaweg führt mitten durch den Mühlhäuser Stadtwald. Er verbindet bedeutende Stationen aus dem Leben des Stauferkaisers Friedrich I. Barbarossa.

Und wer des Wanderns müde ist: Am Nord- und Ostrand des Mühlhäuser Stadtwaldes befinden sich zwei nette Ausflugslokale.

Der Stadtwald ist der Stolz der Mühlhäuser.

Diese Mammutbäume sind die wahrscheinlich ältesten und höchsten Berg-Mammutbäume Thüringens.

Knorrige 400-Jährige

Die Korpusbuche im Mühlhäuser Stadtwald

Ein von den Mühlhäusern besonders geliebtes Gebiet ist ihr Wald, westlich der Stadt gelegen. Bis nach Eigenrieden reicht er. Ein seltenes Naturdenkmal im Mühlhäuser Stadtwald ist die »Korpusbuche«.

Ein seltenes Naturdenkmal im Mühlhäuser Stadtwald ist die »Korpusbuche«.

Wie von dicken Astseilen umwuchert ist ihr dicker Stamm.

Auf etwa vierhundert Jahre wird das Alter dieser imposanten, knorrigen Hainbuche geschätzt. Wie von dicken Astseilen umwuchert ist ihr dicker Stamm. Das gibt ihr ein wunderliches, verwunschenes Aussehen. Kaum ein Wanderer geht vorüber, ohne der Verwunschenen einen Blick zu schenken oder vor Bewunderung vor ihr stehen zu bleiben.

Verwandtschaftlich hat die Hainbuche nichts mit der Rotbuche gemeinsam, vielmehr ist sie ein Birkengewächs. Die Art ist wärmeliebend und eher eine Baumart des Thüringer Beckens. Im Kammbereich des Hainichs findet sie bereits keine optimalen Wuchsbedingungen mehr vor. Am wohlsten fühlt sich die Hainbuche in Mischwäldern zusammen mit Eichen. Am sogenannten schwarzen Weg steht die uralte Mühlhäuser Korpusbuche, etwa einen Kilometer westlich des »Weißen Hauses«. Ein Unglück hätte die Buche beinahe das Leben gekostet. Durch einen Blitzschlag ist ihr Stamm einseitig offen und hohl. Doch sie hat die Naturgewalt überlebt. Zudem wurde die Korpusbuche im November 1992 saniert.

Spittelbrunnen

Beliebter Rastplatz

Mitten im Stadtwald liegt der Spittelbrunnen. Diese Quelle ist bei Wanderern und Radfahrern gleichermaßen beliebt. Ein gemütlicher Rastplatz lädt zum Verweilen ein. Dort, inmitten des Waldes, schmeckt das Pausenbrot am besten. Doch immer wieder sind die Wanderer erstaunt, dass die Quelle nicht beständig sprudelt. Der Spittelbrunnen ist ein sogenannter Hungerbrunnen. Nur nach besonders großen Niederschlagsmengen schüttet die Karstquelle Wasser.

Seinen Namen hat der Brunnen von dem ehemaligen an der Quelle liegenden Dorf Spudelborn, das aber bereits im 13. Jahrhundert aufgegeben wurde. Der abfließende Spittelgraben verläuft nach Osten, Richtung Mühlhausen und mündet in den Felchtaer Bach, einem Nebenbach der Unstrut.

Eine sogenannte Hungerquelle ist der Spittelbrunnen. Nur nach besonders großen Niederschlagsmengen schüttet die Karstquelle Wasser.

Rast machen mitten im Stadtwald

Mitten im Stadtwald von Mühlhausen steht das Haus »Waldfrieden«. Die Ausflugsgaststätte ist täglich geöffnet und lädt ein zu Kaffee und selbstgebackenem Kuchen. Die Küche bietet regionale Speisen vom heimischen Wild mit Thüringer Klößen, über Rostbrätl und Bratwurst bis hin zur Bockwurst mit Kartoffelsalat. Ein Kaminzimmer steht für Familien – oder Firmenfeiern (bis 40 Personen) bereit. Gemütliche Abende kann man im Biergarten im Sommer verbringen.

Beitrag von:
Ausflugsgaststätte »Waldfrieden«
Waldfrieden 1 · 99976 Eigenrieden
Tel. (0 36 01) 44 91 68
Fax (0 36 01) 88 56 73
waldfrieden-gmbh@t-online.de
www.waldfrieden-muehlhausen.de

Reizvolle Quellen

Im Mittelalter entstand die Popperöder Quelle

Wunderschön ist der smaragdgrüne Schimmer der Thomasquelle.

Die Thomasquelle als eisige Schönheit.

besonders nach dem Bau des Brunnenhauses zwischen 1611 und 1614. Die Tradition der jährlichen Brunnenfeste wird auch heute noch fortgeführt. Unter Schutz gestellt wurde die Popperöder Quelle im Jahr 1938.

Smaragdgrüne Thomasquelle

Etwa einen Kilometer südlich der Popperöder Quelle, inmitten eines brachliegenden Feldes, liegt die Thomasquelle. Sie ist viel jünger als die Popperöder Quelle. Im Januar 1901 bildete sich dort ein Erdfall, der sich binnen einiger Tage mit Wasser füllte. Das stieg höher und höher und stürzte mit Schwall über den Acker, wo es sich sein Bett grub, um in die Thomasteiche zu gelangen.

Aufgrund des hohen Salzgehalts eignet sich das Wasser der Thomasquelle nicht als Trinkwasser. Wunderschön ist aber der smaragdgrüne Schimmer der Quelle, die etwa 47 Meter tief ist.

Im Jahr 2000 wurde die Thomasquelle zum Naturdenkmal erklärt. Der im Jahr 1904 geschaffene künstliche Ablauf der Quelle wurde im Jahr 2008 wieder vollständig zurückgenommen. Nun plätschert das Wasser wieder munter über den Acker in die Thomasteiche.

Das insgesamt etwa dreizehn Hektar große Gelände, die Thomaswiese, wurde 1963 unter Schutz gestellt. Die Wiese ist Lebensraum für viele Pflanzen und Tiere. Von Biologen hervorgehoben werden die zahlreichen Amphibien, die dort ihren Laichplatz aufsuchen. Grasfrösche und Erdkröten wandern im zeitigen Frühjahr in breiter Front aus dem nörd-

Ein Idyll sind die Thomasteiche sowohl im Sommer als auch im Winter.

Eines der bekanntesten und schönsten geologischen Naturdenkmale in Mühlhausen ist die Popperöder Quelle im westlichen Stadtrandgebiet. Nur wenige Gehminuten entfernt, sind weitere sehenswerte geologische Denkmale zu finden: die Thomasquelle und die Thomaswiese.

Die Popperöder Quelle soll während eines Erdbebens und durch einen Erdfall im Jahr 1199 entstanden sein. In unmittelbarer Nähe dieser bekannten Quelle befindet sich eine weitere: das Grundsloch. Wann das Grundsloch entstand, ist allerdings unbekannt. Es wurde 1894 bei dem Bau einer Wasserleitung entdeckt und liefert noch heute Trinkwasser für Mühlhausen.

Der Bach der Popperöder Quelle war über Jahrhunderte schon Anziehungspunkt der Mühlhäuser,

Auch im Winter ein Ansichtskartenmotiv: die Popperöder Quelle

lichen Hainich zum Gewässer. Zahlreiche Vogelarten sind auszumachen: Drosselrohrsänger, Rohrschwirl, Rohrweihe und Braunkehlchen zum Beispiel. Über einige Jahre war das Schutzgebiet zusammen mit dem benachbarten Schwanenteich das einzige Thüringer Brutgebiet der Kolbenente. Eisvögel können hier nahezu das ganze Jahr beobachtet werden.

Wohl in diesem naturbelassenen Refugium fühlt sich auch der Mensch. Besonders in den warmen Sommermonaten sind lauschige Abende an den Thomasteichen beliebt. Aber ebenso an klirrend kalten Wintertagen zeigen sich die Teiche und Quellen in malerischer Schönheit.

Die Dicke Linde

Ein beliebter Treffpunkt

Viele prächtige Baumgestalten sind in Mühlhausen zu finden: die Rotbuche An der Burg zum Beispiel und die Platanen, die den Petriteich säumen. Den Rang eines Naturdenkmals hat aber lediglich die Dicke Linde im westlichen Stadtrandgebiet erreichen können. Sie steht im Johannistal, an der Kreuzung des Breitsülzen-Baches mit dem Bach im Johan-

Eine Bank am Fuß des imposanten Baumes lädt zu einer Pause ein.

Sagt ein Mühlhäuser zu einem anderen Mühlhäuser »Wir treffen uns an der Dicken Linde«, bedarf es keinerlei weiterer Wegbeschreibung mehr.

Der Baum steht im schönen Johannistal, einer beliebten Wandergegend nahe der Stadt.

nistal. Warum ausgerechnet sie im Jahr 1936 unter Schutz gestellt wurde, weiß vermutlich keiner mehr zu sagen. Zur speziellen Geschichte des Baumes ist in Mühlhausen nichts bekannt. Auch mit ihrem Alter von etwa 150 Jahren kann sie nicht sonderlich auftrumpfen, ebenso nicht mit ihrem Stammumfang von etwa viereinhalb Meter und ihrer Höhe von 30 Meter. Aber immerhin gehört die Dicke Linde zu den bekanntesten Bäumen der Stadt. Verabreden sich zwei Mühlhäuser an der »Dicken Linde«, dann bedarf es keiner weiteren Wegbeschreibung.

Vielleicht wurde die Linde in die Naturdenkmal-Liste aufgenommen, weil eine Linde als der eigentliche deutsche Nationalbaum gilt. In den Wappen von deutschen Kaisern und Königen findet man Lindenzweige. Auch im Wappen der Thüringer Landgrafen sind sie zu finden. Folgerichtig zieren auch Lindenzweige das große Wappen, das Prunkwappen der Stadt Mühlhausen.
Die »Dicke Linde« im Johannistal ist übrigens eine sehr schöne Sommerlinde.

Mediterrana Spa

Ein bisschen Urlaub – wann immer man will

»Tue Deinem Körper Gutes, damit die Seele Lust hat, darin zu wohnen.« So sagte es Winston Churchill, der wohl bedeutendste britische Staatsmann des 20. Jahrhunderts.
Gutes für Körper und Seele findet der Gast im Mediterrana Spa, in der Mitte Deutschlands, in Thüringen. Genau genommen in Mühlhausen, in der Wanfrieder Straße 124, hinterer Eingang. Die unscheinbare Tür öffnet sich ... und da ... ein Stückchen Paradies ...
Hallo Urlaub! Die Besucher wandeln durch Japan, den Orient, durch 1000 und eine Nacht, durch Afrika, entdecken einen mediterraner Garten ...
Im Mediterranen Spa finden sie entspannende Massagen mit duftenden Aroma-Ölen, flüssiger Kakaobutter, warmen Vulkangesteinen, handgemachten Kräuterstempeln. Die Erholungsuchenden finden Streicheleinheiten für die Seele, wohltuende Pflege, belebende Peelings, duftende Aromapackungen, ätherische Fußbäder. Ein Besuch ist ein erholsames Erlebnis für die Sinne, begleitet durch verwöhnende Kosmetik mit warmen Kompressen,

Das alte Japan ist nicht weit – gleich durch den Hintereingang.

Entdeckung des Orients – mitten in Mühlhausen

Urlaub in Afrika – ganz nah

sanfter Reinigung, erfrischenden Masken und Massagen, Maniküre, natürliches Make-up – was immer das Herz begehrt.
Und danach: lauschiges Kaminfeuer, eine wärmende Decke, heißer Tee, leise Musik, Zeit zum Träumen ...
Hallo Paradies ...
»Tue Deinem Körper Gutes, damit die Seele Lust hat, darin zu wohnen.« Winston Churchill ist ein weiser Mann.

Beitrag von:
Mediterrana SPA
Wanfrieder Straße 124 · 99974 Mühlhausen
Tel. (0 36 01) 44 47 89 · Fax (0 36 01) 87 40 75
www.mediterrana-spa.de

Lauschiges Kaminfeuer, eine wärmende Decke, heißer Tee, leise Musik, Zeit zum Träumen ...

Die Sage von der Breitsülze

Woher die Oberstadt Mühlhausen ihr Wasser erhält

Die Stadt Mühlhausen ist aufgeteilt in die Ober- und Unterstadt. Erstere wurde einst durch die Breitsülze, letztere durch die Schwemmnotte, die vor ihrem Einflusse in die Stadt das Poppenroder Wasser heißt, bewässert. Doch die Oberstadt hatte lange Zeit kein Wasser und litt Not.

Darum machte der Magistrat der alten Reichsstadt Mühlhausen um Pfingsten des Jahres 1292 bekannt, dass, wer vermöge, irgendeine Quelle in die Oberstadt zu leiten, reichlichen Lohn erhalten, und, falls ein schweres Verbrechen an ihm hafte, sich seines Leibes und Lebens versichert halten solle.

Es saß zu selbiger Zeit auf dem Rabenturme ein Mönch aus dem Eichsfeldischen Kloster Reifenstein wegen Brandstiftung und Schändung einer patrizischen Jungfrau auf Leben und Tod. In den Tagen

Manch hübsche Stege führen über den Wasserlauf.

Der Wasserspiegel der Quelle am Herbstberg liegt auf einer Höhe von 227,20 Meter. Der Wasserlauf wurde ziemlich genau auf den Höhenlinien um die Berge und Täler im Nordwesten der Stadt herum geführt und hat mit einer Länge 5350 Metern nur ein Gefälle von 180 Zentimeter.

Die Breitsülze hat ihren Namen von der früheren Siedlung am breiten Holz. Ende des 13. Jahrhunderts ließ die Stadt einen künstlichen Wasserlauf von der Quelle oberhalb vom Breitenholz zur Anhöhe der Neustadt anlegen.

seiner Freiheit hatte er öfter, wenn er in Angelegenheiten seines Ordens nach Pfaffenrode und Sankt Daniel gepilgert, zwischen einem Gehügel, dem Breiten Holze (Breitsülze), eine sprudelnde Quelle bemerkt. Als nun der Aufruf des Stadtrats in seinen Kerker drang, da dachte er, ob es nicht möglich sei, irgendeinen Plan zu ersinnen. Allein die Quelle sprudelte in einem tiefen Tale und zwischen ihr und der Stadt lag eine Hügelkette, also sah er wohl ein, dass ohne dämonische Hilfe ihm dieses Kunststück nicht möglich werden könne. Kaum war aber der Gedanke in seiner Seele aufgestiegen, als auch schon der Böse vor ihm stand. Der Teufel versprach ihm, die fragliche Quelle in die Oberstadt zu leiten, sobald der Mönch ihm seine Seele opfern werde.

Als nun der Böse unter furchtbarem Sturmgeheul durch das enge Gitterfenster verschwand, ließ er seinem Opfer eine große Pergamentrolle zurück. Als der Mönch beim ersten Gruß des dämmernden Tages das verhängnisvolle Blatt entfaltet hatte, sah er mit freudigem Schrecken den Weg verzeichnet, auf welchem jene Quelle ohne große Schwierigkeit über Hügel und durch Schluchten in die Oberstadt zu leiten sei.

Sogleich eröffnete der schlaue Mönch dem hochedlen Rat sein Begehren. Die von ihm heiß ersehnte Freiheit ward ihm zugesichert, wenn er seinen Plan ausführen könne. Dem Mönch wurde eine Schar rüstiger Helfer zur Seite gestellt. Und siehe, bald strömte das Kristall der Breisülzenquelle durch das ihr bereitete Bett über Hügel, durch Gärten und Täler lustig dahin, und somit war die Aufgabe gelöst. Der Mönch aber war sofort verschwunden und kein Auge hat ihn wieder gesehen. Jener Born aber, der in einer kaum halbstündigen Entfernung von der Stadt dem Schoße der Erde entquillt, braucht einen fast drei Stunden langen Weg, ehe er jetzt die Oberstadt erreicht.

(Quelle: Sagenbuch des Preußischen Staats I., Glogau 1871)

Begegnung in Mühlhausen

Der letzte Gerber

Jürgen Stölcker ist einer, der dem Fuchs und dem Dachs das Fell über die Ohren zieht

Gern führt der letzte Gerber durch sein Reich.

Felle wie diese sind besonders als Trophäen beliebt.

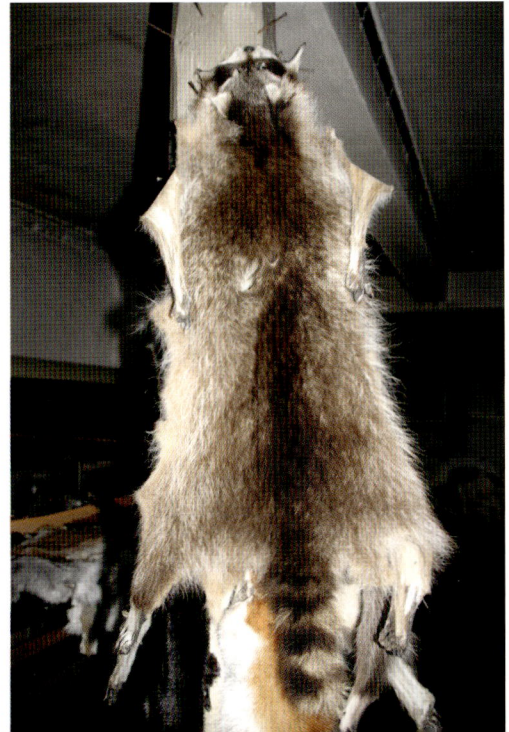

Felle von Waschbären und Füchsen hängen trocken im Gebälk. Auf einem Tisch stapeln sich Häute von Rotwild, auf einem anderen flauschige Felle von Schafen. Wir sind in der Werkstatt von Jürgen Stölcker, dem vermutlich letzten Gerber in ganz Thüringen. Der über 70-Jährige ist einer, der dem Fuchs das Fell über die Ohren zieht, mit allen Wassern waschen und – eine Spezialität des Gerbers – so richtig vom Leder ziehen kann. Jürgen Stölcker ist stolz auf seinen Beruf, auf seine Zunft, selbst dann noch, wenn er weiß, dass sie aussterben wird. Nach ihm wird vermutlich kein Handwerker wie er mehr die Felle gerben. Denn sein Beruf »ist nichts für zarte Seelen«, wie er sagt. Wo er arbeitet, riecht es nach totem Tier und süßlicher Chemie.

Mäuse und Elefanten

»Ich mache alles. Von der Maus angefangen«, erklärt Jürgen Stölcker. Wildschwein und Dachs, Fuchs und Waschbär bringen ihm die Jäger. Deren Felle sind beliebte Trophäen. Liebhaber exotischer Tiere bringen ihm mitunter auch Schlangen in die Werkstatt. Er hatte aber auch schon einmal ein Zebra, einen Affen und einen Elefanten. Diese Tiere kamen aus einem Zoo.

Vor allem sind es aber Schaffelle, die der Gerber heute bearbeitet. In seiner Werkstatt an der Mühlhäuser Zöllnersgasse hat er das richtige Werkzeug dafür: den Gerberbaum zum Beispiel. Das ist ein quer halbierter Baumstamm, der schräg steht. Auf dem Gerberbaum wird die Haut ausgebreitet und mit speziellen Messern, den Scherdegen, abgeschabt. Das Werkzeug stammt zum großen Teil noch von seinen Vorfahren aus dem alten Familienbetrieb. Sein Urgroßvater eröffnete 1895 in dem damaligen Gerberviertel, durch das die Schwemmnotte fließt, die Gerberei. 1976 übernahm Jürgen Stölcker die Familiengerberei und suchte sich seinen Platz zwischen den volkseigenenen Betrieben und Produktionsgenossenschaften. Leder für Arbeitsschutzartikel und für die Schuhindustrie lieferte er ebenso

wie die für Mäntel und Jacken sehr begehrten Velourleder.

Noch heute, mit über 70, macht es Jürgen Stölcker Freude, täglich in seine Werkstatt zu gehen. Es macht ihm Spaß, den Leuten seine Maschinen zu zeigen, die längst technische Denkmale geworden sind, und ihnen etwas über angeandte Chemie und Biologie zu erklären. Schulklassen und Touristen führt er durch sein Gerber-Reich, das letzte seiner Art. Sein prominentester Gast war im Jahr 1993 der Bundespräsident Richard von Weizsäcker.

Heute ist die Gerberei Stölcker in der Zöllnersgasse 5 der letzte Vertreter der einst so bedeutenden Zunft in Mühlhausen.

Stolz ist Jürgen Stölcker auf die Funktionstüchtigkeit der Maschinenveteranen.

Eine Trophäe auf dem Gerberbaum

Im Lok-Schuppen

Liebevoller Umgang mit dem Alter

Die Herzen von Liebhabern alter Kraftfahrzeuge werden höher schlagen, wenn sie diese historischen Schätze hinter dem Tor des alten Lok-Schuppens entdecken: ein Exemplar der ehemaligen Straßenbahn und ein offener Sommerwagen, eine mobile Brauerei, eine Garant-Feuerwehr, ein Garant-Bus, ein Framo-Lieferwagen, ein BMW-DA2, ein VW-Käfer und ein Barkas.

Besonderes Schmuckstück der Sammlung ist vor allem der originale Straßenbahnwagen mit der Nummer 43.

Auf Hochglanz poliert stehen die historischen Schönheiten bereit, als warteten sie nur auf ihre Ausfahrt.

Gesammelt, liebevoll restauriert und gepflegt wurden und werden diese seltenen Kfz-Veteranen von den Mitgliedern des Vereins zur Förderung handwerklicher Traditionen e.V.

Besonderes Schmuckstück der Sammlung ist vor allem der originale Straßenbahnwagen mit der Nummer 43, die bis 1969 durch die Stadt pendelte. Die Mühlhäuser Straßenbahn war der Stolz der Bürger.

Eine wichtige Aufgabe sieht der im Jahr 1995 gegründete Traditions-Verein darin, Kfz-Veteranen zu sammeln, zu restaurieren, zu pflegen und gelegentlich auch zu fahren. Gern zeigt der Verein die Ergebnisse seiner Arbeit der Öffentlichkeit. Jährlich organisiert er eine Kfz-Veteranen-Ausfahrt durch die schöne Landschaft Mitteldeutschlands. Nicht nur Mühlhäuser Glanzstücke sind dabei zu bewundern. Die Oldtimer kommen inzwischen aus ganz Deutschland.

Ein historischer Schatz ist dieser Garant.

Zudem hat der Lok-Schuppen alljährlich zum Tag des offenen Denkmals für interessierte Gäste geöffnet. Der Lok-Schuppen befindet sich in der Wendewehrstraße 133.

Bis zum Jahr 1969 pendelte die Straßenbahn durch die Stadt.

Christliche Buch- und Kunsthandlung

Ausgesucht und schön verpackt

Im Glanz der Mühlhäuser Marienkirche sonnt sich seit dem Jahr 2004 die Christliche Buch- & Kunsthandlung von Christian und Heike Strecker. In diesem auffallend hübsch sortiertem Ladengeschäft macht es jedem Freude durchzuschlendern, aus Büchern und Kunsthandwerk zu wählen oder Glückwunschkarten und Geschenkartikel zu fast jedem Anlass zu suchen und zu finden. Damit alles noch

Die hübschen Kerzen kommen aus eigener Werkstatt.

viel netter aussieht, werden Geschenke auf Wunsch auch noch zu Gelegenheiten wie Geburtstag, Taufe oder Hochzeit kunstvoll verpackt. Geschenke sollen von Herzen kommen – eine schöne Verpackung gehört also unbedingt dazu.

Bekannt ist die Christliche Buch- & Kunsthandlung aber vor allem für die große Auswahl an verzierten Kerzen zu allen Festen des Lebenskreises. Was weniger bekannt ist: Die Kerzen werden individuell und in eigener Werkstatt von Heike Strecker angefertigt.

Bei »C. Strecker«, wie die Mühlhäuser die Buch- und Kunsthandlung nennen, sind eine große Auswahl und ein guter Service das A und O in der Unternehmensphilosophie. »Wer einmal in unserem Geschäft war, kommt immer gern wieder«, ist die schöne Erfahrung, die Christian und Heike Strecker gesammelt haben.

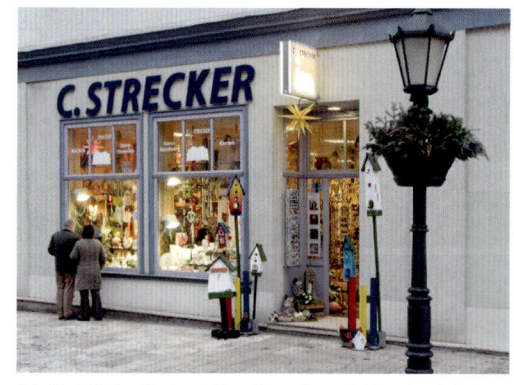

Die Christliche Buch- & Kunsthandlung C. Strecker ist eine Bereicherung der Mühlhäuser Innenstadt.

Beitrag von:
C. Strecker · Christliche Buch- & Kunsthandlung
Bei der Marienkirche 12 · 99974 Mühlhausen
Tel. (0 36 01) 40 55 60 · c-strecker@web.de

Geschenke gibt es für jeden Anlass, zum Beispiel zur Taufe.

Im Feuerwehrmuseum

Eine sehenswerte Sammlung

Die Geschichte der Mühlhäuser Feuerwehr von ihren Anfängen bis in die Gegenwart ist im Feuerwehrmuseum dokumentiert. Der Aufruf zur Gründung einer Feuerwehr wurde im damaligen Kreisblatt, am 15. September 1862, veröffentlicht. Diese Veröffentlichung ist die erste greifbare Spur einer freiwilligen Feuerwehr – damals freiwillige Turnerfeuerwehr (FTFW) – in der Stadt überhaupt. 95

Turner hatten sich nur wenige Tage später in die Liste der FTFW Mühlhausen eingetragen. Im Jahr 1871 wurde die Satzung geändert und die FTFW wurde umbenannt in Freiwillige Feuerwehr Mühlhausen. Ab sofort konnten alle geeigneten Bürger der Feuerwehr beitreten.
Im Laufe der Jahre und Jahrzehnte wurden angeschaffte Feuerwehrgeräte und Utensilien alt, antik und

Ausgestellt ist unter anderem eine originale Pferdespritze aus dem Jahr 1875.

manche historisch wertvoll. Sie entsprachen nicht mehr dem technischen Standard und wurden aussortiert. Aber weggeworfen oder entsorgt wurden sie nicht alle. Sie bildeten den Grundstock für ein Feuerwehrmuseum. Das wurde im Jahr 1997, anlässlich der 135-Jahrfeier der Mühlhäuser Feuerwehr, eröffnet. Eingerichtet wurde es in der ehemaligen Fahrzeug- und Werkstatthalle. Das Museum zeigt eine sehenswerte Sammlung historischer Feuerlöschgeräte. Ausgestellt ist unter anderem eine originale Pferdespritze aus den Jahren um 1890. Eine Fotodokumen-

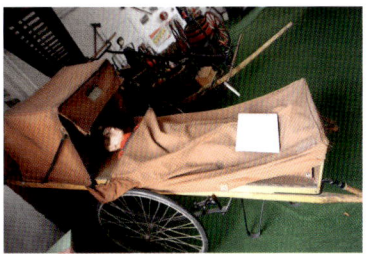

Mit diesem Wagen wurden Verletzte geborgen.

tation zur Mühlhäuser Feuerwehr und zu den Feuerwehreinsätzen ergänzt die Ausstellung.
Das Museum hat seine Adresse am Bastmarkt 36.

Löschwassertransport war einst eine große Herausforderung.

Das Museum zeigt eine sehenswerte Sammlung historischer Feuerlöschgeräte.

Im Fernmeldemuseum

Begegnung mit dem Fräulein vom Amt

Dem »Fräulein vom Amt« kann man im Fernmeldemuseum in Mühlhausen begegnen. Verbindungen stellt sie allerdings nicht mehr her. Die lebensgroße Puppe gehört zu den schmückenden Exponaten in dem technischen Museum.
Das wurde im Oktober 2000 vom »Fernmelde-Museum Verein Mühlhau-

sen e.V.« unter dem Motto »100 Jahre Telefon in Mühlhausen« eröffnet. In den Räumen der Deutschen Telekom war ein kleines Museum mit 60 Quadratmeter Grundfläche entstanden. Heute sind aus dem einen Raum drei geworden und es werden den Besuchern zahlreiche überwiegend funktionsfähige Einrichtungen des

Fernsprech- und Fernschreibwesens, Bauteile des ober- und unterirdischen Fernsprechnetzes sowie Dokumentationen ab dem Jahr 1891 gezeigt. Zu den Museumsattraktionen zählen funktionsfähige OB (Ortsbatterie)-Vermittlungseinrichtungen und Apparate aus den Jahren 1904/1905, bei denen der erforderliche Rufstrom noch mit einer Kurbel erzeugt wurde, sowie ebenfalls funktionierende Telefonanlagen und Apparate aus den Jahren 1919 bis 1989, die an eine automatische Vermittlungsstelle angeschlossen sind.

Weiterhin werden Fernschreibgeräte aus den Jahren 1943 bis 1990 für die Telegramm-Übermittlung in Mühlhausen und Umgebung präsentiert und auch solche, die in Betrieben zum Einsatz kamen, und viele technische Exponate mehr.
Ein Verzeichnis gibt Auskunft darüber, wer im Jahr 1898 in Mühlhausen ein Telefon hatte.
Das Fernmeldemuseum befindet sich An der Burg 1.

Rar gewordene Exponate zeigt das kleine Museum.

Wer einst so ein Telefon besaß, gehörte zu den Privilegierten in Mühlhausen.

Ein Telefon musste unbedingt schick aussehen.

Ein »Fräulein vom Amt« schuf einst die guten Verbindungen.

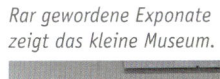

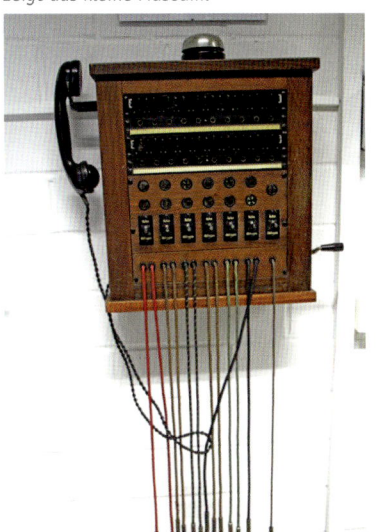

Die Kulturbund-Galerie

Das erste Kunstpodium in Mühlhausen

Die Kulturbund-Galerie zählt zu den kulturellen Perlen in der Kreisstadt Mühlhausen.

Das hat es noch nie gegeben. Abseits der großen Kunstzentren im Arbeiter- und Bauernstaat entstand ein Kunstpodium. Es war damals ein besonderes gesellschaftliches Ereignis, als im Jahr 1975 in Mühlhausen eine Galerie eröffnet wurde. Sie war die Erste und Einzige weit und breit und sollte es viele Jahre lang auch bleiben. Initiator war der Pädagoge Franz Prinich. Unter dem Dach des Kulturbundes organisierte der Mühlhäuser fortan regelmäßige Ausstellungen in der Galerie, die sich die einstige Adresse des Kulturbundes zum Namen machte: »Galerie am Entenbühl«.

Schaufenster und Begegnungsstätte

Von nun an bereicherte die Galerie das kulturelle Angebot in der Stadt. Jährlich gab es drei bis vier Ausstellungen. »Das Entenbühl« wurde zum Schaufenster der damals noch wenigen Künstler im Kreis Mühlhausen. Alexander Barth, Charlotte Eberlein, Werner Weidenbach, Siegfried Böhning und der Nestor der Galerie, Franz Prinich, sowie Mühlhäuser Kunsterzieher stellten ihre Arbeiten und damit ihre Wertevorstellungen, Originalität und handwerkliches Können vor. Gern trafen sie sich mit den kunstinteressierten Besuchern, die neugierig die Bilder, Grafiken und Plastiken betrachteten.

Schon in den 80er Jahren wurde die Galerie am Entenbühl auch für namhafte Thüringer Künstler interessant. Horst-Peter Meyer, Alfred T. Mörstedt, Eberhard Heiland, Jost Heyder und Dieter Hennig waren Gäste. Höhepunkte in der Galerie waren vor allem die Werner-Tübke-Ausstellung sowie die Ausstellungen der Erfurter Otto Paetz und Otto Knöpfer. Franz Prinich sah diese Ausstellungen auch stets als Wertschätzung der Kunst in Mühlhausen.

Klein aber fein

Heute trägt die Kulturbund-Galerie den Namen »Kleine Galerie« und ist im Puschkinhaus zuhause. Die Wirren der politischen Umbruchzeit in den 1990er Jahren hatten ihr zu Schaffen gemacht. Zeitweise stand ihre weitere Existenz auf der Kippe. Doch sie hat überlebt, wohl auch dank des jahrelangen ehrenamtlichen Vorsitzenden des Kulturbundes, Jürgen Thormann. Er hielt zäh an den herausgebildeten Traditionen fest.

Zwischen vier bis sechs Ausstellungen werden heute pro Jahr in der mittlerweile ältesten Galerie Mühlhausens organisiert. Die Akteure dafür kommen meist aus dem Amateur-Bereich. Die Eröffnungsveranstaltungen werden begleitet durch Laudatio und Musik und werden so immer zu klei-

Im Jahr 1975 hat Franz Prinich (im Bild rechts) die Galerie im Kulturbund gegründet. Heute ist die »Kleine Galerie« die älteste im Landkreis.

Kunstinteressierte Besucher sind immer neugierig auf die ausgestellten Bilder.

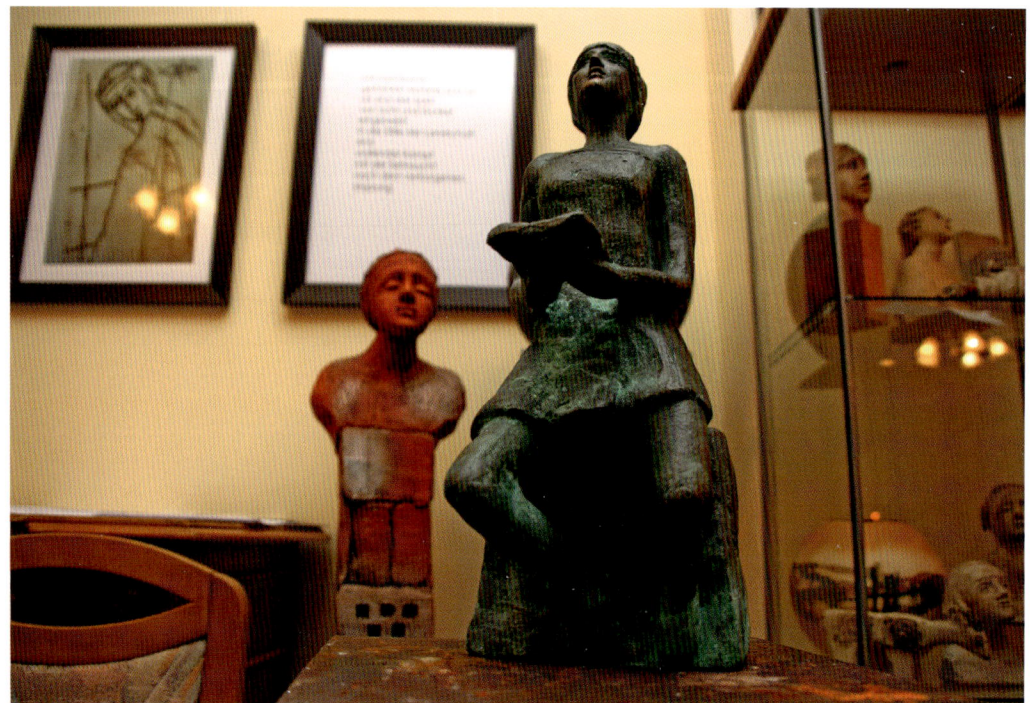

Die Kleine Galerie ist ein Schaufenster für zeitgenössische Kunst aus der Region.

Die Kulturbund-Galerie ist ein Podium für Künstler. Wilfried Heizmann aus Mühlhausens Partnerstadt Eschwege stellte gern dort aus.

nen charmanten Festakten. Das kommt gut an beim Publikum. Stets sind die Eröffnungen gut besucht. Etwa sechs Wochen lang sind die Werke der Künstler in der Kleinen Galerie zu sehen. Der Eintritt zu den Ausstellungen ist frei.

Ortsteil Görmar

Im frühen Mittelalter ein wichtiger Ort

Weithin sichtbar ist die Kirche Sankt Martin.

Görmar ist eine der ältesten Gemeinden im Unstrut-Hainich-Kreis. Erste Ansiedlungen soll es bereits im 4. Jahrhundert gegeben haben. Die erste urkundliche Erwähnung stammt aus dem Jahr 897 als Gemarkung »Germera«. Deren Ausdehnung reichte vom Meißner bis zur Sachsenburg.

Nach der Einführung des Christentums war Görmar gleichfalls Hauptort des »Geistlichen Bannes Germar«, zu dem 34 Pfarrkirchdörfer der Umgebung Mühlhausen gehörten. Für die frühmittelalterliche Geschichte der Region war Görmar als Zentralort von Wichtigkeit.

Im 11. Jahrhundert ging die Bedeutung des Dorfes Görmar nach und nach auf das nahe gelegene Mühlhausen mit der dort befindlichen Königsburg über. Am 30. Juni 1994 erfolgte die Eingemeindung nach Mühlhausen. Derzeit wohnen etwa 1000 Bürger in Görmar.

Der Mühlhäuser Ortsteil liegt östlich der Stadt unmittelbar an der Bundesstraße 249 nach Sondershausen, inmitten des schönen Unstruttals. An der Südseite wird der Ort vom Schadeberg mit Rieseninger und Kirschberg begrenzt. Charakteristisch für Görmar sind die hübschen Fachwerkhäuser mit ihren Toreinfahrten. Weithin sichtbar ist die Kirche Sankt Martin. Görmar war und ist ein landwirtschaftlich orientierter Ort.

Görmar ist ein Dorf mit reicher Geschichte.

Charakteristisch für Görmar sind die hübschen Fachwerkhäuser mit ihren Toreinfahrten.

Ortsteil Felchta

Liebeserklärung an das Heimatdorf

»Oh – Felchta, mein Dörfchen, wie bist Du so schön – Aus Dir, teure Heimat, mag nimmer ich gehen ...« diese Liebeserklärung machte Heimatdichterin Pauline Schmidt an ihre Gemeinde.

Felchta ist einer der vier Ortsteile, die zu Mühlhausen gehören. Der Ort liegt nur einen Kilometer südwestlich der Kernstadt und zählt heute etwa 300 Einwohner. Eingemeindet wurde er am 30. Juni 1994. Das älteste Gebäude in Felchta ist die Dorfkirche. Wie alt sie ist, weiß niemand genau zu sagen. Sie stammt vermutlich aus der späten Romantik. Ihre Grundmauern gehen sogar bis auf die Gotik, also die Zeit des Mittelalters, zurück. Um das Jahr 1570 wurde die vordem katholische Kirche protestantisch.

Eine Klangperle in der Kirche ist die im Jahr 1838 gebaute Schulze-Orgel mit acht Registern und mehr als 500 Pfeifen. In den kleinen Raum eng eingepasst, fällt sie nur durch das schöne, zeittypische Schnitzwerk auf.

Trotz der Eingemeindung hat sich Felchta seinen ländlichen Charakter mit allen Vorzügen bewahrt.

Ein Ort mit ländlichem Charme ist Felchta.

Das älteste Gebäude in Felchta ist die hübsche Dorfkirche.

Um die Pflege von ländlichem Brauchtum und Kultur kümmern sich hauptsächlich der Reit- und Kutscherstammtisch, die Felchtaer Kirmesgesellschaft und der Faschingsverein. Höhepunkte im Kalenderjahr sind der Fasching, die Kirmes, ein Weihnachtsmarkt und die Aufführung eines Märchens in der Vorweihnachtszeit.

Etwa 300 Jahre alt ist die imposante Sommer-Linde, die den Status eines Naturdenkmals genießt. Der Baum steht unmittelbar vor der Kirche.

Ortsteil Saalfeld

Ein Park mit Dorf drumherum

Ruhig ist das Leben in dem Dörfchen unweit der Kreisstadt.

Ein Geschlecht derer »von Saalfeld« befand sich unter den Bewohnern der kaiserlichen Burg in Mühlhausen. Nach der Zerstörung der Burg (1256) nahm es seinen Wohnsitz in der Stadt.

Der Ort Saalfeld wird im Jahr 1273 erstmals urkundlich erwähnt. In jenem Jahr befand sich Saalfeld als Reichslehen im Besitz der Herren von Bodenstein.

Im 14. Jahrhundert kam Saalfeld Stück für Stück in den Besitz der Freien Reichsstadt Mühlhausen und gehörte zu deren Gebiet bis zur Aufhebung der Reichsunmittelbarkeit im Jahr 1802. Unter preußischer Herrschaft wurde 1816 ein besonderer »Kreis Mühlhausen« gebildet. Ihm gehörten Mühlhausen und Treffurt sowie 42 Landgemeinden an, zu denen auch Saalfeld zählte.

Saalfeld ist ein typisches Runddorf. Im großen Bogen, beinahe kreisförmig, stehen ein- und zweistöckige Bauernhäuser.

Im Mittelalter war das Dorf von Verteidigungsanlagen umgeben. Die Kirche, im 17. Jahrhundert erbaut, ist eher ein kleiner Bau, der von einem hohen Turm mit fränkischer Haube überragt wird.

Schmuckstück im Dorf ist eine parkähnliche Grünfläche mit der Dorfkirche aus dem 17. Jahrhundert.

Hübsche Häuser chrakterisieren das Ortsbild.

Der kleine Ort Saalfeld liegt nördlich von Mühlhausen, umgeben vom Volkenröder Wald und der Mühlhäuser Hardt.

Der Name Saalfeld soll von »Solefeld« abgeleitet worden sein. So wird angenommen, dass dort früher Salz gefunden wurde.

Eingemeindet wurde Saalfeld, in dem heute etwa 190 Menschen leben, im Jahr 1994. Durch das gesamte Mittelorf zieht sich eine parkähnliche Grünfläche mit einem Spielplatz für die kleinen Saalfelder. Manche Gäste nennen Saalfeld darum auch »den Park mit dem schönen Dorf drumherum«.

Ortsteil Windeberg

Ortsname liegt im Dunkel der Geschichte

Obwohl bereits am Ende des 13. Jahrhunderts eine Familie von Windeberg genannt wird, die zu den angesehensten Mühlhäuser Geschlechtern gehört haben muss, ist über die Geschichte dieses Mühlhäuser Ortsteils nur wenig bekannt. Überliefert sind vor allem Unglückstage. So wütete am zweiten Ostertag im Jahr 1750 ein großer Brand im Ort, bei dem auch die Kirche zerstört wurde. Ein weiterer großer Brand

wütete im Jahr 1809. Alle Urkunden und Kirchbücher sollen Opfer der Flammen geworden sein.

Windeberg wird auch in anderen alten Chroniken wenig erwähnt. Im Jahr 1296 soll der Name das erste Mal aufgetaucht sein.

Um die Namensgebung ranken sich Überlieferungen. Die am häufigsten zu hörende Variante ist die: Da sich der Weg nach Mühlhausen um den

Dorfberg windet, heißt der Ort Windeberg. Andere wieder behaupten, der Name habe seinen Ursprung in dem Wind, dem die Gemeinde auf dem Berg ausgesetzt sei.

Um Windeberg herum sollen noch andere Orte gelegen haben, die aber während des Dreißigjährigen Krieges zerstört wurden.

Windeberg ist ein Ortsteil der Kreisstadt Mühlhausen und liegt nur wenige Kilometer nördlich der Kernstadt. Etwa 250 Einwohner leben in der ländlich geprägten Gemeinde. Eingemeindet wurde Windeberg am 1. Juni 1992. Eines der ortsprägenden Gebäude ist die alte, aber nicht mehr funktionstüchtige Mühle auf dem Dorfberg.

Blick auf die schlichte Dorfkirche

Die alte Mühle auf dem Dorfberg erinnert an ein ausgestorbenes Handwerk.

Windebergs Ortsansicht wird von hübschen Fachwerkhäusern geprägt.

Kur- und Rosenstadt Bad Langensalza

Grußwort

Bernhard Schönau, Bürgermeister

Liebe Bürger des Unstrut-Hainich-Kreises,
liebe Gäste und Freunde unserer Region,

es gibt viele Gründe, unsere Breitengrade näher kennenzulernen. Bad Langensalza als zweitgrößte Stadt des Unstrut-Hainich-Kreises ist sicher einer davon.
Unsere Kur- und Rosenstadt, idyllisch gelegen zwischen Unstrutaue und Nationalpark Hainich, bezaubert ihre Gäste mit dem historischen Ambiente des Mittelalters und einer einzigartigen Gartenpracht.

Bad Langensalza ist »Der schönste Garten Thüringens«. Zehn Park- und Gartenanlagen umrunden den historischen Stadtkern. Der elfte Park – das UNESCO-Weltnaturerbe Nationalpark Hainich – liegt direkt vor unserer Haustür. Das dortige Nationalparkzentrum und der viel besuchte Baumkronenpfad gehören zur Stadt Bad Langensalza als Bauherrin und Investorin.

Neben ihrer weitreichenden Rosenzucht- und -anbautradition ist unsere Stadt vor allem als Standort der modernen Medizin, Rehabilitation und Kur bekannt. Unsere 200-jährige Kurtradition hat Bad Langensalza zu einem überregional geläufigen und geachteten Kurort gemacht. Die Friederiken-Therme, die Reha-Klinik »An der Salza« und das renommierte Hufeland Klinikum zeugen von den vielseitigen Gesundungs- und Erholungsmöglichkeiten in Bad Langensalza.

2011 vertraten wir Deutschland im internationalen Wettbewerb »Entente Florale Europe«. Mit unserer langen Kurorttradition, der bewegten Rosenzucht- und -anbaugeschichte und dem außergewöhnlichen Engagement unserer Bürger sind wir als »Blühendste Stadt Europas 2011« aus diesem Wettbewerb hervorgegangen.

Immer einen Besuch wert: der Japanische Garten

Blütenpracht im Rosengarten

Die Kur- und Rosenstadt Bad Langensalza ist zweifelsohne einer der schönsten Flecken des Unstrut-Hainich-Kreises.
Entdecken auch Sie Bad Langensalza – ich freue mich auf Ihren Besuch!

Herzliche Grüße

Bernhard Schönau
Bürgermeister

Der Drei-Türme-Blick bei Nacht

Blick auf das Rathaus

Bad Langensalza
Eine blühende Schönheit

Eine besondere Attraktion ist der Baumkronenpfad.

Die Kur- und Rosenstadt Bad Langensalza ist eine blühende Schönheit, idyllisch gelegen zwischen Unstrutaue und Nationalpark Hainich. Die Stadt besticht mit dem historischen Ambiente des Mittelalters und einer einzigartigen Gartenpracht. Geschichte und Gegenwart schaffen in Bad Langensalza eine unverwechselbare Atmosphäre und es ist ein leichtes, sich von den malerischen engen Gassen und der Architektur der Gebäude verschiedener Epochen verzaubern zu lassen. Idyllische Cafés, Modegeschäfte, Galerien und Ausstellungen machen den Bummel durch die liebevoll sanierte Altstadt zu einem nachhaltigen Erlebnis. Eine Besonderheit ist die gut erhaltene historische Stadtmauer. Noch heute sind 17 der Türme und ein Stadttor bewahrt. Jedes Jahr, am letzten Augustwochenende, findet ein mittelalterliches Spectaculum mit einem großen Kunsthandwerkermarkt vor dieser historischen Kulisse statt.

Rosen und Romantik

Wer in entspannter Atmosphäre die individuellen Gärten und Pàrkanlagen der Stadt besucht, bemerkt sofort, dass besonders die Rosenzucht und deren Anbau bei uns auf eine lange Tradition zurück schaut. Über 100 Jahre Erfahrung auch im Gartenbau prägen das romantische Stadtbild. Aufgrund seines einzigartigen Ambientes erhielt Bad Langensalza im Juli 2002 das Prädikat »Rosenstadt«. Der 1,8 Hektar große Rosengarten wurde 1999 eröffnet. Dort, inmitten der blühenden Beete und Bögen, begann im selben Jahr die Tradition der Rosenköniginnen von Bad Langensalza. Fast 10 000 Rosen in 450 Rosenarten können im Rosengarten bestaunt werden. Auch von der Terrasse des Rosencafés aus kann man die Farbenpracht und den Duft des Gartens genießen.

Garten der Glückseligkeit

Eine weitere Attraktion ist das exotische Flair des Japanischen Gartens, der zu den schönsten Deutschlands zählt. »Kofuku no niwa« heißt er – Garten der Glückseligkeit. Klangschalenkonzerte und Teezeremonien laden auf eine Reise nach Fernost ein.
Auch das Arboretum, der Baumgarten, ist einen Besuch wert. Mit viel Liebe wurden dort etwa 130 Baumarten gepflanzt. Ein Großteil davon wurde von

Herbststimmung an der Stadtmauer

Blick vom Butterturm

Blick auf die Altstadt

Der berühmte Drei-Türme-Blick

Einwohnern und Liebhabern Bad Langensalzas gespendet.

An das Arboretum angrenzend befindet sich die Gottesackerkirche Sankt Trinitatis, die nach ihrer Sanierung 2008/2009 als Konzertkirche genutzt wird.

Mit sieben weiteren Gärten kann Bad Langensalza aufwarten: dem Botanischen Garten, dem Magnoliengarten, dem Kur- und dem Schlösschenpark, dem neu errichteten Stadt-Umland-Garten sowie dem BUND-Garten und dem TRACO-Park.

Kultur und Tradition

Das Friederikenschlösschen und das schöne Kultur- und Kongresszentrum warten seinen Besuchern mit abwechslungsreichem Kulturprogramm auf. Egal ob Konzerte, Kammermusik, Kabarett oder Jazz – Angebote gibt es für jeden Geschmack das ganze Jahr über.

Bad Langensalzas Tradition als Heilbad begann 1811 mit der Entdeckung der Schwefelquellen. Heute werden neben dem bewährten Schwefelwasser auch Mineralwasser und Thermalsole zutage gefördert. Diese drei Heilmittel finden ihre Anwendung

vor allem bei den Gesundheits- und Wellnessangeboten der Friederiken Therme und der Reha-Klinik »An der Salza«. Dem Besucher wird eine breite Palette an Massagen, Badeanwendungen und weiteren Therapiemöglichkeiten geboten.

Unterwegs im Nationalpark

Vor Bad Langensalzas Haustür befindet sich der Nationalpark Hainich, der Urwald in der Mitte Deutschlands. Seit 2011 gehört dieses Buchenwaldgebiet zum UNESCO-Weltnaturerbe.

Ein Besuch im Nationalpark Hainich lohnt sich natürlich immer, doch besonders im Frühjahr zur Blüte der Märzenbecher und im Herbst, wenn das Laub sich färbt, bieten sich unvergessliche Naturerlebnisse.

Jedes Wochenende finden Führungen und Wanderungen statt. Auch für Kinder gibt es von der Schatzsuche bis zum Kindertag im Wildkatzenkinderwald eine Menge zu erleben. Ob zu Fuß, mit dem Rad oder hoch zu Pferde, der Hainich kann auf vielfältige Weise erkundet werden. Auf markierten Wanderwegen können Einheimische und Gäste die Schönheiten des Nationalparkes auf eigene Faust entdecken.

Seit 2005 können auf dem Baumkronenpfad an der Thiemsburg die Wipfel der Bäume erkundet werden. Erst 2009 wurde der zweite Abschnitt des Pfades eröffnet, der weitere einmalige Erlebnisse bietet. Besucher erfahren in einer Höhe zwischen zehn und 44 Meter einen einzigartigen Ausblick. Die Sicht reicht sowohl über die Höhenzüge des Thüringer Waldes im Süden als auch zum Eichsfeld im Norden. Die Stadt Bad Langensalza hat neben diesem attraktiven Weg in sonst unzugängliche Bereiche des Waldes auch als Bauherr für das Nationalparkzentrum Thiemsburg gewirkt. Die Dauerausstellung »Entdecke die Geheimnisse des Hainich« lädt ein, den Nationalpark in seiner natürlichen Schönheit zu entdecken.

Der Butterturm von Bad Langensalza

Berühmt ist der »Nackte Reiter« vor dem Stadtmuseum.

Geschichte und Gegenwart schaffen in Bad Langensalza eine unverwechselbare Atmosphäre.

Kur- und Rosenstadt Bad Langensalza

Ein herzliches Willkommen

Viele Städte Deutschlands haben das Glück, Teil einer sehr attraktiven Landschaft zu sein, die Bewohner und Besucher gleichermaßen begeistert. Nur wenige Städte profitieren jedoch von so vielen einzigartigen Besonderheiten wie die Kur- und Rosenstadt Bad Langensalza.

Die Geschichte der Stadt geht zurück auf Menschen, die bereits vor über tausend Jahren dem magischen

Blick in die Mühlhäuser Straße

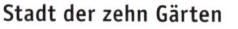

Das Rosenwunder von Bad Langensalza – der Rosengarten

Bann dieser Landschaft erlagen und hier siedelten. Heute gibt es viele gute Gründe für einen Besuch in Bad Langensalza.

Baumkronenpfad im Nationalpark Hainich

Direkt vor den Toren der malerischen Kleinstadt erstrecken sich die weiten Buchenwälder des Nationalparks Hainich mit dem Baumkronenpfad.

Historische, denkmalgeschützte Altstadt

Die Geschichte der ehemaligen Handelsstadt ist allgegenwärtig und durch die Kulisse historischer Gebäude und Monumente erlebbar.

Stadt der zehn Gärten

Zehn Themengärten machen die gewachsene Leidenschaft für die Gestaltung herausragender Gartenanlagen für die Besucher sichtbar.

Heilsame Quellen

Gesundheit und Erholung verspricht das Herzstück der Kur- und Wellnessangebote, die Friederiken Therme. Ausgezeichnet mit dem TÜV-Zertifikat bie-

Exotisch ist der Japanische Garten in Bad Langensalza.

tet sie Anwendungen im Dreiklang der heilsamen Quellen.

Noch mehr gute Gründe

Weitere Attraktionen sind das Friederikenschlösschen, der Drei-Türme Blick, die Gottesackerkirche, das Stadtmuseum im Augustinerkloster, das Mittelalterstadtfest im August und die Friederiken Therme. Schon immer verstanden es die Bad Langensalzaer, Tradition und Geschichte zu bewahren und gleichzeitig die Zukunft dynamisch und modern zu gestalten. Die Handelsstadt von damals gehört heute zu den aufsteigenden Kurstädten und gewinnt als Gesundheitsstandort an Bedeutung.

Mit etwas Glück begegnen die Gäste der Kur- und Rosenstadt der Herzogin Friederike.

Beitrag von:
Touristinformation Bad Langensalza
Bei der Marktkirche 11
99947 Bad Langensalza
Tel. (0 36 03) 83 44 24
touristinfo@badlangensalza.de
www.badlangensalza.de
www.facebook.com/badlangensalza

Zu den Sehenswürdigkeiten zählt das Friederikenschlösschen.

Königlich: Treffen der Rosenköniginnen

Balsam für die Seele – Friederiken Therme

Faszination Kur- und Rosenstadt

Die Friederiken Therme ist das Herzstück der Kur- und Wellnessangebote und wurde mit dem TÜV Nord Zertifikat ausgezeichnet. Unser Ziel ist es, unseren Gästen einen angenehmen und entspannenden Aufenthalt zu ermöglichen.

Wir vertrauen auf die Wirkungsweise von natürlichen Heilmitteln. Neben den natürlichen Bodenschätzen tragen die Ganzkörperkältetherapie, eine Kältekammer mit -110 °C, die Mooranwendungen sowie weitere Therapieangebote zu einem erholsamen Gesundheitsaufenthalt bei.

Genießen Sie fernöstliche Entspannungs- und Bewegungsangebote: JAHARA® und Shiatsu für innere Ausgeglichenheit und Entspannung.

Rosensauna, finnische Saunen, römische Dampfbäder, Erdsauna, Beauty- und Wellnessanwendungen, Massagen, Kosmetik, Solarium, Licht- und Luftbad

Beitrag von:
Touristinformation Bad Langensalza
Bei der Marktkirche 11
99947 Bad Langensalza
Tel. (0 36 03) 83 44 24
touristinfo@badlangensalza.de
www.badlangensalza.de
www.facebook.com/badlangensalza

Therapiebecken, medizinische Bäder, Behandlungs- und Massageräume und medizinische Trainingstherapie und umfangreichen Kursen für Ihr Wohlbefinden

Rosengarten

Garten der Liebe

In den Sommermonaten erleben die Gäste die faszinierende Farbenpracht der Rosen und genießen den unvergleichlichen Duft der über 450 Rosenarten. Besonders sehenswert in Anmut und Vielfalt ist die Sammlung der Bad Langensalzaer Rosen. Zwischen 1950 und 1990 wurden über 90 Rosensorten gezüchtet.
Der Rosengarten in unmittelbarer Nähe der Kurpromenade lockt seine Gäste aus Nah und Fern mit einer betörenden Vielfalt moderner und historischer Rosen, über Wildrosen und Edelrosen sowie ihren Begleitpflanzen in einer malerischen Gartengestaltung. Auf einem 18 000 Quadratmeter ehemaligen Fabrikgelände wachsen üppige Beetrosen-, Edelrosen- und Strauchrosengruppen, aufgelockert durch Stauden und akzentgebenden Gehölze. Für diese Gestaltung wurden fast 10 000 Rosen gepflanzt. Ein gesonderter Bereich ist den Bad Langensalzaer Züchtungen gewidmet. Die lange Tradition der Züchtung von Rosensorten durch die Rosenzüchterfamilie Berger und später Gärtnerische Produktionsgenossenschaft »Roter Oktober« spiegelt sich in den Züchtungserfolgen wider. Im Rosenmuseum kann sich der Besucher mit der Bad Langensalzaer Rosenzucht und ihren Erfolgen vertraut machen. Die Stadt Bad Langensalza ist stolz auf den Titel »Rosenstadt«, der ihr im Juni 2002 vom Verein Deutscher Rosenfreunde verliehen wurde.

Unvergleichlich ist der Duft der über 450 Rosenarten.

Die Stadt Bad Langensalza ist stolz auf den Titel »Rosenstadt«.

In den Sommermonaten erleben die Gäste die faszinierende Farbenpracht der Rosen.

Für diese Gestaltung des Gartens wurden fast 10 000 Rosen gepflanzt.

Der Rosengarten

Marktplatz vor dem Rathaus

Die blühendste Stadt Europas

Sieger im Wettbewerb »Entente Florale Europe 2011«

Bad Langensalza gewann mit höchster Punktzahl aller Teilnehmer Gold im internationalen Wettbewerb 2011 um die blühendste Stadt Europas.

Der Jubel war groß zur Siegerehrung der »Entente Florale Europe«, dem europäischen Wettbewerb um die blühendste Stadt im slowenischen Rogaška Slatina. Große Anerkennung und viel Lob erhielt Bad Langensalza als lebens- und liebenswerte Stadt im Herzen Deutschlands. Schon an diesem Wettbewerb teilnehmen zu dürfen, ist eine große Ehre. Schließlich wählt die nationale Jury im deutschen Wettbewerb »Entente Florale« jedes Jahr nur eine Stadt und ein Dorf aus, um Deutschland auf internationaler Ebene zu vertreten. Nachdem Bad Langensalza den nationalen Ausscheid für sich entschied, begann das Jahr des Europa-Wettbewerbs, bei dem sich Stadt, Bürger, Vereine und Unternehmer mit viel Engagement und zahlreichen Ideen um eine lebens- und liebenswerte Stadt bemühten. Schon im Juli besuchte eine internationale Fachjury Bad Langensalza. Sie machte sich einen Tag lang ein Bild von der vielseitigen Rosenstadt, von der nachhaltigen Entwicklung, dem Brachflächenmanagement, dem Bürgerengagement und vielem mehr.

Dann der große Tag: 46 Bad Langensalzaer waren mit dem Bus nach Rogaška Slatina gefahren, wo die Preisverleihung stattfand. Nach all den Anstrengungen, den Projekten und dem Herzblut, das in den Wettbewerb geflossen war, konnten die Mitreisenden die »Award Giving Ceremony« kaum erwarten. Kurz vor der Preisverleihung am 16. September 2011 dann sah man den Kurstädtern ihre Nervosität

an. In Rogaška Slatina standen sich die Vertreter der 18 teilnehmenden Städte aus zehn Ländern der Europäischen Union zum ersten Mal gegenüber. Als der Vorsitzende der »Association Europeénne pour le Fleurissement et le Paysage« (AEFP) verkündete: »We are pleased to award you a Gold Medal«, waren die Bad Langensalzaer nicht mehr auf ihren Plätzen zu halten. Minutenlang jubelten sie, hielten ein großes Banner mit der Aufschrift »Bad Langensalza erobert Europa« in die Höhe. Die schwere Goldplatte ging durch die Reihen – jeder wollte sie einmal halten. Die Jury verkündete zudem, dass Bad Langensalza die goldene Auszeichnung »ohne Zweifel verdient« habe. Schließlich sei die Kur- und Rosenstadt diejenige, die die höchste Bewertungspunktzahl von allen Teilnehmern erhalten habe.

Frühblühendes im Japanischen Garten

Blühender Kurpark

Frühlingsblick zum Klagetor

Beitrag von:
Touristinformation Bad Langensalza
Bei der Marktkirche 11
99947 Bad Langensalza
Tel. (0 36 03) 83 44 24
touristinfo@badlangensalza.de
www.badlangensalza.de
www.facebook.com/badlangensalza

Zehn Parks und Themengärten

Orte unvergleichlichen Flairs

Einer der schönsten Gründe für einen Besuch der Kur- und Rosenstadt sind die liebevoll gestalteten Gärten und Parkanlagen. Sie lassen jeden Spaziergang zu einem besonderen Erlebnis werden. Be-

Der Botanische Garten zeigt einheimische und exotische Pflanzen.

Das Arboretum besticht mit der Gottesackerkirche.

sonderheiten sind im Frühjahr die Kirschblüten zum Hanami-Fest im Japanischen Garten, in dem zudem regelmäßig zu Klangschalenkonzerten und original japanischen Tee-Zeremonien eingeladen wird. Der Rosengarten bietet neben Führungen und Schnittkursen auch Konzerte und ein Rosencafé sowie das Rosenmuseum mit den Langensalzaer Züchtungen. Das Arboretum besticht mit der Gottesackerkirche und deren einzigartiger Akustik bei klassischen Konzerten. Der Botanische Garten zeigt einheimische und exotische Pflanzen, eine Bambus-Graslandschaft sowie seltene Yuccas und Kakteen.

In Bad Langensalza eröffnet sich Ihnen die große Vielfalt der Gärten mit ihren unterschiedlichen Themen. Ein Genuss sind Spaziergänge entlang des Kurparks durch den Schlösschenpark, ein Erlebnis die Besuche im Stadt-Umland-Garten oder im Obst-, Gemüse- und Heilkräutergarten des BUND. Der TRACO-Gesteinspark zeigt das Travertin, auf welchem die Stadt steht und im Garten des Übergangs bestechen Magnolien mit ihren Blüten.

Es sind allesamt Orte der Ruhe und Besinnlichkeit und doch bieten sie spektakuläre Panoramen mit unvergleichlichem Flair. Immer wieder verzaubern die zehn Parks und Themengärten der Kur- und Rosenstadt ihre Gäste und lassen die Mühen des Alltag vergessen.

Im Japanischen Garten wird jeder Spaziergang zu einem besonderen Erlebnis.

Blick in den TRACO-Gesteinspark

Beitrag von:
Touristinformation Bad Langensalza · Bei der Marktkirche 11 · 99947 Bad Langensalza · Tel. (0 36 03) 83 44 24
touristinfo@badlangensalza.de · www.badlangensalza.de · www.facebook.com/badlangensalza

---

Rehaklinik an der Salza

Wohlfühlen und Gesunden in der Kur- und Rosenstadt

Im Herzen Bad Langensalzas, umgeben von Kurpark, Rosen- und japanischem Garten, liegt seit 1998 die moderne Rehaklinik an der Salza.

Im Herzen Bad Langensalzas, umgeben von Kurpark, Rosen- und japanischem Garten, liegt seit 1998 die moderne Rehaklinik an der Salza, mit 206 Betten in 198 Einzel- und 4 Doppelzimmern. Die hohe Qualität und Kompetenz bei Patientenbetreuung, Therapie und Ausstattung, hat die Fachklinik mit den Schwerpunkten Orthopädie, Osteologie, Osteoporose, Psychosomatik und Psychotherapie, weit über die Grenzen Thüringens hinaus bekannt gemacht. Das familiäre Betriebsklima, die sehr gute interdisziplinäre Zusammenarbeit zwischen allen Abteilungen – Motivation und Freude – sind wesentliche Basis für Therapieerfolg und Wohlbefinden.

Gerne begrüßen wir auch Sie in unserem Haus.

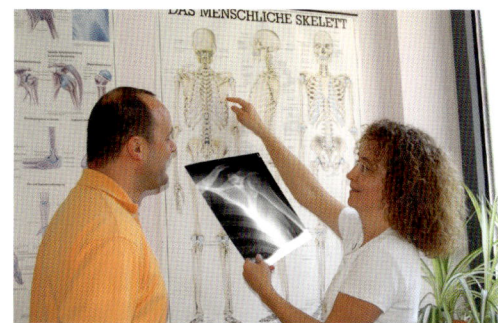

Hohe Qualität und Kompetenz zeichnen die Patientenbetreuung aus.

Beitrag von:
Rehaklinik an der Salza
Kurpromenade 6–8 · 99947 Bad Langensalza
Tel. (0 36 03) 80 30 · Fax (0 36 03) 80 31 00
info@rehaklinik-badlangensalza.de
www.rehaklinik-badlangensalza.de

Stadtmuseum Bad Langensalza

Zuhause im ehemaligen Augustinereremitenkloster

Das Stadtmuseum im Augustinerkloster befindet sich in der historischen Altstadt von Bad Langensalza, im ehemaligen Augustinereremitenkloster. Dieses Kloster wurde im Jahre 1280 durch den Stadtherren Günther von Salza gegründet und lag damals noch außerhalb der Stadtmauern. Als Distriktvikar visitiert Dr. Martin Luther am 29. Mai 1516 das Kloster, welches zwischenzeitlich aufgrund »böser Lebenswandel« der Geistlichen abgemahnt worden war. Dennoch wird das Kloster mit der Reformation und der fortschreitenden Säkularisation im Herzogtum Sachsen, 1539 aufgelöst. Die Mönche verlassen ein Jahr später Salza und die Stadt kauft die Gebäude, um im Jahre 1541 im Ostflügel die erste städtische Schule einzurichten. Die übrigen, nun nicht mehr benötigten Klostergebäude verfallen und werden bis in das 16. Jahrhun-

Das Stadtmuseum im Augustinerkloster Bad Langensalza befindet sich am Augustinerplatz.

Der Augustinerkirchturm kann innerhalb des Museumsrundganges bestiegen werden und bietet reizvolle Ausblicke auf die Stadt.

Geschichte trifft Gegenwart: Kunstwerke des in Bad Langensalza ansässigen Bildhauers Harald Stieding zieren den Kreuzgang.

dert in wesentlichen Teilen abgetragen. Die Steine werden für städtische Bauten wiederverwendet, lediglich der Kirchturm ist bis heute erhalten geblieben. Der große Stadtbrand von 1711 richtet aber auch an den verbliebenen Gebäudeteilen der Anlage großen Schaden an, so dass die Schule im ehemaligen Dormitorium im Ostflügel neu aufgebaut werden musste, die Turmspitze erhielt ihre jetzige barocke Haube. Nach dem Wiederaufbau blieb das Bauwerk bis in das 20. Jahrhundert Unterkunft für Schul- und Verwaltungszwecke. Erst seit 1900 ist hier das Stadtmuseum untergebracht. Durch eine umfassende denkmalpflegerische Sanierung der mittelalterlichen Baureste seit 1990, kann dieses, als Kulturdenkmal ausgewiesene Gebäudeensemble, nun wieder innerhalb des Museumsbesuchs besichtigt werden.

Spannende Einblicke

Der Besucher erhält spannende Einblicke in die ursprünglich gotische Anlage, von der noch der Kirchturm, Teile des Ostflügels mit der Sakristei, Reste des Westflügels sowie des Kreuzganges vorhanden sind. Der Augustinerkirchturm kann innerhalb des Museumsrundganges bestiegen werden und bietet

reizvolle Ausblicke auf die Stadt. Auf Wunsch können sich die Besucher in einer thematischen Führung über die Geschichte des Augustinerklosters und des Museums informieren lassen.

Ein besonderes Ausstellungsobjekt ist eine eingebaute Holzstube aus dem 17. Jahrhundert, die aus einem inzwischen abgerissenen Wohnhaus der Stadt stammt. Dabei bot die Holzstube als »gute und beheizbare Stube« noch bis in das 18. Jahrhundert hinein eine gewisse Wohnqualität. Die Konstruktion und farbliche Fassung der Holzstube vermitteln einen Eindruck vom Wohnen in der damaligen Zeit. Noch heute sind in vielen Bürgerhäusern der Stadt Holzstuben oder Teile von Holzstuben erhalten.

Reichhaltige Geschichte

Aber das Museum bietet nicht nur Kulturgeschichte, sondern auch Militär- und Stadtgeschichte: Mit der Ausstellung zur Schlacht bei Langensalza am 27. Juni 1866 wird dem Besucher anhand von Uniformen nebst Zubehör, Blankwaffen, Schussgeräten und zahlreichen Bildern und Fotos nicht nur die Schlacht selbst vorgestellt, sondern würdigt dabei auch die humanitäre Hilfe und die medizinische Versorgung der Verwundeten. Erstmals in der Geschichte retteten freiwillige Helfer des Roten Kreuzes Menschenleben, indem sie halfen, die Verwundeten vom Schlachtfeld zu bergen und sie in den Hilfslazaretten zu betreuen. Eine plastische Darstellung der Schlacht vermittelt das Diorama mit 11 000 Zinnfiguren, welches das Gefecht im Verlaufe des Preußisch-Österreichischen Krieges von 1866 vorstellt.

Stätte vielfältiger Kunst

Sehenswert ist auch die ständige Kabinettausstellung des in Langensalza geborenen Künstlers Rolf Dieß (1925 bis 1964). Gezeigt werden Gemälde, Zeichnungen, Lithografien sowie plastische Arbeiten, welche aufgrund der im Museumsbestand

befindlichen Menge an Dieß-Werken immer neu arrangiert und konzipiert werden. Ein Wiederbesuch ist daher lohnenswert.

Zudem werden im Laufe des Jahres im Museum mehrere Sonderausstellungen zu stadt- und kulturgeschichtlichen Themen sowie Kunstausstellungen Bad Langensalzaer Künstler gezeigt. Das Museum bietet außerdem öffentliche Veranstaltungen im Kreuzgang an. Jährlich finden dort das Museumsfest, Konzerte und Filmvorführungen statt.

Die Ausstellungsräume des Museums befinden sich im Erdgeschoss sowie in der ersten und zweiten Etage. Für Behinderte und Rollstuhlfahrer besteht die Möglichkeit, das Museum durch den Nebeneingang in der Langen Brüdergasse zu besuchen. Dort befindet sich auch die Klingel.

Das Museum bietet nicht nur Kulturgeschichte, sondern auch Militär- und Stadtgeschichte.

Der Besucher erhält spannende Einblicke in die ursprünglich gotische Anlage.

Ein besonderes Exponat ist diese alte Glocke.

Haus Rosenthal

Im »Haus Rosenthal« erhält der Besucher einen Überblick über die Pharmaziegeschichte, welche den Langensalzaer Apotheker und Chemiker Johann Christian Wiegleb (1732 bis 1800) würdigt. Ein nachgebautes Laboratorium und die dazu gehörige Offizin vermitteln einen Eindruck von der Arbeit eines Apothekers in der 2. Hälfte des 18. Jahrhunderts. Die Ausstellung wurde durch eine Schenkung einer privaten Apothekensammlung mit Möbeln und Objekten aus dem 19. und 20. Jahrhundert vervollkommnet. Dabei werden dem Besucher mittels vielfältiger Exponate die weitere Entwicklung der Pharmazie und die Veränderungen des Apothekerberufs vorstellt. Das Museum öffnet voraussichtlich im Dezember 2012.

Das »Haus Rosenthal« liegt nördlich der inneren Stadtmauer, an der Bergstraße 15.

Dr. Ulrike Koeltz, Museumsmitarbeiterin

Ein besonderes Ausstellungsobjekt ist eine eingebaute Holzstube aus dem 17. Jahrhundert.

Rolf Dieß – eine Kabinettausstellung

Würdigung einer Künstlerpersönlichkeit

Rolf Dieß? Er ist eine tragische Bekanntschaft vieler Bad Langensalzaer. Erst Jahrzehnte nach seinem Freitod in seiner Wahlheimat in Darmstadt kehrte er in das Gedächtnis der Menschen seiner Heimatstadt zurück – mit seinen hinterlassenen Bildern, die zu seinen Lebzeiten nicht gefragt waren. Dieß war in seiner Kunst ein Unzeitgemäßer, Unverstandener, Getriebener.

Erst seit einigen Jahren, seit 2005, erfährt der Unzeitgemäße in seiner Geburtsstadt posthum hohe Anerkennung und Wertschätzung. Im Stadtmuseum Augustinerkloster ist ihm eine ständige Ausstellung gewidmet. Möglich wurde die durch Schenkungen und Leihgaben von Kunstfreunden und Freunden Rolf Dieß' an die Stadt Bad Langensalza. Die Kabinettausstellung namens »Rolf Dieß« holt damit eine Künstlerpersönlichkeit aus der Schublade der Vergessenen. Einst verpönt, werden Dieß' Werke heute stark beachtet. Die Ausstellung in Bad Langensalza gilt als eine der bedeutenden deutschen Spezialsammlungen moderner Kunst. Mit gut hundert Werken vermittelt die kleine Schau einen Blick auf das sehr umfangreiche künstlerische

Einst verpönt, heute viel beachtet – für den Künstler kommt die Würdigung zu spät.

Rolf Dieß war kein fröhlicher Mensch – in diesem Selbstporträt zeigt er sich niedergeschlagen und hoffnungslos.

Die meisten von Rolf Dieß' Bildern und Plastiken sind von Melancholie und Schmerz geprägt.

Schaffen Dieß' aus der Zeit, als er noch in Erfurt lebte und er seiner Heimatstadt Bad Langensalza auch örtlich sehr nahe war, bis hin zu seinen letzten Lebensjahren.

Zu sehen sind Landschaften und freie Malerei in Öl, kleine gezeichnete Landschaften, Porträts, Radierungen, Linolschnitte, Landschaften in verschiedenen Abstraktionsstufen, Mosaikarbeiten, Entwürfe für Glasmalerei und Wandgestaltung sowie eine Metallgestaltung.

Was Rolf Dieß, Jahrgang 1925, wohl denken würde, hätte er diese späte Würdigung noch erlebt? Würde er spotten? Würde er sich freuen? Niemand wird es je erfahren. Rolf Dieß starb jung. Er wollte nicht mehr leben, zerbrach an den Umständen, an der Intoleranz und dem »Nichtakzeptiertwerden« als moderner Künstler. Er wurde nur 39 Jahre alt. Dem Stadtmuseum gebührt das Verdienst, die Kunst von Dieß der Öffentlichkeit wieder nahe gebracht zu haben.

Bedeutende Sammlung

Die Kunstsammlung des Museums zeigt nicht nur Rolf Dieß. Zur Sammlung gehören ebenso Plastiken und Grafiken der Bad Langensalzaer Künstler Harald Stieding und Elisabeth Weidemann sowie Bilder von Joachim Hellgrewe.

Das Museum besitzt auch zeitgenössische Buchausgaben von Christoph Wilhelm Hufeland, der 1762 in Langensalza geboren wurde, von Johann Christian Wiegleb und Friedrich Gottlieb Klopstock. Gesammelt werden zudem Gegenstände, Bilder und Dokumente zur Geschichte der Kurstadt Bad Langensalza, die im Jahr 1812 mit der Eröffnung eines Schwefelbades ihren Anfang nahm.

Die Galerie hat wie das Stadtmuseum dienstags bis freitags von 10 bis 12 und 14 bis 16 Uhr, samstags von 13 bis 17 Uhr und sonntags von 10 bis 12 und 13 bis 17 Uhr geöffnet.

Seit 1991 gibt es den »Möbel Häuptling« in Bad Langensalza.

Knappstein, der Möbelhäuptling

70 000 Quadratmeter abwechslungsreiches Möbel-Land

Erich Knappstein eröffnete 1948, einen Tag nach der Währungsreform, sein erstes, 50 Quadratmeter großes Möbelgeschäft in Schmallenberg in Nordrhein-Westfalen. Fast 10 Jahre später wurde 1959 die Eröffnung der ersten Filiale von Möbel Knappstein in Meschede Nordrhein-Westfalen gefeiert. Mit 800 Quadratmeter war dieses das größte Möbelhaus im Sauerland.

Im Jahre 1981 eroberte Möbel Knappstein den Karl-May-Festspielort Lennestadt Elspe, den Geburtsort des Firmengründers Erich Knappstein. Der bei Karl May positiv besetzte Begriff »Häuptling« wurde mit dem Unternehmensnamen verbunden und so wurde aus Möbel Knappstein »der Möbel Häuptling«.

Im Jahr 1991 zieht der »Möbel Häuptling« gen Osten. In Bad Langensalza wird auf 3600 Quadratmeter eine Niederlassung errichtet, in der vorerst Möbel der konventionellen Richtung gezeigt wurden. Zwei Jahre später, 1993, wird die Verkaufsfläche auf 10 000 Quadratmeter erweitert. Dabei passt sich Knappstein den Bedürfnissen der Kunden an und bietet nun auch Möbel aus dem Bereich Selbstbedienung (SB) an. 1995 wird die bisher größte Filiale mit 27 000 Quadratmeter in Remscheid (Nordrhein-Westfalen) feierlich eröffnet.

Innerhalb von fünf Jahrzehnten erweiterte der Oberhäuptling und später seine Kinder Herbert, Annegret, Michael und Andreas die gesamte Verkaufsfläche auf über 70 000 Quadratmeter mit Niederlassungen in Schmallenberg, Meschede, Elspe, Grevenbrück (Sauerland), Bad Langensalza (Thüringen) und Remscheid (Bergisches Land). Auch die dritte Generation ist jetzt erfolgreich tätig in den unterschiedlichsten Bereichen des Familienunternehmens.

Seit 2011 hat Frau Gesine Schulte-Knappstein mit ihrem Lebensgefährten Sven Jäger die Hausleitung

in Bad Langensalza übernommen und wird unterstützt vom Verkaufsleiter Thomas Floren, der schon seit über 20 Jahren im Unternehmen tätig ist.

Über 30 Mitarbeiter sorgen für fachgerechte und freundliche Betreuung der Kunden. Durch die drei Auszubildenden wird die Firma Möbel Knappstein ihrer Aufgaben als verantwortungsvoller Arbeitgeber gerecht und sorgt somit für kompetenten Nachwuchs. Möbel Knappstein in Bad Langensalza stellt eine große Auswahl an unterschiedlichsten Küchen und Elektrogeräten vor, bietet in seinem Discount-Markt moderne, designorientierte und preiswerte Möbel an. Aber auch exklusive und hochwertige Möbel werden in unterschiedlichen Abteilungen, wie Wohn-, Schlaf- oder Esszimmerabteilung präsentiert. Abgerundet wird das Sortiment in der Boutique sowie in der Leuchtenabteilung, das gewährleistet Atmosphäre zum Wohlfühlen und bietet den Kunden die

Chance auf eine gemütliche und individuelle Möbeleinrichtung in den eigenen Wänden.

Die höchste Priorität bei Möbel Knappstein liegt auf der intensiven, kompetenten und persönlichen Kundenberatung und -betreuung: vom Verkauf über Finanzierungsmöglichkeiten bis hin zu Lieferung mit Montage.

Übrigens: Herzlich lädt der Möbel-Häuptling seine Kunden auf eine Tasse Kaffee im eigenen Winnetou-Café ein.

Beitrag von:
Möbel Knappstein
Homburger Weg 14 a · 99947 Bad Langensalza
Tel. (0 36 03) 83 20 · Fax (0 36 03) 83 22 32
www.moebel-knappstein.de

Über 30 Mitarbeiter sorgen für fachgerechte und freundliche Betreuung der Kunden.

Besuch im Rosenmuseum

Bedeutende Züchtungen kommen aus der Rosenstadt

Die ortsansässige bedeutende Rosenzüchtung stellt die Kur- und Rosenstadt Bad Langensalza in ihrem Rosenmuseum zur Schau. Mit detaillierten Informationen, Exponaten und Hintergrundberichten nicht nur zur hiesigen Zucht ist das Rosenmuseum ein wichtiges Gartenmuseum in der Region geworden. In der Dauerausstellung werden verdienst-

volle Gärtnerpersönlichkeiten vorgestellt. Durch die Familie Berger und später durch die Gärtnerische Produktionsgenossenschaft »Roter Oktober« entstanden allein zwischen 1954 und 1989 fast 90 Neuzüchtungen.

Seit 2001 können die Züchtungen im angrenzenden Rosengarten bewundert werden.

Auf einem etwa 18 000 Quadratmeter großen ehemaligen Fabrikgelände bieten sich fast 450 Rosenarten und Rosensorten dem Auge des Besuchers dar. Historische und Englische Rosen, Wildrosen und Edelrosen, Rosenhochstämme und Bodendeckerrosen verwandeln diese romantische Stille-Oase von Juni bis Oktober in ein blühendes, duftendes Farbenmeer. Für diese Gestaltung wurden fast 10 000 Rosen gepflanzt. Ein gesonderter Bereich ist den Bad Langensalzaer Züchtungen gewidmet.

In den Sommermonaten werden auf der kleinen Bühne Konzerte angeboten.

Das Rosenmuseum befindet sich Vor dem Klagetor 3 und hat von Mai bis Oktober täglich von 10 bis 19 Uhr geöffnet.

Mit Exponaten und Hintergrundberichten ist das Rosenmuseum ein wichtiges Gartenmuseum in der Region.

Der Tradition folgend, wird in Bad Langensalza jährlich eine Rosenkönigin gekürt.

Die Stadt Bad Langensalza ist sehr stolz auf den Titel »Rosenstadt«, der ihr im Juni 2002 vom Verein Deutscher Rosenfreunde e.V. verliehen wurde.

Jährlich wird eine Rosenkönigin gekürt.

Das Feuerwehrmuseum

Die Turngemeinde kümmerte sich einst um den Brandschutz

Es war Freitag, der 13. Februar anno 1711, als der größte Stadtbrand in der Geschichte von Bad Langensalza wütete und die Menschen in Angst und Schrecken versetzte. »... Von Abends ein Viertel auff 7. Uhr, biß Morgens 6. Uhr ...« (Quelle: Stadtarchiv Bad Langensalza) zerstörte das Feuer mehr als 1000 Gebäude. Über die Hälfte der Stadt lag in Schutt und Asche.

Selten zu sehen ist so eine Tragkraftspritze.

Eine Rarität ist dieser Löschwagen aus dem 18. Jahrhundert.

Damals war jeder Einwohner zur Brandbekämpfung verpflichtet. Die heute im Feuerwehrmuseum ausgestellten originalen Ledereimer zum Feuerlöschen gehörten in jeden Haushalt. Der Gedanke, eine freiwillige und ausgebildete Einsatzgruppe zur Feuerbekämpfung einzurichten, entwickelte sich erst mehr als 100 Jahre später.

Im Jahr 1861 entschlossen sich 40 Männer der Langensalzaer Turngemeinde, eine freiwillige Turner-Feuerwehr in Langensalza zu bilden. Die Feuerwehr bestand aus dem Steigerchor, einer Abteilung Spritzenmannschaften und einer Abteilung Reservemannschaften. Die Mitglieder der Turngemeinde waren ab dem 17. Lebensjahr verpflichtet, einer der Abteilungen beizutreten. Die Uniform eines Kameraden des Steigerchores bestand aus dunkler Hose, weißer Drellbluse, Gurt mit Beil, Rettungsleinen und Helm mit Nackenleder.

Die Geschichte der Bad Langensalzaer Feuerwehr haben die Kameraden in ihrem Feuerwehrmuseum dokumentiert. Zu sehen sind zudem Realien wie historisches Löschgerät, Feuerhaken, Tragkraftspritzen und Feuerwehrbekleidung.

Die Geschichte der Bad Langensalzaer Feuerwehr haben die Kameraden in ihrem Feuerwehrmuseum dokumentiert.

Das Friederikenschlösschen

Ein Juwel im Rokoko-Stil

In der einstigen Remise ist heute eine historische Druckerei untergebracht.

In der Zeit von 1748 bis 1751 ließ die Herzogin-Witwe Friederike von Sachsen-Weißenfels das Schlösschen im Rokostil vor den Toren der Stadtmauer erbauen.

Schön soll sie gewesen sein und freigiebig gegenüber den Armen. Ihr Herz aber war von Trauer erfüllt. Die Herzoginwitwe Friederike von Sachsen-Weißenfels (1715 bis 1775) verlor nicht nur ihren Mann, als sie selbst noch eine junge Frau war. Sie verlor auch alle ihre vier Söhne, als diese noch im zarten Säuglingsalter waren, und ihre Tochter wurde gerade Mal vier Jahre alt.

Quälende Seelennot war Friederike nicht fremd. Vielleicht war sie gerade deswegen so wohltätig. Vielleicht stand ihr gerade deswegen der Sinn nach einem verspielten Schlösschen, statt hinter den dunklen und schwermütigen Mauern des Schlosses Dryburg – ihr eigentlich zugedachter Witwensitz – auf Alter und Tod zu warten.

Jedenfalls ließ die junge Witwe unmittelbar vor den Toren der Stadtmauer im Osten von Bad Langen-

salza ihr Traumhaus errichten – ein romantisches Schlösschen im feinsten Rokokostil mit gestuften Mansardendächern und verzierten Gauben, flankiert von schmucken Kavaliershäuschen. Im Jahr 1751 konnte sie Einzug in ihre Residenz halten und von nun an das ländliche Idyll genießen. Den bereits vorhandenen Garten ließ sie vergrößern und zu einem barocken Schmuckstück umgestalten.

Das alles erzählt eine der freundlichen Gästeführerinnen Bad Langensalzas während eines Rundgangs durch die luxuriösen, aber keinesfalls protzigen Räume des Friederikenschlösschens, durch den roten und blauen Salon, das Kaminzimmer, den Festsaal, vorbei an Gemälden in prächtigen Rahmen, funkelnden Spiegeln und niedlichem Inventar. Alles wirkt leicht und zierlich.

Vor einem blauen Gewand, ganz im Rokokostil, dem Modetrend jener Zeit in feinen Häusern, macht die Gästeführerin Halt: So könnte ein Kleid der Friederike ausgesehen haben, erklärt sie. Dieses hier gehört allerdings ihr, der Gästeführerin. Dann und wann schlüpft sie hinein, um als gastfreundliche Friederike die Besucher zu empfangen. »Dann fühle ich mich auch ein bisschen so wie diese großartige Frau, die trotz Schicksalsschläge ihren Lebensmut nicht verloren hat«, erzählt sie.

Heute gehört das Friederikenschlösschen der Stadt Bad Langensalza. Für viel Geld hat die Stadt das Anwesen in den 90er Jahren des vergangenen Jahrhunderts zurückgekauft. Im spanischen Besitz hatte es sich zuletzt befunden. Einige Millionen Euro flossen in die Sanierung, bis das Haus wieder zu dem wurde, was es war: ein Schmuckstück.

Blick in den roten Salon

Um das kulturelle Leben der Stadt zu bereichern, werden im Festsaal Kammerkonzerte und Kleinkunstprogramme aufgeführt. Auch Eheschließungen und Hochzeitsfeiern sind im romantischen Friederikenschlösschen möglich.

Blick vom Garten auf das Friederikenschlösschen. Sphinx-Skulpturen bewachen den Treppenaufgang zum Garten.

Wie ein kleines Juwel bildet das Friederikenschlösschen heute einen Anziehungspunkt im Kurbereich von Bad Langensalza. Hinter dem Rokokobau befindet sich ein romantischer Garten mit Orangerie, Brunnenhäuschen und Remise. Sphinx-Skulpturen flankieren die großzügige Steintreppe, die in den Garten führt.

Das Friederikenschlösschen bereichert heute das kulturelle Leben der Stadt. Im Festsaal werden Kammerkonzerte und Kleinkunstprogramme aufgeführt. Die im Gewölbekeller dargebotenen Konzerte sind eine kontrastreiche Verbindung zwischen Vergangenheit und Gegenwart.

Friederike von Sachsen-Weißenfels hätte ganz bestimmt ihre Freude daran, wie ihr Schloss heute genutzt wird.

Bekannt sind die Wohnangebote im »Harald-Kirchner-Haus« (Bild), im »Haus Regenbogen« und in der Mauergasse, ebenso wie die Betreuungsmöglichkeiten in der eigenen Wohnung.

Konzentration ist in der Zählermontage gefragt.

Jeder arbeitet das, was er gut kann – einen Traktor fahren, zum Beispiel.

Aus Liebe zu den Menschen

Bereicherung des Lebensalltags

Jeder Mensch ist einzigartig und jeder Mensch hat besondere Fähigkeiten. Erkennen wir dieses Geschenk? Achten wir auf uns und unseren Nächsten, damit all diese Geschenke zur Entfaltung kommen können? Allen von uns ist Liebe wichtig. Warum dann dennoch oft so selten beim Blick über den Tellerrand? Rings um uns erkennen wir derzeit, dass Menschen um Werte ringen. Nächstenliebe ist dabei so naheliegend.

Aus Liebe zu den Menschen arbeiten Christen und Nichtchristen gemeinsam in der Diako-Unternehmensgruppe der Evangelisch-Lutherischen Diakonissenhausstiftung in Eisenach. Die Arbeit mit Menschen mit Behinderung ist Aufgabe des als Diako Diakonie – Verbund Eisenach gemeinnützige GmbH bekannten Unternehmensteils.

Menschen mit Behinderung erhalten die Chance, mit professioneller Unterstützung ihr Leben zu gestalten. In der Region um Bad Langensalza entstand in den vergangenen Jahren ein tragendes Netz an Angeboten. In den Bereichen Wohnen, Arbeit sowie Freizeit und Bildung können sich Menschen mit Behinderung in ihrer Individualität verwirklichen. Bekannt sind die Wohnangebote im »Harald-Kirchner-Haus«, im »Haus Regenbogen« und in der Mauergasse, ebenso wie die Betreuungsmöglichkeiten in der eigenen Wohnung. Eine individuell passende Tagesgestaltung für Menschen mit schwersten- und mehrfachen Behinderungen bietet der Förderbereich in der Bad Nauheimer Straße. In diesem Gebäude befindet sich auch der von behinderten wie nicht behinderten Menschen gern besuchte und vielfältig genutzte Freizeittreff »Traumwerkstatt«. Unterschiedlichste Projekte, wie die Schreibwerkstatt, Zirkusfreizeiten, musikalische Angebote, Disko, Sport sowie zahlreiche weitere kreative und lebenspraktische Angebote und Aktionen bereichern den Lebensalltag der Besucher. Alte Menschen mit geistiger Behinderung finden ebenso wie psychisch kranke Menschen in Tagesstätten ihren Weg im Alltagsleben oder dahin zurück.

Vielleicht brauchen Sie gerade neue Möbel? Oder suchen Sie nach Geschenken und wollen zum Beispiel mit interessant gestalteten Kerzen oder anderen Geschenkideen Freude bereiten? Essen Sie gerne Honig aus der Region, lieben Kräutersalz und die Vielfalt gesunder Kräutertees? Legen Sie Wert auf saisonales Gemüse aus ökologischem Anbau? Oder soll es vielleicht doch lieber eine Weihnachtsgans, ein Entenbraten oder deftige Wurst sein? Diese Produkte sind ein kleiner Ausschnitt dessen, was in zuverlässig guter Qualität von Menschen mit Behinderung an ihrem Arbeitsplatz produziert wird. Sie erinnern sich – jeder Mensch hat besondere Fähigkeiten. Aus Liebe zu den Menschen gestalten wir Arbeit passend zu diesen Fähigkeiten und fördern Erfolg.

Sie als Kunde oder auch als mittelständischer oder industrieller Auftraggeber finden in unseren Werk-

Zirkusfreiheit: Auch in der Freizeit können sich Menschen mit Behinderung in ihrer Individualität verwirklichen.

stätten einen verlässlichen Partner und weiteren Nutzen. In der Region Bad Langensalza finden Sie unsere Betriebsstätten »Unstrut-Hainich-Werkstatt«, Rehawerkstatt »Sonnenhof« und das Stiftsgut in Nägelstedt.

Außerdem: Wir bieten stets attraktive Stellenangebote und Praktikumsmöglichkeiten. Besuchen Sie uns doch einfach einmal persönlich oder im Internet und lernen unsere Leistungsangebote und den Produktkatalog kennen.

Schloss Dryburg

Spätromanische Nonchalance von überregionaler Bedeutung

Geschichtsbücher zeigen das frühere Aussehen des Schlosses.

So sieht doch eigentlich kein Schloss aus. Das ist ein schlichter, hoher, graublauer Quader mit einem Dach darauf. Wer das erste Mal vor dem Schloss Dryburg steht, sieht sich um seine märchenhaften Schlossvorstellungen gebracht. Lediglich die breite, steingepflasterte Auffahrt schwingt sich in majestätischer Nonchalance die kleine Anhöhe hinauf. Aber doch, es ist ein Schloss, versichert die Stadtgeschichte. Zumindest ist dieser »Quader« ein Rest davon, ein übriggebliebener Wohnturm. Der ist spätromanisch und mit Wohnraum noch aus der Mitte des 13. Jahrhunderts sehr gut erhalten. Auch heute ist der Schlossrest noch Wohnraum – modern und komfortabel eingerichtet ist der antike Wohnraum mit seinem dicken Gemäuer. Es fehlt an nichts: Moderne Bäder und Küchen gehören zum Standard. Von den Fenstern ganz oben genießen die Bewohner einen majestätischen Blick weit über die Stadt hinaus.

Die Herren von Salza errichteten im 12. Jahrhundert diese Burganlage. Ein Feuer im Frühjahr 1346 zerstörte bis auf diesen Wohnturm fast alles. Ein weiterer Brand wütete 1899, als das Schloss schon längst kein Adelssitz mehr war, sondern verschiedenen Ämtern Platz bot. So waren das Rentamt,

die Salarienkasse (Lohnkasse), das Landratsamt, das königliche Kreisgericht und das Hauptsteueramt untergebracht.

Renaissance eines Kulturguts

Im Jahr 1927 kaufte die Stadt Langensalza die vom Schloss verbliebenen Gebäude und richtete dort unter anderem vier städtische Wohnungen ein. Zudem fanden die Ortskrankenkasse und das Kreisarbeitsnachweisamt ihren Sitz. Teile des Gebäudes wurden von 1949 bis 1991 als Stadtbibliothek und Schule genutzt.

Dann stand das Schloss, mittlerweile in Privatbesitz, lange leer. Mit aufwendiger Sanierung sollte dessen sichtbarem Siechtum entgegengewirkt werden.

Seit dem 1. April 2009 hat die Dryburg einen neuen Schlossherrn: ein Geschäftsmann aus der Kreisstadt Mühlhausen. Der verliebte sich in dieses historische Objekt, als dieses zum Verkauf stand, wohlwissend, dass ein Architekturdenkmal von überregionaler Bedeutung wie dieses nicht so leicht zu erhalten ist. Doch war die Dryburg mittlerweile vom Vorbesitzer so weit saniert, dass sie als Wohnraum und in

Gute Aussichten genießen die Bewohner der oberen Etage.

Der spätromanische Wohnturm mit dem fast vollständig erhaltenen Wohnraum aus der Mitte des 13. Jahrhunderts machen Schloss Dryburg zu einem Architekturdenkmal von überregionaler Bedeutung.

Die Wohnarchitektur aus der Mitte des 13. Jahrhunderts ist gut erhalten.

der untere Etage als Galerie zeitgenössischer Kunst sinnvoll genutzt werden konnte. Die heutigen Schlossbewohner fühlen sich jedenfalls sehr wohl hinter antiken Mauern, die einst dem Adel Schutz und Herberge boten.

Das Schloss Dryburg ist heute das älteste erhaltene Wohngebäude von Bad Langensalza.

TMP Fenster + Türen

Gegen den Trend

Es gibt nur wenige Firmen in den neuen Bundesländern, die sich auf dem hart umkämpften Fenstermarkt behaupten konnten, sogar expandiert haben und optimistisch in die Zukunft blicken. Eine davon sitzt in Thüringen, in der mittelalterlich geprägten Kurstadt Bad Langensalza. Sie heißt TMP Fenster + Türen® GmbH.

Drei Dinge sind es, die der geschäftsführende Gesellschafter Bernhard Helbing als maßgebend für den langjährigen Erfolg seines Unternehmens sieht: Spitzenprodukte auf hohem Niveau, die unbedingte Orientierung auf die individuellen Wünsche der Kunden und – vor allem – eine hervorragende Belegschaft. »Wir wollen zu den führenden Unternehmen in unserer Branche in Deutschland zählen«, gibt Helbing das Ziel für die nächsten Jahre vor. Dazu brauche man motivierte Mitarbeiter mit fachlicher Kompetenz. Denn Produkte sind austauschbar. »Philosophie, Geist und Schwung eines Unternehmens sind deshalb bei Weitem wichtiger als alle anderen Ressourcen«, sieht Helbing den »entscheidenden Unterschied« zum reinen gewinnorientierten Denken.

Soziales Engagement in der Region hat bei TMP® einen hohen Stellenwert. Mit der Aktion »Schulgärtner«, welche 1998 begonnen wurde, erhielten insgesamt 12 vierte Klassen und Kindergärten ein Gewächshaus.

Die Erfolgsgeschichte von TMP® begann im Sommer 1990, kurz nach der politischen Wende. Dort, wo bisher intensiv Schafzucht betrieben wurde, wagten nun einige Ortsansässige einen radikalen Neuanfang und begannen eine Produktion für Fenster aufzubauen. Ein harter Schnitt, der nicht immer leicht war. »Es gab Mitarbeiter, die gerade ihre Prüfung als Facharbeiter für Tierproduktion abgelegt hatten und in der folgenden Woche auf einmal Fenster bauen mussten.« Und wer habe damals schon gewusst, was Normen bedeuten, gibt Helbing zu bedenken.

Heute spielen deren strikte Einhaltung eine zentrale Rolle bei TMP®, um sich im Wettbewerb zu behaupten. Gezielt wurde darauf hingearbeitet, sich die Qualität der Produkte und deren Fertigung von unabhängigen Prüfinstituten bestätigen zu lassen. Sichtbarer Erfolg ist das RAL-Gütezeichen Kunststoff-Fenster, welches TMP® erstmals 1993 erhielt. 1996 kamen die DIN EN ISO 9001 und 1997 das RAL-Gütezeichen Kunststoff-Fenster + Montage sowie das RAL-Gütezeichen Aluminium-Haustür + Montage dazu. Damit war TMP® der erste Hersteller in Thüringen, welcher die RAL-Normen für Fertigung und Montage in der Gesamtheit erfüllte. Das ist insofern von entscheidender Bedeutung, da das RAL-Gütezeichen für eine aussagekräftige Produkt- und Qualitätskontrolle steht, die zum wichtigen Wettbewerbsvorteil wird, sagt Bernhard Helbing. Für den Kunden bedeutet der blaue RAL-Aufkleber im Fensterflügel, dass er ein geprüftes Produkt erworben hat, dessen nachgewiesener Qualität er vertrauen kann.

Heute produziert TMP® Fenster, Türen, Wintergärten, Fassaden, Roll- und Klappläden, Insektenschutzgitter sowie Zubehör für Kunden in Deutschland und der ganzen Welt. Aus dem kleinen Betrieb ist inzwi-

Bei TMP® wird nicht nur von Energieeinsparung gesprochen, sondern mit einer großen Solaranlage auch selbst Strom erzeugt.

2000 wurde TMP®-Geschäftsführer Bernhard Helbing für sein Wirken als »beispielgebende Unternehmerpersönlichkeit« mit dem »BVMW-Unternehmerpreis« ausgezeichnet, welche vom damaligen Ministerpräsidenten Bernhard Vogel übergeben wurde.

schen eine respektable Unternehmensgruppe mit Standorten in Bad Langensalza, Groß Wokern (Mecklenburg-Vorpommern), Barnstädt (Sachsen-Anhalt) und Ukmerge (Litauen) mit rund 260 Mitarbeitern gewachsen. Seit 1996 verdreifachte sich der Umsatz auf nunmehr 38 Millionen Euro im Jahr 2011. TMP® gehört heute zu den »Top Ten« seiner Branche.

Beitrag von:
TMP Fenster + Türen® GmbH
Homburger Weg 14a · 99947 Bad Langensalza
Tel. (0 36 03) 86 04-0 · Fax (0 36 03) 86 04-77
info@tmp-online.de

Fenster und Wintergarten für dieses schicke Haus kommen aus Bad Langensalza.

Die TMP®-Mannschaft in Bad Langensalza

Einzigartiger Spielplatz

Kindererlebniswelt
Rumpelburg

Experimentieren und entdecken, schauen und staunen, klettern, spielen und vieles mehr: Die Rumpelburg in Bad Langensalza ist eine paradiesische Erlebniswelt für Kinder.

Mitten im historischen Stadtkern, im Scheunenviertel, entstand in der letzten nun sanierten alten Scheune und auf der dazugehörigen Freifläche ein wunderbarer, in Thüringen einzigartiger Spielplatz, auf dem sich nicht nur die kleinen Besucher pudelwohl fühlen. Die Rumpelburg-Eroberer können in eine traumhafte, fantasievolle aber auch abenteuerliche Welt eintauchen. Sie finden naturbelassene Spielelemente aus Eichen und Robinenhölzern, Sisal-Seilen und Netzen.

Die Kindererlebniswelt Rumpelburg hat ihre Adresse an der Sperlingsgasse 4.

In der Rumpelburg können sich die Kinder auf und zwischen Geschossebenen so richtig austoben.

Die Rumpelburg-Eroberer können in eine traumhafte, fantasievolle aber auch abenteuerliche Welt eintauchen.

Die einzigartige Gestaltung der Spiellandschaften wurde von Mitarbeitern der berühmten Kulturinsel Einsiedel aus Görlitz geschaffen.

Die einzigartige Gestaltung der Spiellandschaften wurde von Mitarbeitern der berühmten Kulturinsel Einsiedel aus Görlitz geschaffen. Sie bauen in ganz Europa die verrücktesten Sachen aus Holz. Die Macher der Rumpelburg ließen ihrer Fantasie auch an den Wänden freien Lauf. So hat man im gesamten Haus noch immer das Gefühl, in einer alten Scheune zu sein.

In der Rumpelburg können sich die Kinder auf und zwischen Geschossebenen so richtig austoben. Zu den Attraktionen zählen ein Schiffsbug, ein Jeep aus Holz, ein überdimensionales Puppenhaus, eine Verkaufstheke, ein Bilderlabyrinth und Schränke, deren Türen aussehen, als ob sich dahinter ein riesiges Geheimnis verbirgt. Verbunden werden die Spielelemente nicht nur mit Rutschen, sondern auch mit Netzbrücken.

Auf der Freifläche der kunterbunten Erlebniswelt können die Kinder in einer Spielstadt in die verschiedensten Rollen schlüpfen. Sie können Uhrmacher, Doktor, Polizist, Lehrer, Verkäufer, Bank-

angestellter oder Hotelbesitzer sein. Am liebsten sind die jungen Gäste aber Müller oder Bäcker, denn in dem großangelegten Sand-Matschbereich kann man nach Herzenslust eine Mühle betreiben und Brote backen.

Im großen Baumhaus mit Steg zum Turm befinden sich nicht nur eine Hexenküche mit »Backofen«, sondern die verschiedensten Kletterröhren, Kletternetze und sogar ein Fernrohr mit Blick in die Weite.

In dieser Kindererlebniswelt fühlen sich alle kleinen und großen Kinder, die spielfreudig, abenteuerlustig, wagemutig, sportlich, phantasievoll sind und auch gern mal etwas Verrücktes unternehmen wollen, wohl. Nur einen Nachteil hat dieses Spielparadies: Die Zeit geht viel zu schnell um. Da hilft nur eins: wiederkommen.

Bei uns in der Rumpelburg,
da kannst du was erleben.
Spielen, rutschen, klettern,
das ist was für jeden.

Durch Röhren nach oben,
vom Baumhaus nach unten,
über schwankende Brücken
sind Geheimnisse zu erkunden.

Polizist oder Müller oder
Bäcker kannst du sein,
matschen, schaufeln, ausprobieren,
einfach mal wer anders sein.
Komm, zu uns rein
und spiel dir deine Welt,
so wie sie dir gefällt.

Stadtteil Ufhoven

Erdfallquellen liefern reichlich Wasser für das Flüsschen Salza

An die einstige Eigenständigkeit erinnert dieses Schild am Ortseingang.

Was den Mühlhäusern ihre Popperöder Quelle ist, sind den Ufhovenern die Große und Kleine Golke. Die zwei Quellen wurden 1938 unter Schutz gestellt.

So klein und unscheinbar die Golken auch aussehen mögen: Sie sprudeln fleißig und sind der Ursprung des Flüsschens Salza. Allein die Kleine Golke schüttet etwa 120 Liter pro Sekunde aus. Da die Quellen nicht in Stein gefasst und befestigt sind, wie viele andere ihrer Schwestern, ist dies eine schöne Gelegenheit, einmal eine Karstquelle in ihrer natürlichen Form zu sehen. Das Wasser der Großen Golke entspringt auf dem Grund des vier Meter tiefen Tümpels, dessen Spalten mit Sand gefüllt sind. Dieser Sand macht die Erforschung der Karstspalten durch Taucher schwer. Dennoch gibt es faszinierende Unterwasseraufnahmen aus dieser Quelle, die im Auftrag des Westdeutschen Rundfunks WDR im Film »Wasserwelten – Quellen« festgehalten sind. Eine Dritte im Ufhovener Wasserbund ist der Erdfall »Egelsee«, der ebenfalls südwestlich am Stadtrand liegt.

Einzugsgebiet der Quellen ist der nahe Hainich. Bereits in prähistorischer Zeit siedelten Menschen nahe der Quellen. Man vermutet, dass deren Wasser früher nach Salz schmeckte, durch einen besonders hohen Kochsalzgehalt. Daher auch der Name »Salza«, früher »Salzaha« für das Flüsschen.

Wanderer finden im Bereich der Quellen ein kleines Naturparadies mit üppiger Vegetation. Nur etwa einen Kilometer entfernt, südwestlich von Ufhoven, trifft man bereits auf die Golken. Von der Brücke an der Dammtorstraße aus führt ein stiller Wanderweg entlang der jungen Salza über ein Wehrbrückchen, in Richtung Waldgebiet Große Harth, an den Golken vorüber.

Für Libellen, Schlammschnecken, für Kleinkrebse aber auch für Vögel auf Nahrungssuche ist dieses Feuchtgebiet ein lebenswichtiges Refugium. Der Wanderer wird zudem seine Freude an der reichen Pflanzenwelt haben, die auch den weiteren Weg entlang des Hellerbaches und durch satte Wiesen säumt.

Ein Vorort

Ufhoven ist ein Stadtteil von Bad Langensalza, der als Vorort längst so weit gewachsen ist, dass es Besuchern schwerfällt, Bad Langensalza und Ufhoven überhaupt noch auseinanderzuhalten. Das ehemalige Dorf war bis zum 30. Juni 1950 eine eigenständige Gemeinde. Nach dem Urkundenbuch der Stadt wird die Ersterwähnung des Ortes Ufhoven in die Zeit von etwa 1047 bis 1050 datiert.

Die Große und die Kleine Golke sind beliebte Ausflugsziele für Wanderer und Erholungssuchende.

Ein hübscher Wanderweg führt zu den Quellen.

Ufhoven ist ein schmucker Vorort von Bad Langensalza.

Blick auf die Große Golke

Gemütliche Rastplätze am Wegesrand laden zum Verweilen ein.

Ortsteil Aschara

Ein Dorf mit Flohbrunnen

Der Ort liegt etwa sieben Kilometer südlich des Ortsrands von Bad Langensalza am Südosthang des 310 Meter hohen Ascherbergs, entlang des Bachs »Weißer Bach«. Erstmals urkundlich erwähnt wurde Aschara im Jahr 786. Im Güterverzeichnis des Klosters Hersfeld erscheint das Dorf unter den Schenkungen Karls des Großen an das Kloster.

Mit Beginn des Jahres 1994 wurde Aschara mit seinen etwa 470 Einwohnern eingemeindet und gehört seitdem als Ortsteil zu Bad Langensalza.

Zu den Sehenswürdigkeiten Ascharas zählt die im Jahr 1749 gebaute Kirche Sankt Petri, die sich unmittelbar an der Hauptstraße befindet. Im Innern der Kirche kann die 1752 vom Orgelschöpfer Johann Valentin Nößler geschaffene Orgel bewundert werden.

Seit etwa 200 Jahren steht ein schlichtes Brunnenbecken aus Sandstein, das von einer nie versiegenden Quelle gespeist wird, vor der Kirche.

Offiziell heißt der Wasserspender »Brunnen bei der Kirche«, jedoch ist er als »Flohbrunnen« in aller Munde im Ort bekannt. Die Reste einer alten Aufschrift – vermutlich das Datum des Brunnenbaus – sind nur noch mit Mühe erkennbar, aber nicht mehr zu lesen. Der Flohbrunnen ist ein Wahrzeichen Ascharas. Früher nahm man das Wasser zum Bierbrauen. Die jetzige Gestalt hat der Brunnen seit 1878. Ebenfalls ein Wahrzeichen von Aschara ist der Rest einer 1848 erbauten Windmühle. Die steht auf dem Weinberg, westlich von Aschara.

Der Flohbrunnen
vor der Kirche Sankt Petri ist noch nie versiegt.

Aschara zählt zu den ruhigen Wohngegenden.

Ein Wahrzeichen von Aschara
ist der Rest einer 1848 erbauten Windmühle.

Ortsteil Eckardtsleben

Naturschönheit »Schwarzer Bach«

Der idyllisch gelegene Ortsteil befindet sich in etwa sechs Kilometer Entfernung von der Kur- und Rosenstadt Bad Langensalza. Erstmalig wurde Eckardtsleben im Jahre 932 erwähnt.

Der Ort liegt zu beiden Seiten eines nach Nordost abfallenden Bachtales. Durch den Ort fließt von West nach Ost der in der Nachbarschaft, bei Wiegleben, entspringende »Schwarzer Bach«.

Das Umfeld von Eckardtsleben ist von der Landwirtschaft geprägt. Das intensiv genutzte flachwellige Gelände gehört zum Ackerbaugebiet des Thüringer Beckens. Die Böden gelten als die fruchtbarsten im

Eckardtsleben ist ein beliebter Ausgangspunkt für Wanderer.

Die Dorfkirche Sankt Vitus wurde 1404 erbaut.

Landkreis. Hübsche, regionaltypisch ländliche Häuser schmücken das Ortsbild. Wald und Wiesen, der Naturlehrpfad »Schwarzenbachtal« und ein den Ort umschließender Grüngürtel bieten Einwohnern und Gästen gleichermaßen Erholung und Ruhe.

Neben den Naturschönheiten ist im Ort die Kirche Sankt Vitus eine Sehenswürdigkeit. Die Kirche ist in der Zeit des Mittelalters erbaut worden und älter als 600 Jahre. Die Chronik datiert ihr Baujahr auf 1404.

Durch den Feuerwehr-, den Kirmes- und den Faschingsverein werden regelmäßig kulturelle und traditionelle Veranstaltungen organisiert. Diese werden von den etwa 240 Einwohnern und Gästen sehr gern besucht.

Durch den Ort fließt der »Schwarzer Bach«.

Ländliche Häuser schmücken das Ortsbild.

Ortsteil Großwelsbach

Einst als Rittergut bekannt

Die Großwelsbacher schmücken gern ihre Häuser.

Großwelsbach liegt nördlich von Bad Langensalza an der Landesstraße 103, nahe an der Unstrut, in einem landwirtschaftlich geprägten Gebiet. Der Ort wird vom namensgebenden Welsbach durchflossen, der aus der Nachbarschaft, von Kleinwelsbach, kommt. Bachaufwärts führt die Landstraße in der Nähe des Wassers entlang nach Kleinwelsbach. Der Weg überrascht mit so manch malerischer Baumgruppe.

In früheren Zeiten war Großwelsbach als Kirchdorf mit einem Rittergut bekannt. Die erste urkundliche Erwähnung des Ortes datiert ins Jahr 1195. Das Kloster Germerode unterhielt in Großwelsbach ein Nonnenkloster und verfügte über ausgedehnte Ländereien. Im Jahr 1578 erwarb Hans Berlepsch das Klostergut und dieses blieb lange als Rittergut im Besitz seiner Familie.

Eine Sehenswürdigkeit in Großwelsbach ist die Dorfkirche Sankt Blasii. Die wurde aus Grenzdolomit gebaut. Ihr genaues Alter ist aber unbekannt. Am wuchtigen Turm, der als Wehrturm erbaut wurde, steht jedoch die Jahreszahl 1503. So wird angenommen, dass die Kirche auch in jenem Jahr eingeweiht worden sein könnte.

Seit 1994 gehört Großwelsbach mit seinen etwa 310 Einwohnern zu den Ortsteilen von Bad Langensalza.

Die Kirche Sankt Blasii mit wuchtigem Turm – der weist die Jahreszahl 1503 auf.

Steinerne Zeugen aus der Zeit des Ortes als Rittergut

Ortsteil Grumbach

Gekrönte Dorfkirche

In Grumbach ist die Welt in Ordnung: Ungestört und ungefährdet spielen die Kinder auf dem Anger.

Das ehemalige Zollhaus an der Grenze der Landkreise Gotha und Unstrut-Hainich ist heute eines der beliebtesten Ausflugsziele

Grumbach präsentiert sich seinen Gästen als ruhiger, gepflegter Ort. Gastfreundlich zeigen sich die Bewohner, die auch gern auf ihre unter Denkmalschutz stehende Kirche Sankt Vincentius als Sehenswürdigkeit verweisen. Die stammt aus dem Jahre 1607. Ihre Vorgängerin, welche sich an selbiger Stelle befand, wurde durch einen Blitzschlag zerstört. Der Turm der Dorfkirche wird von einer schiefergedeckten Haube mit Laterne und aufgesetzter goldener Turmkugel gekrönt.

Etwa sieben Kilometer Straßenweg von der Kurstadt Bad Langensalza liegt Grumbach. Der Ortsteil zählt heute 280 Einwohner. Erstmalig wurde Grumbach im Jahre 1206 erwähnt. Seit dem Jahr 1993 gehört Grumbach als Ortsteil zu Bad Langensalza. Grumbach ist ein typisches Sackgassen-Dorf: Die einzige Straße aus dem Dorf heraus führt in den Nachbarort Henningsleben. Über einen gut ausgebauten, etwa zweieinhalb Kilometer langen landwirtschaftlichen Weg, dem Schwichingsweg, gelangen Wanderer zum westlich gelegenen Harth-Haus. Das ehemalige Zollhaus an der Grenze der Landkreise Gotha und Unstrut-Hainich ist heute eines der beliebtesten Ausflugsziele der Region. Ein weiterer, gut bewanderbarer Landwirtschaftsweg verbindet Grumbach mit dem knapp zwei Kilometer südlich liegenden Ort Wiegleben, der ebenfalls zu Bad Langensalza gehört.

Die schmucke Dorfkirche stammt aus dem Jahre 1607.

Ortsteil Henningsleben

Der Anger ist das Schmuckstück im Dorf

Der etwa 250 Einwohner zählende Ortsteil zählt mit zu den kleinsten im Landkreis. Henningsleben liegt knapp fünf Kilometer von der Kurstadt Bad Langensalza entfernt und besticht die Besucher vor allem durch seinen ländlichen Charme und eine ausgeglichene Ruhe.

Ein Schmuckstück im Dorf ist der neu gestaltete Anger.

Ein großer Teich grenzt unmittelbar an den Anger.

Seit 1730 steht die Kirche »St. Mariä« so, wie sie sich heute noch zeigt.

Vermutlich wurde Henningsleben im Jahre 1186 erstmals urkundlich erwähnt. Im Jahr 1211 wird der Ort Hennigsleuben genannt und sollte seinen Namen einige Male ändern. Von 1378 bis 1506 nannte er sich Henningisloiben, bis er schließlich zu Henningsleben wurde.

Bis 1945 lebte in Henningsleben eine Gutsherrenfamilie. Deren Gutshaus wurde kurz nach Ende des Zweiten Weltkrieges, im Jahr 1947, abgerissen. Das gewonnene Baumaterial wurde zum Bau von Siedlungshäusern für die Vertriebenen verwendet.

Zu den Schönheiten im Ort zählen heute neben den hübschen, gepflegten Häusern der großzügige Dorfanger mit einem Teich und einem Spielplatz für die Kinder sowie die im Jahr 1730 eingeweihte Kirche Sankt Mariä. Der mit viel Phantasie, Liebe und Aufwand neu gestaltete Anger ist ein beliebter Treffpunkt für Jung und Alt und ebenfalls ein bei den Einwohnern beliebter Festplatz.

Ein Ortsteil von Bad Langensalza wurde das Dorf Henningsleben im Jahr 1993.

Ortsteil Illeben

Beschauliches Dorf im ländlichen Idyll

Mitten im Tal des Herzbachs, der beim westlich gelegenen Grumbach entspringt und bei Nägelstädt in die Tonna mündet, liegt Illeben. Das etwa 270 Einwohner zählende, von Landwirtschaft geprägte Dörfchen befindet sich im besten Ackerbaugebiet des Thüringer Beckens. Das flachwellige Gelände gilt als sehr fruchtbar. Schon zeitig war die Region besiedelt. Die Gemeinde wurde bereits im Jahre 866 urkundlich erwähnt.

Heute gehört das Dorf zu den kleinsten Ortschaften im Unstrut-Hainich-Kreis. Die Kirche Sankt Trinitatis mit ihrem von Grün umrankten Turm zählt zu den markanten Blickpunkten im Ort.

Wenn es auch beschaulich im Alltag von Illeben zugeht, so feiern die Einwohner doch gern. Hauptsächlich wird der Kulturkalender vom Illeber Carnevalverein ICV bestimmt. So sind das traditionelle Eisbeinessen am 11. 11., der Faschingsauftakt am selben Tag sowie die Faschingsveranstaltungen in der folgenden närrischen Zeit beliebte Höhepunkte im Jahr. Gäste sind dabei stets willkommen – das übrigens nicht nur zur fünften Jahreszeit. Die Äcker und Wiesen um Illeben laden zum entspannenden Wandern und Erholen ein.

Seit 1992 ist Illeben ein Ortsteil von Bad Langensalza. Die Entfernung zwischen Illeben und der Kurstadt beträgt knapp fünf Kilometer.

Die Kirche Sankt Trinitatis zählt zu den markanten Blickpunkten im Ort.

Die Illeber lieben es gepflegt – und mancher freut sich auf die kleine Weinlese.

Von Beschaulichkeit geprägt ist der Alltag im Dorf.

Ortsteil Merxleben

Berühmt durch die Schlacht bei Bad Langensalza

Merxleben liegt nordöstlich am Stadtrand von Bad Langensalza im Thüringer Becken, unweit der Unstrut in einem landwirtschaftlich geprägten Ackerbaugebiet.

Die urkundliche Ersterwähnung des Ortes erfolgte im Jahr 802: »Megenburch übergab dem Kloster

In einen sehenswerten Ort haben die Merxleber ihr Dorf gestaltet.

Eine Ausstellung im Stadtmuseum in Bad Langensalza erinnert an dieses Gefecht am 27. Juni 1866 auf dem Kirchberg von Merxleben.

Blick auf die Dorfkirche

Fulda Güter in Margiseleiba«. Zu trauriger Berühmtheit gelang Merxleben durch die Schlacht bei Bad Langensalza am 27. Juni 1866 auf dem Kirchberg von Merxleben. Die Schlacht war eines der ersten Gefechte innerhalb des »Preußisch-Österreichischen Krieges«, der auch als Einigungskrieg oder deutscher Bruderkrieg bezeichnet wird. Viele Soldaten kamen dabei um ihr Leben. Eine Ausstellung

im Stadtmuseum in Bad Langensalza erinnert an dieses Gefecht im preußisch-österreichischen Krieg zwischen der Königlich Hannoverschen Armee auf Seiten Österreichs und einem preußischen Corps. Ein wichtiges Anliegen der musealen Präsentation ist es, die Besucher zur Auseinandersetzung mit diesem Thema anzuregen.

Nochmals in die Geschichtsbücher ging Merxleben in den 1950er Jahren durch die Gründung der ersten Landwirtschaftlichen Produktionsgenossenschaft (LPG) in der DDR ein. 22 Bauern machten 1952 den Anfang und schlossen sich zusammen, bereits 1958 war das Dorf vollgenossenschaftlich. Nach der Wiedervereinigung beider deutschen Staaten, in den 1990er Jahren, löste sich die LPG wieder auf.

Seit 1994 ist Merxleben mit seinen etwa 480 Einwohnern ein Ortsteil von Bad Langensalza. Heute haben die Merxleber ihr Heimatdorf in einen sehenswerten und liebenswerten Ort verwandelt.

Sagen aus der Region

Die Unstrutnixe

In uralten Zeiten wohnte in der Unstrut eine wunderschöne Nixe. Sie hatte langes goldblondes Haar. Ihre blauen Augen glichen dem hellen Himmel. Der wohlgestaltete Körper war von herrlicher Kleidung umhüllt, die wie lauter Seide rauschte. In der Dämmerung entsieg sie den Fluten. Lachend freute sie sich dann über ihr schönes Bild, das sich in der Unstrut spiegelte. Freundlich blickte sie die Menschen an, denen sie begegnete. Oft genug beglückte sie diese auch mit Wohltaten.

Böse Menschen, die sie schmähten oder ihr einen Schabernack antun wollten, bestrafte sie.

Die Leinwand der Unstrutnixe

Zwei Mädchen gingen an der Unstrut spazieren. Die eine rief, nach dem Ufer zeigend: Siehst du dort die schöne Leinwand und die gestickten Tücher?

Die andere verneinte verwundert und die Gefährtin bezeichnete ihr die Stelle ganz genau – aber umsonst. Da sprach jene: Nun, wenn du das Zeug nicht siehst, so hole es doch, bücke dich hinab, ich will dich halten.

So geschah es. Das Mädchen war eben im Begriff, die Leinwand zu fassen und rief: Ich hab's!

Dann schrie es laut auf und wurde von der Freundin erschrocken losgelassen. Als die Jungfrau im Unstrutwasser versunken war, erhob sich ein schönes Weib aus dem Wasser – und verschwand wieder.

Trotz Suchens fand man keinen Leichnam am Flussufer. Die Nixe hatte ihren Raub in Sicherheit gebracht.

(Aus: »Märchen, Sagen und Geschichten aus Bad Langensalza«)

Ein Paradies für Wasservögel ist die Unstrut.

Manch einer macht es sich am Ufer gemütlich.

Schwäne fürchten sich nicht vor der Unstrutnixe.

Ortsteil Nägelstedt

Einst ein bedeutender Ritterort

Eine außergewöhnliche historische Sehenswürdigkeit ist der Schieferhof in der Mitte des Ortes.

Als »Negelstete« findet das heutige Nägelstedt im Jahr 977 erstmals urkundliche Erwähnung. Etwa 730 Einwohner zählt die Gemeinde, die seit 1993 Ortsteil von Bad Langensalza ist. Gleich zwei Kirchen besitzt das kleine Dorf, das knapp sieben Kilometer entfernt von der Kurstadt liegt. Im Ortszentrum befindet sich die Kirche Sankt Georg. Sie diente schon dem Deutschen Ritterorden als Gotteshaus und stammt aus dem 13. Jahrhundert. Die zweite Kirche ist die Friedhofskirche Sankt Michael. Eine außergewöhnliche historische Sehenswürdig-

keit ist der Schieferhof in der Mitte des Ortes. Er besitzt einen halbkreisförmigen Vorhof, der zu Verteidigungszwecken diente. Früher war der Schieferhof ein Edelsitz. Seine Geschichte reicht zurück bis ins 16. Jahrhundert und ist eng verbunden mit Hans von Germar, einem Mitglied des Deutschen Ritterordens. So berichtet es eine Tafel, die am Schieferhof angebracht ist. Hans von Germar war eine einflussreiche Persönlichkeit. Er wurde 1548 zum Landkomtur über die Ballei Thüringen erhoben und verwaltete damit das älteste Ordensgebiet

Blick in den Schieferhof

Die Kirche Sankt Georg stammt aus dem 13. Jahrhundert.

Sankt Michael ist die zweite Kirche im Ort.

der Deutschen Ritter im heutigen Deutschland. Als Ordensgebieter führte er in den Jahren 1557 und 1558 in Mühlhausen die Reformation ein. Die Ritter genossen viele Privilegien der Geistlichen und Grafen. Sie beschäftigten sich mit Ackerbau, Vieh- und Fischzucht sowie dem Weinanbau. Der Preis dafür: Sie mussten Ehelosigkeit geloben.

Gerade dieses Gelöbnis aber brach Hans von Germar, indem er Katharine von Knobloch heiratete. Seine Ritterbrüder bestraften ihn, indem er von der Herrentafel zu Mergentheim ausgeschlossen wurde. 1558 gab er den Besitz der Ballei Thüringen auf und behielt lediglich die beiden Komturhöfe Nägelstedt, das Nägelstedter Gut und Liebstedt.

In Nägelstedt errichtete er 1556 ein gut geschütztes Wohnhaus für sich und seine Gemahlin – den Schieferhof. Noch heute ist durch die vorgelagerte Rundmauer und die durch vorspringende Eisengitter gesicherten Fenster erkennbar, dass der Schieferhof als Wohnfestung dienen sollte.

Hans von Germar und seine Frau wohnten allerdings nur kurze Zeit in ihrem Haus. Für wichtige Dienste für »August, den Starken« während der Grumbachschen Händel wurde Hans von Germar im Jahr 1567 mit dem Schlossgut zu Gebesee belohnt, wo er ein Jahr später starb.

1585, so berichtet die Chronik weiter, fiel der Schieferhof an das Amt Salza.

Bis 1950 wurde der Schieferhof für Wohnzwecke genutzt. Dann diente er nur noch als Lager. Im Jahr 1984 kaufte ihn die Gemeinde Nägelstedt.

Tor zum Unstruttal

Nägelstedt kann auch mit Naturschönheiten aufwarten. Der kleine Ort liegt direkt am Tor zum Unstruttal. Am Ortsausgang in östlicher Richtung beginnt das Wander- und Naturschutzgebiet Unstruttal, das über sieben Kilometer bis nach Großvargula führt.

Der Komturhof
Nägelstedter Heimatstube

Der Deutsche Orden steht im Mittelpunkt der Nägelstedter Heimatstube in der historischen Komturei. Die Heimatstube widmet sich vorrangig der reichen Geschichte des Ortes,

Eine Rarität in der im Komturhof präsentierten Ortschronik ist eine vollständige Bibelübersetzung von Martin Luther aus dem Jahr 1551.

der im Jahre 977 erstmalig als »Negelstete« erwähnt wird. Man schrieb das Jahr 1222, als der Deutsche Orden, eine geistliche Ordensgemeinschaft, einen Gutshof mit Patronatsrecht über die Kirche Sankt Georg erwarb. Der Orden festigte seine Stellung in der Region durch Ausbau dieser Besitzung zum Komturhof Nägelstedt. Der Komturhof wurde Verwaltungsmittelpunkt für eine Anzahl von Orten im Umkreis von zwanzig Kilometern. Erbauer des Komturhofs war Hans Graf von Germar, der erste Thüringer Landkomtur, der das Zölibat brach und gegen alle Widerstände seine Katharina von Knoblauch heiratete. Die Ausstellung in der Nägelstädter Heimatstube widmet sich ebenfalls diesem aufsässigen Komtur.

Eine Rarität in der im Komturhof präsentierten Ortschronik ist eine voll-

Blick in den Komturhof – die Theaterscheune verrät: Der Ort ist mehr als Herberge der Heimatstube.

ständige Bibelübersetzung von Martin Luther aus dem Jahr 1551, die der berühmte Buchdrucker der Reformationszeit, Hans Lufft, in Wittenberg gedruckt hat. Diese Bibel ist eines der seltenen, gut erhaltenen Druckerzeugnis des 16. Jahrhunderts. Hans

Lufft druckte im Jahr 1534 die erste Gesamtausgabe der Lutherischen Bibel, die im Laufe der Jahre zu dem wurde, was man heute »Bestseller« nennt.

Wappen des Deutschen Ordens ergänzen die Ausstellung.

Das Brunnenhäuschen
Wahrzeichen von Nägelstedt

Mitten im Ort steht ein Brunnenhäuschen. Für die Nägelstedter ist dieses Häuschen im Renaissance-Stil das eigentliche Wahrzeichen ihres Ortes. So ist das Brunnenhäuschen auch im Wappen von Nägelstedt dargestellt und war ebenfalls im Siegel der Gemeinde.

Das Brunnenhäuschen stammt vermutlich aus dem Jahr 1568. Diese Jahreszahl ist ostseitig des hübschen Bauwerks verewigt.

Die Geschichte Nägelstedts spricht noch von einem weiteren Brunnenhäuschen. Das soll an der Stelle gestanden haben, an der heute ein Waidstein liegt, an der Backsbergkreuzung.

Das noch verbliebene Brunnenhäuschen mit seinem spitzen Turm ist heute vor allem bei Besuchern des Dorfes eines der beliebtesten Fotomotive.

Ein hübscher Hingucker in Nägelstedt ist das Brunnenhäuschen.

Das alte Stiftsgut
In guten Händen

Am Ende des Dorfes, in östlicher Richtung, liegt das alte Stiftsgut. Es war ehemals eine Besitzung des Deutschen Ritterordens. Im Jahr 1222 erwarb der Deutsche Orden, Ballei Thüringen, in Nägelstedt diesen Gutshof samt Patronatsrecht über die Kirche Sankt Georg. Heute wird das historische Gut mit seinen Gebäuden durch die gemeinnützige GmbH Diako DDVE genutzt und bewirtschaftet. Lange leer stehende Gebäude wurden wieder mit Leben erfüllt. So wurden auch moderne Wohnungen für Menschen mit Behinderung gebaut. Die Bewohner können hier nicht nur individuell und selbstbestimmt wohnen. Gleichzeitig rücken Wohn- und Arbeitsplatz räumlich zusammen und auf dem Stiftsgut entwickelt sich wieder eine Lebensform, die an das ursprüngliche Dorfleben erinnert.

Die Bewohner des Stiftsgutes sowie die Beschäftigten freuen sich stets, ihrem Besuch auf dem Hof ihr landwirtschaftlich geprägtes Arbeitsumfeld präsentieren zu können und über die Fortschritte auf dem Stiftsgut zu erzählen. Während des alljährlichen Tages des offenen Denkmals, am zweiten Sonntag im September, werden spezielle Führungen und Kulturerlebnisse angeboten, die von vielen Besuchern sehr gern angenommen werden.

Einladend zeigt sich das Stiftsgut dem Besucher.

Leer stehende Gebäude wurden wieder saniert und mit Leben erfüllt.

Ortsteil Thamsbrück

Die älteste Kleinstadt in Thüringen

Die Kirche Sankt Georg

Thamsbrück ist die älteste Kleinstadt in Thüringen und mit etwa 1050 Einwohnern vermutlich auch die kleinste im Freistaat. Die erste urkundliche Erwähnung geht auf das Jahr 736 zurück. Geschichtsschreiber berichten, dass nach Überlieferungen der Missionserzbischof Bonifatius in jenem Jahr Thamsbrück zum christlichen Glauben bekehrt haben soll.

Mit dem jährlichen Ablassfest verfügt Thamsbrück wohl auch über eine der ältesten Traditionen weit und breit: Das Ablassfest soll seinen Ursprung um das Jahr 1500 haben. Am ersten Juliwochenende feiern die Thamsbrücker drei Tage lang das in Deutschland einmalige Fest.

Bedeutungsvoll in der Geschichtsschreibung ist das Jahr 1206. Thamsbrück wird erstmals in einer gerichtlichen Bestätigungsurkunde, die von dem anscheinend mit großem Gefolge auf dem Thamsbrücker Schloss weilenden Landgrafen Hermann I. ausgestellt ist, als Siedlung und zwar gleich als vollwertige Stadt (»civitas«) gekennzeichnet.

Das Thamsbrücker Stadtwappen taucht erstmalig im Jahre 1270 in Form eines Siegels auf. Vom Stadtwappen heißt es in alten Urkunden: »Es zeigt in Gold eine dreibogige Brücke, über die ein Geharnischter reitet, der am linken Arm einen blauen Schild, darin ein siebenmal von Silber und Rot gestreifter Löwe, in der Rechten ein Fähnlein hält, auf dem sich derselbe Löwe wiederholt.«

Die über viele Jahrhunderte selbstständige Stadt wurde 1994 innerhalb der Gebietsreform nach Bad Langensalza eingemeindet.

Auffallend für den Besucher der Stadt heute ist der gut gepflegte Ort mit seinen netten Einwohnern. Die sanierte Kirche Sankt Georg sowie das neugestaltete Stadtzentrum mit Marktplatz, Rathaus und Ratskeller bestimmen das Stadtbild.

Weithin sichtbar ist ein Turm, ein Bergfried. Er ist der letzte Rest des landgräflichen Schlosses, das einst im Jahre 1149 erbaut wurde. Der Turm wird »Nikolausturm« genannt.

Die Thamsbrücker Nikoläuser

Die Thamsbrücker haben seit vielen Generationen den Beinamen »Nikoläuser«. Was hat aber der Nikolaus mit Thamsbrück zu tun und woher kommt der Name »Thamsbrücker Nikoläuse«?

Die Bedeutung des Heiligen Nikolaus, der um das Jahr 300 Bischof in Kleinasien war und sich vor allen Dingen für die Armen und Schwachen eingesetzt hat, dürfte auch Namenspatron der »Thamsbrücker Nikoläuser« gewesen sein. In einer nicht mehr vorhandenen Kapelle soll eine Statue des abendländischen Heiligen Nikolaus gestanden haben.

Heute pflegen vor allem die jungen Thamsbrücker den Nikolaus-Brauch so: »Nikolaus, komm heraus!«, rufen mehrere hundert Kinderkehlen alljährlich am Nikolaustag am Thamsbrücker Nikolausturm ihren unmissverständlichen Wunsch, der gleichermaßen gestrenge wie großzügige Herrn im roten Mantel möge doch endlich seinen langen Schlaf beenden und sich zeigen. Irgendwann kommt dann der großzügige Alte mit dem Rauschebart, um kleine Gaben zu verteilen.

Als gut gepflegter Ort zeigt sich die Kleinstadt.

Dieser Turm wird »Nikolausturm« genannt.

Schmucke Fachwerkhäuser prägen den Ortskern.

Ein Schmuckstück ist das Rathaus von Thamsbrück.

Ortsteil Waldstedt

Kleinste Gemeinde am Nationalpark

Die Dorfkirche Sankt Juliana steht auf dem Grundstück der einstigen Kapelle.

Der Ortsteil Waldstedt ist eine kleine, ein wenig abseits gelegene Angerdorfgemeinde zwischen Zimmern und Alterstedt und mit seinen etwa 100 Einwohnern die kleinste Gemeinde in der Nationalparkregion. Erstmalig wurde Waldstedt im 9. Jahrhundert erwähnt. Und zwar in den Verzeichnissen derjenigen Orte in Thüringen, aus welchen Personen dem Kloster Fulda Schenkungen gemacht haben. Genannt wird ein Ortolt zu Waltribesstede. Eine Überlieferung berichtet, dass von einer reichen Jungfrau, vermutlich der Äbtissin des Klosters Homburg eine Kapelle errichtet wurde. Siedler bauten ihre Häuser in der Nachbarschaft, die damit die Gründer des Dorfes waren. Später soll dann der Ort Wallstedt geheißen haben, da er von den Nonnen genannten Klosters als Wallfahrtsort oder Zwischenstation benutzt worden sei, wenn sie nach der Demesburg (Thiemsburg) zogen.

Heute steht auf dem Grundstück der ehemaligen Kapelle die Dorfkirche Sankt Juliana. Einen Turm hat die Kirche erst im Jahr 1879 erhalten. Der Waldstedter Friedrich Kesselring hat diesen erbauen lassen.

Waldstedt ist seit 1993 Ortsteil von Bad Langensalza. Es liegt zwischen den Ortsteilen Zimmern und Alterstedt, ganz nah am Nationalpark Hainich. Sehenswert in Waldstedt sind neben der Dorfkirche der Waidstein auf dem Anger.

Den Turm hat die Kirche erst Ende des 19. Jahrhunderts erhalten.

Mitten auf dem Anger ist dieser Waidstein zu bewundern.

Ortsteil Wiegleben

Dorf mit guter Aussicht

Ein schöner Anblick ist dieser kleine Festplatz.

Urkundlich wurde Wiegleben erstmalig im Jahre 775 erwähnt. Der Ortsteil zählt heute etwa 390 Einwohner und gehört seit 1993 zur gut sieben Kilometer entfernten Kurstadt Bad Langensalza. Das Dorf ist heute einer der schönsten ländlichen Ortsteile von Bad Langensalza und zugleich der höchstgelegendste, der einen herrlichen Blick ins Thüringer Kernland bietet.

Die Geschichte von Wiegleben verlief wechselhaft. Im 11. Jahrhundert kam der Ort unter die Herrschaft des Thüringer Landgrafen. Im Jahre 1347 übertrug Landgraf Friedrich II. von Thüringen den Herren von Salza, mit Stammsitz auf der Bad Langensalzaer Dryburg, einige Güter in Aschara, Eckardtsleben, Zimmern und Wiegleben als Lehen. Nach Aussterben der Familie von Salza fiel Wiegleben an die Thüringer Landgrafen zurück. In den Jahren 1485 bis 1640 ging Wiegleben an die ernestinische Linie der Herzöge von Sachsen. 1640 war es unter der Herrschaft der Herzöge von Gotha-Altenburg und im Jahre 1825 unter der Herrschaft der Herzöge von Gotha. Seit dem Jahr 1918 gehört Wiegleben zum Land Thüringen.

Das kleine Dorf hat seinen Bewohnern und Gästen einiges an Freizeitattraktionen zu bieten. So gibt es eine sehenswerte Alttechnikausstellung mit Geräten, wie sie früher in der Landwirtschaft verwendet wurden. In einem Streichelzoo warten Ziegen, Esel und Kaninchen auf Besucher.

Zu den architektonisch wichtigsten Sehenswürdigkeiten zählt die gotische Dorfkirche Sankt Peter und Paul.

Die gotische Dorfkirche Sankt Peter und Paul gehört zu den Sehenswürdigkeiten.

Altbäuerliche Gerätschaft ist in der Alttechnikausstellung zu bewundern.

Ortsteil Zimmern

Ganz nah am Nationalpark

In diesem hübschen Fachwerkhaus, Am Plan 35, befindet sich die Heimatstube.

Der kleine Ortsteil Zimmern mit seinen etwa 350 Einwohnern liegt unmittelbar am südöstlichen Ausläufers des Hainich und lediglich ein

Dieses in eine Mauer eingelassene Steinkreuz soll aus dem Dreißigjährigen Krieg stammen.

Das Fleischerbeil und der Dolch erinnern an einen blutigen Streit.

Katzensprung, eine Viertelstunde Fußmarsch vom Nationalpark Hainich entfernt. 450 Hektar der Gemarkung Zimmern liegen mitten im Nationalpark Hainich.

Erstmalig erwähnt wurde der Ort im Jahr 817.

Die hübsche Dorfkirche wurde im Jahr 1700 geweiht und trägt den Namen des heiligen Martin. Der Turm überragt das Dorf, das sich eng in das Tal des Orbaches und des Craulaer Baches schmiegt. Im Dorf entspringt der Zimmerbach.

Wer aufmerksam durch Zimmern wandert, wird an einer Wand eines Wohnhauses eine Auffälligkeit entdecken: ein Fleischerbeil und ein Dolch, die sich kreuzen. Dieses Zeichen erinnert an eine Begebenheit, die sich im Dreißigjährigen Krieg zugetragen haben soll. Ein junger Soldat und ein hitziger Fleischergeselle gerieten so sehr miteinander in Streit, dass sie sich gegenseitig erschlagen und erstochen haben sollen. Über diese Tragödie erzählt man sich noch heute im Ort.

Seit dem Jahr 1994 ist Zimmern ein Ortsteil von Bad Langensalza.

Heimatstube bewahrt Kulturgut

Der Staat DDR liegt schon so lange zurück, dass ihm manche Heimatstuben einen eigenen Platz einräumen. So sind auch einige Quadratmeter der Zimmer'schen Heimatstube diesem jüngsten Stück deutscher Alltagsgeschichte gewidmet. Uniformen von Pionieren und Mitgliedern der Freien Deutschen Jugend (FDJ) hängen neben denen eines Polizisten und eines Eisenbahners. Ata, Imi und Spee stehen im Regal, auf einem in den 1980er Jahren hochmodernen Kinderwagen liegt handgestrickte Babykleidung.

Prachtkammer der Zimmer'schen Heimatstube ist aber das Wohn- und Schlafzimmer aus der Zeit um die Wende in das 20. Jahrhundert. Das obligatorische Nachtgeschirr unter dem Bett darf nicht fehlen.

In einem dritten Raum werden Handwerksgegenstände aus der Zeit um 1900 ausgestellt, etwa eine Büchsenmaschine, ein Krauthobel und ein Flachsbrecher. Fast alle Exponate in der Heimatstube stammen aus Zimmern. So erinnern Büchsenmaschine und Co. von den einstigen Handwerksbetrieben und kleinen Manufakturen im Ort. Zimmern zählt von jäh her zu den kleinen Gemeinden im Landkreis Unstrut-Hainich. Heute wohnen etwa 350 Einwohner in dem hübschen Hainich-Dörfchen.

Prachtkammer in der Zimmer'schen Heimatstube ist das Wohn- und Schlafzimmer aus der Zeit um die Wende in das 20. Jahrhundert.

Einige Quadratmeter der Heimatstube sind dem jüngsten Stück deutscher Alltagsgeschichte gewidmet.

Liebevoll gepflegt wird das Zimmer'sche Kulturgut von den Aktiven des Faschingsvereins, der sich den Namen »Närrische Holzböcke« gegeben hat. Alle notwendigen Ausgaben für die Heimatstube werden aus der Kasse des Faschingsvereins bereitgestellt.

Blick auf die Kirche Sankt Martin

Schwefel und ländliches Idyll

Verwaltungsgemeinschaft Bad Tennstedt

Die 13 Gemeinden der Verwaltungsgemeinschaft Bad Tennstedt liegen im östlichen Teil des Unstrut-Hainich-Kreises in zentraler Lage zwischen den bekannten Kulturstädten Thüringens und am Rande des »Hainichlandes«. Das Radfahren und Wandern in dieser Gegend ist für all diejenigen reizvoll, die sanfte Hügel und weite Feldlandschaften lieben. Bei schönem Wetter und klarer Sicht kann man den Inselsberg im Thüringer Wald, die Landeshauptstadt Erfurt, den Ettersberg bei Weimar und auch den Kyffhäuser sehen. Die gut ausgebauten Rad- und Wanderwege verbinden nicht nur die Orte der Verwaltungsgemeinschaft untereinander, sondern

Bad Tennstedt erlangte im Mittelalter durch den Anbau und Handel mit der begehrten Färberpflanze Waid Ansehen und Reichtum. Das Waidsiegel spiegelt die Bedeutung der Pflanze wider.

Mit Entdeckung der Schwefelquelle 1811 begann 1812 der Kurbetrieb. Bereits 1816 kurte Johann Wolfgang von Goethe in Tennstedt. Im Jahr 1925 erhielt der Ort die Anerkennung als Heilbad. Heute ist Bad Tennstedt »Staatlich anerkannter Ort mit Heilquellenkurbetrieb«.

Bad Tennstedt, der größte Ort und Sitz der Verwaltungsgemeinschaft, ist ein kleines idyllisches Städtchen mit etwa 2500 Einwohnern.

führen auch zum nahe gelegenen 190 Kilometer langen Unstrut-Radweg und damit in westlicher Richtung nach Bad Langensalza, Mühlhausen und den Nationalpark Hainich oder in östlicher Richtung bis nach Freyburg und Naumburg.

Eine Färberpflanze verhalf einst zu Reichtum

Bad Tennstedt, der größte Ort und Sitz der Verwaltungsgemeinschaft, ist ein kleines idyllisches Städtchen mit etwa 2500 Einwohnern. Es erlangte im Mittelalter durch den Anbau und Handel mit der begehrten Färberpflanze Waid Ansehen und Reichtum.

Davon zeugen noch heute viele historische Bauten, wie das Rathaus, die Trinitatiskirche oder die Stadtmauer mit ihren Toren und Türmen, die heute teilweise als Museen genutzt werden. Eine ganz

besondere Sehenswürdigkeit ist das Gewölbe am Markt, das vollkommen mit einzigartigen Secco-Malereien aus dem 16. Jahrhundert ausgemalt ist und die Geschichte der Königin Ester aus dem Alten Testament darstellt. Wozu dieser repräsentative Raum einst diente, liegt allerdings im Dunkel der Geschichte.

Hier kurte Johann Wolfgang von Goethe

Mit Entdeckung der Schwefelquelle 1811 begann 1812 der Kurbetrieb. Bereits 1816 kurte Johann Wolfgang von Goethe in Tennstedt. Im Jahr 1925 erhielt der Ort die Anerkennung als Heilbad. Heute ist Bad Tennstedt »Staatlich anerkannter Ort mit Heilquellenkurbetrieb«. Ein Prädikat, das der Ort mit der Erfüllung der anspruchsvollen Kriterien nach dem Thüringer Kurortegesetz erlangt hat. Das ortsgebundene Heilmittel Schwefel bietet die Säu-

Eine ganzjährig nutzbare Kneippanlage im natürlichen Bachlauf, ein mit Schwefelwasser gefülltes Kneipp-Becken – wohl einmalig in Deutschland – und Barfuß-Pfade sind kostenlos nutzbar.

le für Prävention und Rehabilitation. Neben dem angenehmen Klima und der Heilkraft der Schwefelquelle hat darüber hinaus die 1993 eröffnete Medianklinik als fachspezifische Rehabilitationsklinik für Qrthopädie und Neurologie ein breit gefächertes Therapieangebot.

Der Kurpark, mit Beginn des Kurbetriebes angelegt, lädt mit seinen alten Bäumen und lauschigen Plätzen zum Verweilen und Entspannen ein.

Dort befindet sich auch das »Goethehäuschen«, das erste Badehaus Tennstedts – heute ein kleines Café. Im »Haus des Gastes«, dem ehemaligen 1899 erbauten Kurhaus, sind die Info-Stelle für Bad Tennstedt und die Region, das Goethe- und Novaliszimmer sowie die Bibliothek untergebracht.

Von Mitte Mai bis Mitte September finden jeden Sonntag Nachmittag im Kurpark innerhalb des Bad Tennstedter Musiksommers Konzerte statt.

Im Kurpark beginnen und enden gut ausgeschilderte Walking-Strecken mit verschiedenen Schwierigkeitsgraden sowie Wanderwege zu Zielen in unmittelbarer Nähe, zum Beispiel zu dem am westlichen Ortsrand gelegenen Naturschutzgebiet »Bruchwiesen« mit seinen einzigartigen Quellen und Teichen oder in den nahe gelegenen Schlosspark der Gemeinde Ballhausen.

Eine ganzjährig nutzbare Kneippanlage im natürlichen Bachlauf, ein mit Schwefelwasser gefülltes Kneipp-Becken – wohl einmalig in Deutschland – und Barfuß-Pfade sind kostenlos nutzbar. Sportschützen finden auf dem am nordwestlichen Ortsrand gelegenen Schießstand mit Kugel-, Trap- und Skeetanlage beste Bedingungen zur Ausübung ihres Sports.

Im Großen und Kleinen Hornholz gibt es einzigartige Flora und Fauna

Aber auch in den Mitgliedsgemeinden gibt es für den interessierten Besucher viel zu erkunden. Der Edelhof, ein imposanter Fachwerkbau in der Gemeinde Mittelsömmern, und das sich dort gleich anschließende Naturschutzgebiet »Großes und Kleines Hornholz« mit einem 21 Hektar großen Totalreservat und einer einzigartigen Flora und Fauna lohnen einen Besuch.

In der Gemeinde Bruchstedt sind an den Häusern noch heute die Hochwassermarken des verheerenden Unwetters von 1950 zu sehen und eine Ausstellung erinnert an dieses Geschehen, seine Opfer und den anschließenden Wiederaufbau des Ortes in nur 50 Tagen. Das aus dieser Zeit stammende Kulturhaus des Ortes steht heute unter Denkmalschutz.

In Blankenburg, einem beschaulichen kleinen Ort am Rande des Naturschutzgebiets »Großes Hornholz«, steht das im Jahr 1836/1837 für 440 Taler von den Einwohnern errichtete Gemeindebackhaus, in dessen Ofen noch heute einmal im Jahr am »Tag des offenen Denkmals« nach alter Tradition gebacken wird. Auch eine liebevoll restaurierte und ebenfalls unter Denkmalschutz stehende Einklassen-Dorfschule aus dem Jahr 1865 ist dort zu besichtigen.

In Kirchheilingen, direkt an der Bundesstraße 84 gelegen, ist das großzügig angelegte Freibad mit Rutsche und beheiztem Kinderbecken in jedem Sommer ein Anziehungspunkt für Badegäste aus der ganzen Umgebung. Aber auch das Kleinbahn-

Die Fronveste in Bad Tennstedt ist Stadtmuseum.

Dieser Mühlstein aus einer ehemaligen Waidmühle ist ein Zeugnis aus dem Mittelalter.

Berühmt ist die Region als Spargelanbaugebiet.

Zum Brauchtum in Bad Tennstedt gehört das jährliche Heimat- und Brunnenfest mit Festumzug durch die Stadt, an dem auch die Quellprinzessinnen teilnehmen.

museum oder das »Öbsterstübchen« auf dem ehemaligen Bahnhofsgelände in Richtung Sundhausen, direkt am »Kneipp- und Kleinbahnradweg« gelegen, sind interessant und sehenswert.

In Sundhausen, einem für diese Gegend typischen »Haufendorf«, kann man noch heute den großen Dorfanger mit einer über 300 Jahre alten Linde, die schon den Vorfahren als Richtplatz diente, bestaunen. Auch das Kneipp-Tretbecken direkt am Radweg nahe der Gemeinde Tottleben und der am Ortsrand liegende Gutspark sowie kleine Dorfkirchen oder die Cranach-Bilder in der Kirche in Urleben lohnen einen Besuch.

Schillernde Schönheiten

Schon Goethe schwärmte vom Teich und den Quellen

Von den Bad Tennstedtern besonders beliebte Naturdenkmale sind der Bruchteich und die Quellen, westlich der Stadt gelegen.

Kalt und schön sind der Teich und die Quellen. In geheimnisvoller Farbenpracht schillern sie smaragdgrün und blau. Selbst Johann Wolfgang von

In geheimnisvoller Farbenpracht schillern Teich und Quellen smaragdgrün und blau.

Die sprudelnden Quellen speisen Wasserläufe entlang schön angelegter Wanderwege.

Die Wasserlandschaft ist sehr reizvoll.

Der Eisteich ist heute beliebtes Ausflugsziel und ein Gewässer für Angler.

Goethe, der 1816 in Bad Tennstedt zur Kur weilte, zeigte sich beeindruckt von diesem Naturschauspiel. Die geologisch seltenen und höchst interessanten Aufbruchquellen veranlassten den naturwissenschaftlich interessierten Dichterfürsten gar zu eigenen Untersuchungen.

Das Farbspiel erklärt sich aus dem hohen Kalk- und Sulfatgehalt des Quellwassers, das klar und kalt Bruchteich, Gläserloch und Kutscherloch füllt. Sommers wie winters beträgt die Temperatur lediglich acht bis zwölf Grad Celsius. Das bedeutet, die Quellen und die sich aus ihnen ergebenden Wasserläufe frieren im Winter nie zu. Im Sommer dagegen hat man immer kaltes und erfrischendes Wasser, das im nahen Kurpark für die Kneippanlage genutzt wird.

Im 18. Jahrhundert schon wurden die Quellen durch Erdwälle gefasst. Damit wurde der Wasserspiegel erhöht und die Quellen speisten ein ausgeklügeltes Kanalnetz durch die Stadt.

Einzigartige Naturdenkmale

Der Überlieferung nach soll der Bruchteich aus einem Steinbruch entstanden sein. Als ein großer Stein wegbrach, soll sich plötzlich das Wasser mit viel Kraft seinen Weg gebahnt und den ganzen Kessel-Bruch ausgefüllt haben.

Die Gläserlöcher und das Kutscherloch in unmittelbarer Nähe zum Bruchteich entstanden durch die Bildung von Erdfällen. Diese Quelltrichter sind einzigartige hydrologische Naturdenkmale. Sowohl der Bruchteich als auch die Quellen wurden bereits 1938 unter Schutz gestellt, wobei die Quellen zudem noch zu den besonders geschützten Biotopen zählen. 2004 erfolgte zusätzlich die Erweiterung zum Flora-Fauna-Habitat zum Schutz von Lebensräumen für wildlebende Planzen- und Tierarten.

Unweit von Teich und Quellen liegen drei weitere Teiche: die Eisteiche. Sie werden von der Aschenquelle gespeist. Bis in die 1950er Jahre dienten diese Teiche der Eisgewinnung. Zu Zeiten, als es noch keine elektrischen Kühlschränke gab, brach man im Winter die Eisschollen und brachte sie in den riesigen Keller der Brauerei. Dort wurde das Eis dann von den Fleischereien geholt, um Fleisch- und Wurstwaren zu kühlen.

Die Bruchwiese dient schon seit Jahrhunderten der Grasmahd und der Heugewinnung. Dazu hat man rechtwinklig zur Seltenrain Entwässerungsgräben gezogen. Die trozdem recht feuchten Wiesen sind Lebensraum für sehr seltene Planzen und Tiere.

Zufällige Entdeckung

Historische Malereien im Kreuzgewölbe

Das Gewölbe und die Malerei entstanden in der Mitte des 16. Jahrhunderts. Darauf weist auch die Kleidung der dargestellten Personen hin.

Beim Abriss des Gebäudes Markt 15 im Jahr 1988/1989 wurde zufällig das Fragment eines Turmes entdeckt, an dessen Innenwänden Malereien zu erkennen waren. Das Objekt wurde vom Thüringer Landesamt für Denkmalpflege und Archäologie zunächst als stadtgeschichtlich bedeutsames Denkmal eingestuft und als einmalige Malerei Thüringens befunden.

Eine Seltenheit: Der gesamte Gewölberaum ist mit Malereien versehen.

Seitdem gibt es zahlreiche Bemühungen, das Objekt vor dem Verfall zu bewahren.

Das Gebäudefragment besteht aus einem Kellerraum mit Tonnengewölbe und einem nahezu quadratischen Gewölbe im Erdgeschoss. In das Erdgeschoss wurde nachträglich ein Kreuzgewölbe eingezogen.

Der gesamte Gewölberaum ist mit Malereien versehen, die auf verschiedene Putzuntergründe aufgebracht sind, jedoch ein System im gesamten Raum bieten.

Bei der Malerei handelt es sich um die Darstellung des Zyklus der Königin Ester. Nach alttestamentarischem Buch ist Ester eine jüdische Waise, Adoptivtochter ihres Cousins Mordechai, die im 5. Jahrhundert v.Chr. in der persischen Diaspora lebte. Sie ist die Gemahlin des persischen Königs Xerxes I.

Das Gewölbe und die Malerei entstanden in der Mitte des 16. Jahrhunderts. Darauf weist auch die Kleidung der dargestellten Personen hin, denn in der zweiten Hälfte des 16. Jahrhunderts verbreitete sich die spanische Mode (Hoftracht) auch in Deutschland. Auftraggeber könnten ein Waidjunker oder Marktmeister gewesen sein.

Bei der Malerei handelt es sich um die Darstellung des Zyklus der Königin Ester.

Alljährlich zum Tag des offenen Denkmals, jeweils am zweiten Sonntag im September, ist das Kreuzgewölbe die Attraktion in der Stadt.

Die Fronveste

Der »Schwarze Fritz« harrte dort auf seine Hinrichtung

Die Fronveste auf dem Schulberg hat vom 15. Mai bis Ende September sonntags von 14 bis 16 Uhr geöffnet.

Die Fronveste gehörte zur einstigen Stadtbefestigung von Bad Tennstedt. Sie wurde nach 1465 als Wach- und Gefängnisturm erbaut. Seit 1993 befindet sich in der Fronveste ein liebevoll eingerichtetes Stadtmuseum. Es zeigt Gegenstände aus der Entwicklungsgeschichte der Stadt. Neben Zeugnissen der frühesten Besiedlung des Gebietes sind auf mehreren Etagen die Lebens- und Wohnverhältnisse vergangener Generationen ausgestellt. Eine vollständig eingerichtete ländliche Apotheke, eine Dauerausstellung über das Druckereiwesen in Bad Tennstedt sowie Werkzeuge und Gebrauchsgegenstände aus alter Zeit vervollständigen das Bild. Die Traditionspflege wird ebenso dokumentiert wie die landwirtschaftlichen Erwerbszweige. Ein kurzer, interessanter Abriss zur Geologie und Fauna der Gegend runden die Ausstellung ab.

Besonders spannend: Im Turm sind noch die spätmittelalterlichen Gefängniszellen zu sehen. Tennstedt hatte die Gerichtsbarkeit und Exekutive. Prominentester Gefangener war der berüchtigte »Schwarze Fritz«, ein Raubmörder, der 1758 hingerichtet wurde.

In einer der Gefängniszellen harrt als lebensgroße Puppe immer noch der Schwarze Fritz seines Schicksals. Von der Plattform des Turmes übrigens genießen die Besucher einen wunderbaren Blick über die mittelalterlich geprägte Stadt und das ländliche Umland.

Ballhausen

Einst gab es zwei Burgen

Ballhausen ist ein hübscher Ort am Nordrand der Unstrut-Niederung im Zentrum des Thüringer Beckens, östlich von Bad Tennstedt. Nördlich liegt der Hopfenberg mit 224 Meter Höhe. Südlich des Ortes verläuft der Schambach in Richtung Hochwasserrückhaltebecken Straußfurt. Ballhausen gliedert

Beliebt bei Einwohnern und Gästen ist der nahe gelegene Schlosspark.

Im Schlosspark fühlen sich auch Tiere wohl.

Blick auf die Dorfkirche

sich in zwei Teile – in Großballhausen im Osten und in Kleinballhausen im Westen. Heute leben etwa 880 Einwohner in der Gemeinde.

Beide Ortsteile lagen einst an einer bedeutsamen Altstraße über die Hainleite, die durch das Geratal von Arnstadt führte. Chroniken nennen im Jahr 1110 einen Heselin von Ballhausen. Er war Angehöriger des Adelsgeschlechts. 1170 traten Namen der Herren von Ballhausen in einer kaiserlichen Urkunde auf. Die von Ballhausen vertraten wohl die Interessen des Kaisers Friedrich I.

Erstmals urkundlich erwähnt wurde Großballhausen bereits um 780. Historiker gehen davon aus, dass

es in Ballhausen einst zwei Burgen gab, und zwar an der Stelle des Grünen oder Roten Hofes innerhalb der Ortslage.

Kleinballhausen wurde erstmals urkundlich am 7. Juli 1128 erwähnt. Nahe dem Herrenhaus befand sich eine Burg mit gleichem Namen. 1258 wurde noch ein Eckhard von Kleinballhausen genannt. Sowohl die Burg von Kleinballhausen als auch die von Großballhausen wurden 1297 an das Erzbistum Mainz verpfändet. Ende des 19. Jahrhunderts waren noch Reste der Burg vorhanden. Jetzt sind nur noch Gräben sichtbar. Ein Schloss jüngeren Datums steht aber noch in Kleinballhausen.

Das Schloss in Ballhausen

Eine ganz besondere Dorfliebe

Es scheint, als hätte das Schloss Ballhausen die Zeit seines Glanzes hinter sich. Zwischen zwei noch einigermaßen gut aussehenden Türmen streckt sich seit Jahrzehnten ein Backsteinbau.

So kennen die meisten Ballhäuser ihr Schloss am Rand des Dorfes bereits aus ihren Kindheitstagen. Aber sie lieben ihr Schloss, so wie es ist. Natürlich gibt es Pläne und Träume zur Sanierung. Und wenn eines Tages das Geld dafür da ist, dann wird das Schloss herausgeputzt werden.

Einst gab es in dieser Gegend sogar zwei mittelalterliche Burgen: neben der in Klein-Ballhausen die in Groß-Ballhausen. Letztere steht schon lange nicht mehr.

Erbaut wurden sie Anfang des 12. Jahrhunderts. Urkunden belegen, dass in der Zeit von 1110 bis 1206 ein »freies Geschlecht, welches sich nach Balenhusen nannte« ansässig war. Bis um 1290 sollen »Die von Ballhausen« Besitzer des Schlosses in Klein-Ballhausen gewesen sein. Dann folgte

Mit einem Wappen verzierte die Familie von Lucius im Jahr 1882 ihren stolzen Besitz.

Besitzerwechsel auf Besitzerwechsel. Letzter Besitzer war Sebastian Lucius, der das Schloss, das sich in ein Rittergut gewandelt hatte, für 113 000 Taler kaufte. Bis zur Bodenreform 1945 blieben Gut und Schloss in Besitz der Familie Lucius. Dann zogen Kriegsflüchtlinge und Vertriebene ein. Später entdeckte man das Schloss als Platz für Schulsport und für die Mittagsversorgung der Schulkinder. Zudem wurde es Herberge für den Kindergarten. Heute wird das Schloss als Wohnhaus genutzt. Der Schlosspark mit seinem alten Baumbestand, dem Tiergehege und den Wasserläufen und Teichen lädt zu erholungsversprechenden Spaziergängen und Wanderungen ein.

In idyllischer Lage liegt die Burg. Kinder haben reichlich Platz zum Spielen und der unmittelbar vor der Haustür befindliche Schlosspark lädt zum Spazierengehen ein.

Blankenburg

Ein schöner Ort zum Verweilen

Blankenburg ist mit seinen etwa 145 Einwohner eine der kleinsten Gemeinden in der Verwaltungsgemeinschaft Bad Tennstedt. Das von seinen Einwohnern hübsch herausgeputzte Dorf liegt im Nordwesten des Thüringer Beckens, im sogenannten Schlotheimer Graben. Östlich grenzt das Siedlungsgebiet an das Naturschutzgebiet »Großer Horn«. Im Norden des Ortes befindet sich die Quelle des Schambach-Oberlaufes Fernebach.

Eine Sehenswürdigkeit im Ort ist die aus dem 15. Jahrhundert stammende Kirche Sankt Bonifatius. Diese wurde 1701 im barocken Stil umgebaut.

Die Gemeinde ist gut auf Wanderer eingestellt.

Für 440 Taler wurde in den Jahren 1836/1837 das Gemeindebackhaus von den Einwohnern errichtet.

Einmal im Jahr findet ein Backhausfest statt. Neben rustikalen Broten werden auch Spezialitäten in dem historischen Backs nach alter Tradition gebacken.

Blankenburg wurde im Jahr 1143 erstmals urkundlich erwähnt. Zunächst gehörte die Ortschaft zu Erfurt. Doch noch im frühen Mittelalter, im Jahre 1272, kaufte das Deutsche Haus Mühlhausen das Dorf. Die Bewohner müssen darüber recht froh gewesen sein, denn Mühlhausen versprach, einen besseren Schutz vor den damals allgegenwärtigen Raubrittern zu gewährleisten.

Eine Sehenswürdigkeit im Ort ist die aus dem 15. Jahrhundert stammende Kirche Sankt Bonifatius. Die wurde 1701 im barocken Stil umgebaut. Von den zwei Glocken im Turm ist die kleinere, gegossen 1812, noch heute in Gebrauch. Die größere Glocke stammt noch aus dem 17. Jahrhundert.

Für Ruhe- und Erholungsuchende ist Blankenburg ein guter Ort zum Verweilen. Auch in der näheren Umgebung gibt es viel zu entdecken. Der Nationalpark Hainich mit seinem Baumkronenpfad liegt nur etwa 25 Kilometer entfernt.

Das alte Backhaus

Mitten im Dorfzentrum gibt es ein Backhaus, das »Backs«, wie es mundartlich genannt wird. Es ist eines der wenigen erhaltenen und funktionstüchtigen Backhäuser im Unstrut-Hainich-Kreis. So wie es im 19. Jahrhundert üblich war, wurde auch das Blankenburger Backs als ein einfacher Zweckbau errichtet, bei dem teilweise die Außenwände den Backofen bilden. Als Bauzeit wird in der Chronik 1836/1837 angegeben. Für 440 Taler wurde das Gemeindebackhaus von den Einwohnern errichtet. Der Luxus in diesem Backhaus: Neben dem eigentlichen Ofenraum gibt es auch noch einen Nebenraum, in dem die vor- oder nachbereitenden Arbeiten durchgeführt werden konnten.

Bis in die 1960er Jahre hinein wurde das Backs von den Einwohnern genutzt. Die regelmäßigen Backtage sparten den Bäcker in dem kleinen Ort, den eigenen Ofen und Energie. Zudem waren die Backtage ein beliebter geselliger Treffpunkt. Beim Warten auf das Brot und den Kuchen wurden alle Neuigkeiten ausgetauscht.

Der Ofen wurden mit lokal verfügbarem Heizmaterial beheizt, meist mit Reisig und Holz. Vor dem Einbringen der Backware wurde kräftig vorgeheizt. Die entstandene Glut wurde vor dem Beschicken entfernt.

Im Jahr 1998 wurde das Backhaus restauriert und wieder funktionstüchtig gemacht. Einmal im Jahr findet seit dem ein Backhausfest statt. Neben rustikalen Broten werden auch Spezialitäten in dem historischen Backs gebacken. Seit 2005 steht das Blankenburger Backs unter Denkmalschutz.

Geöffnet hat das Backhaus einmal im Jahr während des Tages des offenen Denkmals am zweiten Sonntag im September.

Bruchstedt

Synonym für eine einzigartige Hilfsaktion

Die Dorfkirche blieb von der
Unwetterkatastrophe verschont.

Bruchstedt ist ein ruhiges Dörfchen, fernab jeglichen Lärms einer Bundesstraße. Die etwa 260 Einwohner zählende Gemeinde liegt inmitten des Thüringer Beckens, am Südostrand des Schlotheimer Grabens.

Zum Synonym für eine einzigartige Hilfsaktion wurde der Ortsname unmittelbar nach einer Unwetterkatastrophe. In der Nacht zum 24. Mai 1950 verwüstete eine Sturzflut des Fernebaches den Ort Bruchstedt bis zur Unkenntlichkeit. Bisher nie gekannte Wasserhöhen bis zu 3,50 Meter Höhe machten den Bach zur tödlichen Flut. Acht Menschen und der größte Teil des Viehbestandes – 82 Kühe, 400 Schweine und 317 Schafe – wurden Opfer dieser Katastrophe. Sieben Einwohner wurden teils schwer verletzt. 40 Gebäude wurden völlig zerstört und über 150 Bauwerke teils stark beschädigt.

In einer bislang beispiellosen Hilfsaktion wurde der zerstörte Ort durch etwa 3000 Helfer in nur 50 Tagen wieder aufgebaut. Die neuen Bauerngehöfte kamen in sicherere Hanglage. Ein Kindergarten, eine Schule und ein Kulturhaus wurden gebaut. Auf der frei gewordenen Ortsmitte wurde ein Park angelegt.

Noch heute sind an verschiedenen Häusern die Hochwassermarken des verheerenden Unwetters zu sehen. An jene Katastrophennacht erinnert zudem ein Gedenkstein mit den Namen der acht Opfer sowie eine Ausstellung in der Heimatstube. Das aus

In diesem hübschen Fachwerkhaus ist die Heimatstube zuhause. Sowohl an diesem Gebäude als auch an verschiedenen anderen Häusern erinnern Hochwassermarken an das verheerende Unwetter.

Ruhig und gemütlich fließt der Fernebach durch Bruchstedt. Doch im Jahr 1950 wurde er zur tödlichen Gewalt.

dieser Zeit stammende Kulturhaus des Ortes steht heute unter Denkmalschutz.

Heimatstube zeigt Dokumentation

Zwei Ereignisse haben die 300-Seelen-Gemeinde Bruchstedt bekannt gemacht: die alljährlichen Moto-Cross-Meisterschaften und die Hochwasserkatastrophe im Mai 1950.

Die älteren Einwohner, die damals noch junge Leute oder Kinder waren, erinnern sich an jene verhängnisvolle Nacht zum 24. Mai: Seit Tagen herrschte hochsommerliche Hitze, die äußerst ungewöhnlich für Mitte Mai war. Jeder sehnte sich nach Regen. Dann kam die dunkle Wand. Zuerst stürzte der Hagel herab. Walnussgroße Körner prallten auf den staubigen Boden und bedeckten ihn schließlich mehrere Zentimeter hoch. Mit ohrenbetäubender Wucht knallten sie auf die Dächer, durchschlugen die Fenster. Schließlich barsten die Wolken. Länger als fünf Stunden stürzten Wassermassen auf die Heilinger Höhen und in den sonst eigentlich ruhigen Fernebach. Der staute sich auf zu einer hohen Flutwelle und raste mit tödlicher Wucht durch das Dorf.

In der Heimatstube Bruchstedt erinnert eine Fotodokumentation an den anschließenden Wiederaufbau des Dorfes.

Bäuerlicher Hausrat um 1900 bildet den zweiten Schwerpunkt der Bruchstedter Sammlung.

Historische Fotos dokumentieren die einzigartige Hilfsaktion.

Kutzleben

Eine Spargelhochburg im Thüringer Becken

Wie alt ist Kutzleben? Das vermag niemand genau zu sagen. Nach den Forschungen des Ortschronisten ist Kutzleben bereits in Altthüringer Zeit, also vor 531, entstanden.

In schriftlicher Form taucht der Name Kutzleben erstmals im 8. Jahrhundert in der Form Cuceslebo in einer Urkunde auf, die den Ort als Besitzung der Abtei Hersfeld aufführt. Der Ortsname erfuhr im Laufe der Jahrhunderte viele Abwandlungen wie Cuuslebo, Cuczeleiden, Kottenleiber, Gozzenleber und Kutzenleibin. Die ältesten Erwähnungen des Ortes Kutzleben finden sich in zwei Urkunden des Jöchaburger Copialbuches im Landesarchiv zu Rudolstadt aus den Jahren 1128 und 1174. Der Name von Kutzleben erscheint erstmals in einer Erfurter Klosterurkunde aus dem Jahre 1120.

Berühmt ist der Spargel aus Kutzleben.

Blick auf die Kirche in Kutzleben

Kutzleben und Lützensömmern waren im Mittelalter keine unbedeutenden Orte. In den Chroniken des 14. und 15. Jahrhunderts werden sie als große Rittergüter erwähnt. Noch heute spielt die Landwirtschaft in Kutzleben – 1951 wurden Kutzleben und Lützensömmern zu einer Gemeinde zusammengeschlossen – eine dominierende Rolle. Größere und kleinere private landwirtschaftliche Betriebe haben sich vor allem auf den Anbau von Spargel und Hopfen spezialisiert. Kutzleben gilt als eine der bedeutendsten Spargelhochburgen im Thüringer Becken.

Rittergut Lützensömmern

Weit über die Region bekannt geworden ist Lützensömmern durch das Rittergut. Der Verein »Tagungshaus Lützensömmern« gestaltete es zu einer gemeinsamen Kommunikationsplattform für unterschiedlichste Menschen unterschiedlichster sozialer und struktureller Herkunft. Tagungen, Ferienlager für Kinder mit und ohne Behinderung, Seminare, Projekttage und mehr bietet der Verein in dem schön sanierten Rittergut an.

Während Projekttagen gibt es Entdeckungsreisen durch die Natur, Gestaltung mit natürlichen Materialien, das Anfertigen von Baumgesichtern und Gipsmasken und vieles mehr.

Zum Rittergut gehören neben einem Hof, einem Blockhaus und einer Lagerfeuerstelle auch Stallungen, in denen Tiere wohnen – ein Esel, Schweine und viele Kaninchen. Außerdem können die Rittergut-Besucher Fledermäuse beobachten. Für die wurde ein extra Fledermaushaus gebaut.

Kinder, Jugendliche und Erwachsene haben heute auf dem Rittergut viele Gelegenheiten, einander zu begegnen und somit andere Lebens- und Arbeitsformen kennenzulernen.

Weit über die Region bekannt geworden ist das »Tagungshaus Lützensömmern«. Seit 1996 findet jährlich innerhalb der Mauern des Ritterguts ein internationales Jugendcamp statt.

Hornsömmern, Haussömmern, Mittelsömmern

Vermutlich ließen sich hier die Hermunduren nieder

Die Gründung der »Sömmerdörfer« reicht weit ins Dunkel der Geschichte zurück. Bereits in der Steinzeit muss das Gebiet durch nomadisierende Stämme besiedelt gewesen sein, wie Archäologen aus Grabungsfunden in unmittelbarer Nähe der heutigen drei Ortschaften herauslesen.

Die eigentliche Gründung mit einer sesshaften Bevölkerung fand allerdings erst viel später, in der sogenannten Altthüringerzeit statt. Gut möglich, dass die »Sömmerdörfer« von den Hermunduren, einem germanischen Volksstamm, gegründet wurden.

Im Codex Eberhardi, einem Verzeichnis der zahlreichen Güter des Reichsklosters Fulda aus dem frühen Mittelalter, wird ein Ort namens Summaringen erwähnt. Allerdings ist nicht klar, welches der Sömmerdörfer tatsächlich gemeint ist.

Der Name Sömmern wird übrigens von Sumpf und Morast abgeleitet. Hornsömmern, Haussömmern

Auch die kleinste Gemeinde hat ihre Kirche.

Sehr gepflegt zeigt sich das Ortsbild.

Die Gemeinde Hornsömmern ist der kleinste Ort in der Verwaltungsgemeinschaft. Auf ihren schönen Dorfanger sind die Einwohner stolz.

und Mittelsömmern gehören zu der im Jahr 1991 gegründeten Verwaltungsgemeinschaft Bad Tennstedt.

Das kleinste Sömmern

Mit gerade mal knapp 140 Seelen ist Hornsömmern das kleinste Sömmerdorf und auch die kleinste Gemeinde in der Verwaltungsgemeinschaft Bad Tennstedt. Die Ortslage inmitten von landwirtschaftlich geprägtem Gebiet und fernab von verkehrsreichen Straßen bietet den Bewohnern eine angenehme, ruhige Wohngegend.

Von Menschen besiedelt ist diese Ortschaft schon seit einigen tausend Jahren. So wurde ein Steinkreis von etwa sechs Metern Durchmesser vor einem jungsteinzeitlichen Großsteingrab gefunden. Es kann vermutet werden, dass es in der Region, die heute Hornsömmern heißt, schon vor 10 000 Jahren Ansiedlungsversuche gegeben haben könnte. Zudem wurden noch eine Steinplatte und Keramikfragmente nachgewiesen. Die Funde stammen aus

der Bernburger Kultur, also aus der Zeit um 3000 vor der Zeitrechnung.

Das größte Sömmern

Das an Einwohnerzahl größte Sömmerdorf ist Haussömmern mit etwa 235 Bewohnern. Ein eigener Bahnhof war bis in die Mitte der 1960er Jahre der große Stolz des kleinen Dorfes. Mit Begeisterung wurde am 13. Juli 1923 der erste Zug am Endpunkt der Bahnstrecke Langensalza – Haussömmern begrüßt. Die Länge der Gesamtstrecke betrug 27,4 Kilometer.

Den Grundstein für die Bahnstrecke legte die Kleinbahn-AG Langensalza-Kirchheilingen, die sich für den Bau einer Bahnstrecke von Langensalza nach Kirchheilingen am 27. Juli 1911 gegründet hatte. Aktionäre waren der preußische Staat, die Provinz Sachsen, der Kreis und die Stadt Langensalza sowie die Stadt Thamsbrück.

Bereits am 4. Juli 1913 konnte die 15 Kilometer lange Strecke Langensalza – Kirchheilingen eröff-

Schön saniert zeigt sich die Kirche.

Fantasievoll ins Dorfbild integriert ist der Löschteich.

Beliebt ist Mittelsömmern als Wohngegend auch wegen der Ruhe und Ausgeglichenheit.

Diese wurde 1965 von Haussömmern bis Kirchheiligen und 1967 schließlich ganz abgebaut.

Das mittlere Sömmern

Die Sömmerdörfer haben ihre Schreibweise oft gewechselt. Überliefert ist, dass »Sömmern« zu Anfang des 8. Jahrhunderts »Sumaringa« hieß, dann »Sumeringen« und um 1270 »Someringen«. Im Jahre 1430 wurde »Sömmeringen« geschrieben.
Ein Jubiläum feierten die Mittelsömmerer im Jahr 2011: ihre 1225-Jahr-Feier. An diesen Jahrestag erinnern soll eine amerikanische Roteiche, die von den Einwohnern auf der Grünanlage der ehemaligen Schwesternstation gepflanzt wurde.

Mit etwas weniger als 230 Bewohnern ist Mittelsömmern das mittlere Sömmerdorf im Sömmer-Trio. Für Unterhaltung und Kultur im Ort sorgen der Kirmesverein, Heimatverein, Karnevalverein und Feuerwehrverein. Der im Jahr 2009 gegründete Kirmesverein zählt zu den jüngsten Kulturvereinen im Ort. Er hat sich zur Aufgabe gesetzt, durch gemeinnützige Tätigkeiten die Dorfgemeinschaft zu unterstützen sowie traditionelle Bräuche zu bewahren, etwa das Kirchweihfest, die Kirmes.
Die Kirchweihe der mittelsömmerschen Kirche liegt bereits etwa 500 Jahre zurück. Wann die erste Kirmes in Mittelsömmern gefeiert wurde, kann jedoch nicht mehr genau belegt werden. Der Brauch hat sich in Mittelsömmern jedenfalls bis heute gehalten.

Das größte Sömmerdorf ist Haussömmern. Viele liebevoll restaurierte Fachwerkhäuser und ein großer Dorfanger zieren den Ort.

Die Kirchweihe der mittelsömmerschen Kirche liegt bereits etwa 500 Jahre zurück.

net werden. Zuvor, ab dem 21. Mai 1913, konnte auf dem Abschnitt Langensalza – Marxleben schon der Güterverkehr rollen. Am 18. Januar 1916 änderte die Aktiengesellschaft den Firmennamen in Langensalzaer Kleinbahn AG mit dem Wunsch, alsbald weiterbauen zu können. Im Oktober 1920 wurde der Abschnitt Kirchheiligen – Groß Urleben befahren, im November 1922 der Verkehr bis nach Bruchstedt aufgenommen. Am 13. Juli 1923 konnte der Endpunkt Haussömmern erreicht werden.
Heute erinnert nur noch ein kleines Museum im Nachbarort Kirchheiligen an die Bahnstrecke.

Der Edelhof in Mittelsömmern

Zentrum des Dorflebens

Die oberen Etagen wurden zwischen 1558 bis 1560 als Fachwerkbau mit verzierten Schwellen, Rahmen und Rosetten gebaut.

In Mittelsömmern gibt es ein besonderes Kleinod: den Edelhof.

Der »Edelhof« war einst ein bedeutendes Bauwerk. Es entstand bereits im Jahre 1243 und soll laut Überlieferung als Wasserburg gebaut worden sein. Davon sind die alteingessenen Mittelsömmerer überzeugt. Gern deuten sie auf den Höhenunterschied zur heutigen Straße hin und meinen, dass es gut vorstellbar sei, dass dort einmal eine Zugbrücke über einen einstigen Wasserring gewesen sein könnte. Weiteres Indiz für diese Annahme: Das dreistöckige Bauwerk besteht im Erdgeschoss und in der ersten Etage aus etwa einem Meter starken Bruchsteinmauerwerk.

Geschichtlich überliefert ist, dass die Burg über Jahrhunderte der Herrensitz der verschiedensten Adelsgeschlechter gewesen war. Der ehemalige Rittersitz befand sich auch im Besitz der adeligen Herren von Husen. Allerdings hatte das Gut keine Schriftsäßigkeit, sondern war zuletzt nur noch ein amtssässiges Rittergut, das dem Amt Langensalza unterstand.

Nicht auszuschließen ist, dass die Burg in den Wirren des Bauernkrieges zerstört wurde. So ist in den Chroniken nachzulesen, dass die oberen Etagen in ihrer jetzigen Gestalt zwischen 1558 bis 1560 als Fachwerkbau mit reichverzierten Schwellen, Rahmen und Rosetten gebaut wurden.

Nach mehreren Gutsbesitzern, unter anderem die Familie von Dachröden, wechselte im Jahr 1807 das Rittergut in den Besitz der Familie von Feilitsch über. Ob aus Geldmangel oder aus Desinteresse an zu viel Landwirtschaft oder auf Drängen von Bauern: Die von Feilitsch vermachten jedenfalls schon bald die Ländereien des Gutes an ein Konsortium von 10 Einwohnern aus Mittelsömmern. Für die damals riesige Summe von 20 000 Taler verkaufte die Familie das Land.

Lange sollte das Land nicht im Besitz der Gemeinde bleiben. Sie verkaufte es im Jahr 1831. Mit dem Erlös erwarb Mittelsömmern das Gutshaus. Fortan sollte das imposante Gebäude der Gemeinschaft zur Verfügung stehen. Die Innenräume im Erdgeschoss sowie in der 1. Etage wurden seit dem 19. Jahrhundert als Gaststätte und Kulturraum der Gemeinde genutzt.

Eine Anekdote aus dem Jahr 1912 wird heute noch gern in Mittelsömmern erzählt: Weil die Tochter des Dorfschulzen in jenem Jahr heiraten wollte, aber kein Saal groß genug für die geladene Festgesellschaft war, wurde kurzerhand der Gemeindesaal angebaut. Ein Dorfschulze hatte eben damals noch was zu bestellen.

Außergewöhnliches Glück sollte die Burg in den 1940er Jahren haben. Die Denkmalpflege wies eine umfassende Rekonstruktion der Außenfassade an.

Beeindruckend ist das Ständerbauwerk, das teilweise aus Eichenbalken errichtet wurde. Balken und Schwellen sind original erhalten.

Einen neuerlichen Besitzerwechsel erlebte der »Edelhof«, wie die Burg seit dem 19. Jahrhundert in Mittelsömmern genannt wird, im Jahr 1996. Der Verein »Thepra« übernahm den Besitz mit der Auflage zur Restaurierung und zur Umnutzung. So erhielt das kulturhistorische Bauwerk die Chance, auch der Nachwelt erhalten zu bleiben und als kulturelle Begegnungsstätte genutzt zu werden. Neu ist eine Heimatstube, in der auch die Geschichte des Ortes dargestellt wird. Beliebte Stätte ist der Edelhof alljährlich zum Tag des offenen Denkmals.

Dreistöckig erhebt sich das imposante Bauwerk, das vermutlich mal eine Wasserburg gewesen ist. Das Erdgeschoss und die erste Etage bestehen aus etwa einem Meter starken Bruchsteinmauerwerk.

Sehenswert ist auch das mit Kreuzgewölbe versehene kleine Gemach, das einst eine Hauskapelle gewesen sein könnte.

Kirchheilingen

Ein Ort zum Wohlfühlen

Kirchheilingen liegt zehn Kilometer nordöstlich von Bad Langensalza, an der Bundesstraße 84, zwischen den Städten Bad Langensalza und Sondershausen, am Anfang einer Talsenke der Heilinger Höhen. Das Dorf zählt etwa 820 Einwohner. Die erste urkundliche Aufzeichnung von Kirchheilingen stammt aus dem Jahr 833.

Kirchheilingen gehört heute zur Verwaltungsgemeinschaft Bad Tennstedt. Die ländliche Gemeinde hat sich zu einem lebenswerten Ort entwickelt. Ein Wohngebiet »Hinter dem Anger« wurde 1994 neu erschlossen.

Im Jahr 1995 entstand ein Radwanderweg, der jetzt von Thamsbrück über Kirchheilingen bis nach Haussömmern entlangführt. 1997 wurde ein Aussichtsturm und 1999 eine Grillhütte in der Flur Kirchheilingen gebaut. Kleine Attraktionen im Ort sind das Heimatmuseum, das Kleinbahnmuseum und das Öbsterstübchen.

Besonderer Stolz der Kirchheilinger ist ihr Freibad mit Schwimmerbecken und solarbeheiztem Nichtschwimmerbecken, einem wasserspeienden Bären und einem Baumhaus.

Kirchheilingen ist auch ein Ort zur Gewinnung alternativer Energien. Auf den Heilinger Höhen, in der unmittelbaren Nachbarschaft des Ortes, wurden Windkraftanlagen errichtet. Weithin sichtbar sind diese. Die Höhenlage des Ortes beträgt 220 bis 240 Meter, die höchste Erhebung in der Flur beträgt 325 Meter über dem Meeresspiegel.

Einblick in das Leben der Vorfahren

Bekannt ist das beschauliche Kirchheilingen auch durch seine Museumslandschaft, zu der das Dorfmuseum im ehemaligen Gutshaus zählt.

In acht Räumen des ersten Obergeschosses befindet sich eine detailreich eingerichtete Ausstellung zur Geschichte des Ortes.

Die Ausstellung gibt hauptsächlich Einblick in das Leben um 1900, so in die ländlichen Wohn- und Lebensverhältnisse. Vorgestellt werden unter anderem die einst typische Hausschlachtung und die Vorratshaltung, traditionelles ländliches Handwerk und landwirtschaftliche Geräte. Eine fast vollständig erhaltene Schusterwerkstatt gehört ebenso zur Kirchheilinger Sammlung.

Eine Rarität im Dorfmuseum ist die »Vertriebenenstube«, die anschaulich die eingeschränkten Wohnverhältnisse der nach 1945 aus ihrer Heimat Vertriebenen darstellt.

Fotodokumentationen zur Ortsgeschichte und frühgeschichtliche Fundstücke ergänzen die Ausstellung. Eröffnet wurde das Dorfmuseum aus einer Privatinitiative im Jahr 1984 in der ehemaligen Mädchenschule an der Hauptstraße. 1998 ist das Museum in das Gutshaus umgezogen. Im Jahr 1999 wurde es neu eröffnet. Heute wird das Museum vom Heimatverein der Gemeinde betreut und gepflegt.

Das Dorfmuseum ist in der Breiten Gasse 85 zu finden. Geöffnet hat es während verschiedenen Gemeindefeierlichkeiten sowie in Absprache mit dem Heimatverein.

Vorgestellt wird auch einst ansässiges Handwerk. Eine fast vollständig erhaltene Schusterwerkstatt gehört zur Sammlung.

Die Ausstellung gibt hauptsächlich Einblick in das Leben um 1900.

Die Dorfkirche von Kirchheilingen

Historische Kleinode schmücken den Ort.

Ein Blick in die offene Einfahrt ist lohnenswert.

Die ländliche Gemeinde hat sich zu einem lebenswerten Ort entwickelt.

Klettstedt

Ein beschaulicher Ort mit liebenswertem Flair

Klettstedt ist im Thüringer Becken zwischen Bad Langensalza und Bad Tennstedt eingebettet. Nachbarn des Dorfes, das zur Verwaltungsgemeinschaft Bad Tennstedt gehört, sind Tottleben, Groß- und Klein-Urleben, Großvargula, Nägelstedt und Sundhausen. Durch Klettstedt fließt ein kleiner Bach, der Klunkerbach, in Richtung Urleben.

Auch für die jüngeren Klettstedter und Gäste gibt es Begegnungsstätten.

Die evangelische Kirche Sankt Caecilia trägt über dem Eingang zum Kirchturm die Jahreszahl 1574.

Heute ist Klettstedt ein kleiner beschaulicher Ort mit liebevoll gestalteten Häusern. Schön saniert zeigt sich auch der Gemeindesaal.

Die Geschichte Klettstedts reicht weit zurück. Der Ort wurde bereits 874 erwähnt und 977 bestätigte Kaiser Otto urkundlich einen Besitz in Clettstedt (Gleddestedi). Heute ist Klettstedt ein kleiner beschaulicher Ort mit liebevoll gestalteten Häusern und Innenhöfen, einer sanierten Kirche mit Glocken aus dem 13. und 16. Jahrhundert und einem wunderschön sanierten Gemeindesaal im Dorfgemeinschaftshaus. Dort und auf dem nahegelegenen

Galgenberg finden alljährlich Feste für die etwas mehr als 200 Einwohner und ihre Gäste statt.

Die evangelische Kirche Sankt Caecilia trägt über dem Eingang zum Kirchturm die Jahreszahl 1574, über dem Eingang zum Kirchenschiff die Jahreszahl 1818. Das jüngere Datum erinnert an die Restaurierung des Kirchenhauses.

Auf dem nicht mehr als Friedhof genutzten Kirchhof sind ein kleines Steinkreuz von 1582 und ein Waidmühlstein kleine Sehenswürdigkeiten. Der Stein ist eine Erinnerung an die frühere Bedeutung der Färberpflanze Waid für das Dorf.

Sundhausen

Ein ehemaliger Adelssitz

Für die Gemeinde Sundhausen ist der große Dorfanger ortsbildprägend. Der ehemalige Richtplatz, auf dem eine etwa 300 Jahre alte Linde steht, wurde nie bebaut und ist noch heute unverändert. Heute finden dort und im unmittelbar daneben stehenden »Rautenkranz« – Gaststätte mit Saal – die Feste und Veranstaltungen der Gemeinde statt.

Die erste urkundliche Erwähnung von Sundhausen findet sich in einer Schenkungsurkunde über Land-

Auf dem Kirchhof steht der Grabstein des 1856 verstorbenen Rittergutsbesitzers Johann Kaiser.

eigentum in Sundhausen an das Kloster Fulda aus dem Jahre 860.

Über ein Jahrhundert lang, in den Jahren 1242 bis 1356, ist Sundhausen Stammsitz des gleichnamigen Adelsgeschlechtes derer von Sundhausen.

Im Jahre 1312 wird erstmals die Marienkirche im Ort urkundlich erwähnt.

Schlimme Zeiten brachten Jahre 1582 und 1625. Die Pest wütete im Dorf. Es starben mehr als 300 Einwohner.

1604 wird eine Waidmühle im Ort errichtet. 1714 wird die erste Schule des Ortes gebaut.

Im Jahre 1818 hat der Ort insgesamt 400 Einwohner. 1948 zählt Sundhausen auf Grund von Umsiedlung und Kriegseinwirkung 756 Einwohner. Heute wohnen in Sundhausen, das zur Verwaltungsgemeinschaft Bad Tennstedt gehört, etwa 380 Menschen.

Die evangelische Kirche Sankt Bonifatius

Der große Dorfanger ist ortsbildprägend.

Tottleben

Heimatort eines sächsischen Abenteurers und russischen Generals

Die Gemeinde Tottleben zählt mit etwas mehr als 150 Einwohnern zu den kleinsten Gemeinden der Verwaltungsgemeinschaft Bad Tennstedt. Trotzdem oder gerade deshalb ist dort das dörfliche Leben und der Gemeinschaftssinn der Einwohner stark ausgeprägt. Drei ortsansässige Vereine organisieren sportliche und kulturelle Veranstaltungen für die Einwohner und ihre Gäste

Die Gemeinde Tottleben zählt einwohnermäßig zu den kleinsten Gemeinden der Verwaltungsgemeinschaft.

Aus dem Ort stammte das sächsisch-thüringische Freiherrengeschlecht von Tottleben, dessen berühmtester Sohn der Gottlob Heinrich von Tottleben (1715 bis 1773) war, ein sächsischer Abenteurer und russischer General. Er ist berühmt geworden durch die Einnahme Berlins im Jahr 1760 während des Siebenjährigen Krieges. Tottleben selbst wurde bereits 988 erstmals urkundlich erwähnt. Chroniken belegen, dass es 1575 zwei Rittergüter im Ort gab. Es wurde Waid angebaut und es gab eine Waidmühle. 1710 wurde ein Brauhaus errichtet. Auch eine Windmühle gab es zu dieser Zeit, die aber 1854 abbrannte.

Die Dorfkirche von Tottleben. 1847 wurde der Kirchturm wegen Baufälligkeit abgerissen, 1908 wieder aufgebaut.

Im Jahr 1825 wurde eine Schule gebaut, damit der Unterricht nicht mehr im Haus des Lehrers stattfinden musste. 1966 fuhr das letzte Mal die Kleinbahn nach Tottleben, bevor 1969 die gesamte Bahnstrecke demontiert wurde. Auf der ehemaligen Bahnlinie verläuft heute ein sehr schöner Radwanderweg.

Zu den Sehenswürdigkeiten im Ort gehört der alte Gutshof.

Urleben

Stolz auf Bilder aus der Cranach-Werkstatt

Weithin sichtbar ist die Kirche. Sie wurde auf einer Anhöhe erbaut. Die Bergkirche ist prägend für das Ortsbild von Urleben, einer Gemeinde in der Verwaltungsgemeinschaft Bad Tennstedt.

Die Kirche ist ein besonderes Kleinod im Unstrut-Hainich-Kreis. Sie wurde von der Familie von Berlepsch mit reicher Ausstattung versehen. Dazu gehören neben einigen Grabsteinen auch Familienporträts und Bildnisse von Martin Luther und Philipp Melanchthon, die aus der Werkstatt von Lucas Cranach dem Jüngeren stammen. Erstmals urkundlich erwähnt wird Urleben im Jahr 988. Die ausgedehnte Siedlung Urleben gehörte ab 1261 zum Streubesitz von Kloster Beuren im Eichsfeld.

Urleben teilte sich spätestens im 14. Jahrhundert in die Orte Großurleben und Kleinurleben. Als Grundherren für beide Orte treten die Herren von Berlepsch in den Chroniken auf. Sie waren von 1571 bis 1848 Besitzer des Rittergutes Hausurleben.

Die Kirche ist ein besonderes Kleinod im Unstrut-Hainich-Kreis. Sie wurde von der Familie von Berlepsch mit reicher Ausstattung versehen. Dazu gehören neben einigen Grabsteinen auch Familienporträts und Bildnisse von Martin Luther und Philipp Melanchthon, die aus der Werkstatt von Lucas Cranach dem Jüngeren stammen.

Schön sanierte Fachwerkhäuser prägen Urleben.

Urleben hat sich besonders in den letzten Jahren in ein schmuckes, lebenswertes Dorf verwandelt.

Im Jahr 1974 wurden Groß- und Kleinurleben wieder zu einer Gemeinde zusammengelegt. Neben einigen kleineren Handwerks- und Dienstleistungsbetrieben ist die Landwirtschaft prägend für die Infrastruktur. Urleben hat sich besonders in den letzten Jahren zu einem schmucken, lebenswerten Dorf entwickelt. Es ist die Heimat für etwa 430 Einwohner.

Schlotheim

Ländliche Stadt mit guter Aussicht

Viel bestaunt: die alte Windmühle

Zwanzig Kilometer östlich von Mühlhausen, an der Bundesstraße 249, zwischen Hainich, Dün und Hainleite sowie der Unstrut umgeben, liegt die Stadt Schlotheim. Die Stadt ist Namensgeber des von Nordwest nach Südost verlaufenden Schlotheimer Grabens

Bereits im Jahr 974 wurde Schlotheim erstmals als Sietheim in einer Urkunde von Kaiser Otto II. erwähnt, in der er neben anderen Orten Schlotheim seiner Gemahlin, der byzantinischen Kaisertochter Theophanu, zu freiem Eigentum mit allem Zubehör schenkte.

Der Name Sietheim lässt sich als Ortsname von einer Siedlung am Sumpf ableiten. Frühsteinzeitalterliche Funde belegen, dass das Gebiet von Schlotheim für Siedlungen bestens geeignet schien. Der Kirchberg, auch Alte Schanze genannt, war mit einer Wallburg südlich der jetzigen Stadt an der Notter-Niederung auf einer fünf Hektar großen Fläche schon in der Jungsteinzeit belegt. Siedlungsspuren und Feuersteingeräte sowie Römische Münzen wurden gefunden. Die Wallburg, so mutmaßen die Archäologen, könnte Flucht-, Kult- und Versammlungsstätte gewesen sein. Reste des Walls sind neben Erhebungen im Gelände noch erkennbar

Brunnenschönheit

Handwerkstradition brachte den Beinamen Seilerstadt

Die Stadt trägt seit 1274 Stadtrecht. Seit dem Mittelalter hat der Anbau von Hanf und Flachs Tradition und bildete einige Jahrhunderte die Grundlage der Leineweberei und des Seilerhandwerkes.

Das Laubsche Haus ist ein Schmuckstück.

Ruhe und Entspannung schöpfen die Schlotheimer beim Wandern.

Das Seilerhandwerk prägte einst die Stadt.

Die früheste Erwähnung eines Schlotheimer Seilers findet sich in einem Dokument des ehemaligen Schlotheimer Klosters aus dem Jahr 1387. Doch erst 1624 kam der Gewerbezweig durch Ansiedlung eines ortsfremden Seilermeisters richtig in Gang. Die Seilerei von Gottfried Heinrich Angermann und die seiner Nachfahren stehen für den Übergang zur Gurtweberei, womit im 18. und 19. Jahrhundert die ersten Manufakturbetriebe der Stadt entstanden. Die nun beginnende Industrialisierung sprengte den Rahmen der Landstadt.

Es war in erster Linie das Seilerhandwerk, das sich durch den Fleiß und den Tatendrang der Bürger zur Industrie entwickelte. Das Seilerhandwerk brachte der Stadt den Beinamen Seilerstadt. Noch heute ist das Seilermännchen das Maskottchen von Schlotheim.

Geschichte und Zukunft

Heute liegen in der Stadt Schlotheim Geschichte und Tradition, Gegenwart und Zukunft eng beieinander. Historische Gebäude wie das Schloss, die Mühle und noch erhaltene Spinnbahnen zeugen von der Geschichte der Stadt. Im Süden und Südosten sind die Hauptneubaugebiete der Stadt angesiedelt, die Zeugnis von der gegenwärtigen Entwicklung der Stadt ablegen. Besonders seit den 1990er Jahren hat sich der Ort zu einer interessanten, weltoffenen Region entwickelt.

Das traditionelle Handwerk gibt es auch hier weiterhin, wenn auch nur in kleinerem Maß. Dafür haben sich andere Industriezweige entwickelt, wie die Zulieferindustrie für den Automobilbau und die Tischtennisplattenproduktion.

Sanfte Natur umgibt Schlotheim.

Schlotheimer Rathaus

Gut gestartet

Die Stadt verfügt über eine sehr gute Infrastruktur. Das neue Gewerbegebiet liegt unmittelbar an der Umgehungsstraße der Bundesstraße 249. Zudem gibt es in unmittelbarer Nähe den Verkehrslandeplatz Obermehler-Schlotheim. Er ist in den 1990er Jahren aus einem ehemaligen sowjetischen Militärflugplatz entstanden. Die Flugbetriebsflächen wurden komplett neu angelegt, so dass heute beste Voraussetzungen für einen reibungslosen Flugbetrieb bestehen.

Lebenswert und touristisch attraktiv

Touristisch verfügt das Städtchen über attraktive sportliche, kulturelle und soziale Einrichtungen. Im Sporthotel, in der Dreifelder-, Tennis- oder Schwimmhalle und auf den drei Sportplätzen können Fußball, Handball, Unihoc, Tennis und Tischtennis gespielt werden. Ebenfalls verfügt das Sporthotel über eine Kegelbahn. Eine Jugendherberge steht ebenso für Schulklassen bereit.

Für die älteren Einwohner wurde ein Seniorenwohnpark eröffnet. Die Jüngsten erhielten 1997 einen neuen Kindergarten. Die Schullandschaft erstreckt sich von der Grund-, über die Regelschule bis zum Gymnasium.

Traditionelle kulturelle Höhepunkte in Schotheim sind der Fasching und die Kirmes.

Durch ausgedehnte Spaziergänge können Einwohner und Gäste der Stadt zu jeder Jahreszeit die unmittelbare Schönheiten der Feld- und Waldlandschaften erkunden.

Eine kleine Hauptstadt

Die Ortsteile der Stadt Schlotheim sind Mehrstedt und Hohenbergen. Außerdem ist Schlotheim Sitz der Verwaltungsgemeinschaft Schlotheim mit den Orten Schlotheim, Bothenheilingen, Issersheilingen, Kleinwelsbach, Körner, Marolterode, Neunheilingen und Obermehler.

Fachwerkhäuser bestimmen das Stadtbild.

Grußwort

Herzlich willkommen in Schlotheim

Schlotheim, ein kleines verträumtes Städtchen mit Geschichte und Gegenwart. In unserer Stadt mit den beiden Ortsteilen, Hohenbergen und Mehrstedt, leben etwa fünftausend Einwohner.

Sie fühlen sich hier heimisch. Wir verfügen über drei Wälder in südlicher Richtung, es sind die »Sonder«, das »Langel« und das »Königshölzchen«. Ruhe und Entspannung kann man beim Wandern schöpfen und neben Tieren auch seltene Pflanzen entdecken.

Auf der anderen Seite, auf der West-Nordseite der Stadt, grenzt das Gewerbegebiet an. Mit gut florierenden Betrieben kann die Stadt Schlotheim stolz sein auf ihre Gewerbeeinnahmen.

Ein kleiner Stausee befindet sich auf der anderen Seite des Gewerbegebietes.

Eine Umgehungsstraße, die Bundesstraße 249, von Mühlhausen nach Sondershausen, ermöglicht den Transportern die freie Fahrt zu den Firmen am westlichen Stadtrand.

Löwenhaus

Margita Otto war von 2006 bis 2012 Bürgermeisterin in Schlotheim.

In unserer Stadt gibt es historische Gebäude, das Löwenhaus aus dem Jahr 1626, das »Laubsche Haus« erbaut 1567, eine Klosteranlage und ein Schloss, das in den Jahren 1748 bis 1777 entstanden ist.

Neue Einrichtungen kamen nach dem Jahr 1990 hinzu, ein Rathaus, ein Seniorenwohnpark und ein Gymnasium, um nur einige zu nennen. Eine altehrwürdige Windmühle oder das Seilermuseum erinnern an die traditionsreiche Geschichte der Stadt. Zu vielen sportlichen und kulturellen Veranstaltungen laden zahlreiche Vereine ein. Eine Tennishalle mit Kegelbahn, die Drei-Felder-Halle mit Hallenbad oder das RiSo-Hotel mit Sauna bieten weitere Möglichkeiten zur Freizeitgestaltung. Erwähnen möchte ich die Sportplätze, die Go-Kart-Halle, das Mehrgenerationenhaus mit Bibliothek, den Jugendclub und die Frauenvereine.

Das Schützenhaus bietet vielfältige Möglichkeiten des Schießsportes, so haben unter anderem auch die Bogenschützen ihr Areal bei der Schießhalle gefunden.

Kulturell lädt die Märchenbühne zu interessanten Aufführungen ein. Feuerwehrverein, Gewerbeverein auch die Kirchen oder der Geschichtsverein sowie der Karnevalsverein – sie alle bereichern unsere Stadt mit fröhlichen und amüsanten Festen.

Seilermännchen am Rathaus

Das Neueste was Schlotheim jetzt zu bieten hat, ist der ausgebaute Radweg, der unsere Stadt mit Mühlhausen verbindet. Der Radweg wurde auf der ehemaligen Schienenanlage der Deutschen Bahn errichtet. Weitergeführt werden soll dieser in Richtung Kyffhäuserkreis.

Ich hoffe, ich habe Sie jetzt recht neugierig auf unser Städtchen Schlotheim gemacht. Kommen Sie und erkunden Sie es.

Ich heiße Sie herzlich willkommen in Schlotheim, Mehrstedt und Hohenbergen.

Margita Otto
Bürgermeisterin

Schlotheimer Schloss

Eine große Liebe

Das barocke Schloss

Die Schlotheimer haben eine große Liebe: ihr barockes Schloss. Es ist eine von Sehnsucht gekennzeichnete Liebe. Denn ihr Schloss ist für sie die meiste Zeit geschlossen. Nur an zwei, drei Tagen im Jahr dürfen die Schlotheimer durch die Gemächer spazieren, die Pracht genießen und sich wehmütig an die Zeit erinnern, als das Schloss für sie eine beliebte Ausflugsgaststätte war. Vielleicht wirkt das Schloss mit seinem zartrosa Anstrich deswegen auch immer ein bisschen melancholisch.

Heute ist das Schloss Wohnstätte für Kinder und Jugendliche. Seit Oktober 2001 beherbergt das Schloss für 25 Kinder und Jugendliche eine heiltherapeutische Kinder- und Jugendeinrichtung. Die Bewohner leben in drei heilpädagogisch ausgerichteten Intensivgruppen und dem Bereich der Verselbstständigung.

Die große Liebe der Schlotheimer: das barocke Schloss

Schlossgeschichte

Ein Arzt kaufte in den 1990er Jahren des 20. Jahrhunderts das Anwesen von der Stadt Schlotheim mit dem Ziel, es als heilpädagogisch-therapeutische Kinder- und Jugend-Wohnstätte zu nutzen. Mit dem Kauf übernahm er ein riesiges Sanierungsprojekt. Das barocke Schloss, das in den Jahren 1773 bis 1777 von Maximilian Ernst von Hopfgarten am Sitz seiner Familie in Schlotheim errichtet wurde, war bis 1945 in den Händen der Familie von Hopfgarten. Dann wurde es Gemeindeeigentum mit der Nutzung als Wohnraum, Gaststätte, Bücherei und einem Veteranenclub. Die verschiedenen Nutzungen waren mit nicht immer glücklichen Umbauten verbunden. Nach 1990 führte die während des Leerstands durch kaputte Fenster verursachte Witterungseinwirkung weiterhin zu drastischen Schäden.

Ein Herzenswunsch der Schlotheimer war, das leerstehende Schloss nicht noch weiter verfallen zu lassen, sondern angemessen zu nutzen. Das Investitionsvorhaben des Arztes erschien allen die Rettung. Doch viel Glück hatte der Mediziner selbst nicht mit dem Schloss. Nur wenige Jahre nach Beendigung der Sanierung zog er sich zurück, verließ seine für die private Nutzung aufwendig hergerichteten Privatgemächer und den prachtvoll ausgestatteten Festsaal.

Das Schloss ging wieder in den Besitz der Stadt Schlotheim zurück. Prunkvolles Interieur erinnert noch an den ausgefallenen Geschmack des Investors, den nicht alle grenzenlos teilen.

Geblieben ist die heilpädagogisch-therapeutische Kinder- und Jugend-Wohnstätte. Einmal im Jahr ist das Schloss die Hauptattraktion im kleinen Städtchen: zum Stadtfest. Das wird seit geraumer Zeit im Schlosspark ausgerichtet. Auf das Fest richten sich auch die Schlossbewohner ein: Sie öffnen für die Besucher die Türen und laden zu Führungen und kleinen Vorlesungen ein.

Prunkvolles Interieur erinnert an den ausgefallenen Geschmack des Investors.

Spieglein, Spieglein an der Wand ...

Blick in den schön restaurierten Saal

Liebevolle Details zieren die Schlossfassade.

Eulengesicht und geologische Naturdenkmale

Entdeckungen rund um Schlotheim

Die gut 400-jährige Stiel-Eiche am Königsholz in Schlotheim hat eine Besonderheit. Sie trägt ein Eulengesicht zur Schau.

Am Issersheilinger Anger, an der Ecke zur Hintergasse, liegt dieser Zeuge der ehemaligen Gletscherbedeckung aus der Elsterkaltzeit.

Der ur- und frühgeschichtlichen Grabhügel auf dem Hoeck bei Schlotheim ist ein geschütztes Bodendenkmal.

Manchmal muss man die Niederungen der Alltagswelt einen Augenblick hinter sich lassen, um wieder frische Kraft schöpfen zu können. Um einen Moment innezuhalten, muss man nicht gleich die Urlaubskoffer packen. Auch nahe Schlotheim kann man sich von der Wunderwelt der Natur faszinieren lassen. Geologische Naturdenkmale sind die Findlinge im Schlosspark von Neunheilingen und am Rand des Dorfplatzes in Issersheilingen. Ganz in der Nähe, am südlichen Stadtrand von Schlotheim, steht ein Baumnaturdenkmal, eine prächtige Stiel-Eiche.

Die gut 400-jährige Stiel-Eiche am Königsholz in Schlotheim hat eine Besonderheit. Sie trägt ein Eulengesicht zur Schau. Das Gesicht ist eine Narbe. Vor etwas mehr als hundert Jahren mussten nach einem Blitzeinschlag die unteren starken Äste abgesägt werden. An den Schnittstellen entstanden an dem Stamm Verwachsungen, die einem Eulengesicht ähneln. Die Schlotheimer nennen ihre Eiche darum auch gern »Eulenbaum«. Im Jahr 2006 wurde die prächtige, knapp zwanzig Meter hohe Stiel-Eiche unter Schutz gestellt. Ihr Standort am Königsholz (südlicher Stadtrand am Funkturm) ist ein guter Ausgangspunkt für eine etwa zehn Kilometer lange Rundtour, die auch mit den Findlingen in Issersheilingen und Neunheilingen bekannt macht.

Zeugen aus der Eiszeit

Schnurstracks nach Süden führt der Wanderweg nach Issersheilingen über den Kirchberg. Nach gut drei Kilometer abwechslungsreicher Strecke durch Wald und entlang Feldern ist Issersheilingen schon erreicht. Ein gepflegtes Dorf mit einem wunderschön gestalteten Anger empfängt den Wanderer. Eine kleine Suchaufgabe hält Issersheilingen dann aber bereit: Wo ist der Findling? Am Anger, an der Ecke zur Hintergasse, ist der Zeuge der ehemaligen Gletscherbedeckung aus der Elsterkaltzeit (Beginn vor etwa 450 000 Jahren, Ende vor etwa 330 000 Jahren) auszumachen. Allzu große Erwartung an ein gigantisches Ausmaß sollte man aber nicht haben. Der Findling, der 1938 unter Schutz gestellt wurde, ist mit seinen Maßen von etwa 75 mal 53 Zentimetern wahrlich kein Riese.

Eine Suchaufgabe hält auch Neunheilingen bereit. Das Dorf ist nach gut eineinhalb Kilometer Landstraße erreicht. Im oberen Bereich des Schlossparks soll der Standort des Braunkohlenquarzit-Findlings sein. Schließlich ist er neben einem Grabstein zu entdecken. Ein kleinerer Findling liegt daneben. Auch diese, ebenfalls nicht sehr großen Steine wurden 1938 unter Schutz gestellt und sind Denkmale der Natur.

Wer enttäuscht sein sollte von der Niedlichkeit der geologischen Naturdenkmale wird auf weiterem Weg entschädigt. Der Wanderweg über den Hoeck und durch die Große Sonder zurück zum Eulenbaum hält so einiges Sehenswertes bereit, so den ur- und frühgeschichtlichen Grabhügel auf dem Hoeck – ein geschütztes Bodendenkmal – und das Naturschutzgebiet im Großen Sonder mit dem Hanfsee.

Ein Wanderweg führt über den Kirchberg, der auch gern Kirschberg genannt wird – der süßen Früchte wegen.

Durch abwechslungsreiche Landschaft führt der Weg entlang eines Waldes, über Wiesen und an Feldern vorbei.

Abstecher ins Seilermuseum

Dokumentation der Industriegeschichte

Das Seilermuseum Schlotheim befindet sich in einem für die Seilerei typischen Gebäude, der Spinnbahn. Die wurde neben der alten Mühle original aufgebaut.

Das Seilermuseum Schlotheim befindet sich in einem für die Seilerei typischen Gebäude, der Spinnbahn. Diese langgestreckten Fachwerkgebäude prägten das Bild der Kleinstadt bis zu Beginn des 20. Jahrhunderts. Das Museums-Gebäude wurde in seinem jetzigen Zustand 1896 errichtet und ist eine der wenigen zweigeschossigen Spinn- und Seilerbahnen. Insgesamt gab es in Schlotheim etwa 35 Spinnbahnen. Ursprünglich stand diese Spinnbahn auf dem Gelände der Fa. Müller & Wimmer, später VEB Sponeta in der Bahnhofstraße. Bis 1989 wurde das Gebäude noch als Produktionsstätte genutzt. Im Jahre 1992 wurde auf Initiative der Stadtverwaltung begonnen, diese Spinnbahn abzutragen und an ihrem jetzigen Standort wieder aufzubauen, mit dem Ziel, ein Museum über die Industriegeschichte Schlotheims unterzubringen. Das Fachwerk mit seinen etwa 800 Balken konnte dabei original verwendet werden.

Das Spezialmuseum zur Seilerei zeigt im Erdgeschoss die einstige maschinelle Produktion von Seilerwaren. Die originalen Maschinen sind längst technische Denkmale. Alle sind noch funktionstüchtig. Im Obergeschoss wird die Handseilerei durch drei verschiedene Seilerbahnen veranschaulicht. Eine Sammlung präsentiert Muster der einstigen Erzeugnisse: Pferdenetze, Einkaufsnetze und Wäscheleinen, zum Beispiel.
Integriert in das Industrie-Museum sind die einstigen Industriezweige Weberei, Lederwaren und Elektrometall.
Das Seilermuseum befindet sich An der Mühle 5. Öffnungszeiten sind dienstags von 13 bis 17 Uhr und nach Vereinbarung Tel. (03 60 21) 8 05 66.

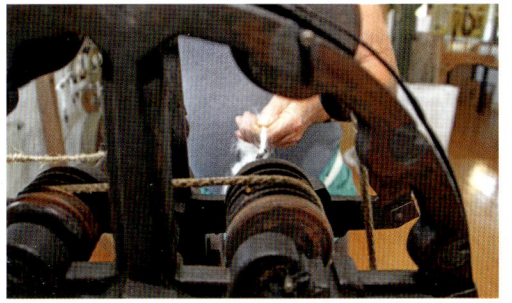

Das Spezialmuseum zur Seilerei zeigt die einstige Produktion von Seilerwaren.

Einer der letzten Seiler in Schlotheim ist Kurt Hohnstein. Der Ruheständler zeigt gern die alten Handwerkstechniken, auch die der Weber.

Druckerei-Museum

Augenmerk auf Details

Innerhalb weniger Jahre hat die Drucktechnik einen großen Wandel erlebt. Aus den einst mächtigen, ohrenbetäubend lauten Kolossen wurden formschöne, leistungsstarke Druckmaschinen.
Denkt man zurück an das Satzregal, an dem meist stehend gearbeitet wurde, weil jeder einzelne Buchsta-

Erinnerung an die Museumsgründung

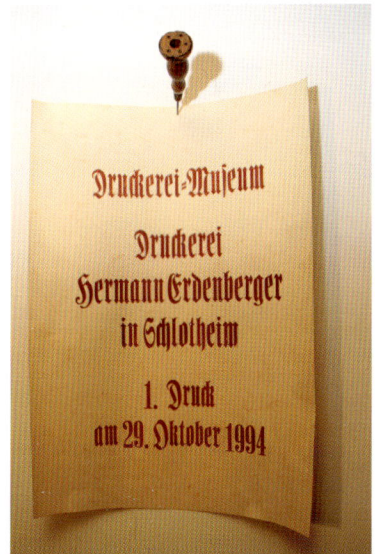

Denkt man zurück an das Satzregal, an dem meist stehend gearbeitet wurde, weil jeder einzelne Buchstabe rausgesucht werden musste, kann man sich gut vorstellen, mit wie viel Zeitaufwand die Druckerei einst verbunden war.

be rausgesucht werden musste, kann man sich gut vorstellen, mit wie viel Zeitaufwand dies verbunden war.
Die einzelnen Schritte, die ein Druckprodukt – etwa eine Zeitungsseite oder ein Plakat – durchlief, konnten noch nachvollzogen werden. Ebenso, wie das Papier durch die verschiedenen Zylinder lief, wie die Farbe übertragen wurde und wie die ge-

druckten Bögen in die Auslage gelangten.
Solche alten Technik-Schätze aus der ersten Hälfte des 20. Jahrhunderts gehören zum Sortiment im Druckerei-Museum. Mit Augenmerk auf Details wurde eine historische Werkstatt eingerichtet, in der Setzregal und Setzmaschine neben der Frankenthaler Schnellpresse und der M1 aus Leipzig stehen. Im alten Kontor liegen Schriftmusterbücher und Papierkataloge aus, die sich in der Umgebung mit einem alten Telefon, einer Schreibmaschine und Stempelkarussell wohlfühlen.
Die Maschinen im Druckerei-Museum sind funktionstüchtig und warten darauf, mal wieder angeworfen und von den staunenden Blicken von Kunden und Gästen betrachtet zu werden.
Die Besucher können sogar eine eigene Visitenkarte in den Winkelhaken setzen und drucken lassen.

Mit Augenmerk auf Details wurde eine historische Werkstatt eingerichtet.

Das private Druckerei-Museum befindet sich an der Amtsstraße 37. Besichtigungen sind nach Absprache mit der Druckerei Erdenberger möglich. Kontakt: Tel. (03 60 21) 8 58 90.

Bothenheilingen

Ein Ort mit langer Geschichte

Das idyllische Bothenheilingen liegt nahe dem Thüringer Becken. Um das Dorf sind hauptsächlich Mais- oder Gemüsefelder angelegt. Durch den Ort fließt der Bach Grundgraben, den die Dorfbewohner Ölbach nennen. Er entspringt nordwestlich der Gemeinde.

Der Ort wurde 1142 zum ersten Mal urkundlich erwähnt. Gertrud, die Witwe des Welfenherzogs von Sachsen Heinrich der Stolze und Mutter Heinrichs des Löwen, bestätigte 1142 die Schenkung eines 5 Solidi (Silbermünzen) zinsenden Ackerstückes und einer Mühle in dem Dorfe Budenheilingen. Der Erzbischof zu Mainz bestätigte im Jahre 1143 in einer Urkunde dem Kapitel des Stifts von Sankt Viktor zu Mainz Besitzungen u.a. in Budenheilingen. Schließlich sei noch erwähnt, dass am 13. Dezember 1288 der Truchses-

Viele Familien fühlen sich im alten Rittergut wohl. Mit viel Aufwand wurde das historische Gebäudeensemble restauriert.

Das Dorf Bothenheilingen gehörte im 14. Jahrhundert den Herren von Ebeleben, welche dieses als Lehen vom Landgrafen von Thüringen innehatten. Das Rittergut besaß die Familie von Hof, als Afterlehen derer von Ebeleben. Im Jahr 1845 wurde der Neubau des Hauses durch den damaligen Besitzer Johann Georg Paul veranlasst. Heute ist das einstige Rittergut eine attraktive Wohnanlage.

se Günter von Schlotheim bekundet, dreieinhalb Hufen Land in Budenheilingen dem Kloster Volkenroda verkauft zu haben.

Heute leben in der Gemeinde etwa 500 Einwohner. In der Vergangenheit war ein Großteil der Bothenheilinger in der Landwirtschaft tätig. Jetzt sind es nur noch wenige, die in der Agrargenossenschaft beschäftigt sind. Betriebe, Unternehmen und Geschäfte sind in den letzten Jahren in Bothenheilingen entstanden. Zu den wichtigen öffentlichen Einrichtungen des Ortes zählen das Bürgerhaus mit Kegelbahn und 100 Plätzen, das Gasthaus mit Saal, der Kindergarten, die Kirche, der Sportplatz und das Sportgebäude.

Issersheilingen

Die kleinste Gemeinde der Heilingendörfer

Einen hübschen Blickpunkt bietet dieses Fachwerkhaus.

Die evangelische Kirche Sankt Johannes der Täufer

Issersheilingen ist eine sehr alte Siedlung. Funde in der Umgebung belegen, dass schon lange vor der Zeitrechnung dort Menschen gelebt haben.

Als Ortsname taucht Issersheilingen 1279 auf. Im Jahre 1311 wird daraus Yssersheilingen, bis schließlich ab 1816 Issersheilingen zu lesen ist. Der Ort ist mit seinen 294 Meter über dem Meeresspiegel das am höchsten gelegene Dorf am Heilinger Höhenzug.

Am Ortsrand in Richtung Neunheilingen fällt linker Hand eine Bodenerhebung auf, der »Hök«, ein Hügelgrab. Bereits im Jahre 1866 machte der Dorfpfarrer hier Ausgrabungen. Als ein Beitrag zur Altertumskunde de-

Isserheiligen ist ein schmuckes Dorf. Die Straßen, Gehwege sowie die Straßenbeleuchtung wurden innerhalb des Programms der Dorferneuerung erneuert.

Issersheilingen ist ein kleines idyllisches Dörfchen am Westrand des Thüringer Beckens zwischen den Städten Schlotheim und Bad Langensalza. Liebevoll gepflegte Häuserfassaden und schöne Fachwerkhäuser lockern mit vielen Grünanlagen das Dorfbild auf. Issersheilingen ist mit seinen 140 Einwohnern das kleinste von den noch bestehenden vier Heilingendörfern. Erstmals waren es acht Orte, die mit -heilingen endeten.

Das nahe der Gemeinde gelegene Bodendenkmal »Hök« – ein Hügelgrab aus der Hallstattzeit – belegt eine frühe Besiedlung des Gebietes um Issersheilingen. Das Hügelgrab wurde bereits im 19. Jahrhundert durch den Dorfpfarrer erforscht.

klarierte er die Dokumentation seiner Arbeiten unter dem Titel »Das Heidengrab von Issersheilingen«.

Der »Hök« belegt eine frühe Besiedlung des Gebietes um Issersheilingen und ist als Bodendenkmal durch eine Hinweistafel gekennzeichnet. Die markante Bodenerhebung prägt das Siegel der Gemeinde.

Kleinwelsbach

Klein aber fein und Sieger im Wettbewerb

Kleinwelsbach, das den Charakter eines Dorfmischgebietes trägt, ist eines der kleinsten Dörfer im Unstrut-Hainich-Kreis. Die Einwohnerzahl beträgt etwa 130 Personen.

Klein, aber fein, das trifft auf diesen Ort besonders zu. Die Einwohner haben ihre Heimat ordentlich herausgeputzt. 1992 belegte Kleinwelsbach den 1. Platz im Wettbewerb »Unser Dorf soll schöner werden«.

Die erste Erwähnung Kleinwelsbachs stammt aus dem Jahr 1195. Damals bestätigte Papst Cölestin III. dem Kloster Germerode Besitzungen in den Dörfern Ober- und Niederwelsbach. Die Namen von Kleinwelsbach veränderten sich im Laufe der Jahrhunderte mehrfach: Von Urbirwelsbach über Welspech, Welspech suberior; Oberwelsbach bis zu Kleinwelsbach.

Einst gab es auch eine Reihe von Mühlen, die von der Wasserkraft des Welsbachs angetrieben wurden. 1482 wurde die Untermühle oder auch Ölmühle zum ersten Mal erwähnt. 1577 wurde die Dorfmühle und 1589 die Neue Mühle erbaut.

Ein Reichtum der Gemeinde ist das Wasser. In den Jahren 1959/1960 wurde mit der Erschließung der

Der namensgebende Welsbach schlängelt sich durch den Ort.

1992 belegte Kleinwelsbach den 1. Platz im Wettbewerb »Unser Dorf soll schöner werden«.

Blick auf die Dorfkirche

Quellen begonnen. 1962 wurde durch das Dorf die Wasserleitung zum Nachbarort nach Altengottern gebaut. Kleinwelsbach wurde viel später an das öffentliche Netz angeschlossen, erst 1975.

Durch den mit der Erschließung verbundenen Brunnenbau trocknete der Karpfenteich aus. Heute erinnern lediglich eine leichte Bodenvertiefung sowie das Gemeindewappen an den ehemaligen Teich. Das Wappen zeigt zwei Fische, über den Fischen einen Angelhaken, unter den Fischen ist symbolisch Wasser für einen Teich dargestellt.

Marolterode

Einst ein Siedlungsort der Besenbinder und Pfannenflicker

Marolterode ist ein sehr altes Dorf. Nachforschungen ergaben, dass der Ort erstmals nach 1288 erwähnt worden sein muss. Es wird vermutet, dass die Ersterwähnung zwischen 1288 und 1349 gewesen war. Nach einer Urkunde aus jener Zeit (2. Kalenderwoche Juni 1305) erteilte Günter von Schwarzburg dem Kloster Volkenroda Zollfreiheit über den Ort. Archäologische Funde deuten darauf hin, dass

die heutige Ortschaft Marolterode in der Steinzeit eine alte germanische Siedlung war.

Um 1580 nannte man Marolterode »Marroda«, »Maroldishausen« oder »Maroldshausen«. Ab 1690 findet man die Form Marolterode.

Marolterode unterstand in seiner Entwicklung verschiedener Herren: den Landgrafen von Thüringen Moritz von Sachsen, Graf Heise von Lutterberg, dem

1753 war Marolterode, auch Marode genannt, ein Siedlungsort der ambulanten Tagelöhner, Pfannenflicker, Besenbinder, Scherenschleifer, Kessler und Musikanten. Heute ist Marolterode ein schickes Dörfchen.

Kloster in Schlotheim. Bis 1945 besaßen die Herren und Damen derer »von Hopfgarten« Ländereien in und um Marolterode. Marolterode war ein armes Dorf, die Menschen selbst auch. 1753 war Marolterode, auch Marode genannt, ein Siedlungsort der Tagelöhner, Pfannenflicker, Besenbinder, Scherenschleifer, Kessler und Musikanten. Zudem hatten die Leineweberei-Innung und Netzstrickerei große Bedeutung.

Heute leben in Marolterode etwa 400 Einwohner. Die Bürger sind ein fleißiges Völkchen, die dem Ort ein schönes Ansehen gaben. Viele Häuser sind neu saniert und hergerichtet worden. Straßen, Wege und Plätze wurden innerhalb der Dorferneuerung ausgebaut.

Das Dorf liegt im Dreieck der Städte Mühlhausen, Sondershausen und Bad Langensalza.

Gepflegt und beschaulich zeigt sich Marolterode den Besuchern.

Neunheilingen

Ein Ort mit Schloss-Geschichte

Mitten in der welligen Hügellandschaft der Heilinger Höhen liegt Neunheilingen.

An das vorwiegend landwirtschaftliche Gebiet grenzen die Nachbarorte Bothenheilingen, Issersheilingen und Kirchheilingen an. Flurbezeichnungen wie Appenheilingen, Ottenheilingen, Wünschenheilingen und Wolfsheilingen weisen heute noch auf einstmalige kleine Ansiedlungen hin, die

Heute ist Neunheilingen ein ruhiger, liebens- und lebenswerter Ort

zur Zeit der Reformation Anfang des 16. Jahrhunderts zu Wüstungen wurden.

Neunheilingen mit seinen etwa 520 Einwohnern ist von der Historie gesehen ein interessanter Ort.

In Urkunden des Klosters Fulda wurde Neunheilingen im Jahr 1158 erstmals urkundlich erwähnt. Bis 1638 gehörten der Ort und das zugehörige Schloss den Herren von Heilingen. Im selben Jahr erlosch durch den Tod des letzten Namensträger das Geschlecht derer »von Heilingen«.

Im Jahr 1716 wurde noch vor dem Abbruch des alten Schlosses das noch heute erhaltene neue Schloss gebaut.

Das Jahr 1819 ging als Katastrophenjahr in die Ortschronik ein. Neunheilingen wurde durch einen gelegten Brand verwüstet. Von 120 Höfen wurden 84 Opfer der Feuerbrunst. Nach und nach wurden sie wieder neu aufgebaut.

Heute ist Neunheilingen ein ruhiger, liebens- und lebenswerter Ort mit moderner Infrastruktur und intaktem dörflichen Leben. Das kulturelle und sportliche Leben gestalten der Feuerwehrverein, der Pfingst – und Traditionsverein, der Gesangsverein sowie ein starker Kegelclub, der sich mit mehreren Mannschaften im Spielbetrieb befindet.

Ein Blickfang ist dieses sehr schön restaurierte Gebäude aus dem Jahr 1869.

Blick auf die Friedhofskapelle

Ehemaliges Rittergut ist Museum

Eine Sammelinitiative in Großmehlra bildete den Grundstock

Eine private Sammelinitiative in Großmehlra bemühte sich, vor allem landwirtschaftliches Gerät sowie Maschinen und Großgerät einschließlich Hausinventar aus dem Ende des 19. und der ersten Hälfte des 20. Jahrhunderts zusammenzutragen. Es entstand ein riesiger Fundus. Dieser bildete den Grundstock für eine heimat- und technikgeschichtliche Sammlung, die im Wirtschaftsgebäude des ehemaligen Gutes ausgestellt ist. Das Haus, Baujahr um 1880, ist selbst als Exponat anzusehen.

Der Heimatverein Mehler hat diese Initiative aufgegriffen und sich zum Ziel gesetzt, das Leben und Wirken der Landbevölkerung, speziell der Menschen in Großmehlra und Obermehler, über Generationen hinweg darzustellen.

Im Heimatmuseum im Obergeschoss des Rittergutes (ehemaliger Kornspeicher) sind auf einer Ausstellungsfläche von etwa 800 Quadratmetern in 18 Räumen Handwerk und Gewerbe sowie häusliches Wohnen dargestellt, wie Nähstube, Schule, Küche, Stube, Schlafzimmer, Kinoraum, DDR-Mu-

Blick in eine Küche der Vorfahren

seum, Kaufladen, Büro, Bäcker, Schlachter, Schuster, Tischler, Traditionszimmer.

Im Erdgeschoss befindet sich im ehemaligen Schafstall eine Sammlung von historischen Motoren, Dreschmaschinen sowie Landmaschinen.

Angrenzend an das Museum befindet sich eine Scheune mit Wagen, Anhängern, Bindern und diversen Ersatzteilen.

Das Heimat- und Technikmuseum befindet sich an Hauptstraße 38. Geöffnet hat es nach Vereinbarung; Telefon (03 60 21) 9 28 27.

Besucher sind immer willkommen, sollten sich aber anmelden.

Eine Sammelinitiative bewahrte Zeugnisse aus der jüngsten Vergangenheit.

Neunheilingen

Im alten Schloss fühlte sich auch der Dichterfürst Goethe wohl

Wenn irgendwo der Hund begraben ist, dann im Schloss von Neunheilingen. Wildtauben sind derzeit wohl die einzigen Schlossbewohner. Eine einzelne Rose am Spalier im Schlosspark ist der einzige Schmuck vor einst imposanter Schlosskulisse.

Dabei ist es hier in Neunheilingen vor etwa 230 Jahren mondän und weltoffen zugegangen, als die von Werther Besitzer des Anwesens waren. Herzog Karl August, der im Jahr 1780 eine Woche in Neunheilingen verbrachte, war so begeistert vom Schloss und der Gräfin Johanna (»Jeanette«) Luise von Werthern, dass er ein Jahr darauf, im März 1781, seinen Freund Johann Wolfgang von Goethe mit auf das Werthersche Schloss nahm.

In der Woche des Besuches unternahm man Ausflüge nach Langensalza und Ebeleben. Am Waldesrand des Sonderwaldes hielt die Gesellschaft ein Kaffeekränzchen ab. Auch Dichterfürst Goethe war schnell fasziniert von der schönen und klugen Gräfin, die er bereits am Weimarer Hof kennen und schätzen gelernt hatte. Er stand bereits im ständigen Briefwechsel mit ihr. In seinem Werk »Wilhelm Meisters Lehrjahre« verewigte Goethe seinen Besuch in Neunheilingen.

Erstmals urkundlich erwähnt wurde Neunheilingen mit seinem Schloss im Jahr 1158. Bis 1638 gehörten der Ort und das Schloss den Herren von Heilingen. In dem Jahr erlosch durch den Tod des letzten Namensträgers das Geschlecht derer »von Heilingen«.

Verehrte Gräfin

Die von Werther traten den Besitz an. 1716 wurde noch vor dem Abbruch des alten Schlosses das noch heute erhaltene neue Schloss gebaut. Der Neubau gab der notleidenden Bevölkerung Lohn und Brot. Die von allen verehrte Gräfin Luise spielte dabei eine hervorragende Rolle. Ihr zu Ehren wurde der im Park befindliche Luisenberg benannt.

Bis 1819 residierten die von Werther in Neunheilingen. Ein apokalyptischer Brand bereitete der bis dahin so eleganten Schlossgeschichte ein Ende. In dem Jahr verwüstete ein gelegtes Feuer 84 von 120 Höfen. Sie wurden nach und nach neu aufgebaut. Die Schlossherren aber wechselten. Die Familie Limpert sollte der vorläufig letzte private Besitzer des Schlosses sein. Ende der vierziger, Anfang der fünfziger Jahre des 20. Jahrhunderts übereig-

Details zeigen sich in der Schönheit des Verfalls.

Dichterfürst Goethe ging einst gern durch diese Pforte. Er verehrte die Schlossherrin Gräfin Johanna (»Jeannette«) Luise von Werthern.

neten die Limperts ihren Besitz der Gemeinde. Das Schloss wurde nach den damaligen vorhandenen Möglichkeiten mit staatlicher Unterstützung renoviert. Es entstanden Wohnungen. Der Kindergarten und das Gemeindebüro zogen ein. Eine Bibliothek wurde eingerichtet ebenso eine Gaststätte. Später wurde sogar noch eine Sauna für die Neunheilinger eingebaut, erinnert sich der heutige Ortsbürgermeister Sandro Seeländer.

Große Hoffnungen steckte die Gemeinde Neunheilingen in ihr Schloss nach der politischen Wende im Land. In der Euphorie der Nachwendejahre wurde das Gebäude teilsaniert. Es bekam ein neues Dach und neue Fenster. Doch schon bald spürte man in Neunheilingen, das eine komplette Sanierung die finanziellen Möglichkeiten der Gemeinde übersteigen würde. Das Schloss wurde verkauft.

Über Jahrzehnte war das Schloss beliebte Begegnungsstätte der Neunheilinger. Aus Geldmangel musste die Gemeinde das Schloss im Jahr 2000 verkaufen.

Aus Großmehlra geht Klangvolles in alle Welt

In der Instrumentenwerkstatt wurde die Klarinette von Henry Arland vergoldet

Konzerttrompeten, Flügelhörner und Posaunen aus der Hand des Metallblasinstrumenten-Baumeisters Johannes Thoß erklingen zum Beispiel auch in Russland und in Johannisburg

Wissen Sie, woher Henry Arland, der Star in der Volksmusikszene, seine goldene Klarinette hat? Aus Großmehlra, aus der Werkstatt der Musikinstrumentenbauer Steffi und Johannes Thoß. Künstler sind eben Individualisten mit besonderen Wünschen.

Auch Giuseppe Verdi war ein ausgesprochener Individualist mit außergewöhnlichen Vorstellungen. Er ließ spezielle Trompeten für die Aufführungen seiner »Aida« bauen. Bilder von altägyptischen Trompeten waren vor gut hundert Jahren die Vorlagen für den Pariser Instrumentenbauer Adolphe Sax. Hätte es zu Verdis Zeiten schon die Großmehlra'schen Instrumentenbauer gegeben, hätte er vielleicht Steffi und Johannes Thoß mit dem Auftrag betraut. Immerhin hat aber das Opernhaus Lübeck für die Aufführung von Giuseppe Verdis berühmten Werk diese Aida-Trompeten – etwa eineinhalb Meter lange Fanfarentrompeten mit ein bis drei Ventilen in den Stimmungen C, B, H und As – in Großmehlra herstellen lassen.

Der bestechende Klang der Musikinstrumente aus Großmehlra ist längst über Ländergrenzen hinweg gehört worden. Konzerttrompeten, Flügelhörner und Posaunen aus der Hand des Metallblasinstrumenten-Baumeisters Johannes Thoß erklingen zum Beispiel in Russland und in Johannisburg. Ein Posaunenchor der südafrikanischen Metropole gehört zum internationalen Kundenkreis der Musikinstrumentenhersteller.

Erfinder des Taschenblashorns

Die Instrumentenbauer sind auch sehr gefragt, wenn es um spezielle Wünsche und Raritäten geht. So entwickelte Johannes Thoß zum Beispiel ein Doppeljagdhorn. Während auf einem normalen Jagdhorn nur eine Tonart zu spielen ist, sind diesem Instrument zwei zu entlocken. Eine nette kleine Erfindung ist auch das Taschenblashorn. Es lässt sich so zerlegen, dass es in die Westentasche des Jägerrocks passt.

Kompaktinstrumente gehören zu den Vorlieben von Johannes Thoß. Aber auch historische Instrumente werden von ihm restauriert und originalgetreu nachgebaut.

Diese Vorliebe für das Historische hegt auch Gitarrenbaumeisterin Steffi Thoß. Sie widmet sich mit Hingabe der Zister, einem der ältesten Zupfinstrumente überhaupt, und der Thüringer Waldzither. »Es ist mir wichtig, die Tradition der Thüringer und Harzer Waldzithern in unserer Region durch alte und neue Instrumente zu bewahren und zu fördern«, sagt sie, während sie eine von ihr gebauten Waldzither weiche, zarte Melodien singen lässt. Steffi Thoß fügt hinzu: »Wer weiß schon, dass vor etwa 120 Jahren auf der Waldzither unsere Volkslieder entstanden sind. Wir jedenfalls nehmen mit Freude wahr, dass in Thüringen die Waldzither in der Musikszene wieder Einzug hält, zum Beispiel bei dem Musik-Wettbewerb ›Jugend musiziert‹.«

Vorliebe für das Historische hegt Gitarrenbaumeisterin Steffi Thoß. Sie widmet sich mit Hingabe der Zister, einem der ältesten Zupfinstrumente überhaupt.

Der Klang der Musik – Instrumente aus Großmehlra sind längst über Landesgrenzen zu hören.

Schauwerkstatt eröffnet

Übrigens: Nicht nur Henry Arland interessiert sich für die Instrumentenwerkstatt in Großmehlra. Es werden zunehmend mehr Musikliebhaber, die den Meistern der Instrumentenherstellung gern über die Schulter schauen möchten. Das haben Steffi und Johannes Thoß jetzt möglich gemacht. Im nahen Kloster Volkenroda richteten sie eine Schauwerkstatt ein.

Handwerkliches Geschick der Instrumentenbauer ist gefordert, wenn es um spezielle Wünsche und Raritäten geht. Johannes Thoß fertigt auch Raritäten.

Künstler sind eben Individualisten mit besonderen Wünschen. Klangvolles aus Großmehlra ist in vielen Teilen der Welt gefragt.

Körner

Die Kornkammer im Landkreis

Körner ist einer der ältesten Orte in Thüringen. Er liegt zwischen den industrialisierten Zentren Mühlhausen und Schlotheim. Zahlreiche Grabungsfunde belegen, dass schon vor über 7000 Jahren Menschen hier ihre Heimat gefunden hatten. Und als die Menschen begannen, Wichtiges in Schriftstücken zu dokumentieren, wurde Körner als einer der ersten Thüringer Orte in zahlreichen Diplomen und Urkunden erwähnt. Woher der Ort seinen Namen hat, kann nicht genau bestimmt werden, aber vermutet. So steht außer Zweifel, dass »die dasige Gegend ein gesegnetes Kornland ist« wie es in der »Beschreibung des Kirchen- und Schulenstaates im Herzogthum Gotha« aus dem Jahr 1756 zu lesen ist.

Körner ist eine Gemeinde mit etwa 2100 Einwohnern. Osterkörner mit ungefähr 75 Einwohnern und Volkenroda mit ungefähr 170 Einwohnern sind Ortsteile von Körner, dem Gemeindehauptort.

Obwohl die einzelnen Orte urkundlich zu verschiedenen Zeiten erstmalig erwähnt wurden

Ein beliebter Erholungsort ist der nahe Volkenrodaer Wald. Berühmt ist er auch wegen seiner üppiger Märzenbecherblüten im Frühjahr.

Schön restauriert ist eines der ältesten Häuser: das Gemeindezentrum »Nottertal«.

(Körner 802, Österkörner 1197 und Volkenroda 1074), liegt die dauerhafte Besiedlung der Gemarkung Körner um 5000 v.Chr. Es wurde eine bäuerliche Wirtschaftsform betrieben. Durch die fruchtbaren Äcker war Körner schon immer eine Kornkammer. Das wird auch durch das Wappen mit seinen Ähren symbolisiert.

Auch heute noch ist Körner landwirtschaftlich geprägt. Handwerksbetriebe und Bauunternehmen ergänzen die Infrastruktur.

Ein Vorzug von Körner als Wohnstandort ist die unmittelbare Nähe zu Erholungsgebieten wie dem Volkenrodaer Wald, dem Mühlhäuser Forst und der Mühlhäuser Hardt.

Erinnerung an Flucht und Vertreibung

Der Bund der Vertriebenen hat in Körner ein Museum eingerichtet

18 000 Vertriebene aus Ostpreußen, Pommern, Schlesien und dem Sudetenland sollten nach dem Zweiten Weltkrieg allein in den Dörfern des Kreises Mühlhausen unterkommen. Für manchen

Ort bedeutete das einen Bevölkerungszuwachs von über 50, manchmal sogar mehr als 60 Prozent. Die persönlichen Geschichten hinter der Vertreibungsgeschichte deutlich zu machen, hat sich das

Museum des Bundes der Vertriebenen in Körner zur Aufgabe gemacht. An die 300 Ausstellungsstücke füllen den ehemaligen LPG-Speisesaal auf dem Gelände der Landwirtschaft Körner.

Als größte derartige Sammlung in Thüringen ist das BdV-Museum eine Erinnerungsstätte der Vertriebenen im Unstrut-Hainich-Kreis. Ausgestellt sind Stücke, die Vertriebene mitbrachten oder die sie hier für den Neuanfang zur Verfügung gestellt bekamen. Dabei ist man in Körner in der glücklichen Lage, authentische Exponate zeigen zu können. Denn es gab Vertriebene aus dem Sudetenland, die ihre Schlafzimmer- und Küchenmöbel mitnehmen durften. Authentisch auch ein Kinderwagen aus der Zeit um 1850, ein Taufkleid aus dem Sudetenland, eine Wäschemangel aus Liegnitz in Schlesien, ein schwarzes Brautkleid von 1850.

Zur Ausstellung gehört dokumentarisches Material über Flucht und Vertreibung. In Vitrinen stehen Puppen in Original-Trachten.

Übrigens: 1120 Vertriebene kamen bis Oktober 1947 nach Körner, einem Dorf mit damals 1300 Einwohnern.

Das Museum befindet sich in der Dammstraße, auf dem Gelände der Landwirtschaft GmbH & Co. KG. Öffnungszeiten sind vom Mai bis September jeden letzten Sonntag im Monat von 14 bis 17 Uhr sowie sonst nach Vereinbarung, Telefon: (03 60 25) 5 06 06.

Volkenroda

Das Kloster Volkenroda gilt als ein architektonisches Kleinod im Herzen Deutschlands

Das Kloster Volkenroda ist eine ehemalige Zisterzienserabtei im Ortsteil Volkenroda der Gemeinde Körner in Thüringen. Im Jahr 1131 wurde das Kloster Volkenroda gegründet. 1150 konnte die Klosterkirche geweiht werden. 1540 wurde das Kloster innerhalb der Reformation aufgelöst.

Das Kloster besitzt die älteste, noch erhaltene Zisterzienser-Klosterkirche in Deutschland. Heute gestaltet die ökumenische Kommunität der Jesus-Bruderschaft das klösterliche Leben.

Nach dem Wiederaufbau und der Neubelebung der Anlage seit 1990 gilt das Kloster Volkenroda als ein architektonisches Kleinod im Herzen Deutschlands. Als europäisches Jugendbildungszentrum, Stätte von Kunst und Kultur ist es eine Begegnungsstätte für jedermann geworden.

Nicht nur Altes ist in der Klosteranlage zu bewundern: Durch den im Jahr 2001 von Hannover hierher umgesetzten Christus-Pavillon ist ein faszinierendes Ensemble von historischer und moderner Architektur entstanden.

Der Christus-Pavillon war einer der meist besuchten Pavillons der Weltausstellung »Expo 2000« in Hannover. Von seiner Attraktivität hat er in Volkenroda nichts eingebüßt. Der Christus-Pavillon ist Schauplatz für unterschiedliche Veranstaltungen wie Konzerte, Workshops, Lesungen, junger Kunst und Kino.

Für Besucher geöffnet hat das Kloster vom 2. Mai bis 31. Oktober dienstags, mittwochs, donnerstags und freitags jeweils von 10 bis 17 Uhr sowie samstags und sonntags von 11.30 bis 17 Uhr. Besichtigungen außerhalb der Saison sind nach Vereinbarung unter Telefon (03 60 25) 5 27 81 möglich.

Im Gutshaus des Klosters können Besucher wechselnde Ausstellungen betrachten. Im Außenbereich ist ein Lapidarium zu besichtigen.

Alt wie Methusalem

Die alte Eiche in Volkenroda soll 1000 Jahre alt sein

Ihr Alter macht sie zur stärksten Eiche Thüringens. 1000 Jahre alt soll die Eiche in Volkenroda sein. Gut 23 Meter hoch ist sie gewachsen, ihr Stamm hat einen Umfang von fast zehn Metern.

Ihre einstige harmonische Kugelform hat sich im Lauf ihres langen Lebens bizarr verändert. Blitzschläge und Stürme zeichneten den Baum und stutzten manchen Ast. 1989 ging wieder einmal ein schweres Sommergewitter über Volkrenroda nieder. Ein Blitz traf die Eiche und in Folge stürzte ein die Krone aufbauender Hauptast ab. Niemand wusste, ob der Baum diesen Schlag überleben würde. Die freiwilligen Helfer brauchten Tage, um Äste und faules Holz aus dem Stamm zu entfernen. 1991 wurde der Baumveteran von einer Spezialfirma gründlich saniert. Wie alt genau die Volkenrodaer Eiche ist, das weiß keiner zu sagen. Zwar

Nicht weit von der alten Eiche ist Kunst am Weg zu entdecken.

könnte man theoretisch einfach die Jahresringe zählen – nur leider sind die nicht mehr vorhanden. Der Baum ist im Kern ausgehöhlt. Eine Metallgittertür verschließt den Hohlraum. Kein ungebetener Gast soll hineinkriechen können. Jüngste Untersuchungen schätzen den Baum auf wahrscheinlich 600 bis maximal 900 Jahre. Das lassen die Volkenrodaer allerdings nicht gelten. Für sie

Ein Idyll ist der unmittelbar angrenzende Volkenrodaer Wald.

bleibt das Wahrzeichen des Ortes die 1000-jährige Eiche. Dieses Alter haben sie auf ein Holzrelief geschrieben, das nahe des Baumriesen steht.

Auch wenn die Eiche ihr wahres Alter geheim hält, ist sie doch eine gern besuchte Methusalem-Dame, die in reizvoller Landschaft verwurzelt ist. Der stille Volkenrodaer Wald grenzt unmittelbar an.

Zwar schätzen jüngste Untersuchungen das Alter des Baumes auf maximal 900 Jahre. Das lassen die Volkenrodaer allerdings nicht gelten. Für sie bleibt es ihre 1000-jährige Eiche. Dieses Alter haben sie auf ein Holzrelief geschrieben. Die »1000-jährige Eiche« wurde im Jahr 2005 unter Naturschutz gestellt.

Entdeckung am Wegesrand

Keramik, Grafik und Lyrik

Klein ist die Galerie unmittelbar an der Hauptstraße in Volkenroda. Aber nicht unscheinbar. Die Galerie ist zugleich Atelier einer vielseitigen Künstlerin. Petra Arndt ist Keramikerin, Bildhauerin, Malerin und Lyrikerin. Jedem Genre fühlt sie sich hingezogen. Ton, Holz und Stein sind die Materialien, mit denen sie sich auseinandersetzt, in jüngster Zeit auch Bronze.

Diese Vielfalt macht einen Besuch in ihrer kleinen Galerie-Welt, die sich in unmittelbarer Nachbarschaft zum Kloster Volkenroda befindet, zum sinnlichen Erlebnis. Keramisch-plastische Arbeiten, Figürliches aus Holz und Stein und meist nachdenklich wirkende Bilder laden zum Betrachten ein. Stundenlang könnte man dort in einem der gemütlichen Sessel sitzen

Eine der geheimnisvoll wirkenden Arbeiten der Künstlerin

und schauen, ohne dass es langweilig würde. Ihre Arbeiten wirken mitunter wie geheimnisbeladene Botschaften aus längst vergangenen Zeiten. Da machen selbst ihre Christus-Darstellungen keine Ausnahme. Für Petra Arndt ist Kunst ein Mysterium.

Das ist wohl auch der Grund, weshalb sie dem Verkauf ihrer Arbeiten manchmal zwiespältig gegenübersteht. Einerseits ist ein Verkauf schön, weil auch eine Künstlerin ihren Lebensunterhalt verdienen muss und zudem jede verkaufte Arbeit auch ein Stück öffentliche Anerkennung ihrer Arbeit bedeutet. Andererseits empfindet sie den Verkauf ebenso als Verlust. »Nicht nur in der Galerie entsteht zeitweise ein Stück Leere, auch in meinem Inneren«, beschreibt Petra Arndt. Es dauert, bis diese Leere wieder gefüllt ist. Die Schlotheimerin, Jahrgang 1958 und seit 2004 Mitglied im Verband bildender Künstler Thüringen, ging erst relativ spät ihren künstlerischen Weg, um ihre gefühlte Berufung endlich zum Beruf zu machen – im Jahr 1989. »Ich kann etwas gestalten, das mich im Innersten bewegt, das mich anspricht«, sagt sie über ihre Arbeit. Sie gibt Holz, Ton, Stein und Bronze immer wieder neue Form und Gestalt.

Ein Galeriebesuch ist zugleich die Aussicht auf einen Spaziergang für die Augen.

Für Petra Arndt ist Kunst ein Mysterium.

Sie gestaltet, was sie im Inneren bewegt: Petra Arndt gibt ihrem Gedankengut Form und Sprache.

Ihre lyrischen Arbeiten sind geprägt von einer ständigen Suche nach Lebens- und Liebenswerten und beinah melancholischer Sehnsucht nach Harmonie und Stille.

Es ist wohl vor allem diese Vereinigung von Entgengengesetztem zu einem Ganzen in der Galerie »Kunst & Lyrik«, die einen Besuch so intensiv werden lassen kann. Die Erfurter Kunsthistorikern Diana Trojca sagte einmal über Petra Arndt: »Sie sinnt über das Menschsein nach, über die Verwandlungen des Geistes, über den Stellenwert Gottes in der heutigen Zeit. Zu einer Symbiose werden ihre Gedanken um Weltwirklichkeit.«

Obermehler

Ein dreiteiliger Ort am Fuße eines Buchenwaldes

Obermehler befindet sich zwölf Kilometer nordöstlich der Kreisstadt Mühlhausen. Der Ort besteht aus drei Teilen: Obermehler, Großmehlra und Pöthen. Obermehler liegt anmutig am Fuße der prächtigen Buchenwaldung der Volkenrodaer Höhenzüge, umgeben von zahlreichen Obstgärten, aus denen die roten Ziegeldächer und der rote Kirchturm kaum herausschauen. Die ältesten bekannten Ansiedler waren Kelten. Die erste urkundliche Erwähnung geschieht 997, da Kaiser Otto III. dem Mainzer Victorstift das Dorf Mehlre schenkt. Damals stand eine Viertelstunde weiter nach Osten eine Burg mit Kapelle und Gutshof, deren Besitzer sich nach dem nahen Dorfe Herren von Mehlre nannte. Um diese sichere Anlage siedelten sich bald immer mehr Bauern an, und so entstand ein zweites Dorf Mehlre, anfänglich Untermehler, später aber, weil es das

ältere obere Mehler an Größe übertraf, Großmehlra genannt.

Eine halbe Stunde Fußmarsch von Obermehler entfernt, westwärts am Wald, befindet sich das kleine Pöthen.

Mit der Entdeckung von Kalisalzlagerstätten unter dem Deckgebirge begann um das Jahr 1900 der Aufbau umfangreicher Förderanlagen. Heute ist der Bergbau um Pöthen stillgelegt.

In der Ortslage Obermehler befindet sich die romanische Chorturmkirche Sankt Ullrich aus dem 12. Jahrhundert, in Großmehlra steht die Sankt Vituskirche, wiederum eine Chorturmkirche, errichtet als einfacher Rechteckbau mit einem Ostturm, dessen Baudatum noch in romanische Zeit fallen könnte.

In Großmehlra steht die Sankt Vituskirche, deren Baudatum noch in romanische Zeit fallen könnte.

Pöthen ist der kleinste Ortsteil des Dorfes.

Obermehler hat sich zu einem lebenswerten Dörfchen entwickelt.

Sehenswert ist die romanische Chorturmkirche Sankt Ullrich aus dem 12. Jahrhundert.

Ein altes Mühlrad ziert den Steintisch auf dem kleinen Dorfanger von Obermehler.

Sage aus Obermehler

Der Segen der alten Zigeunerin

Brände, Hungersnöte, Kriege und die Pest, das waren viele Jahrhunderte die schlimmsten Schrecken für die Menschen. Auch die Bewohner Mehlers wußten ein Lied davon zu singen.

Doch eines Tages, man schrieb das Jahr 1795, zog eine alte Zigeunerin ins Dorf und nahm sich am Ortsrand eine kleine Kate als Wohnung. Seit dem Augenblick aber, da sie ihren Fuß ins Dorf gesetzt hatte, brach kein Brand mehr aus. Als man sie deshalb befragte, sagte sie: »Solange ich hier lebe und es mir gut geht, wird kein Feuer mehr Macht über Mehler haben.«

So geschah es tatsächlich. Da nun kein Haus mehr abbrannte, hieß es bald überall, die Zigeunerin habe das Dorf gesegnet, und jeder zeigte sich froh darüber, so einen Gast bei sich zu haben. Konnte man doch beruhigt seiner Arbeit nachgehen.

Nun dauerte es aber nicht lange, da starb die Alte. Aus Dankbarkeit und wohl auch um den Segen über dem Dorf zu bewahren, begrub man sie vor dem Tor und ließ über ihrem Grabe ein Steinkreuz errichten. Fest glaubte man daran, das Kreuz fiel um, wenn wieder ein Feuer ausbräche.

Jedoch als im Jahre 1835 ein Feuer zwei Häuser binnen weniger Stunden vernichtete, wankte weder das Kreuz noch fiel es um.

Da schlugen die aufgebrachten Dorfbewohner dem Kreuz beide Arme ab, und niemand sprach mehr von dem Segen der Zigeunerin.

(Die Riesen vom Burgberg, Thüringer Sagen aus der Umgebung von Mühlhausen, Erfurt 1983)

Verwaltungsgemeinschaft Unstrut-Hainich

Nationalpark Hainich unmittelbar vor der Haustür

Den Namen des Landkreises hat sich die Verwaltungsgemeinschaft zum eigenen gewählt: Unstrut-Hainich. Es sind schließlich die Hügelkette Hainich und der Fluss Unstrut, die prägend für diese Region im Südwesten des Landkreises sind. Zur Verwaltungsgemeinschaft gehören die Ortschaften Altengottern, Flarchheim, Großengottern, Heroldishausen, Mülverstedt, Weberstedt sowie Schönstedt mit dem Ortsteil Alterstedt. Etwa 6700 Menschen leben in der Verwaltungsgemeinschaft. Ihren Amtssitz hat die Gemeinschaft in Großengottern.

Der kleinste Ort mit etwa 200 Einwohnern ist Heroldishausen, der größte Ort mit etwa 2260 Einwohnern ist Großengottern.

Zeugnisse erster Siedlungen sind in dieser Gegend bis in das 5. Jahrtausend v.Chr. nachweisbar. Weberstedt ist die Ortschaft mit der ältesten urkundlichen Ersterwähnung. Die fällt in das Jahr 786. Der Ort wird in einer Schenkungsurkunde an das Kloster Hersfeld genannt.

Die Ortsbilder der Verwaltungsgemeinschaft präsentieren sich mit liebevoll sanierten Fachwerkhäuser, gut erhaltenen Bauernhöfen, schönen Hausgärten und Streuobstwiesen. Schönstedt macht durch die Türme der beiden Kirchen Sankt Martini und Beatae Mariae Virginis auf sich aufmerksam.

Beliebt ist die Verwaltungsgemeinschaft als Baugebiet. Im Jahre 1998 wurde mit »Neuschönstedt« ein kleines Wohngebiet mit etwa 30 Bauplätzen erschlossen.

Die Region ist auch für Touristen sehr attraktiv. Die Verwaltungsgemeinschaft liegt direkt am Nationalpark Hainich und in unmittelbarer Nähe des Baumkronenpfades und bietet somit ideale Ausgangspunkte für entspannende und erlebnisreiche Ausflüge in den Hainich.

Besuchermagnete sind ebenso das Trabantparadies in Weberstedt, der Wildkatzenkinderwald mit

Eine Attraktion ist das kleine Schloss in Weberstedt.

Umweltbildungsstation bei Flarchheim, die kleine Kirche »Sankt Crucis« und der Anger mit seinen großen Kastanien- und Lindenbäumen im Ortskern von Heroldishausen, das Hornhardt'sche Rittergut und das Landmaschinenmuseum in Großengottern, die Schlösser in Altengottern und Weberstedt sowie die berühmte Betteleiche und die Schutzhütte »Heimatblick« bei Mülverstedt. Die hübsche Schutzhütte unmittelbar am Eingang zum Natio-

nalpark bietet Wanderern und Radfahrern die Möglichkeit sowohl zur Rast als auch zur Übernachtung sowie einen wunderschönen Blick auf die Gemeinde Mülverstedt sowie das Thüringer Becken.

Das ländliche Idyll, die kleinen und großen Sehenswürdigkeiten und Attraktionen und nicht zuletzt die herzliche Gastfreundschaft der Menschen lassen Besucher immer wieder gern in die Region kommen.

Das ländliche Idyll lässt Besucher immer wieder gern in die Region kommen.

Die Betteleiche ist das Wahrzeichen des Hainich.

Auch hoch zu Ross lässt sich die Gegend gut erkunden.

Altengottern

Einst Sitz von Ritter und Adel

Eines der schön sanierten Häuser inmitten des Dorfes.

Ob zu Fuß, auf dem Fahrrad oder mit dem Auto – egal, welches Reisemittel man auch wählen mag: Altengottern grüßt schon von weitem mit der prächtigen, ausladenden Linde auf dem Roten Berg. Bereits seit einigen hundert Jahren wird sie besungen, ranken Geschichten und Gedichte um den Baum. Noch heute ist die Linde das Wahr- und Wappenzeichen des Dorfes an der Unstrut.

Vor allem sind es Radfahrer, die Altengottern auf ihrer Pedal-Ritter-Tour durch Thüringen und Sachsen-Anhalt besuchen, denn es liegt direkt am Unstrut-Radwanderweg. Der Radweg ist von der Quelle Kefferhausen bis zur Mündung in die Saale bei Naumburg gut 200 Kilometer lang.

Um in den Ort zu gelangen, muss man die Unstrut überqueren, die im Leben des Dörfchens eine bedeutende Rolle gespielt hat und auch heute noch spielt.

Zwei Kirchen und zwei geschichtsträchtige Gebäude – die ehemaligen

Viel Grün umrahmt den kleinen Dorfplatz.

Die Linde ist das Wahr- und Wappenzeichen des Dorfes. Sie schmückt auch den Giebel dieses imposanten Backsteingebäudes.

Die Glocken der Trinitatis-Kirche rufen sonntags zum Gottesdienst.

Rittergüter – markieren den Ort, der trotz aller Wirren der Zeit seit über 1000 Jahren besteht.

Es war Kaiser Otto III., der mit der Schenkung seiner Güter im Jahr 997 an das Sankt Viktorstift bei Mainz die urkundliche Geburtsstunde des kleinen Ortes bestimmte.

Die vermutliche Besiedlung der Ortslage begann allerdings schon im Zeitraum 100 v.u.Z. und 300 n.u.Z. durch die Hermunduren. Altengottern verdankt sein Entstehen einer Burg. Diese war dicht am Ufer der Unstrut inmitten eines Sumpfgebietes gelegen und in grauer Zeit errichtet worden, um sich gegen eindringende Feinde zu schützen. Vermutlich bestand der Ort aus zwei Ortsteilen, die erst im Laufe der Jahrhunderte zusammenwuchsen.

Altengotterns Geschichte ist eng mit Adelsgeschlechtern verbunden. Im Jahre 1174 wurde das erste Adelsgeschlecht, die Herren von Gottern, erstmals urkundlich erwähnt. Dieser Ritteradel hatte bis 1440 Besitz in Altengottern. Bis 1633, als Rudolph Levin Marschall das Erbe antrat, hielten die Herren von Hayn oder Hagen Altengottern als Lehen. Um 1790 wurde der Marschall'sche Besitz unter zwei Brüdern in die Rittergüter I und II geteilt. Das Gut I, das Christian Rudolf Erbmarschall von Thüringen erhielt, wird seit der Enteignung 1945 als Kinderheim genutzt. Das zum Gut II gehörende Herrenhaus wurde zur Schule umgebaut.

Heute ist Altengottern ein ruhiger Wohnstandort mit geringer gewerblicher Ansiedlung. Den einzigen Rohstoff, den Ton am Roten Berg, nutzt ein im Nachbarort Großengottern angesiedeltes Ziegelwerk zur Herstellung von Tonziegeln.

Die Unstrut

Heute ein gemütliches Flüsschen

Bei Altengottern gibt sich die Unstrut heute als gemütliches Flüsschen. Sie fließt entlang an goldgelben Getreidefeldern und saftig-grünen Weiden. Radfahrer passieren am Weg bronzezeitliche Gräber, einen ehemaligen Torfstich und grasende Pferde. Und die Rinder, die auf manchen Weiden stehen, sind nicht etwa gewöhnliche Rindviecher

– diese wild lebenden Tiere stammen vom Auerochsen ab.

Die Unstrut war nicht immer so gemütlich. Der Fluss brachte dem Dorf viel Unheil. Entlang des Flusses führte zwar bereits im 18. Jahrhundert ein Damm, der aber oftmals so geringen Widerstand bot, dass Straßen, Häuser, Scheunen, Ställe überflutet und große Verwüstungen angerichtet wurden. Der Ort hatte viel unter den alljährlichen wiederkehrenden Hochwassern der Unstrut zu leiden. Die größte Überschwem-

Die Unstrut: Der Name rührt vom germanischen strödu her, was Sumpfdickicht heißt. Die Vorsilbe »Un-« bedeutet eine Steigerungsform wie in »Unwetter«. Um das Jahr 575 wird der Fluss Onestrudis genannt, im 7. Jahrhundert Unestrude, 994 Unstruod.

mung erlebten seine Bewohner im Jahr 1799. Das Wasser stand 1,5 Meter hoch in den Dorfstraßen. So war die im Jahr 1863 durchgeführte Regulierung der Unstrut ein Segen für das Dorf, denn damit wurde der Flusslauf, der vor der Regulierung noch dicht an den am Südrand liegenden Häusern entlang führte, weiter Richtung Süden vom Ort entfernt.

Für das bis dahin arme Dorf kam damit der wirtschaftliche Aufschwung. Die fruchtbaren Böden brachten reiche Ernten. Später wurde die Kraft der Unstrut auch zur Elektrizitätsgewinnung genutzt. Ein E-Werk wurde 1898 gebaut. Im Jahr 1930 gab es in dem damals etwa 1500 Einwohner zählendem Dorf drei Konservenfabriken, drei Gaststätten, fünf Kolonialwarenhandlungen, zwei Kartoffel- und Landprodukthandlungen sowie einige Handwerksbetriebe.

Begegnung mit der Vergangenheit

Heimatstube zeigt Kleinode regionaler Geschichte

Einmal in Altengottern angelangt, empfiehlt sich besonders für Interessierte an Geschichte und Geschichtchen ein kleiner Abstecher in die Gemeindeschänke. Über hundert Jahre alt ist der markante, zweistöckige Backsteinbau, der auch Adresse der Heimatstube des Dorfes ist.

Kleinods heimatliche Geschichte verbirgt sich hinter der Tür des kleinen

In der Heimatstube ist die Zeit angehalten.

Zur Versüßung des Schulanfangs erhielten die Schulanfänger einst solche hübschen Zuckerschachteln.

an die Familie von Marschall zusammengetragen worden. Die Marschalls waren über Jahrhunderte hinweg bis zum Ende des Zweiten Weltkrieges Besitzer von 600 Hektar Wald, 400 Hektar Ackerland, einer Mühle, einem Elektrizitätswerk und dem Altengotterschen Schloss.

Gegründet wurde die Altengottersche Heimatstube im Jahr 1997 anlässlich der 1000-Jahr-Feier des Ortes. Ihre Adresse hat sie an der Hauptstraße 46. Träger der Heimatstube ist die Gemeinde Altengottern.

Museums. Dort gesammelt liegen antike Stücke aus der Zeit um 1900, darunter ein Spinnrad, an dem um 1850 feines Garn gesponnen wurde, ein über hundert Jahre alter Zylinder,

Bettflaschen und Kleider, ein Akkordeon und alte Schiefertafeln, auf denen der eine oder andere Altengottersche Lausejunge das Schreiben lernte. Zudem sind Erinnerungsstücke

Schuhwerk von einst – bestimmt nicht sehr bequem.

Schloss in Altengottern

Eine märchenhafte Kulisse

Diese Kulisse ist filmtauglich für Streifen, in denen der Adel die Hauptrollen besetzt, oder für romantische Märchen: das Schloss in Altengottern. Bis 1945 residierten dort die Adelsfamilien. Die Besitzer wechselten häufig. Das Schloss gehörte den Familien von Gottern, von Hagen und von Marschall. Im Jahr 1155 wird ein Ekkehardt von Gottern in Urkunden erwähnt, der mutmaßliche Namensgeber von Großen- und Altengottern. Angenommen wird, dass dieser seinen Sitz in einer Wasserburg hatte. So war es seinerzeit üblich. Diese Wasserburg wäre dann der Vorgängerbau des heutigen Schlosses. Strategisch stand sie an prädestinierter Stelle, galt es doch, die Straße über die Unstrut zu sichern und den Ort vor unerwünschtem Besuch zu schützen.

Königliches Anwesen

Nicht nur eine Wasserburg soll einst Altengottern geschmückt haben. Angenommen wird, dass in diesem Ort sogar ein Königshof von Heinrich II. angesiedelt war. Immerhin ist die Anwesenheit des Monarchen im Jahr 1017 beurkundet und Eure Hoheit wird mit Sicherheit nicht mit einem schnöden Strohbett über einer gewöhnlichen Taverne zufrieden gewesen sein. Nachgewiesen ist der Königshof bis heute allerdings nicht.

Als gesichert gilt dagegen, dass die Herren von Gottern von 1180 bis 1316 die Besitzer der Burg waren. Eine steinerne Burg in Form eines Rundbaus nannten sie ihr Eigen. Warum ihr Geschlecht nicht weiter residierte, darüber ist wohl nur zu spekulieren. Vielleicht fehlte es an männlichen Erben, vielleicht unterlagen sie in den Scharmützeln des Machtgerangels im vom Adel dicht besiedelten Gebiet den Konkurrenten, vielleicht sind die Herren von Gottern aber auch in Ungnade gefallen. Ab 1400, so berichten die Chroniken, waren es jedenfalls die Herren von Hagen, die die Burg mit ihren Familien und ihrer Dienerschaft bevölkerten.

Ein architektonisches Kleinod ist das Schloss in Altengottern. Viele prächtige Details sind gut erhalten bzw. liebevoll restauriert worden.

Das Schloss in Altengottern gehört zu den besterhaltenen im Landkreis.
Seit Jahrzehnten wird es als Kinder- und Jugendheim genutzt. Heute betreibt die Arbeiterwohlfahrt ein spezialisiertes Jugendheim im Schloss.

Einige Jahrhunderte währte die Burg mit ihren dicken Mauern und umgebenden Wassergraben den Bewohnern Schutz und Sicherheit.

Zerstört und wieder aufgebaut

Den Dreißigjährigen Krieg von 1618 bis 1648 überstand sie jedoch nicht. Schwedische Truppen sollen im Jahr 1641 gewütet und die Burg in Brand gesetzt haben. Überliefert ist, dass der Wiederaufbau nach der Zerstörung unter dem Herren Rudolph Levin Marshall erfolgte. Ab dem Jahr 1652 wurde die Burg in mehreren Bauabschnitten wieder aufgebaut. Angenommen wird auch, dass verbliebene Reste der geschleiften Wasserburg als Baumaterial für das neue Schloss verwendet wurden. Zumindest sollen die Kellergewölbe im Rittergut noch aus der Zeit der Wasserburg stammen. Sie dürften damit zu den ältesten mittelalterlichen Kellern im Unstrut-Hainich-Kreis zählen. Erinnert wird mit dem Neubau auch an die Architektur der einstigen Wasserburg: Auch das neue Schloss zeigt sich zumindest von einer Seite her als Rundbau.

Nunmehr schien Ruhe in den Besitzerwechsel eingekehrt zu sein. Fast 300 Jahre lebten die von Marschall in ihrem Schloss, am westlichen Ortsrand

Viele schöne, historisch wertvolle Fenster zieren das Haus.

Prächtige Details sind auch im Inneren des Hauses zu bewundern. Allerdings bleiben die Türen für Touristen und Schloss-Interessierte geschlossen.

Einen weiten Blick über das Land genießt man aus der oberen Etage. Zu Füßen liegt die Unstrut.

gelegen. In den Jahren 1820 bis 1824 wurde der Nordflügel des alten Schlosses im romanischen Stil erneuert. Der kleine Park wurde neu gestaltet.

Das Ende des Zweiten Weltkrieges brachte jedoch eine abrupte Wendung in die Familiengeschichte. Nachdem die sowjetischen Truppen die Befehlsgewalt von den Amerikaner übernommen hatten, enteigneten sie noch 1945 die Freiherren von Marschall und verwiesen diese aus Altengottern. Die gesamte Inneneinrichtung des Schlosses wurde entfernt, die wertvolle Bibliothek vernichtet, die meisten Möbel und Bilder zerstört.

Kinderheim

Das Schloss ging später in den Besitz des Landes. Bald zogen neue Bewohner ein: Kinder und Jugendliche. Das Schloss Altengottern wurde zu einem Kinderheim. Heute befindet sich das heilpädagogische Kinderheim mit insgesamt 26 Betreuungsplätzen unter dem Dach der Arbeiterwohlfahrt (AWO).

Flarchheim

Beschaulicher Ort mit Tradition

Blick auf die Dorfkirche

»Im Jahre 980, im Mai, dem ersten, schenkte der Einwohner namens Ertag aus Flarchheim dem Abt Werner des Klosters Fulda, seinen Hof mit allem Zubehör, ferner 7 Hufen und 72 Joch zu Fladeheim ...« So steht es in der ersten anerkannten Urkunde mit einem genauen Datum, in der das heutige Flarchheim erwähnt wurde. Flarchheim war gerade 100 Jahre alt, als es zum Schauplatz einer Schlacht wurde, die in die Geschichte einging. Im Sachsenkrieg Heinrich des IV. gegen König Rudolf von Schwaben und Otto von Nordheim stand der Ort im Mittelpunkt der Kämpfe.

Heute ist Flarchheim ein beschaulicher Ort mit etwa 500 Einwohnern. Die Landwirtschaft und die ansässigen Handwerksbetriebe prägen seither den Charakter der Gemeinde. Zweigeschossige Fachwerkhäuser mit Torhaus sind typisch für das Ortsbild.

Die Einwohner lieben Geselligkeiten. Sie engagieren sich in verschiedenen Vereinen. Die gut organisierte Flarchheimer Feuerwehr errang mehrere Kreismeistertitel. Beim traditionsreichen Reit- und Fahrverein werden regelmäßig Reit- und Fahrturniere auf dem Reit- und Sportplatz durchgeführt. In der neuen Reithalle kann ganzjährig trainiert werden und sie steht für Turniere zur Verfügung.

Die Flarchheimer sind zudem sehr stolz auf ihren Männergesangverein, der auf eine über 125-jährige Sangesgeschichte zurückblicken kann und Träger der »Zelter-Plakette« ist. Die gute Lage des Festplatzes mit Musikpavillon, des Jugendclubs und der Sportanlage bietet ideale Möglichkeiten für verschiedene Feste. Traditionsgemäß werden alljährlich der Peterstag, das Pfingstfest, das Fahnenschwenken, das Maienfest und die Kirmes begangen.

Die Nähe zum Nationalpark Hainich macht Flarchheim zum attraktiven Ausgangspunkt für Wanderungen und Radtouren. Über den Parkplatz »Rüspelsweg« kann man gut den Hünenteich und den Wildkatzenkinderwald mit Umweltbildungsstation erreichen. Weitere kurze Wege führen zu anderen Sehenswürdigkeiten des Nationalparks. Beliebt sind Wanderungen und Radtouren zum Mittelpunkt Deutschlands, zum nahen Stausee und zur Vogelschutzwarte in Seebach.

Eines der schönsten Häuser im Ort ist das Dorfgemeinschaftshaus »Gasthof zur Forelle«, das 2003 rekonstruiert und umgebaut wurde. Tanzabende zum Fasching, zu Pfingsten und zur Kirmes werden gern besucht.

Im historischen Backhaus lebt die Geschichte. So manches Mal wird durch einen Bäckermeister der mit Buchenholz befeuerte riesige Backofen zum Leben erweckt. Die Backwaren, als Lohn der Mühe, finden stets reißenden Absatz.

Zweigeschossige Fachwerkhäuser mit Torhaus sind typisch für das Ortsbild.

Eines der schönsten Häuser im Ort ist das Dorfgemeinschaftshaus.

Der Festplatz mit Musikpavillon wird im Sommer auch gern für Theaterabende genutzt.

Im historischen Backhaus lebt die Geschichte.

Großengottern

Ein vom Herzog privilegierter Ort

Wenn die Menschen im Landkreis von »Gottern« reden, dann geht es immer um Großengottern.

Schon von weitem grüßen die beiden Kirchtürme von Sankt Walpurgis und Sankt Martini, die mit ihren vier Filialtürmchen das Marktrecht des Ortes symbolisieren. Der Jahrmarkt wurde urkundlich von Herzog Johann Georg von Sachsen im Jahre 1666 privilegiert und wird jährlich am dritten Septemberwochenende mit einem großen Volksfest gefeiert. Der Gottersche Jahrmarkt mit der historischen Landmaschinenausstellung hat sich schnell zu einem beliebten Besuchermagneten in der Region entwickelt.

Urkundlich erstmals erwähnt wird der Ort im Jahr 811. Zeugnisse erster Siedlungen sind in dieser Gegend bis in das 5. Jahrtausend vor der Zeitrechnung nachweisbar. Somit zählt Großengottern zu den ältesten Gemeinden im Landkreis.

Noch Anfang des 19. Jahrhunderts war Großengottern eines der Hauptanbaugebiete des Waids. Straßenbezeichnungen wie Waidstraße, Waidmühle und

Blick auf das Rathaus: Großengottern gehört zu den größten Gemeinden des Unstrut-Hainich-Kreises und ist Sitz der Verwaltungsgemeinschaft »Unstrut-Hainich«.

Blick auf die Dorfkirche im Ort

Diese schöne Arbeit erinnert an das Dorfjubiläum.

Das Pfarrhaus mit Torweg zum Kirchhof ist eine Sehenswürdigkeit.

ein am Altengotterschen Tor liegender Waidstein erinnern noch heute an den einstigen Anbau und die Zubereitung jenes Farbstoffes.

Viel vorteilhafter und gewinnbringender aber sollte der allmählich eingeführte Anbau von Gurken, Zwiebeln und Kraut sein. Das brachte den Gotterschen schon bald den Necknamen »Grotengottersche Zippeltrater« (Zwiebeltreter) oder Zippellatscher ein. Der Grund: Damit die Zwiebeln auf den Feldern nicht blühen, wurden sie umgetreten. Als »Gottersche Bratwurst« wird auch gern die Gewürzgurke bezeichnet.

Sehenswürdigkeiten in Großengottern sind vor allem das Hornhardt'sche Rittergut mit historischem Landmaschinenmuseum, einer Heimatstube und einem Schlacht- und Backhaus sowie mit einem Rest einer Kursächsischen Postmeilensäule von 1729 im Hof. Zahlreiche Vereine, wie die Freiwillige Feuerwehr, der Fußballverein, der Kar-

nevalsverein und der Schützenverein, Dienstleistungsunternehmen, Einkaufsmöglichkeiten, Bus- und Bahnverbindungen sowie die zentrale Lage im Unstrut-Hainich-Kreis machen Großengottern zu einem attraktiven Ort für Jung und Alt, in dem es sich gut leben lässt. Es gibt eine Staatliche Grundschule und ein Gymnasium, eine moderne Zweifeldersporthalle (»Gottern-Halle«), einen Sportplatz mit 400-Meter-Laufbahn und Flutlichtanlage sowie einen Trainingsplatz und einen Reiterhof.

Im Bürgerhaus mit Kegelbahn, Biergarten, einem großen Kinderspielplatz und einer modernen Skaterbahn auf dem Parkplatz erleben Einheimische und Gäste »Feiern mit Flair«.

Großengottern gehört zu den größten Gemeinden des Unstrut-Hainich-Kreises und ist Sitz der Verwaltungsgemeinschaft »Unstrut-Hainich«. Die Gemeinde zählt etwa 2250 Einwohner.

Hornhardt'sches Rittergut

Heimat dörflicher Kultur und Lebensweise

Früher gab es in Großengottern drei Gutsbereiche: das Wahlgut, das Schlösschen und das Hornhardt'sche Rittergut.

Die Gebäude auf dem Grundstück des Hornhardt'schen Rittergutes weisen auf eine mehr als 200-jährige Geschichte hin. Zu den noch erhaltenen Gebäuden zählen das Wohnhaus, das Gasthaus und der steinerne Rundbogen sowie der Gaden, ein Kellerhaus. Im Jahr 2001 trafen sich Bürger aus Großengottern und Erfurt, um den »Förderverein Hornhardt'sches Rittergut e.V.« zu gründen. Der sieht seine Verantwortung in der Restaurierung und Pflege des Rittergutes, in der Förderung der dörflichen Kultur und Lebensweise sowie in der Erhaltung und Förderung heimatlichen Brauchtums. Eines der wichtigsten Ziele des Vereins war die Wiedernutz-

Im Jahr 2003 zog das bereits 1958 gegründete Dorfmuseum mit seinen Sammlungen in das Haus ein.

barmachung des Hornhardt'schen Rittergutes.

Im Jahr 2003 zog das bereits 1958 gegründete Dorfmuseum mit seinen Sammlungen in das Haus ein. So ist auf diesem historischen Rittergut-Gelände ein kleiner Museumskomplex entstanden, in dem die Geschichte Großengotterns hautnah erlebt werden kann. Gezeigt werden historische Gegenstände der dörflichen Alltagskultur, Teile von Werkstätten und eine umfangreiche Häuserdokumentation. Im Erdgeschoss des Gebäudes sind eine Backstube und ein Schlachthaus untergebracht. Die Backstube ist mit einem funktionstüchtigen Backofen ausgestattet, in dem zu besonderen Anlässen Brot gebacken werden kann. Das Hornhardt'sche Rittergut hat seine Adresse an der Schlossstraße 12. Träger ist die Gemeinde Großengottern.

Gezeigt werden historische Gegenstände der dörflichen Alltagskultur.

Im Hornhardt'schen Rittergut wird heimatliches Brauchtum gepflegt.

Traktoren- und Landwirtschaftsmuseum

Ein Zuhause für technische Denkmale

In nächster Nachbarschaft zum Dorfmuseum im »Hornhardt'schen Rittergut« ist das Traktoren- und Landwirtschaftsmuseum zu besichtigen. Ausgestellt werden funktionstüchtige Traktoren- und Landmaschinen des ausgehenden 19. und 20. Jahrhunderts.

Gegründet wurde das Museum durch die Gemeinde Großengottern und Roland Gundlach. Der Großengotter-

sche engagierte sich bereits in den 1990er Jahren, die in Schuppen und Scheunen abgestellten alten Maschinen vor der Verschrottung zu retten. Er erkannte deren kulturhistorischen Wert und begann, mit Hilfe weiterer technikinteressierter Einwohner aus dem Dorf die Maschinen nach und nach wieder herzurichten.

Im Jahr 1994 schlossen sich die Landmaschinen-Retter zum Verein

»Historische Landmaschinen Großengottern e.V.« zusammen.

Im Laufe der Zeit wurde den Vereinsmitgliedern das Sammeln und Restaurieren zu wenig. Erste Ausstellungen wurden organisiert. 1999 konnte das Traktoren- und Landwirtschaftsmuseum eröffnet werden. Zu besonderen Anlässen wird die historische Technik in Betrieb genommen, zum Beispiel zum jährlichen Jahrmarkt von Großengottern.

Das Traktoren- und Landwirtschaftsmuseum hat seine Adresse an der Schlossstraße 12. Träger ist der Verein »Historische Landmaschinen Großengottern e.V.« gemeinsam mit der Gemeinde Großengottern.

Der Landmaschinen-Verein zeigt sich traditionsbewusst.

Historische Maschinen und landwirtschaftliche Geräte sind zu bewundern.

Das Traktoren- und Landwirtschaftsmuseum hat seine Adresse an der Schlossstraße 12.

Gepflegte Grünanlagen und Gärten prägen die harmonische, idyllische Ausstrahlung der Gemeinde.

Der Anger mit seinen großen Bäumen ist ein beliebter Treffpunkt in Heroldishausen.

Blick vom Anger auf die Dorfstraße

Heroldishausen

Ein Dorf mit Geschichte und Tradition

Zwischen Großengottern und Mülverstedt liegt versteckt am Suthbach Heroldishausen. Nur die Kirchturmspitze weist Ortsunkundige auf die kleine Gemeinde hin. Mit etwas mehr als 200 Einwohnern gehört sie zu den kleinsten Ortschaften des Unstrut-Hainich-Kreises.

Die über 1000-jährige Geschichte Heroldishausens ist eng verbunden mit dem Leben und Wirken des Kaiserpaares Heinrich II. und seiner Gemahlin Kunigunde. In der ersten urkundlichen Erwähnung, am 13. August 1005, hat König Heinrich II. den Zehnten von seinen königlichen Einkünften, an mehreren Plätzen, darunter auch Heroldishausen, dem Sankt Adalbertstift zu Aachen bestätigt. Am 6. Dezember 1017 schenkte Kaiser Heinrich II. den Hof »Heroldeshusum« mit allem Zubehör seiner Gemahlin Kunigunde. Als die Kaiserin schwer erkrankte, gelobte sie, in Kaufungen ein Kloster zu errichten und schenkte diesem den Ort Heroldishausen. Dadurch ist das Dorf seit dem 11. Jahrhundert eng

mit dem Stift Kaufungen verbunden. Eine umfangreiche Ausstellung im schönen Pfarrhaus dokumentiert die ganze Geschichte Heroldishausens bis in die heutige Zeit.

Die kleine Kirche »Sankt Crucis« und der Anger mit seinen großen Kastanien- und Lindenbäumen bilden den Ortskern von Heroldishausen. Die liebevoll restaurierten Häuser, die sauberen Straßen und Gehwege sowie die schönen, gepflegten Grünanlagen und Gärten prägen die harmonische, idyllische Ausstrahlung der Gemeinde.

Ein reges Vereinsleben und die Bewahrung von Traditions- und Heimatfesten tragen wesentlich zum kulturellen Leben und dem Zusammenhalt im Ort bei. Der Peterstag (an dem die Kinder sich verkleiden und feiern), der Fasching (mit Umzug, Kinderfasching und Prunksitzung), Ostern (mit Osterfeuer, Frühmesse und Gottesdienst), das Feuerwehrfest (mit Musik und Spaß für Groß und Klein), Pfingsten (mit Pfingstburschen, Maibaum aufstel-

len und Schossmeier), Fahnenschwenken (Flurweihegottesdienst), die Kirmes (mit Kirmesburschen, Tanz, Ständchen und natürlich auch Gottesdienst) und der traditionelle Weihnachtsmarkt gehören zum Ablauf eines jeden Jahres.

Für Feierlichkeiten stehen die Gemeindeschenke »Zur Gemütlichkeit« mit Saalbetrieb und Gaststätte und der traditionsreiche Gasthof »Zur Tanne« mit seiner fast 300-jährigen Geschichte zur Verfügung.

Landwirtschaft und Handwerk bilden seit Jahrhunderten die wirtschaftliche Grundlage in Heroldishausen.

Gastfreundschaft und der familiäre Umgang miteinander lassen Gäste und Besucher immer wieder gern in die Gemeinde kommen. Die Nähe zum Hainich, zum Baumkronenpfad, die Radwege, der Stausee, Biotop und ein Pilgerweg, der durch den Ort führt, machen das Leben in dem kleinen Dorf interessant und lebenswert.

Die kleine Kirche »Sankt Crucis« im Dorfzentrum

Hübsche Fachwerkhäuser schmücken das Dorf.

Mülverstedt

Eine alte Adelsfamilie war Namensgeber

Mülverstedt liegt direkt am Fuße des Hainich. Eine genaue Entstehungszeit des Ortes kann nicht nachgewiesen werden. Ausgrabungen belegen, dass schon in früher Steinzeit (4000 vor der Zeitrechnung bis 2000 vor der Zeitrechnung) Menschen in dieser Gegend gelebt haben müssen.

Die erste urkundliche Erwähnung des Ortes erfolgte im Jahre 1110 in einer Urkunde des Klosters Reinhardtsbrunn im Zusammenhang mit Gerhard von Mülverstedt, Mitglied einer alten Adelsfamilie, der Mülverstedt seinen Namen gab.

In Mülverstedt wurde Waid angebaut. Die Waidmühle stand am östlichen Ortsrand. Die Herren von Mülverstedt besaßen bis zum 13. Jahrhundert in Mülverstedt ein Rittergut, seit dem 13. Jahrhun-

Die Kirche Sankt Martini wurde 1703 erbaut, der Turm ist älter. Er wurde schon 1698 für die frühere Kirche gebaut.

Das Ortsbild ist von schönen Fachwerkbauten geprägt.

Ganz in der Nähe des Parkplatzes »Fuchsfarm«, direkt vor dem Nationalpark Hainich, steht die Schutzhütte »Heimatblick«.

dert befand sich das Rittergut im Besitz der Herren von Hopffgarten. Es war eine Wasserburg mit vier Türmen und mehreren Befestigungen, von einem breiten Wassergraben umgeben. Die Burg wurde im Dreißigjährigen Krieg von den Schweden zerstört.

Die Kirche Sankt Martini wurde 1703 erbaut, der Turm ist älter. Er wurde schon 1698 für die frühere Kirche gebaut.

Die wirtschaftliche Geschichte des Ortes ist durchzogen von vielen kleineren Handwerksbetrieben, wie Schmiede, Tischler, Stellmacher, Uhrmacher, Glaser, Sattler, Friseur, Gemüseeinlegerei sowie Land- und Forstwirtschaft. Das Ortsbild ist noch heute von schönen Fachwerkbauten geprägt. Die Gemeinde hat heute etwa 700 Einwohner.

Das ländliche Kulturleben wird vor allem durch den Heimat- und Kulturverein, den Schützenverein, den gemischten Chor, den Motorsportverein, den Faschingsverein, den Sportverein, den Jugendclub und durch die Freiwillige Feuerwehr gestaltet. Die Aktiven gewährleisten das ganze Jahr über ein buntes, abwechslungsreiches und traditionelles Programm, das über die dörfliche Grenze hinaus sehr beliebt ist. Höhepunkt in jedem Jahr ist das Pfingstfest mit Maibaumstellen und Ständchen, dass durch die Jugend der Gemeinde traditionell gestaltet wird.

Das Heimat- und Bauernmuseum mit seinen zahlreichen Ausstellungsstücken ist ein historischer Zeitspiegel der Region und einen Besuch wert. Der nahe gelegene Nationalpark Hainich macht Mülver-

stedt zum beliebten Startpunkt für Wanderungen und Radtouren in ein unverwechselbares Naturparadies. Die Betteleiche, das Mülverstedter das Ihlefelder Kreuz und die »Eiserne Hand« sind nur einige Ziele.

Ganz in der Nähe des Parkplatzes »Fuchsfarm«, direkt vor dem Nationalpark Hainich, steht die Schutzhütte »Heimatblick«. Diese bietet nicht nur die Möglichkeit zur Rast und Übernachtung sondern auch einen wunderschönen Blick auf die Gemeinde Mülverstedt sowie das Thüringer Becken.

Mülverstedt zählt zur Verwaltungsgemeinschaft Unstrut-Hainich.

Mülverstedt liegt direkt am Fuße des Hainich. Naturliebhaber finden das Paradies unmittelbar vor der Haustür.

Die Betteleiche – Symbol für den Nationalpark

Wo die Mythen wohnen

Was für ein merkwürdiger Baum. Seinen ausgehöhlten Stamm hat er zum Torbogen wachsen lassen. Ohne Mühe könnte ein Zwei-Meter-Mann da hindurch gehen, ohne irgendwo anzustoßen. Wer mitten im Torbogen stehen bleibt und nach oben blickt, kann schnell von Mythen besucht werden. Hier, inmitten der alten Eiche, ist Platz für Sagen von Göttern, Helden und Geistern.

Über achthundert Jahre alt ist die Stiel-Eiche, die von den Einheimischen schon immer die »Betteleiche« genannt wird. Gebettelt hat an dieser Eiche vermutlich aber niemand. Sie ist eher ein Baum der Barmherzigkeit und des Mitleides mit hungernden Mönchen. Im Jahr 1443 wurde ganz in der Nähe vom Franziskanerorden das Kloster »Sankt Katharinen-Ihlefeld« gegründet. Die Mönche verzichteten auf allen Besitz. Betteln für den Lebensunterhalt war ihnen ebenfalls untersagt. Die Einwohner der umliegenden Dörfer wussten aber, das der Weg der Mönche oft an der nahe stehenden Eiche vorüberführte. Sie legten dort Speisen ab.

Mitten im Nationalpark Hainich steht die Betteleiche, die zum Symbol des dreizehnten Nationalparks

in Deutschland geworden ist. Sie ist auch der Namensgeber für einen in Kammerforst beginnenden Rundwanderweg. Die stilisierte Eiche auf hölzernem Schild ist ein verlässlicher Wegweiser, sich nicht zu verlaufen, egal ob man dem »Betteleichenweg« in Uhrzeigerrichtung oder umgekehrt folgt. Dieser Wanderweg zählt übrigens zu den attraktivsten in der Region – er führt durch Offenland sowie jungen und alten Wald. Der Abschnitt durch den Nationalpark ist ein schmaler Pfad. Im Herbst riecht es nach Moder und nach Fäulnis, nach der Vergänglichkeit des Seins. Dort ist man seinen Gedanken überlassen.

Sagenhaftes aus dem Mittelalter

In jener Zeit war das Ihlefeld ein religiöser Ort. Bettelmönche hatten sich in der Klause »Eilfelden« niedergelassen und boten ihre Dienste, wie Messen lesen und Krankenpflege, in den umliegenden Ortschaften an. Menschen pilgerten zum Ihlefeld, um geistigen Beistand zu erfahren. Getreu ihres Gelübdes durften die Mönche kein Eigentum besitzen,

Über 800 Jahre alt ist die Stiel-Eiche, die von den Einheimischen schon immer die »Betteleiche« genannt wird. Manche behaupten, dass die Eiche gar 1000 Jahre alt sein soll.

Ohne Mühe können zwei Personen hindurchgehen, ohne irgendwo anzustoßen.

sondern waren auf die milden Gaben angewiesen, die die Leute am Fuße der schon damals stattlichen Eiche darbrachten. Um die Gaben vor Unwettern zu schützen, schlugen die Mönche eine kastenförmige Vertiefung in den Stamm des Baumes. Verwitterung und Wachstum wirkten über die Jahrhunderte als Bildhauer weiter und gaben der Betteleiche ihre heutige, beeindruckende Form.

Die Betteleiche im Herbstkleid

Heimat- und Bauernmuseum

Ein Spiegel der jüngeren Ortsgeschichte

Wie arbeitete ein Stellmacher und Schmied, welche Gerätschaften wurden zu welchem Zweck genutzt? Antworten auf diese und ähnliche Fragen sind im Mülverstedter Heimat- und Bauernmuseum zu finden. Das Muse-

Beachtlich ist die Sammlung von historischen landwirtschaftlichen Geräten.

Das Museum befindet sich am Besenmarkt 7 in einem aufwendig umgebauten Lagerschuppen.

Bewundert werden kann auch die Einrichtung einer Wohnstube.

um befindet sich in einem aufwendig umgebauten Lagerschuppen.

Auf drei Ebenen sind Gegenstände des bäuerlichen Haushalts, der Forst- und Landwirtschaft und des Handwerkes ausgestellt. Bewundert werden können von den Besuchern zudem die Einrichtung einer bäuerlichen Küche, Wohn- und Schlafräu-

me sowie eine Dorfschule. Beachtlich ist die Sammlung von historischen landwirtschaftlichen Geräten, bäuerlichen Gebrauchsgegenständen, schicken Kutschen und Schlitten.

Die Ausstellung im neu eingezogenen Zwischenboden mit hunderten geschichtsträchtigen Dokumenten, Fotos und Schriftstücken gibt als Zeitzeuge Auskunft über die wichtigsten Ereignisse aus vergangener Zeit. Ab-

gerundet wird die Sammlung durch die »Ostalgie«-Ausstellung im Keller. Sie zeigt neben Lebensmittelkarten und Armeeuniform typische Gebrauchsgegenstände aus DDR-Zeiten. Der Beginn der Sammlung liegt in den 1980er Jahren. Seit dem wurden mehr als 2000 Ausstellungsstücke zusammengetragen und liebevoll restauriert.

Das Hainich-Trachtenhaus

Stoff, der Geschichte erzählt

Das Trachtenhaus hat seine Adresse an der Gotterschen Straße 10.

Eines der ortsbildprägenden Häuser des Ortes Mülverstedt ist das ehemalige Freigut. Es gehörte im 18. Jahrhundert der landadeligen Familie von Tristan. In den 1960er Jahren wurde der Gebäudekomplex der Konsumgenossenschaft zur Nutzung übertragen. Im Jahr 2004 erwarb die Gemeinde vom Alteigentümer das inzwischen baufällig gewordene Haus und bewahrte es vor dem Abriss. Nach

zweijähriger Sanierung entstand das Hainich-Trachtenhaus. Es beherbergt als kulturelle Sehenswürdigkeit eine einzigartige Sammlung heimischer Trachten.

Bei einem Rundgang durch das Hainich-Trachtenhaus lernen die Besucher die Kleidung der Vorfahren der heutigen Einwohner kennen. Der Schwerpunkt liegt dabei auf den Trachten aus dem Umland des Nationalparks Hainich.

Aber was ist eigentlich eine »Tracht«? Gäste erfahren nicht nur die Herkunft dieses Begriffes, sie können auch herausfinden, wie viele Kleidungsschichten eine Bauersfrau einst zu tragen hatte und welche Bedeutung die Farben und Stoffe hatten.

Die umfangreiche Sammlung an Originaltrachten ist im wahrsten Sinne des Wortes Stoff, der Geschichte und Geschichten erzählen kann. Zudem

können Besucher die Verarbeitung des Flachses kennenlernen und an einem originalen Handwebstuhl des 19. Jahrhunderts eigene Webkünste ausprobieren.

Ergänzt wird die Trachten-Ausstellung durch eine Einführung in die Geschichte des Hainich sowie der Gemeinde Mülverstedt.

Bei einem Rundgang durch das Hainich-Trachtenhaus lernen die Besucher die Kleidung der Vorfahren der heutigen Einwohner kennen.

Die Trachten-Sammlung gilt als einzigartig.

Schönstedt

Ein Dorf mit zwei Kirchtürmen

Etwa fünf Kilometer nordwestlich der Kur- und Rosenstadt Bad Langensalza, direkt an der Bundesstraße 247, liegt Schönstedt. Die Bundesstraße ist Trennlinie zwischen dem Anfang der 1990er Jahre entstandenen Gewerbegebiet und der Ortslage. In dem Gewerbegebiet sind auf etwa 5,5 Hektar mehrere Unternehmen angesiedelt. Eine Bahn- und regelmäßige Busverbindungen sorgen für die Anbindung des Ortes an die beiden nahegelegenen Städte Bad Langensalza und Mühlhausen. Die erste urkundliche Erwähnung des Ortes stammt aus dem Jahre 852.

Die Silhouette des Dorfes wird von den Türmen der beiden Kirchen Sankt Martini, die untere Kirche, und Beatae Mariae Virginis, die obere Kirche geprägt. Kennzeichnend für die Ortsmitte, den Anger, ist die 1899 errichtete Gemeindeschenke. Innerhalb der Städtebauförderung wurden in den Jahren 1999 bis 2002 der Anger und die Gemeindeschenke liebevoll saniert. Sie sind das Zentrum Schönstedts.

Schönstedt ist eine beliebte Wohngegend im Landkreis.

Ein Brunnen ziert den Anger.

Kennzeichnend für den Ort ist der Anger mit dem 1899 errichteten Klinkerbau, der Gemeindeschänke.

Blick auf eine der beiden Dorfkirchen

Zahlreiche große Gehöfte zeugen noch heute von einer starken landwirtschaftlichen Struktur vergangener Jahre. Bis 1945 befand sich in Schönstedt ein Rittergut. Das fiel jedoch der Bodenreform zum Opfer. Einige Teilgebäude, die zu Wohnungen umgebaut wurden, und der Getreidespeicher sind erhalten geblieben. Im Jahr 1998 wurde mit »Neuschönstedt« ein kleines Wohngebiet mit etwa 30 Bauplätzen erschlossen.

In der Kindertagesstätte »Ringelwiese« werden die jüngsten Einwohner liebevoll umsorgt. Die jüngeren Schulkinder besuchen die Grundschule im Ort, die höheren Jahrgänge die Schulen in den Nachbarorten, so das Gymnasium in Großengottern oder die Regelschule in Weberstedt.

Für die Freizeitgestaltung stehen den Schönstedtern die Freiwillige Feuerwehr, der Volkschor, der Sportverein mit verschiedenen Abteilungen, der Faschingsverein, der Gewerbeverein, der Geflügelverein, der Verein »Schönstedter Grundschule in Bewegung« und der Hundesportverein als abwechslungsreiche Betätigungsfelder zur Verfügung. Die Ver-

eine gewährleisten das ganze Jahr über ein abwechslungsreiches und traditionsverbundenes Programm. Höhepunkt jeden Jahres sind das Sommer- und Heimatfest im Juni sowie die Kirmes im Oktober. Ausgelassen und fröhlich werden die Feste auf dem Anger und in der Gemeindeschenke gefeiert.

Schönstedt bildet seit 1994 mit der Gemeinde Alterstedt eine Einheitsgemeinde. Etwa 1400 Einwohner zählt die Gemeinde, die zur Verwaltungsgemeinschaft Unstrut-Hainich gehört.

Ein Hingucker unmittelbar am Anger ist dieses Denkmal: ein preußischer Halbmeilenstein aus dem Jahr um 1820.

Alterstedt

Ein schöner Schönstedter Ortsteil

Inmitten von Feldern liegt Alterstedt. Kaum ein Fetzen Lärm schafft es, bis hierher vorzudringen. Von einer kleinen Anhöhe betrachtet, hat sich dieses etwa 250-Seelen-Dorf in ein schützendes Feldernest gekuschelt. Nur die Kirchturmspitze und ein paar wenige Dächer lassen den Dorf-Nestling aus dieser Entfernung erkennen.

Alterstedt ist eine kleine, unmittelbar vor dem Nationalpark Hainich gelegene Gemeinde.

Im 12. Jahrhundert wurde der Ort erstmals als Siedlung kleiner Bauern urkundlich erwähnt. Bis in das 20. Jahrhundert hinein bildeten sich hier kleine und mittlere Höfe sowie ein Pachtgut. Die typischen Gehöfte bestehen aus Drei- und Vierseitenhöfen. Viele Häuser sind in ihrer ursprünglichen Fachwerkstruktur erhalten und wurden liebevoll restauriert.

Alterstedt zeichnet sich durch eine gut erhaltene und gepflegte dörfliche Bausubstanz aus. Innerhalb der Dorferneuerung wurden das dörfliche Zentrum um den Platz an der Teichstraße und das Gemeindehaus neu gestaltet.

In der Ortsmitte am Anger steht die romanische Kirche Sankt Pankratius mit gotischem Turm. Sie ist in der Denkmalliste des Unstrut-Hainich-Kreises eingetragen. Die Kirche und die angrenzenden Wege wurden in den letzten Jahren aufwendig restauriert.

Am Fuße der Kirche, unmittelbar neben dem Gemeindehaus (früher das Backhaus und heute noch im Volksmund »Backs« genannt), steht ein wertvoller Einzelbaum: eine imposante Sommerlinde.

Mit ihrem dickleibigen Umfang von etwa siebeneinhalb Metern ist sie die stärkste ihrer Art im Landkreis. Auf wulstigem Fuß hat sie sich ihren Standort behauptet. Mindestens seit einem Vierteljahrtausend ist Alterstedt ihre Heimat, manche Experten schätzen ihr Alter gar auf 400 bis 500 Jahre. Genau ermitteln lässt sich das nicht mehr. Die Sommerlinde ist im Inneren hohl, Jahresringe gibt es keine mehr.

Für die Alterstedter ist die Linde zum Wahrzeichen ihres Heimatortes geworden.

Ein grüner Gürtel umfasst den Ort und lädt ein zu erholsamen Spaziergängen. Besonders beliebt ist der im Jahr 2000 angelegte »Barfußwanderweg« an der Schieferwiese. Er führt direkt in den Nationalpark Hainich. Der knapp vier Kilometer lange Weg überrascht mit sehr unterschiedlichen Biotopen. Zudem: Wer es tatsächlich barfuß auf der etwa einen Kilometer langen Kernstrecke wagt, spürt, wie es an den Fußsohlen piekst und kribbelt. Kinder finden hier ganz bestimmt ihren besonderen Spaß. Wer zwischendurch eine Rast einlegen möchte, macht am rustikalen Grillplatz eine Pause und darf dort auch seine mitgebrachte Bratwurst selbst bruzeln.

Seit 1994 gehört Alterstedt als Ortsteil zur Gemeinde Schönstedt.

Der Ort ist idealer Ausgangspunkt für Wanderungen durch die Natur.

Besonders beliebt ist der im Jahr 2000 angelegte »Barfußwanderweg« an der Schieferwiese.

In der Ortsmitte am Anger steht die romanische Kirche Sankt Pankratius mit gotischem Turm. Sie ist in der Denkmalliste des Unstrut-Hainich-Kreises eingetragen.

Seit 1936 steht der Baum unter Naturschutz.

Ein Schmuckstück ist die Orgel in der Kirche.

Weberstedt

Das Tor zum Hainich

Direkt am Fuße des Hainich, durchgrünt von großzügigen Hausgärten, alten und neu gepflanzten Laubbäumen und Streuobstwiesen, liegt Weberstedt. Gut erhaltenen Drei- und Vierseitenhöfe prägen das Ortsbild. Erstmalig urkundlich erwähnt wird Weberstedt im Jahre 786 durch eine Schenkung an das Kloster Hersfeld.

Nicht nur das äußere Erscheinungsbild mit den sauberen Straßen, liebevoll sanierten Fachwerkhäusern und gepflegten Grünanlagen machen Weberstedt zu einem Ort mit hoher Lebens- und Wohnqualität. Die Kirche Sankt Ulrici aus dem 15. Jahrhundert ist ein bedeutendes historisches Denkmal. Besonders sehenswert sind das mit Ornamenten bemalte Tonnengewölbe, der geschnitzte Altarschrein und die Grabplatten der Familie Goldacker aus dem 16. und 17. Jahrhundert.

Die Gemeinde Weberstedt grenzt in westlicher Richtung direkt an den Nationalpark Hainich.

Vom neu angelegten Campingplatz, direkt an der Grenze zum Weltnaturerbe Hainich, haben die Besucher einen herrlichen Blick auf Weberstedt und das Thüringer Becken. Für Wohnwagen und Zelte steht eine Fläche von dreieinhalb Hektar mit barrierefreiem Sanitärbereich, Kaminzimmer und Imbiss zur Verfügung.

Ein Besuchermagnet ist das Trabant-Paradies.

Weberstedt ist durch seine hervorragende Gastronomie bekannt. Sowohl zwei familiär geführten Gaststätten als auch ein Landhotel bieten den Gästen ein reichhaltiges Angebot an regionalen Spezialitäten – natürlich auch die berühmten Thüringer Klöße.

Weberstedt ist durch seine Lage – direkt am Nationalpark Hainich und in unmittelbarer Nähe des Baumkronenpfades – das Tor zum Hainich und ein idealer Ausgangspunkt für kleine und große Ausflüge. Ein ganz besonderes Naturerlebnis erwartet den Wanderer auf dem Märchenpfad »Feensteig«, der den Hainich-Wald in seiner einzigartigen und doch so gewöhnlichen Schönheit erleben lässt.

Ein weiterer Besuchermagnet ist das Trabant-Paradies. Auf 400 Quadratmeter Ausstellungsfläche können die Besucher außergewöhnliche Trabant-Variationen bestaunen und einen kleinen Ausflug in die nähere Umgebung mit dem Kult-Auto der DDR unternehmen.

Die Weberstedter sind stolz auf ihr schönes Freibad.

Für die Kleinen bietet die Spielscheune »Hainichzauber« alles, was das Kinderherz höher schlagen lässt. Unter dem Motto »Zurück zur Natur« können die jungen Gäste zudem entdecken, spielen und lernen. Auf einer Minigolfanlage mit 18 Bahnen und verschiedenen Schwierigkeitsgraden können auch Turniere ausgetragen werden.

Zudem besitzt die Gemeinde noch einen besonderen Schatz: das Schloss Goldacker, jetzt ein Landhotel. Es wurde in den Jahren 1997 bis 2001 vollständig saniert.

Weberstedt zählt heute etwa 560 Einwohner. Die Gemeinde gehört zur Verwaltungsgemeinschaft Unstrut-Hainich.

Weberstedt ist das Tor zum Hainich.

Liebevoll saniert sind die Fachwerkhäuser.

Die Weberstedter Kirche Sankt Ulrici stammt aus dem 15. Jahrhundert.

Das Goldackersche Schloss

Mehr als 1000 Jahre Geschichte

Ein kleines Schmuckstück ist die Wetterfahne.

Die Herren von Weberstedt bewiesen Geschmack. Sie liebten es nicht gerade groß und protzig, eher der leichten Hügellandschaft angepasst und gediegen. Was sie vor mehr als tausend Jahren in dem Ort, der heute noch den Namen »Weberstedt« trägt, bauten, fand in allen vergangenen Jahrhunderten Gefallen. So ist es bis heute geblieben. Wenn die Weberstedter über ihr »Goldackersches Schloss« sprechen, ist der leise Stolz in ihren Stimmen nicht zu überhören. Und jede Familie, die was auf sich hält, feiert Hochzeit, Taufe und andere Jubelfeiern natürlich im Schloss.

Seit 1945 ist das Schloss Gemeindeeigentum. Bis zur Enteignung in jenem Jahr hat sich das imposante Anwesen als Rittergut der Familie von Goldacker behauptet. Die hatte das einst als Wasserschloss errichtete Anwesen Ausgang des 14. Jahrhunderts von den von Weberstedt übernommen und bewirtschafteten es über mehr als 500 Jahre hinweg als Rittergut.

Erstmals urkundlich erwähnt wurde das Schloss Goldacker in Weberstedt im Jahr 960. Mit seiner mehr als tausendjährigen Geschichte gilt es als Gründungszelle des Ortes Weberstedt. Zugleich ist es das historisch wertvollste Gebäude im Ort.

Nicht nur goldene Zeiten erlebte das historische Gemäuer, sondern auch mausgraue. Es hatte zwar Glück und blieb während der etlichen Kriege in den tausend Jahren weitgehend verschont. Doch Ende des 20. Jahrhunderts schien der Verfall kaum mehr aufzuhalten. Viele Umbauten in den Räumen und Gemächern hatte es sich bereits gefallen lassen müssen. Nach der Enteignung der Familie von Goldacker wurde es in den Nachkriegsjahren zur dringend gebrauchten Wohnung für Aussiedler und Flüchtlinge, es wurde später zur Schule und zum Gewerbeobjekt. Das Schloss wurde nicht nur gebraucht, sondern auch verbraucht – bis es auseinanderzubrechen drohte. Wegen Baufälligkeit wurde es geschlossen. Fotos belegen: Das ehemalige Rittergut Schloss Goldacker in Weberstedt war in einem fürchterlichen Zustand.

Erst dem Förderverein »Goldackersches Schloss am Hainich« gelang mit der Unterstützung der Gemeinde Weberstedt die Renaissance des historischen Gemäuers. Auf gemeinsames Drängen hin

und mit Finanzierungshilfe aus Fördertöpfen wurde das einstige Herrenhaus in den Jahren 1997 bis 2000 komplett saniert und umgebaut. Einzug in die über 1000 Jahre alten Mauern hielten ein modernes Landhotel, eine Gaststätte mit Kellergewölbe und Biergarten, ein Tagungszentrum mit einer Ausstellung zum Nationalpark und ein kleines Museum, das Sammelstücke aus dem früheren Leben in der Hainichregion zeigt.

Heute ist das Schoss Weberstedt nicht nur eine beliebte gastronomische Adresse, sondern auch eine touristische Attraktion. Der Schlosspark mit seinem wertvollem Baumbestand ist der Ausgangspunkt des neu geschaffenen Weberstedter Erlebnispfades, der direkt in den Urwald in der Mitte Deutschlands führt und zugleich mehrere Wanderrouten anbietet.

Das Wappen erinnert an die Zeit des Rittergutes, an die Familie von Goldacker. Über 500 Jahre bewirtschaftete sie das Schloss und prägte die Geschichte des Ortes Weberstedt.

Bei Einheimischen und Touristen gleichermaßen beliebt ist das Schloss.

Hinter den dicken Mauern des Schlosses verbirgt sich ein modernes und gemütlich eingerichtetes Landhotel.

Verwaltungsgemeinschaft Vogtei

Bis heute heißen die Einwohner »die Vogteier«

Die Region Vogtei ist nicht nur mit vielfältigen Naturschönheiten versehen, sondern auch von kulturhistorischer Bedeutung. Der Begriff Vogtei wurde bereits im frühen Mittelalter für die Orte Oberdorla, Niederdorla und Langula geprägt und ist zurückzuführen auf eine gemeinsame Verwaltung der Orte durch einen Vogt.

Geschichtlicher Vorläufer der Verwaltungsgemeinschaft Vogtei ist die Vogtei Dorla: Bis 1329 hatten die Herren des Erzbistums Mainz und die Herren von Treffurt das Sagen in den drei Dörfern der Mark Dorla, die sich aus dem einstigen Urdorla gebildet hatten. Die Treffurter waren Raubritter. Die immer gefährdeten und benachbarten Mainzer, Hessen und Sachsen stellten die Raubritter auf einem Raubzug. Besitzungen und Rechte der Treffurter gehörten zur Kriegsbeute der drei Sieger. Diese einigten sich auf eine gemeinsame Verwaltung der drei Dörfer Oberdorla, Langula und Niederdorla. Die drei Siegerländer setzten von 1333 an je einen Vogt in die drei Dörfer, um ihre Rechte und Liegenschaften zu wahren. Weil dieses Ländchen von drei Vögten regiert wurde, hießen die Leute von da an und bis heute eben Vogteier.

Der Mittelpunkt Deutschlands

Die heutige Verwaltungsgemeinschaft »Vogtei« wurde im Jahr 1992 durch die Gemeinden Oberdorla, Niederdorla und Langula gegründet. Zwei Jahre später wurde die Gemeinschaft um die Gemeinden Kammerforst und Oppershausen erweitert. In der Vogtei befinden sich der »Mittelpunkt Deutschlands« des wiedervereinten Deutschlands sowie Gebiete des Nationalparks Hainich. Die besondere Lage im Herzen des Lan-

des, die traditionsbewusste und gastfreundliche Bevölkerung der Orte sowie die landschaftliche Schönheit bieten ideale Voraussetzungen zur Erholung und zum Verweilen.

Eine Kultstätte der Kelten und Germanen

Seit 1947 wurde im Ried zwischen Oberdorla und Niederdorla Torf abgebaut. Dabei wurden immer wieder Schädel und urgeschichtliche Scherben gefunden. Als im Jahre 1957 größere Mengen von Tierschädeln und -knochen, sowie Hölzer mit Schnitt- und Feuerspuren ans Tageslicht kamen, wurde das Museum für Ur- und Frühgeschichte in Weimar informiert. In den folgenden Jahren, bis 1964, wurde die Fundstelle archäologisch untersucht und der Torfabbau unter regelmäßige Beobachtung genommen. Schon bald stellte sich heraus, dass es sich hier um eine bedeutende Kultstätte der Kelten und mehrerer germanischer Stämme handelt. Durch die Funde wird – beginnend mit dem 6. Jahrhundert vor der Zeitrechnung – über einen Zeitraum von

Gemeindesaal in Oppershausen

mehr als 1000 Jahre die Glaubenswelt der Region dokumentiert.

Heute ist das »Opfermoor Vogtei« am ehemaligen Torfstich mit seiner rekonstruierten germanischen Siedlung und dem Ausstellungsgebäude eine Attraktion in der Thüringer Museumslandschaft.

Probstmühle in Oberdorla

Blumengruß aus Langula

Kammerforst

Den Einwohnern liegt Musik im Blut

Die erste urkundliche Erwähnung im Jahr 860 nennt den Ort »Cemoforte« als Besitz des Klosters Fulda. 1360 erwarb das Adelsgeschlecht derer von Seebach das Kammerforster Gut, das sie in Ober- und Untergut aufteilten.

Bestimmend für das Ortsbild sind der mit alten Linden und Kastanienbäu-

men bewachsene Anger und die 1687 erbaute Kirche. Vor der Kirche, deren Turm im Gegensatz zu fast allen anderen Kirchen im Osten, statt im Westen steht, erinnert ein Gedenkstein an das Tun und Schaffen des in Kammerforst geborenen Brockenmalers Prof. Adolf Rettelbusch. Sein Geschenk an sein Heimatdorf sind zahlreiche Gemälde, mit denen er den Innenraum der Kirche verschönerte.

Die Kammerforster sind fröhliche Menschen, die gerne arbeiten, aber auch immer einen Grund zum Feiern finden. So gibt es über das Jahr verteilt viele Traditionsfeste, wie Volksmusik-, Maien-, Pfingst-, Kirsch- und Blasmusikfest sowie das Wald- und Angerfest.

Vielleicht liegt die Musik den Kammerforstern im Blut. Das Jugendblasorchester gibt es schon seit mehr als 25 Jahren. Aus den Reihen dieses

Bestimmend für das Ortsbild sind der mit Linden und Kastanienbäumen bewachsene Anger.

Die im Jahr 1687 erbaute Kirche weist eine Besonderheit auf: Der Turm steht im Gegensatz zu fast allen anderen Kirchen im Osten, statt im Westen.

Ein Gedenkstein vor der Kirche erinnert an den in Kammerforst geborenen Brockenmaler Prof. Adolf Rettelbusch.

Das Jugendblasorchester gibt es schon seit mehr als 25 Jahren.

Orchesters sind schon viele andere Kapellen hervorgegangen, so die Anger-, Heuberg-, Rennstieg- oder Hainichmusikanten.

Dem Erholungssuchenden bietet Kammerforst besinnliche Ruhe und gesunde Waldluft auf ausgeschilderten Wanderwegen.

Erlebnis- und Schauschmiede Jan Zilling

Damaszener Stahl ist Zeugnis lebendiger Handwerkskunst

Schmuckstücke sind unverwechselbare Einzelstücke und Zeugnis lebendiger Handwerkskunst.

Ein einmaliges Erlebnis ist es, wenn es in der Schauschmiede Zilling knallt und funkt. In Kammerforst kann man das Schmieden von Damaszener Stahl noch live erleben. Den Schmiedebetrieb Zilling gibt es seit 1896 und geht derzeit unter der Führung von Jan Zilling in die vierte Generation.

In der eigens für Vorführungen erbauten Erlebnis- und Schauschmiede können Besucher bei einem kühlen Bier, einer deftigen Brotzeit oder bei hausgebackenem Kuchen dem Meister bei der Herstellung von Damaszener Stahl über die Schulter schauen. Dabei werden die einzelnen Schritte in Bildern auf einem Großbildschirm erläutert.

Das Schmieden von Damaszener Stahl ist ein komplizierter und schweiß-

treibender Prozess, der viel Geschick und Erfahrung erfordert. Die daraus entstandenen Messer und Schmuckstücke sind unverwechselbare Einzelstücke und Zeugnis lebendiger Handwerkskunst.

Schmiedevorführungen werden ab einer Personenzahl von 20 Teilnehmern nach Terminabsprache durchgeführt. Zudem bietet die Schau- und Erlebnisschmiede die Ausrichtung von weiteren Veranstaltungen für bis zu 80 Personen, wie Geburtstage, Hochzeiten, Tagungen, Seminare und anderes mehr an.

In der eigens für Vorführungen erbauten Erlebnis- und Schauschmiede können Besucher dem Meister bei der Herstellung von Damaszener Stahl über die Schulter schauen.

Beliebt sind die Messer mit Damaszener-Stahl-Klinge.

Beitrag von:
Erlebnis- und Schauschmiede
Jan Zilling
Straße der Einheit 96
99986 Kammerforst
Tel. (03 60 28) 3 07 06
info@meissel-schmiede-zilling.de
www.hainich-schmiede.de

Ein einmaliges Erlebnis ist es, wenn es in der Schauschmiede Zilling knallt und funkt.

Nationalparkausstellung

Ein Weltnaturerbe stellt sich vor

Nur selten kann man die Tiere des Hainich so nah beobachten.

Unmittelbar an der Eingangspforte zum Nationalpark Hainich in Kammerforst lädt die Nationalparkausstellung im historischen Gebäude »Obergut« ein, sich näher bekanntzumachen mit diesem von der Unesco im Jahr 2011 erklärten Weltnaturerbe. In der Ausstellung werden dem Besucher auf großformatigen Bildern die besondere Schönheit der einzigartigen Buchenwälder des Hainich sowie einige seiner interessanten Bewohner vorgestellt. In einem Raum, einer sogenannten Multivisionsbox, wird ein Kurzfilm über das Wachsen und Werden, über den Wandel das Nationalparks im Lauf der Jahreszeiten, angeboten. Im Mittelpunkt der Ausstellung steht der Lebensraum Wald mit der im Hainich so bedeutsamen Baumart Buche. Dementsprechend wird das Zentrum dieser Ausstellung von einem kräftigen Buchenstamm dominiert. In seinen Baumhöhlen und um ihn herum finden die Besucher die kleinen Lebewesen im Hainich, denen man in der Natur sonst nur mit viel Glück und Geduld so nah begegnen kann. Gefiederte Freunde wie Specht und Eule sind in der Nationalparkausstellung genauso zu bewundern wie die Kleinsäuger Marder und Siebenschläfer.

Die Nationalparkausstellung befindet sich im Kammerforster Obergut, an der Straße der Einheit. Sie hat täglich geöffnet.

Auf großformatigen Bildern werden die besondere Schönheit der einzigartigen Buchenwälder des Hainich sowie einige seiner interessanten Bewohner vorgestellt.

Die Ausstellung im historischen Gebäude »Obergut« steht unter dem Motto »Wald im Wandel«. Die teils poetisch und teils lehrreich verfassten Texte stammen aus der Feder von Joachim Blank. Die Nationalparkausstellung ist ein idealer Ausgangspunkt für Wanderungen in den Nationalpark.

Landhotel & Gasthaus »Brauner Hirsch«

Erholung und Genuss im nationalparkfreundlichen Hotel

Gäste freuen sich immer auf einen Besuch im in der siebenten Generation geführten Haus. Die urgemütlichen Gasträume laden zum ausgiebigen Verweilen bei Thüringer Gastlichkeit ein. Der »Brauner Hirsch« bietet zudem den idealen Rahmen für Familien- und Betriebsfeiern, Konferenzen und Ausflüge.
Besucher genießen einen erholsamen Aufenthalt in angenehmer Atmosphäre und das Verwöhnaroma einer ausgezeichneten Küche.

Gemütliche Gasträume laden zum ausgiebigen Verweilen bei Thüringer Gastlichkeit ein.

Zum Wohlfühlen laden die individuell eingerichteten Zimmer und Ferienwohnungen mit Telefon, Dusche, WC und TV ein. Besondere Entspannung bieten die Zimmer mit Whirlpool oder mit Wasserbett. Freizeitspaß bieten die Kegelbahnen, Erholung verspricht die Sauna. An Sommertagen lädt ein origineller Biergarten zum Verweilen und zu Thüringer Grillspezialitäten ein.
Das »Nationalparkfreundliche Hotel« bietet seinen Gästen Informationen zu Wanderungen, Ausflügen und Kremserfahrten im und am Nationalpark Hainich. Die zentrale Lage ist hervorragend geeignet als Ausgangspunkt für Wanderungen in den Hainich, zum Besuch der Nationalparkausstellung im Ort oder zum Erkunden der schönen Region. So manches Mal können die Gäste auch eines der vielen schönen Traditionsfeste im Ort miterleben.
Viele Thüringer Sehenswürdigkeiten sind von Kammerforst aus in kurzer Zeit zu erreichen, unter anderem der Baumkronenpfad im Hainich, die Wartburg in Eisenach, die Landeshauptstadt Erfurt, das Germanische Opfermoor am Mittelpunkt Deutschlands und vieles mehr.

Zum Wohlfühlen laden unsere individuell eingerichteten Zimmer ein.

Beitrag von:
Landhotel Zum Braunen Hirsch
Straße der Einheit 12 · 99986 Kammerforst
Tel. (03 60 28) 3 01 14 · Fax (03 60 28) 3 02 14
hainich-hotel@gmx.de · www.hainich-hotel.de

Langula

Das grüne Tor zum Hainich

Gut ausgebaute Radwege verbinden Langula mit dem regionalen Radwegenetz.

Sehenswert sind vor allem die Kirche, der Dorfanger sowie die landschaftlich reizvolle Umgebung.

Ein Dorf mit liebenswertem Charme ist Langula. Der Ort grenzt an den Nationalpark Hainich und befindet sich unweit des Mittelpunktes von Deutschland.

Der Name Langula weist auf die frühe Lage des Dorfes hin und bedeutet »Lang am Loh«. Es mag auch der noch heute bezeichnete »Lohberg« (zwischen Langula und Oberdorla gelegen) eine Rolle bei der Namensgebung gespielt haben. Der Hainichwald reichte vermutlich um die Jahrhundertwende noch bis zur heutigen westlichen Dorfgrenze – und auch darüber hinaus. Die letzten Zeugen des Waldbestandes aus dieser Zeit wurden auf dem »Lohberg« um 1840 aus landwirtschaftlichen Gründen beseitigt.

Urkundlich wird Langula zum ersten Mal am 10. Juli 1278 erwähnt. Dies geht aus einem Schriftstück, welches im Mühlhäuser Archiv aufbewahrt wird, hervor: »Erzbischof Werner von Mainz schenkt dem Brücken-Kloster zu Mühlhausen zehn Lehnstücke zu Geldenriede, über die zwischen ihm und dem Kloster ein Streit entstanden war.«

Als »Geldenriede« wird ein Flurteil, südwestlich von Langula gelegen, bezeichnet.

In der ersten Erwähnung Langulas werden weiterhin die beiden Orte Durla und Langelo genannt. Sehr wahrscheinlich bestand Langula schon wesentlich früher. Es wird angenommen, dass das damals kleine Dörfchen neben Niederdorla schon bestand, als im Jahr 988 in Oberdorla das Stift »Peter und Paul« gegründet wurde.

Langula sieht sich aufgrund seiner geografischen Lage als das grüne Tor zum Hainichwald.

Geschickt in das Ortsbild integriert ist das Feuerwehrgebäude.

Langulaer Spezialitäten

Der alte Baum am Lehdeborn und ein Erdfall

Gut ausgeschildert sind die vielen Wanderwege. Langula wird auch als Tor zum Hainich bezeichnet.

Ein kaum bekanntes, aber schönes Naturdenkmal nahe Langula ist die alte Linde am Lehdeborn. Zudem befindet sich in der Nähe des Hainichdorfes ein geologisches Naturdenkmal: der Erdfall bei der Dorfstelle Harterode.

Die alte Sommerlinde am Lehdeborn hat allerdings zu tun, ihr Dasein zu behaupten. Sie steht unter Konkurrenzdruck des Hochwaldes. Das war nicht immer so. Ein frühes Foto aus dem Jahr 1890 zeigt den Baum noch als markanten Solitär. Gepflanzt wurde die Linde vermutlich in dem Jahr, als auch der Steintisch neben der Quelle, dem Lehdeborn, gesetzt wurde: 1746. Steintisch und Lehdeborn werden von Wanderern gern besucht.

Eine weitere Besonderheit ist der Erdfall westlich von Langula. Der ist heute eigentlich nicht mehr, als eine in der Landschaft auffällige Vertiefung, um die sich eine auffällige Baumgruppe angesiedelt hat. Genau dort soll sich die Dorfstelle Harterode befunden haben. Vielleicht war dieser Erdfall Ursache dafür, dass die nun unsicher gewordene Dorfstelle von den Bewohnern aufgegeben wurde.

Unter Naturschutz gestellt wurde der Erdfall im Jahr 1941, genau wie die Linde am Lehdeborn.

Die alte Linde am Lehdeborn wird von Wanderern gern besucht.

Eine geologische Besonderheit ist der Erdfall westlich von Langula. Dort soll sich die Dorfstelle Harterode befunden haben.

Der geografische Mittelpunkt Deutschlands

Niederdorla

Im Süden des Unstrut-Hainich-Kreises, unmittelbar an der Straße von Mühlhausen in Richtung Eisenach, findet man linkerhand die Gemeinde Niederdorla – den Nabel der Bundesrepublik Deutschland. Jedenfalls, wenn man davon ausgeht, dass sich ganz in der Nähe zum Dorf der geografische Mittelpunkt Deutschlands befindet. Mit beinahe 1500 Einwohnern ist Niederdorla aber immerhin die zweitgrößte Gemeinde der Verwaltungsgemeinschaft Vogtei.

Wie durch Zufall geschah es, dass am Ortsrand des Dorfes im Oktober 1990 der geografische Mittelpunkt Deutschlands festgestellt wurde. Initiiert von der MDR-Sendung Außenseiter – Spitzenreiter

wurde diese Berechnung von Dr. Finger aus Dresden und Dr. Förge aus Göttingen vorgenommen. Es wurden die entferntesten Punkte in der Nord-Süd und der Ost-West Richtung gewählt. Die Koordinaten ergaben, dass der Mittelpunkt in der Gemarkung Niederdorla liegt. Diese Nachricht wurde den Niederdorlaern am 12. Oktober 1990 durch den Fernsehmoderator Hans-Joachim Wolfram in ihre Wohnzimmer übermittelt. Am 26. Februar 1991 wurde als Wahrzeichen für die Mitte Deutschlands eine zwölf Meter hohe Kaiserlinde gepflanzt. Neben der Linde, auf einem markanten Stein, wurde eine Informationstafel über diesen neuen Mittelpunkt Deutschlands angebracht.

Alte, schön restaurierte Fachwerkhäuser prägen das Ortsbild von Niederdorla.

Urkundlich erstmals erwähnt wird Niederdorla im Jahr 1223. Bei einem Landverkauf wird als Zeuge ein »Ludwig aus Niederdorla« genannt.

Bewohnt war die Gegend schon wesentlich früher. Angrenzend am Mittelpunkt liegt das Opfermoor, einst eine bedeutende Kultstätte der Kelten und mehrerer germanischer Stämme.

Dort wurden besonders zwischen 1957 und 1964 zahlreiche Gegenstände aus der Zeit zwischen dem 6. Jahrhundert vor der Zeitrechnung und dem 10./11. Jahrhundert gefunden, die inzwischen in einer Ausstellung besichtigt werden können. Die Funde belegen: Es handelt sich um einen Opferplatz der Germanen. Opferhandlungen konnten bis in die Völkerwanderungszeit nachgewiesen werden. Es sind Knochen von 334 Tieren und von mindestens 40 Menschen gefunden worden. Dabei lagen Hämmer, Äxte und Keulen, die offenbar der kultischen Tötung dienten. Außerdem fand man landwirtschaftliche Geräte, Reusen, Radteile und Zimmermannsgeräte. Heute ist das germanische Opfermoor mit Freiluftmuseum, nachgebauter germanischer Siedlung und Museumspavillon die Attraktion des Ortes.

Sehenswert im Ort sind zudem die Sankt-Johannes-Kirche, die 1772 nach einem Brand wieder neu aufgebaut wurde, das Fickentor, eines der letzten noch erhaltenen Dorftore in Thüringen, sowie der Dorfanger, auf dem noch immer jedes Jahr die traditionellen Feste der Vogteier stattfinden. Lohnenswert für die Touristen ist ein Besuch des Ortes zu Pfingsten und zur Kirmes. An diesen Tagen pflegen die Einwohner des Ortes die überlieferten Bräuche ihrer Vorfahren.

Im Jahr 1991 wurde am geografischen Mittelpunkt Deutschlands eine Kaiserlinde gepflanzt.

In Niederdorla werden die Bräuche der Vorfahren nicht nur gepflegt, sondern auch verehrt, wie dieses Denkmal zeigt.

Blick auf die Sankt-Johannes-Kirche

Opfermoor Vogtei

Der größte eisenzeitliche Opferplatz in Mitteleuropa

Unmittelbar bei Niederdorla, an einem authentischen Ort einer germanischen Kultstätte, wurde ein etwa 2000 Jahre alter Opferplatz nach archäologischen Befunden teilweise rekonstruiert. Die Befunde beruhen auf der Ausgrabung von Prof. Dr. Günther Behm-Blancke, die in den Jahren 1957 bis

Ein Erlebnismuseum gibt Einblicke in den über 2000 Jahre zurückliegenden Alltag der Menschen.

1967 erfolgte und deren wissenschaftliche Dokumentation 2003 erschien. Das ausgegrabene Opfermoor und Seeheiligtum stellt den größten eisenzeitlichen Opferplatz in Mitteleuropa dar und zeigt ein komplexes Bild von Ritualen, die in einem heiligen Moor stattfanden.

Die 80 aufgefundenen eingehegten Heiligtümer mit mindestens 40 aus Holz gefertigten Götterbildern sind einmalig im mitteleuropäischen Raum und stellen eine Sensation für die Region am Mittelpunkt Deutschlands dar.

Der gesamte Komplex der neu errichteten Anlage umfasst ein Museumsgebäude in rustikaler Holzbauweise, zehn originalgetreu rekonstruierte Heiligtümer, die den Zeitraum vom 6. Jahrhundert v.Chr. bis zum 6. Jahrhundert n.Chr. repräsentieren, eine germanische Siedlung mit schilfgedeckten Gebäuden und ein Aktionsgelände. Ein Museumspavillon zeigt zudem Originalfunde der Ausgrabung. Ein Gang durch das Opfermoor gestaltet sich heute als spannende Zeitreise. Zu erleben ist Geschichte zum Anfassen.

Im Museumspavillon werden Originalfunde gezeigt.

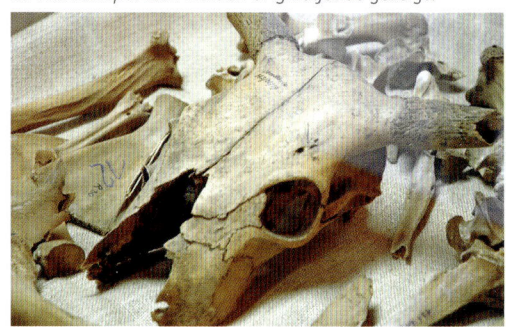

Oberdorla

Ein Ort, wo einst Gericht gehalten wurde

Urkundlich wurde Oberdorla im Jahr 810 in einer Schenkungsurkunde des Grafen Erpho von Bilstein erwähnt. Die Ortsgründung liegt freilich viel weiter zurück. Die Karstquellen Kainspring und Melchiorbrunnen, westlich von Oberdorla gelegen, boten günstige Bedingungen für eine Ansiedlung. Die stark schüttenden Quellen versprachen immer frisches Trinkwasser. Später lieferten die Quellen Antriebskraft für einst sieben Mühlen. Die aufwendig

sanierte Probstmühle im Zentrum von Oberdorla ist bis heute ortsbildprägend.

Der Sage nach lebte auch um 980 ein Graf Wigger von Bilstein auf der Altenburg von Oberdorla.

987 schenkte er den Dorlaern den Hainichwald. Ebenfalls in diesem Jahr ließ er auf dem Schenkberg die Peter-und-Paul-Kirche erbauen. Der Kirche war ein Stift angeschlossen, in dem junge Geistliche ausgebildet wurden. Diese Einrichtung bestand bis 1472, danach wurde das Stift nach Langensalza verlegt.

Bis 1333 hatte Mainz Rechte und Besitz in der Vogtei. 1802 wurden die Vogteier Bürger Preußens.

1816 kam die Vogtei zum »Mühlhäuser Kreis«. Mit etwa 2450 Einwohnern zählt Oberdorla heute zu den größten Gemeinden im Kreis. Auf dem Anger – er ist mit einer Größe von einem halben Hektar der größte Thüringens – steht noch heute ein sehr gut erhaltener steinerner Gerichtstisch mit der Jahreszahl 1681. Bis zum Jahr 1773 wurde dort unter freiem Himmel Gericht gehalten. Der Oberdorlaer Anger zählt zu den schönsten in Thüringen.

Stolz sind die Einwohner auf ihre Kultur. Noch heute wird die heimische Mundart gepflegt und die Trachtengruppe tritt zu verschiedenen Anlässen auf.

Der mit einem halben Hektar Fläche größte Dorfanger Thüringens befindet sich in Oberdorla. Er ist mit Linden und Kastanien bestanden und Standort dreier Denkmale. Der alte Gerichtstisch ist noch vollkommen erhalten, an ihm wurde sechsmal im Jahr Gericht abgehalten. Heute ist der Anger zentraler Festplatz für Traditionsfeste wie das Pfingstfest, das Kinderfest und die Kirmes.

Am Portal der romanischen Kirche sind die beiden bereits stark verwitterten, aber sehr eindrucksvollen Apostel-Darstellungen zu sehen.

Ein Gedenkstein am Kainsprung erinnert an die Dorfstelle »Kogen«.

Die drei Linden geben ein imposantes Bild an der Land-straße zwischen Oberdorla und Langula. Die Mallinden sind das Wahrzeichen der Vogteigemeinden.

Die Mallinden

Vogteier Besonderheiten

Ein Naturdenkmal, worauf die Vogteier besonders stolz sind, sind die Mallinden, die zwischen Nieder-dorla und Oberdorla, direkt an der Landstraße, ste-hen. Gut vierhundert Jahre alt ist die dickste der drei prächtigen Linden. Über neun Meter misst der Umfang des mächtigen Stammes. Die alte Baumda-me musste schon mächtig leiden in ihrem langen Leben. Ausgemauert ist ihr Inneres und mit Beton gefüllt. Vermutlich war diese Operation damals, vor etwa hundert Jahren, ihre einzig mögliche Rettung. Diese Sicherungsmaßnahme soll der an-sässige Fabrikant Anton Knöpfel veranlasst haben. Die zwei jüngeren Schwestern der alten Linde sind mit ihren geschätzten zweihundert Lebensjahren beinah noch jugendlich. Gemeinsam geben sie ein imposantes Bild an der Landstraße zwischen Ober-dorla und Langula.

In welche Gemarkung die Mallinden gehören, scheint unklar. Offiziell ausgewiesen sind sie in der Gemarkung Oberdorla. Doch das Ortsschild lässt auf Niederdorla schließen. Die Niederdorlaer haben auch eine Straße, an der schmucke Einfamilienhäu-ser stehen, nach den Mallinden genannt, die aller-dings »Mahllindenweg« heißt.

Grabhügel oder Gerichtsstätte:
Niemand weiß es genau

Allgemein angenommen wird, dass die alten Linden auf einem alten Grabhügel der Alteinwohner des Ge-bietes Dorla wachsen. Gesichert ist diese Annahme je-doch nicht. Auf Suchgrabungen wird im Interesse der Bäume verzichtet. Es gibt noch eine zweite These. Die besagt, der Lindenhügel sei einst Gerichtsstätte ge-wesen. Die Linde war in alter Zeit der Göttin Freya, der Herrin der Gerichte, geweiht. Da diese Tradition auch in christlichen Zeiten weitergeführt wurde, könnten die Mallinden noch die Zeugen für eine ehemalige Ge-richtsstätte sein. Zumal Experten die älteste Linde auch schon auf gut 600 Jahre geschätzt haben.

Sagenhafte Quellen

Aus dem Kainsprung kommen die Mädchen, aus dem Melchiorbrunnen die Jungen. So wird den heran-wachsenden Kindern in Oberdorla von Generation zu Generation erzählt. Kainsprung und Melchior-brunnen sind zwei Erdfallquellen nahe des Ortes. Im Jahr 1941 wurden sie zu geologischen Natur-denkmalen ernannt.

Geheimnisvoll türkis schimmern die Oberflächen des Kainsprungs und dessen kleinem Bruder, dem wenige Meter entfernten Melchiorbrunnen.

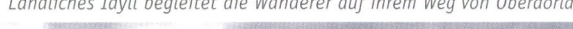

Einer alten Sage nach entstand der Kainsprung, als spie-lenden Kindern eine »Märmel« (Murmel) in einen Erdspalt fiel und dieser sich daraufhin zur Quelle öffnete.

Einer alten Sage nach entstand der Kainsprung, als spielenden Kindern eine »Märmel« (Murmel) in ei-nen Erdspalt fiel und dieser sich daraufhin zur Quelle öffnete. Viele hundert Jahre alt ist der Kainsprung, der auch Kainspring, Koginspring oder Hainspring genannt wird. Bereits 1367 wurde der wasserspru-delnde Erdfall urkundlich erwähnt. Vermutlich ist die Quelle wesentlich älter. So erinnert ein Gedenk-stein am Kainsprung an die Dorfstelle »Kogen«, die hier von 970 bis 1480 ihren Platz einnahm.
Geheimnisvoll türkis schimmern die Oberflächen des Kainsprungs und dessen kleinem Bruder, dem wenige Meter entfernten Melchiorbrunnen. Eine Tiefe bis zu vierzehneinhalb Meter traut man dem Kainsprung, der gut hundert Liter Wasser pro Sekunde gibt, ei-gentlich gar nicht zu. Was wohl daran liegt, dass die Oberfläche undurchdringlich für Blicke bleibt.
Kainsprung und Melchiorbrunnen befinden sich südwestlich von Oberdorla.

Ländliches Idyll begleitet die Wanderer auf ihrem Weg von Oberdorla.

Oppershausen

Der ganze Ort ist eine Sehenswürdigkeit

Die älteren Bauernhäuser sind nach dem Vorbild des fränkischen Gehöfts erbaut. Dieses vom Verfall geprägte Gebäude wirkt dennoch malerich schön.

Oppershausen liegt in einer flachen Talmulde am Gelbrieder Bach und gilt als Kleinod im Unstrut-Hainich-Kreis. Der Name »Husen« kommt aus dem Fränkischen und es kann angenommen werden, dass an der Stelle des heutigen Orts in der Zeit der planmäßigen Besiedlung durch die Franken zwischen 531 bis 880 eine fränkische Siedlung stand. Erstmals erwähnt wird Oppershausen im Jahr 1222. Heinrich von Oprechtshusen wird in einer Erfurter Stiftsurkunde erwähnt.

Heute leben etwas mehr als 300 Einwohner in dem Dorf zwischen Niederdorla und Flarchheim. Sie haben ihren Heimatort hübsch herausgeputzt. Die Wohnhäuser sind gut in Schuss, die Kirche, das alte Trafohäuschen von 1911, der Wasserturm haben frische Farben. So wird der ganze Ort zur Sehenswürdigkeit. Der gepflegte Park hinter dem historischen Gutshaus lädt zum Spaziergang ein. Spielplatz und Teich locken Besucher an, auch von außerhalb.

Baugeschichtlich außerordentlich interessant ist die Kirche mit ihrem im romanischen Stil im 12. Jahrhundert errichteten Turm und dem Kirchenschiff im spätgotischen Stil aus dem 14. Jahrhundert.

Für die Zukunft wird die Naherholung eine Rolle spielen, denn mit nur zwei Kilometer Entfernung vom Nationalpark Hainich liegt die Gemeinde im Einzugsbereich dieses Nationalparkes und hat mit dem östlich vom Ort gelegenen Stausee noch eine weitere Erholungsmöglichkeit in der Nähe.

Bekannt ist Oppershausen auch durch das traditionelle Maienfest, das seit Ende des 19. Jahrhunderts ein jährlicher Höhepunkt ist.

Ein besonderes Kleinod: der Stausee

Erholung pur ist am Stausee zu finden. Als Talsperre wurde der Stausee im Jahr 1976 fertig gestellt und dient vor allem der Bewässerung von Gemüsefeldern. Gestaut wird dabei der Singelbach. Die Talsperre kann jährlich etwa eine halbe Million Kubikmeter Wasser für die Bewässerung von Gemüseanbauflächen im Unstrutgebiet zur Verfügung

stellen. Das Umfeld der Talsperre ist als Landschaftsschutzgebiet geschützt.

Doch längst wird der Stausee nicht nur für die Landwirtschaft genutzt, sondern ebenso für Erholung und Tourismus. So ist ein hübscher Camping-Platz entstanden: Das »Palumpa-Land« erblickte im Jahr 2008 das Licht der Welt. Der Platz ist aus der Idee heraus entstanden, einen Ort zu erschaffen, der sowohl Gäste als auch Einheimische zum Innehalten und Wohlfühlen einlädt. Landschaftlich integriert sich das Palumpa-Land harmonisch in die Natur. Der Camping-Platz schmiegt sich direkt an den großen See, der am Nationalpark Hainich liegt.

Romantischer Abend im Palumpa-Land

Erholung am Stausee

Ortsansicht: Eine Sehenswürdigkeit ist auch das alte Trafohäuschen (im Vordergrund), das 1911 gebaut wurde.

Die Kirche mit ihrem im romanischen Stil im 12. Jahrhundert errichteten Turm und dem Kirchenschiff im spätgotischen Stil aus dem 14. Jahrhundert ist baugeschichtlich außerordentlich interessant.

Der Stolz von Oppershausen

Für die einen ist es ein Schloss, für die anderen ein Gutshaus

Nur noch auf Gemälden und Fotos existiert der Wohnturm der ehemaligen Wasserburg. In den Jahren 1972 und 1973 wurde er abgerissen.

»Natürlich haben wir ein Schloss«, sagen die meisten Oppershäuser. Aber auch den Begriff »Gutshaus« lassen sie gelten. Sie sind nicht kleinlich. Ohne Türme und Zinnen, dafür im beeindruckenden Fachwerk, ist das imposante Gebäude auch schwer als Schloss zu erkennen. »Für viele ist das Schloss darum ein Gutshaus. Aber historisch betrachtet ist das Gutshaus eben doch ein Schloss«, versuchen die Oppershäuser ihren Gästen zu erklären. Immerhin gibt der Straßenname den Schloss-Verfechtern recht: Das Gutshaus-Schloss steht am Schlossplatz.

Ursprung bleibt Geheimnis

Im Dunkeln liegt die Zeit des Ursprungs des Schlosses. Im Jahr 1222 wird die Gemeinde als Oprechthusen erstmalig urkundlich erwähnt. Eine später gebaute Wasserburg soll eine hochmittelalterliche Vorgängerin gehabt haben. In der Chronik von Oppershausen wird der Bau der Wasserburg im Jahr 1395 erwähnt. Richard von Sebecke (Seebach) ließ sie errichten. Nach einigem hin und her in den folgenden Jahren ging das Schloss im Jahr 1408 wieder an die Herren von Seebach. Die bleiben über Jahrhunderte hinweg die Besitzer und bauen im Jahr 1754 an den Schlossturm ein großzügiges Wohnhaus. Bis 1895 bleibt dieses zum Rittergut gewandelte Anwesen in den Händen derer von Seebach. Dann kauft es ein Armin Müller aus Niederdorla. Mehrere Besitzerwechsel folgten in kurzer Zeit. Letztlich nannten Anton Knöpfel und sein Sohn Walter aus Oberdorla das Oppershäuser Schloss ihr Eigentum – bis 1945. Durch Enteignung unmittelbar nach Kriegsende ging das Schloss in den Besitz der Gemeinde.

Verfall und Renaissance

Das Schloss blieb zwar Wohnstätte, wurde aber durch die Gemeindeverwaltung und einen Konsum ergänzt. Es wurde angebaut und eine Gaststätte machte das Schloss bald zum beliebten Treffpunkt. Eine traurige Zeit für das Schloss gab es Anfang der 1970er Jahre. Der noch erhaltene Teil der Wasserburg, der Turm, wurde abgerissen. Die Begründung »Baufälligkeit« wird noch heute von vielen älteren Oppershäusern angezweifelt. Die Steine des Turms waren als Baumaterial sehr begehrt. Auch das Fachwerk-Anwesen siechte dahin und verlor an Stolz, obwohl die in der DDR Herrschenden das abgelegene Schloss gern als ihr persönliches Jagdschloss

betrachteten. Zurück gelassen haben sie im Gaststättenteil einige Trophäen.

Nach den 1990er Jahren begann die Renaissance des Schlosses. Fördermittel machten eine Sanierung möglich. Innerhalb des Programms Dorferneuerung konnte auch der Schlossplatz schön gestaltet werden. Heute zeigt sich das Schloss Oppershausen wieder von seiner charmanten Seite: als ein imposantes Fachwerkgebäude mit rundherum schön gestaltetem Gelände.

Eine Kursächsische Postmeilensäule (Viertelmeilenstein von 1745) vor dem Schloss dokumentiert die ehemalige Zugehörigkeit des Ortes zum Herzogtum Sachsen-Weißenfels.

Das heute noch erhaltene Herrenhaus wurde auf dem Areal der Wasserburg gebaut. Grundmauerreste der Wasserburg sind noch vorhanden.

An die Wasserburg erinnern noch gut erhaltene Reste des einstigen Wassergrabens und eine Brücke. Ursprünglich ist die Brücke leider nicht mehr. Aus Stein und Beton führt sie über den Graben.

Das Südeichsfeld

Idyllische Ortschaften, bewaldete Hügel und kulinarische Verführung

Malerisch in die Landschaft eingebettet liegt Lengenfeld unterm Stein.

Dieser hübsche Wegweiser steht in Diedorf.

Nicht entgehen lassen sollten sich die Besucher des Südeichsfeldes eine Fahrt mit der Draisine. Die 18 Kilometer lange ehemalige Eisenbahnstrecke, auf der die Draisine fährt, gehört zu einer der schönsten in Deutschland. Allein das 244 Meter lange und 24 Meter hohe Viadukt in Lengenfeld unterm Stein zu Beginn der Tour ist ein Besuch im Südeichsfeld wert. Aber auch die sich anschließende, hüglige Landschaft gehört für viele Menschen zu einem Höhepunkt ihrer Fahrt durch das landschaftlich reizvolle Eichsfeld.

Seine besondere Prägung erhielt das Eichsfeld durch die jahrhundertelange Insellage als Teil des Fürstbistums Mainz, auf das noch das Mainzer Rad in vielen Ortswappen hinweist. Dadurch blieb es nach der Reformation fast ausschließlich katholisch und fand im gemeinsamen Glauben und Brauchtum die Grundlage seiner Identität. Als Schutzpatron des Eichsfeldes gilt der Heilige Martin.

Kulinarisch bekannt ist die Region insbesondere für die deftige Wurst wie Feldgieker, Kälberblase und Stracke. Eine Versuchung für »Schleckermäulchen« sind vor allem saftige Kuchen, wie der bekannte Schmandkuchen, denen man einfach nicht widerstehen kann.

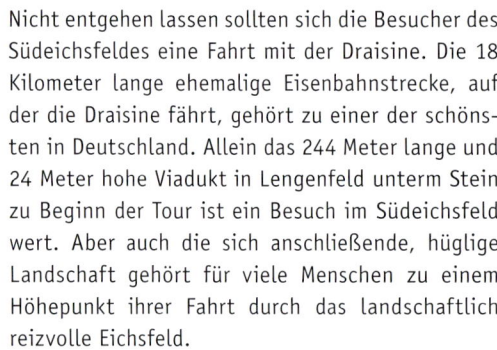

Liebevoll gepflegte Fachwerkhäuser prägen die Dorfansichten. Dieses schöne Haus steht in Faulungen.

Das Eichsfeld ist auch stolz auf eine eigene, inoffizielle Hymne – das Eichsfeldlied.

Das Südeichsfeld ist eine Landgemeinde im Unstrut-Hainich-Kreis, die zum 1. Dezember 2011 aus dem Zusammenschluss der Ortschaften Diedorf, Faulungen, Heyerode, Hildebrandshausen, Katharinenberg, Lengenfeld/Stein, Schierschwende und Wendehausen entstanden ist. In der ländlich geprägten Gemeinde leben knapp 7000 Einwohner.

Die Landgemeinde liegt im Westen des Landkreises. Das Gemeindegebiet ist im Norden, Süden und Westen zugleich Grenze des Unstrut-Hainich-Kreises, im Norden zum Landkreis Eichsfeld und im Süden zum Wartburgkreis. Im Westen ist die Gemeinde- und Landkreisgrenze zugleich Grenze Thüringens zu Hessen. Im Osten grenzen die Gemeinde Rodeberg und die Verwaltungsgemeinschaft Vogtei an das Gemeindegebiet.

Das Südeichsfeld liegt inmitten des etwa 870 Quadratkilometer großen Naturpark Eichsfeld-Hainich-Werratal. Dieser Naturpark umfasst drei Landschaften am Westrand des Thüringer Beckens: das bergige Südeichsfeld, die Buchenwälder des Hainich und das felsige Werratal.

Das Südeichsfeld präsentiert sich als vielfältige Mittelgebirgslandschaft mit Buchen-Mischwäldern, Obstwiesen, reizvollen Ortschaften und weithin sichtbaren Muschelkalkfelsen.

Und sicher ist: Ob per Auto, zu Fuß oder auf dem Fahrrad – im Südeichsfeld können sowohl Naturfreunde als auch an Kultur Interessierte Sehenswürdigkeiten für sich entdecken. Zu ausgiebigen Wanderungen laden die bewaldeten Bergrücken ein. Auch die oft sehr idyllisch gelegenen Ortschaften mit oft überraschenden Sehenswürdigkeiten lohnen einen Abstecher.

Die oft sehr idyllisch gelegenen Ortschaften überraschen mit Attraktionen und Sehenswürdigkeiten. Der Anger in Lengenfeld unterm Stein ist ein Kleinod.

Diedorf

Das »Heilige Grab« und andere Schätze

Als Diedorf vor mehr als 1100 Jahren, im Jahr 897, erstmals als »Ditdorf« urkundlich erwähnt wird, ist der Ort vermutlich dicht umringt von undurchdringlichem Wald. Ein Adliger namens Wicer und seine Gemahlin Heilica übereigneten dem Kloster Fulda Güterbesitz, wobei auch jener Ort Dietdorfen erwähnt wurde.

Noch heute kann sich Diedorf rühmen, in einer der reizvollsten Landschaften eingebettet zu sein. Vom Gipfel des fast 480 Meter hohen Dörnerberges – südöstlich der Gemeinde – ist das hübsch im Tal liegende Diedorf zu überblicken. Nur wenigen Minuten entfernt ist der Stadtwald von Mühlhausen zu erreichen. Unmittelbar vor der Nase, im Südosten, liegt der bewaldete Hainich.

Zusammen mit den Sehenswürdigkeiten im Ort sowie den seit einigen Jahren vorbeiführenden Unstrut-Werra-Radweg scheint Diedorf geradezu prädestiniert für Tourismus.

Ein Blickfang in der Mitte des Dorfes ist der Anger. Von einer dicken Mauer ist der eingefasst. Vermutlich ist dieser Anger mit seinen Sühnekreuzen einer der ältesten in der Thüringer Dorflandschaft. Seit dem 9. Jahrhundert bis in das 19. Jahrhundert hinein soll er als Versammlungs- und Richtplatz sowie für öffentliche Ankündigungen genutzt worden sein. Eines der wertvollsten Kunstdenkmale des Eichsfeldes beher-

Diedorf liegt im Nordwesten des Thüringer Höhenrückens, dem Hainich. Das Dorf wurde 897 erstmals urkundlich erwähnt. Dieses hübsche Ortswappen steht an einem Wanderweg, am nördlichen Ortsrand.

Blick auf Diedorf

bergt die Pfarrkirche im Dorfzentrum: das »Heilige Grab«, ein spätgotisches Bildwerk aus einem einzigen Stein gemeißelt. Das aus Sandstein gehauene Werk hat eine Länge von 2,30 Meter und eine Breite von 1,50 Meter. Es veranschaulicht die Grablegung Christi. Das »Heilige Grab« ist im Jahr 1501 von einem unbekannten Künstler geschaffen worden.

Ein Blickfang mitten im Dorf ist das alte »Schulzenhaus« mit seinen stilvollen und reichen Schnitzereien. Das Haus wurde 1616 erbaut.

Zeugnis jüngerer Geschichte ist das Strumpfmuseum an der Brückenstraße 3. Von den Ursprüngen bis zum heutigen Stand der Technik ist dort die Strumpfherstellung anschaulich und funktionstüchtig nachgestellt. Diedorf entwickelte sich um die Wende zum 20. Jahrhundert zu einer Hochburg der Strumpf-Strickerei, die knapp 100 Jahre später ihren Niedergang erlebte.

Weniger bekannt als Diedorfer Sehenswürdigkeiten sind zwei Baumnaturdenkmale. Südlich des einstigen

Bahndammes, Richtung Schierschwende, stehen zwei sehr seltene Vogelkirschen. Zwischen 80 und 90 Jahre wird deren Alter geschätzt. Am nördlichen Ortsrand von Diedorf, nahe der Kirchrainstraße, stehen zwei bemerkenswerte Sommerlinden. Ihr Alter wird auf etwa 300 Jahre geschätzt. Die Bäume flankieren einen historischen Bildstock aus dem Jahr 1740.

Diedorf ist heute ein Ortsteil der Landgemeinde Südeichsfeld. Etwa 1500 Einwohner leben in dem Ort.

Der Ort verfügt über ein relativ geschlossenes Ensemble an Fachwerkhäusern und -hofanlagen.

Ein Blickfang in der Mitte des Dorfes ist der Anger. Von einer dicken Mauer ist der eingefasst. Vermutlich ist dieser Anger mit seinen Sühnekreuzen einer der ältesten Anger in der Thüringer Dorflandschaft.

In der Diedorfer Pfarrkirche steht eines der wertvollsten Kunstdenkmale des Eichsfeldes: das »Heilige Grab«, ein spätgotisches Bildwerk aus einem Stein gemeißelt.

Diedorfer Strumpfmuseum

Erinnerung an das Textilgewerbe

Zeugnis jüngerer Geschichte ist das Strumpfmuseum an der Brückenstraße 3. Von den Ursprüngen bis zum heutigen Stand der Technik ist dort die Strumpfherstellung anschaulich und funktionstüchtig nachgestellt.

Die einstige Strumpfmode wurde in Diedorf bestimmt.

Zeigt her eure Füße, zeigt her eure Schuh': Ein Strumpfmuseum ist die Attraktion in Diedorf. Von den Ur-

Heute sind die Maschinen zur Strumpfherstellung technische Denkmale.

sprüngen bis zum heutigen Stand der Technik ist die Strumpfherstellung im Strumpfmuseum anschaulich und funktionstüchtig nachgestellt. Strumpferzeugnisse in ihrer Vielfalt machen auch für technisch weniger Interessierte den Besuch zu einem Erlebnis. Vom Faden bis zum Verkaufsprodukt können sich die Gäste in diesem Museum einen Überblick über die Herstellung einer Strumpfhose verschaffen. Fortschreitende Entwicklungen beim Stricken werden durch die entsprechenden Maschinen und Arbeitsplätze zum Greifen nah. Immer höher technisierte Konfektionsmaschinen geben Auskunft über Zeiteinsparungen und Qualitätsverbesserungen beim Fertigstellen der Produkte.

Nach 1900 wurde in dem bis dahin landwirtschaftlich geprägten Ort das Textilgewerbe ansässig. Die ersten Strickereien entstanden in den

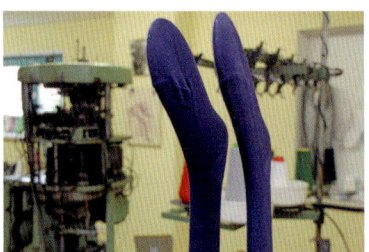

Diedorf war einst Sitz einer Strumpfindustrie von großer wirtschaftlicher Bedeutung für das thüringische Eichsfeld.

Jahren 1904 bis 1906. Es entwickelte sich eine Strumpfindustrie von großer wirtschaftlicher Bedeutung für das thüringische Eichsfeld.

Das Museum dokumentiert die Anfänge, den Aufschwung und die Situation während der Nazizeit bis zur Verstaatlichung während der DDR-Zeit. Wandtafeln und Dokumente geben Auskunft über die Bedeutung der Strickerei weit über Diedorf hinaus. Auch der rigorose Abbau dieser Industrie durch die beginnende Globalisierung wird dargestellt.

Das Strumpfmuseum in Diedorf soll Erinnerungen an ein rar gewordenes Gewerbe wach halten.

Geöffnet hat es dienstags von 13 bis 17 Uhr sowie nach Vereinbarung.

Naturdenkmale in Diedorf

Wildkirschen und Stationslinden

Zwei prächtige Stationslinden stehen an der Kirchrainstraße. Die Bäume sind etwa 28 Meter hoch und haben einen Umfang von knapp 5 Meter. Ihr Alter wird auf 250 bis 300 Jahre geschätzt.

Fanden junge Mädchen in vergangenen Zeiten am 1. Mai einen Zweig der Vogelkirsche vor ihrer Tür, war das alles andere als ein Liebesgruß. In der Symbolik steht die Frucht dieser Wildkirsche unter anderem auch für die Verführung der Sinneslust. Der christlichen Kirche galt einst der Kirschbaum als Sinnbild für ein gefallenes Mädchen. Fand also ein Mädchen am 1. Mai einen Kirschzweig vor der Tür, war es der öffentlichen Schande preisgegeben.

Zum Glück sind diese Zeiten der Schmähung und Verachtung hierzulande längst vorbei. Wohl kaum eine Diedorferin wird am 1. Mai einen solchen Zweig vor ihrer Tür gefunden haben. Und wenn doch, würde sich vermutlich niemand daran stören, außer die Naturschützer. Denn die Zweige könnten von den zwei denkmalge-

schützten Wildkirschen, die südlich des alten Bahndammes Richtung Drachental stehen, stammen. Seit 1994 stehen die heute etwa 90-Jährigen unter Schutz. Wildkirschen, die dieses Alter erreichen, sind selten geworden. Die zwei Bäume sind nicht die einzigen Naturdenkmale in Diedorf. Auf der anderen Seite des Dorfes. am nordöstlichen Ortsrand, stehen

die Stationslinden, zwei Sommerlinden. Sie flankieren den Bildstock aus dem Jahr 1740. Gut möglich, dass die Bäume anlässlich der Errichtung des Bildstockes gepflanzt wurden. Ihr Alter wird auf 250 bis 300 Jahre geschätzt. Es kann genauso gut auch anders gewesen sein: Das Anbringen von Andachtsbildern an Bäumen war schon im Mittelalter üblich.

Mit einem Umfang von etwa 1,70 Meter und 2,30 Meter sind die unter Naturschutz gestellten Vogelkirschen ausgesprochen schlanke Wesen.

Katharinenberg

Ruine der Wallfahrtskirche ist die Attraktion

Die Ortschaft Katharinenberg wurde erstmals 1512 auch als Besitz der »Harstallschen Familie« erwähnt. Sie liegt auf einer Anhöhe von 438 Meter direkt an der Bundesstraße B249, an einer der wichtigsten Verkehrsadern nach der Wiedervereinigung entlang der hessisch-thüringischen Grenze. In dem kleinen Ortsteil, der zu Diedorf zählt, mit einer Gemarkungsgröße von 158 Hektar wohnen etwa 150 Einwohnern.

Durch den Ort führte im Mittelalter die alte Heerstraße mit eigener Zollstation.

Ein kulturgeschichtlicher Anziehungspunkt und kunstgeschichtliche bedeutende Ruine ist die der Wallfahrtskirche. 1520 wurde mit deren Bau begonnen. Ob die Wallfahrtskirche einmal fertiggestellt worden ist oder nicht, ist nicht überliefert. Der einstige Chorraum ist mit einer Mauer geschlossen worden und dient heute als Kirche.

Mittelpunkt des gepflegten Dorfes ist der im Jahre 1984 restaurierte Dorfanger.

Von 1995 bis 2011 stand der Name »Katharinenberg« auch für die Einheitsgemeinde mit den weiteren Ortsteilen Diedorf, Wendehausen, Schierschwende und Faulungen. Seit 1. Dezember 2011 gehört die Einheitsgemeinde zur Landgemeinde Südeichsfeld.

Die Sage vom Heiligen Grab

Das Heilige Grab stand in der Klosterkirche zu Katharinenberg, die dadurch ein berühmter Wallfahrtsort war. Um es vor den Mühlhäuser Scharen zu schützen, brachte man es in das Buchholz und vergrub es dort an einer moorigen Stelle. Als nun die Raubscharen das Heilige Grab nicht fanden, zerstörten sie die Kirche und zündeten sie an. Die Bauern aber, die das Grab fortgeschafft hatten, wurden auf Befehl Müntzers erschossen, weil sie das Versteck nicht verrieten. So wusste nun niemand, wo das Heiligtum war und es geriet in Vergessenheit.

Viele Jahre später jagte ein Edelmann im Buchholz eine Wildsau, die von seinen Rüden in einem Moorgrunde gestellt wurde. Als er nun zur Jagdbeute trat, die im Kampf mit den Hunden den Moorboden sehr aufgewühlt hatte, sah er einen Menschenkopf hervorschauen.

Die Kunde hiervon verbreitete sich zur selben Stunde im ganzen Dorfe. Jung und Alt eilten zur Fundstätte. Da erinnerten sich alte Leute wieder an das Heilige Grab, dass in der Kirche zu Katharinenberg gestanden hatte. Nun wurde beschlossen, ihm seinen alten Platz wiederzugeben.

Zu diesem Zwecke lud man es auf einen Wagen, vor den man vier der kräftigsten Ochsen gespannt hatte. Bis zum »Brunkel« (westlich von Diedorf) ging der beschwerliche Weg ohne Zwischenfall vonstatten. Auf dem Wege nach Katharinenberg angelangt, waren aber die Zugtiere nicht mehr von der Stelle zu bringen. Als man am nächsten Morgen die Fahrt fortsetzen wollte, sah man zum größten Erstaunen, dass der Wagen umgedreht war und die Deichsel nach Diedorf zeigte. Dies betrachtete man als ein Zeichen des Himmels und das Heilige Grab wurde ohne große Mühe nach Diedorf gebracht. Der Freiherr von Harstall ließ noch in demselben Jahr eine Kapelle bauen, in der das Heilige Grab aufgestellt wurde. Heute ist es in der Kirche »Sankt Alban« zu finden.

Die Gemeinde Katharinenberg liegt inmitten des Naturparks Eichsfeld-Hainich-Werratal. Von dort aus kann man ausgedehnte Wanderungen in die nähere und weitere Umgebung unternehmen.

Hübsche Fachwerkhäuser zieren den Ort.

Eine kunstgeschichtlich bedeutende Ruine ist die der Wallfahrtskirche.

Die Kirchruine ist das Wahrzeichen des Dorfes.

Blick in den Innenhof der Kirchruine

Laserschneid- und Abkanttechnik Danny Rosenstock

Ein innovatives Unternehmen

Seit 1990 ist das Unternehmen als kompetenter, zuverlässiger und vertrauensvoller Partner in der Laserschneid- und Abkanttechnik in Katharinenberg tätig. In dieser Zeit hat sich der Maschinenpark stets erweitert und das Mitarbeiter-Team steht der Kundschaft als innovativer und zuverlässiger Partner zur Seite. Der Betrieb verfügt über 5000 Quadratmeter Produktionsfläche, ausgestattet mit modernster Maschinen- und Werkzeugtechnik zur Bearbeitung verschiedenster Materialien. Besonders auf dem Gebiet der Laser- und Wasserstrahlschneid- sowie Abkant-

technik gilt das Unternehmen als führend in der Region.

Durch qualitativ hochwertige und dabei wirtschaftliche Lösungen konnte es für seinen Kundenstamm bereits viele namenhafte Unternehmen gewinnen.

Der Produktionsstandort unmittelbar an der thüringisch-hessischen Grenze bietet optimale Voraussetzungen, um Kunden in ganz Deutschland und darüber hinaus schnell zu erreichen.

Der Maschinenpark

Mittels der zwei Laserschneidanlagen können Stahl- und Edelstahlbleche bis zu einer Stärke von 20 Millimeter nach individuellen Wünschen geschnitten werden.

Für die Bearbeitung nichtmetallischer Materialien verfügt das Unternehmen zudem über eine moderne Wasserstrahlschneidanlage. Gern werden auf Kundenwunsch auch Details der Werkstücke eingearbeitet. Auf den drei Abkantpressen können Kanten verschiedener Radien und Grade geformt werden.

Das Setzen und Senken von Bohrungen, das Schneiden von Gewinde

oder das Verschweißen von Teilen wird unmittelbar vor Ort erledigt. Mithilfe von Kooperationsunternehmen können außerdem verschiedene Möglichkeiten der Oberflächenbearbeitung, wie Verzinken oder Sandstrahlen, angeboten werden.

Die Fertigung

Das Leistungsspektrum der Produktion umfasst neben der Serienfertigung auch die Herstellung von Einzelteilen und Prototypen. Dabei wird permanent auf Wirtschaftlichkeit und Effizienz geachtet.

Kundenwünsche werden stets in höchster Qualität erfüllt. Die Durchführung und die kontinuierliche Weiterentwicklung des Qualitätsmanagements ist durch die Zertifizierung nach DIN EN ISO 9001 bestätigt. Die Zertifizierung wird regelmäßig überwacht. Hoch qualifiziertes Fachpersonal handelt und produziert nach diesen Richtlinien, um den Kunden den schnellen Einsatz und die einfache Weiterverarbeitung ihrer Teile zu ermöglichen.

Das Unternehmen »Danny Rosenstock« ist ständig bemüht, die indivi-

Der Betrieb verfügt über 5000 Quadratmeter Produktionsfläche.

duellen Anforderungen der Kunden zu erfüllen und optimale Lösungen auch für schwer realisierbare Aufgaben zu entwickeln.

Beitrag von:
Danny Rosenstock Laserschneid- und Abkanttechnik
99988 Katharinenberg | Thüringen
Tel. (03 60 24) 80 22 44
Fax (03 60 24) 80 22 40
info@ihrlaserschneider.de
www.ihrlaserschneider.de

Qualitativ hochwertige und dabei wirtschaftliche Lösungen werden angeboten.

Metallbau Bernhard Rosenstock

Im Bereich Bauschlosserei und Metallbau werden Treppen, Geländer, Tore und Zäune, Fenstergitter sowie jegliche Sonderanfertigungen gefertigt.

Gearbeitet wird nach Vorgaben der Kunden anhand von Übersichts-/ Werkstattzeichnungen und statischen Berechnungen. Gern übernehmen die Experten auch die komplette Planung. Das Rosenstock-Team ist erfahren und zuverlässig und produziert mit hochmodernen und leistungsstarken Maschinen.

Schöner wohnen: Auch das macht der Metallbau möglich.

Beitrag von:
Metallbau Bernhard Rosenstock
99988 Katharinenberg | Thüringen
Tel. (03 60 24) 8 94 06
Fax (03 60 24) 8 94 09
bernhard@metallbau-rosenstock.de
www.metallbau-rosenstock.de

Das Unternehmen ist mit modernster Maschinen- und Werkzeugtechnik zur Bearbeitung verschiedenster Materialien ausgestattet.

TruBend 8500 · Laserschneidanlage · Abkantpresse bis 6.000 mm · Wasserstrahlschneidanlage · Abkantpresse

Hildebrandshausen

Dorf mit schöner Aussicht

In der Ortslage befindet sich die katholische Pfarrkirche »Heilig Kreuz«.

Ein alter Grenzturm bei Hildebrandshausen erinnert an die einstige deutsch-deutsche Grenze.

In einem langen, schmalen Tal des südlichen Eichsfeldes liegt Hildebrandshausen. Im Jahr 1318 wird der Ort erstmals urkundlich erwähnt. Der Ort ist freilich viel älter. So lässt der Name Hildebrandshausen auf eine Gründung zur Zeit der Herrschaft der Franken zwischen den Jahren 500 und 800 schließen. Der Urkunde ist zu entnehmen, dass das Erzstift Mainz einen Hof in Hildebrandshausen besaß, der zum Schloss und Amt Bischofstein gehörte. Der karge Boden an steilen Hängen ließ unter schwierigen Bedingungen nur wenig ertragreiche Landwirtschaft zu. Zum Broterwerb reichte die Landwirtschaft jedenfalls nicht. So entwickelte sich im 19. Jahrhundert die Handwollkämmerei und Raschmacherei.

Mit dem Schulneubau wurde im Jahr 1848 begonnen. Die neuerbaute Kirche wurde am 29. Mai 1869 eingeweiht.

Als weitere besondere Ereignisse werden in der Ortschronik die Fertigstellung der Wasserleitung für den gesamten Ort im Jahr 1907 sowie im Jahr 1920 der Anschluss an das Elektrizitätsnetz genannt. Das waren gute Ausgangspositionen dafür, dass sich bald kleine Zigaretten-, Textil- und Strickbetriebe ansiedelten. Doch Ende der 1990er Jahre waren auch die wieder verschwunden.

Hildebrandshausen liegt etwa 17 Kilometer westlich der Kreisstadt Mühlhausen im Eichsfeld und gehört zum Naturpark Eichsfeld-Hainich-Werra-tal. Seit dem 1. Dezember 2011 ist die vormals selbstständige Gemeinde Ortsteil der Gemeinde Südeichsfeld. In Hildebrandshausen wohnen etwa 400 Menschen. Die Ortsansicht ist geprägt von liebevoll sanierten Fachwerkhäusern und von der schönen Aussicht auf die sanften Hügel des Eichsfeldes. Hildebrandshausen ist von der Ortsform her ein typisches Straßendorf.

Gut Keudelstein

Eine große Rolle in der Ortsgeschichte spielte das Geschlecht der Herren von Keudel, die von einer kleinen Burg, dann von ihrem Rittergut aus, das Dorf beherrschten. Am Fuße der Keudelskuppe ließen die von Keudels von 1583 bis 1669 das Gut Keudelstein errichten. Zu ihm gehörte ein prächtiges, dreigeschossiges Fachwerkschloss. Gut und Schloss waren 1945 völlig intakt, als der letzte Besitzer, Alexander von Keudel, nach Ende des Zweiten Weltkrieges entschädigungslos enteignet wurde. 1948 begann der Abriss des Schlosses zur »Gewinnung von Baumaterial«, auf der Grundlage des berüchtigten Befehls 209 der Sowjetischen Militäradministration. Die Wirtschaftsgebäude wurden noch weiter genutzt, das Gelände verwahrloste jedoch. 1978 erging der Befehl der DDR-Grenztruppen-Führung zum vollständigen Abriss der noch vorhandenen Reste des Ritterguts nahe der innerdeutschen Grenze.

Kunstvolle Bildstöcke zieren den Kirchhof.

Heyerode

Ein Dorf mit vielen Sehenswürdigkeiten

Im Talkessel des Hainich gelegen, breitet sich ein Dorf aus, das rundum von Laubwäldern umgeben ist. Gegründet ist Heyerode wahrscheinlich wie viele »-rode«-Ortschaften so um das Jahr 1250.

Im Jahr 1356 wurde Heyerode zum ersten Mal urkundlich erwähnt und zwar unter dem Namen Hoiginra-de. Die Herren von Seebach und die Gebrüder von Mihla wurden Lehns-herren, sie lösten Reinhard Keudel und Götz Schindekopf ab.

Attraktiv ist der Ort für erholungsu-chende Familien. Sie sind im »Alten Bahnhof« herzlich willkommen. Ein kleiner Bauernhof ist dort die Attraktion. Der Landgasthof gehört als Erholungs- und Begegnungsstätte zur anerkannten Werkstatt für Menschen mit Behinderung des Vereins Mühlhäuser Werkstätten. 2005 wurde der Landgasthof mit seinen Ferienhäusern durch den Deutschen Hotel- und Gaststättenverband mit drei Sternen geadelt. Im Jahr 2007 gab es das Prädikat »Familienfreundliche Einrichtung«.

Sehenswürdigkeiten gibt es einige im Ort: das historische Grenzhaus, die Bergkirche und die alte Mühle. Die Obermühle im Westen des Dorfes –

Blick auf die Bergkirche

Tierische Begegnungen sind im Bauernhof des Landgasthofes »Alter Bahnhof« zu erleben.

Der »Alte Bahnhof« befindet sich im Osten von Heyerode. Der familienfreundliche Landgasthof bietet vor allem für Besucher aus der Stadt viele Erlebnisse.

ein technisches Denkmal – sowie das Grenzhaus im Osten sind im Privatbesitz. Besichtigungen sind nur von außen möglich. Doch wer seine Freude an historischer Architektur hat, wird auch an einer Außenbesichtigung seine Freude haben. Zudem bleibt der Reiz, die Bewohner vielleicht anzutreffen und mit ihnen in ein freundliches Gespräch zu kommen – mit der Aussicht auf eine kleine Führung durch das private Refugium.

Mit etwa 2250 Einwohner gehört Heyerode zu den größeren Dörfern im Landkreis. Seit dem 1. Dezember 2011 ist die vormals selbstständige Gemeinde Ortsteil der Landgemeinde Südeichsfeld.

Zwischen Heyerode und Oberdorla führt die Landstraße direkt durch ein Grenzhaus. Das Tor markiert die Grenze zwischen dem katholischen Eichsfeld und dem protestantischen Thüringen. Das Grenzhaus wurde 1612 durch die freie und kaiserliche Stadt Mühlhausen als Warte zum Schutz gegen den Adel des Eichsfelds erbaut. 1650 wurde das Grenzhaus wieder neu gebaut, da es im Dreißigjährigen Krieg zerstört worden war.

Schön sanierte Fachwerkhäuser prägen das Ortsbild.

Faulungen

Romantischer Ort im Friedatal

Im romantischen Tal der Frieda liegt die Eichsfeldgemeinde Faulungen. Landschaftlich gelegen zwischen Hainich und Meißner, umgeben von steilen Hängen und Mischwäldern bietet das etwa 600 Einwohner zählende Dorf mit einer Gemarkungsgröße von 716 Hektar eine beschauliche Idylle. Der markanteste Punkt im Dorf ist die katholische Kirche Sankt Martin. Der Bau der Kirche wurde 1753 begonnen und 1756 vollendet. Ausgestattet ist sie mit einem prächtigen Barockaltar aus dem aufgelösten Kloster Reifenstein.

Die oberhalb des Dorfes am Berghang gelegene Grotte ist eine Nachbildung der Grotte von Lourdes.

Durch die Abgeschiedenheit und die Lage im ehemaligen innerdeutschen Grenzgebiet blieb die Natur des Faulunger Tals erhalten.

Die bewaldeten Berge, der höchste seiner Art ist der »Schlegelsberg«

mit 461 Meter, bieten eine erholsame Aussicht für entspannungssuchende Wanderer in das Faulunger Tal.

Die Natur hält in Faulungen noch eine weitere Besonderheit bereit: die unter Naturschutz stehenden etwa 1000 zum Teil sehr alten Eiben. Faulungen besitzt damit einen der größten Eibenbestände Deutschlands.

Um das kulturelle und das natürliche Erbe weiterhin zu pflegen, bemühen

Die oberhalb des Dorfes am Berghang gelegene Grotte ist eine Nachbildung der Grotte von Lourdes.

sich die ortsansässigen Vereine mit vielfältigen Ideen.

Faulungen gehört heute zur Landgemeinde Südeichsfeld.

Die bewaldeten Berge – der höchste seiner Art, der »Schlegelsberg« mit 461 Meter, bieten eine erholsame Aussicht für entspannungssuchende Wanderer in das Faulunger Tal.

Die Heimatstube

Faulunger Brauchtum

Aufgrund einer Sammelinitiative zur Bewahrung örtlicher Sachzeugen der dörflichen Alltagskultur gelang es dem Heimatverein Faulungen e.V. im Jahr 1997, eine kleine Heimatstube einzurichten. Die Heimatstube zeigt ein Schlafzimmer aus der Zeit des frühen 20. Jahrhunderts, eine Küche aus den 1920er Jahren sowie eine Wohnstube aus dem Jahr 1935.

Ansinnen des Heimatvereins ist es unter anderem, das Faulunger Brauchtum zu pflegen, historische Gegenstände und Kleidung zu bewahren.

Als Zeugnisse eines derben Volkshumors bildeten sich bereits vor Jahrhunderten Besonderheiten des jeweiligen Dorfes charakterisierende Neck- und Spitznamen heraus. Demnach lebten hier im Ort die »Fühlinger Muskricken«. Die hölzerne Kricke – auch in der Heimatstube ausgestellt – war ein Rührgerät beim Muskochen. So berichtet besonders dieses Exponat über das alltägliche Leben. Im Herbst, zur Ernte der Früchte, wurde der süße Brotaufstrich gekocht, der das ganze Jahr über ein billiges Nahrungsmittel für die großen Familien war.

Träger der Heimatstube ist der Heimatverein Faulungen.

Das Musfest

Um 1900 war Faulungen ein kinderreiches Dorf. Die meisten Familien waren sehr arm und der karge Boden brachte kaum Ertrag. Das zeigt auch, dass nahezu jeder Bauer noch bis in die 1960er Jahre einen Nebenerwerb hatte. Doch das besondere Faulunger Klima war hervorragend für den Anbau von Zwetschgenbäumen. So standen rund um den kleinen Ort, meist an Wegesrändern, zahlreiche Bäume dieser Art.

Im Herbst, zur Ernte der Früchte, wurde dann der leckere Brotaufstrich gekocht und bildete ein billiges und schmackhaftes Nahrungsmittel für die Familien

Im Jahre 1999 war es für den Kirmesverein »Sankt Martin« an der Zeit, diesen Faulunger Brauch wieder aufleben zu lassen – mit einem Musfest. Dabei wird Mus gekocht wie einst, in riesigen Kesseln, die 100 bis 150 Liter fassen. Damit nichts anbrennt, muss das Mus über viele Stunden immer in Bewegung gehalten werden, von Anfang bis Ende. Als Hilfsmittel dafür diente die Muskrücke, die dann letztendlich den Spitznamen »Fühlinger Muskricken« begründete.

Das Faulunger Musfest findet alle zwei Jahre statt. Das Musfest hat sich mittlerweile zu einem bei Gästen des Ortes und Touristen beliebten Erlebnistag entwickelt. Höhepunkte des Festes sind zweifelsohne die Wahl des besten Faulunger Mus und die Krönung der neuen Muskönigin.

Das Mus wird in großen Kesseln gekocht. Damit nichts anbrennt, muss das Mus immer in Bewegung gehalten werden. Als Hilfsmittel dafür dient die Muskrücke, die schließlich den Necknamen »Fühlinger Muskricken« brachte.

Höhepunkt des Musfestes ist die Krönung der Muskönigin. Bernadett Kaufhold war eine der Majestäten.

Eine Küche aus den 1920er Jahren gehört ebenso zu den Exponaten in der Heimatstube.

Ansinnen des Heimatvereins ist es unter anderem, das Faulunger Brauchtum zu pflegen, historische Gegenstände und Kleidung zu bewahren.

Eine Überlebensstarke

300-jährige Sommerlinde auf dem Faulunger Anger

Typisch für die Dörfer in der Region war es einst, auf dem Anger eine Linde zu setzen. Sie symbolisierte den zentral gelegenen Platz als geografisches, politisches und kulturelles Zentrum.

In der unmittelbaren Nähe des Angers waren meist die Kirche, das Bürgermeisteramt und eine Gaststätte zu finden.

Gut dreihundert Jahre mag es her sein, dass die Faulunger ihren Anger mit einer Sommerlinde schmückten. Diese Linde ist heute ein markanter Baum. Dabei war in den 1990er Jahren dessen Leben in Frage gestellt. Ein Hauptast war abgebrochen. Durch eine Sanierung, verbunden mit der Ausbildung als Kopflinde, konnte der Baumveteran gerettet werden. Noch im hohen Alter trieb er neu aus.

Gut dreihundert Jahre mag es her sein, dass die Faulunger ihren Anger mit einer Sommerlinde schmückten.

Am Südhang der Eichsfelder Berge, inmitten des Naturparks Eichsfeld-Hainich-Werratal, liegt Lengenfeld unterm Stein.

Lengenfeld unterm Stein

Ein Lust-Dorf in romantischer Lage

Um die Ortschaft herum laden viele Rad- und Wanderwege zu ausgedehnten Touren durch den Naturpark Eichsfeld-Hainich-Werratal ein.

Am Südhang der Eichsfelder Berge, inmitten des Naturparks Eichsfeld-Hainich-Werratal, liegt Lengenfeld unterm Stein. Der Name des Ortes leitet sich von Lengenfeld (langes Feld) unter dem Bischof-Stein ab. Erstmals urkundlich erwähnt wird der Ort im Jahr 897. Lengenfeld gehörte bis 1802 zu Kurmainz und kam dann an Preußen. Von 1807 bis 1815 war es Teil des Königreichs Westphalen, um dann wieder an Preußen zurückzufallen.

Seine romantische Lage im Tal des Flüsschens Frieda, die beim nahe gelegenen Kloster Zella entspringt, macht den Ort zu einem beliebten Urlaubs- und Reiseziel für Touristen und Wanderfreunde. Viele gut erhaltene und sorgfältig restaurierte Wohnhäuser, die im Fachwerkstil erbaut wurden, prägen noch heute das Bild der überwiegend katholischen Gemeinde, in der etwa 1300 Einwohner beheimatet sind.

Umgeben von hohen Bergen, die mit ihrem Laub- und Nadelholzbestand der Landschaft ein besonderes Gepräge geben, ist Lengenfeld unterm Stein ein Musterbeispiel für die vielen (Natur-)Schönheiten des Eichsfeldes.

Drei Wahrzeichen

Charakteristisch sind vor allem drei Wahrzeichen, die den Besucher schon von weitem grüßen. Hoch über dem Ort liegt das in den Jahren 1747/1748 im Barockstil erbaute Schloss Bischofstein.

Ein weiterer Anziehungspunkt des Ortes ist die neugotische Pfarrkirche, die im Jahre 1882 erbaut wurde. In der Weihnachtszeit bietet das Gotteshaus mit seiner, den gesamten Altarraum ausfüllenden Krippe ein Kleinod der Region. Das dritte und ei-

gentliche Wahrzeichen, das diesen Ort auch über Deutschlands Grenzen hinaus bekannt gemacht hat, ist der imposante Eisenbahnviadukt. Mit einer Höhe von 24 Metern und einer Gesamtlänge von 240 Metern überspannt er den gesamten Ort. Bereits im Jahre 1875 errichtet, ist der Eisenbahnviadukt heute noch Symbol historischer Baukunst. Der Viadukt, der als Teil der so genannten Kanonenbahn geschaffen wurde, wird seit dem Jahr 2002 mit Draisinen befahren und entwickelte sich zu einer beliebte Attraktion für Lengenfeld und die gesamte Region. Neben beliebten Wanderzielen wie dem Hülfensberg – einer der bekanntesten Wallfahrtsorte Mitteldeutschlands –, gestattet die zentrale Lage des Ortes auch Tagesausflüge in die nähere Umgebung. Attraktive Ziele sind die Kreisstadt Mühlhausen, die historische Werra-Stadt Eschwege und die Wartburg in Eisenach.

Um die Ortschaft herum laden viele Wanderwege zu ausgedehnten Touren durch den Naturpark Eichsfeld-Hainich-Werratal ein. Auf Grund der landschaftlich äußerst reizvollen Lage kürzen die Lengenfelder ihren Ort gern mit L.u.St. ab. Schließlich ist es eine Lust, in diesem Ort zu leben.

Die Gemeinde setzt ihren Entwicklungsschwerpunkt auch weiterhin auf den Ausbau der touristischen Infrastruktur und auf ein ausgewogenes Verhältnis von Gewerbe, Handwerk und Dienstleistung.

Seit dem 1. Dezember 2011 ist Lengenfeld unterm Stein Ortsteil der Gemeinde Südeichsfeld.

Das eigentliche Wahrzeichen, das diesen Ort auch über Deutschlands Grenzen hinaus bekannt gemacht hat, ist der imposante Eisenbahnviadukt.

Auf der Draisine durchs Eichsfeld

Vor Jahren eine belächelte Idee – heute ein Besuchermagnet

Im Obereichsfeld, in den romantischen Tälern der Frieda und Lutter, schlängelt sich wohl einer der imposantesten Eisenbahnlinien Deutschlands durch Berge und Täler. Von Dingelstädt bis Frieda durchfuhr die Bahn einst sechs Tunnel und überquerte vier Viadukte – insbesondere das einmalige, den ganzen Ort Lengenfeld unterm Stein überspannende Viadukt. Der Bahnhof Dingelstädt wurde zur Streckeneinweihung am 15. Mai 1880 eröffnet und war mit fünf Gleisen ausgestattet.

Die Teilung Deutschlands nach dem Zweiten Weltkrieg unterbrach die Strecke. Nach der Wiedervereinigung schien auch kein Bedarf mehr zu bestehen. Am 4. August 1996 wurde der noch bestehende Personenverkehr zwischen Leinefelde und Dingelstädt eingestellt.

Mit der Stilllegung fanden sich die Eisenbahnfreunde nicht ab. Nein!, protestierten sie. Auch, wenn an jenem 1880 bereits vollendeten Werk an manchen Stellen der Rost nagte und noch immer der »Duft« des Rußes in der Luft lag, den einst die Lokomotiven hinterlassen haben – sie wollten ihre Eisenbahn behalten. Denn: Wo finden sich auf einem so kurzen Teilstück drei imposante Brückenbauwerke und fünf (!!!) Tunnel? In Deutschland: einmalig.

15 Jahre nach der Stilllegung begann der Kanonenbahnverein, mit »planmäßigen« Draisinenfahrten den Eichsfelder Abschnitt der »Kanonenbahn Berlin-Metz« touristisch zu erschließen und so vor dem Verfall zu bewahren. Ein paralleler Radweg dazu: Das wäre das Ideal! Der Clou: Tourismus finanziert Denkmalschutz.

Was mit der kühnen wie belächelten Idee im Jahr 2005 begann, hat sich längst zum Besuchermagneten entwickelt. So ist heute mehr als die Hälfte der Strecke Geismar – Dingelstädt für den Draisinenverkehr erschlossen und jedes Jahr folgt ein weiteres hinzu.

Wenn man den Ort Lengenfeld unterm Stein in 24 Meter Höhe überquert, spürt man bei einer Draisinenfahrt auf atemberaubende Weise die Einmaligkeit des bogenförmigen Fischbauchträger-Viadukts. Genauso wirken die Tunnel, die sich wie Perlen aneinanderreihen und insgesamt eine Länge von 2500 Meter ergeben, und sich mit Talquerungen (bis hin zum Unstrutviadukt) abwechseln. Zusammen wird es zum Besonderen, hinauf bis Küllstedt zu fahren, das 124 Meter höher als der Startbahnhof liegt. Und so ganz nebenbei verflüchtigen sich so einige überflüssige Kalorien, denn die Fahrrad-Draisinen erfordern Muskelkraft. Auf dem Rückweg, in zügiger Bergabfahrt, lösen sich jedoch alle Strapazen in Jubel auf und ein -zigfaches »Juhuuh!« jauchzt durch die Tunnel.

Jeder einzelne Meter der alten Bahnlinie ist erhaltenswerte Eisenbahngeschichte: bis hin nach Dingelstädt, dem künftigen Endpunkt.

Jährlich genießen etwa 30 000 zufriedene Gäste die imposante Fahrt mit der Draisine und so viele können sich ganz bestimmt nicht irren: So macht der Denkmalschutz richtig Spaß!

Was mit der kühnen wie belächelten Idee im Jahr 2005 begann, hat sich längst zum Besuchermagneten entwickelt.

Beitrag von:
Eichsfelder Kanonenbahn gGmbH
99976 Lengenfeld unterm Stein
Bahnhofstraße 43
Tel. (03 60 27) 7 88 66 · Fax (03 60 27) 7 84 53
info@erlebnis-draisine.de · www.erlebnis-draisine.de

So macht der Denkmalschutz richtig Spaß!

Jährlich genießen etwa 30 000 zufriedene Gäste die imposante Fahrt mit der Draisine.

Romantische Tour entlang des Hainichlandweges

Die Entdeckung der Langsamkeit

Er ist 130 Kilometer lang, führt über sanfte Höhenzüge und durch malerische Täler, über bunte Wiesen und durch naturnahe Laubwälder sowie durch historisch und geschichtlich interessante Städte und urige Dörfer: der Hainichlandweg. Erst im Juli 2012 wurde dieser Wanderweg, der rund um das Weltnaturerbe Nationalpark Hainich führt, eröffnet.

Auf mehreren Etappen können Wanderer auf diesem Weg die Natur erleben. Wer diesen Weg für sich wählt,

Zwischen Struth und Lengenfeld/Stein befindet sich die Quelle der Frieda.

wird die Langsamkeit entdecken. Immer wieder möchte man einfach nur stehen bleiben, um die Aussicht zu genießen, die Blumen zu bestaunen, dem Hämmern des Spechts oder dem Rauschen des Blätterdachs zu lauschen.

Eine der wohl schönsten Etappen des Wanderweges führt direkt durch das L.u.St.-Dorf Lengenfeld unterm Stein. Aus dem Nachbarort Struth kommend, ist der Weg eingebettet inmitten eines idyllischen Landschaftsschutzgebietes. Durch dichten Laubwald führt er am mittelalterlich geprägten Kloster Zella vorüber, entlang einer beeindruckenden Schluchtenlandschaft und macht bekannt mit der Quelle der Frieda, einem Nebenfluss der Werra. Gepflegte Rastplätze laden zu Verschnaufpausen ein und Aussichtspunkte ermöglichen einen weiten Blick ins Land.

Schön ist dieser Hainichlandweg zu jeder Jahreszeit, doch ganz besonders im Frühjahr, wenn Märzenbecher, Hohler Lerchensporn, Leberblümchen, Waldveilchen, Buschwindrös-

Im sanften Abstieg führt der Weg nach Lengenfeld/Stein.

chen und Bärlauch ihre Blütenpracht ausbreiten, und im Herbst, wenn sich der Laubwald rotgold färbt. Der Hainichlandweg ist wohl einer der schönsten und romantischsten Wanderwege Deutschlands.

Er ist nicht nur durch abwechslungsreiche Landschaft mit Wald und Offenland geprägt, sondern ebenso durch das reiche Kulturgut der alten Bauerndorfer, Burgen und Schlosser. Er lädt ein zum intensiven Naturerlebnis rund um das Weltnaturerbe Nationalpark Hainich. Der Weg will Mittler sein zwischen Mensch und Natur und nachhaltige Erlebnisse in ursprünglicher Natur und geschichtlichen Kulturstätten ermöglichen.

Mit dem Mountainbike

Eine kleine Herausforderung ist der Hainichlandweg für sportlich Ambitionierte. Als Radfahrer ist er nur mit dem Mountainbike zu bewältigen. Die Berg- und Talabschnitte über naturnahe Wege, Schotterpisten, Feldwege und Wiesen bescheren reichliche Höhenmeter. Belohnung für die Anstrengungen sind immer wieder die

grandiosen Aussichten und intensive Naturerlebnisse – und nicht zuletzt die verlockenden Angebote der Bäckereien, Fleischereien und Gaststuben in den gastfreundlichen Dörfern.

Blick über ein Tal auf die »Faulunger Schranne«

Aussichtspunkte ermöglichen einen weiten Blick ins Land.

Durch beeindruckende Landschaft führt der Weg.

Schierschwende

In malerischer Mittelgebirgslandschaft gelegen

An die »Gute Hoffnung« erinnert heute ein Rastplatz mit kleiner Dokumentation über die Gaststätte.

Schierschwende liegt als kleiner Ort im südlichen Teil des Eichsfeldes und hat etwa 200 Einwohner. Zu Schierschwende gehört die Kleinsiedlung Schönberg. Diese gilt als der südlichste Punkt des Eichsfeldes. Als Schierschwende 1545 erstmals urkundlich erwähnt wurde, befand er sich als sächsisches Lehen im Besitz der Familie von Keudel und gehörte zum Gut Schönberg, welches ebenfalls die Herren von Keudel besaßen.

Schierschwende war in frühen Jahren fast ausschließlich ein Agrardorf. Heute gewinnt eine weitere Erwerbsquelle immer mehr an Bedeutung: der Tourismus.

Die Umgebung des Ortes wird durch eine malerische Mittelgebirgslandschaft und vom Tal der Werra geprägt. Als höchste Erhebung gilt der 447 Meter hohe Berg Lindenhecke. Der dort befindliche Aussichtspunkt zählt zu den Sehenswürdigkeiten des Ortes. Der Panoramablick reicht bis zum Kamm des Thüringer Waldes und zum Hainich. Weitere Sehenswürdigkeiten sind die 1899 erbaute katholische Kirche, das Gut Schönberg und ein Wetterkreuz in der Flur.

Zu Schierschwende gehörte auch die im weiten Umkreis bekannte Ausflugsgaststätte »Gute Hoffnung«, ursprünglich eine Schankwirtschaft und Rastplatz an einer Treffurt-Mühlhäuser Handelsstraße. An dieser befand sich nach örtlicher Überlieferung auch ein mittelalterliches Siechenhaus. An die »Gute Hoffnung« erinnert heute ein Rastplatz mit kleiner Dokumentation über die Gaststätte.

Am 21. April 1995 wurde Schierschwende in die neue Gemeinde Katharinenberg eingegliedert. Mit deren Auflösung kam der Ort am 1. Dezember 2011 zur Gemeinde Südeichsfeld.

Zu den Sehenswürdigkeiten im Ort zählt die 1899 erbaute katholische Herz-Jesu-Kirche.

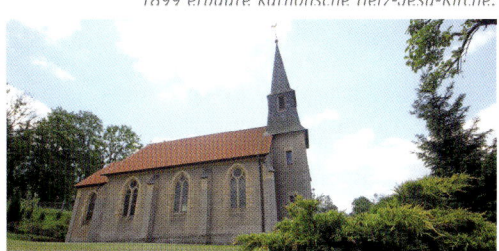

Zu Schierschwende gehört das Gut Schönberg. Dieses gilt als der südlichste Punkt des Eichsfeldes.

Schierschwender Naturdenkmale

Zwei Schatten spendende Sommerlinden

Die Lindenhecke bei Schierschwende ist allemal einen Ausflug wert. Die Anhöhe, auf der die Naturdenkmale stehen, bietet einen ansichtskartenreifen Blick zum Thüringer Wald und zum Heldrastein. Südlich von Schierschwende steht diese

Als höchste Erhebung gilt der Berg Lindenhecke. Der dort befindliche Aussichtspunkt zählt zu den Sehenswürdigkeiten des Ortes.

Lindenhecke, in deren Schatten Sitzgruppen zum Verweilen einladen. Den zwei schönen vollkronigen Linden scheinen das raue Klima und die harten Bodenverhältnisse nur wenig auszumachen. Mit gedrungener Form – die Bäume sind lediglich 17 und 15 Meter hoch – und langsamerem Wachstum haben sie sich den Bedingungen angepasst. Das Alter der Bäume wird auf etwa 155 und 125 Jahre geschätzt. Unter Schutz gestellt wurden die Sommerlinden im Jahr 2004.

Die exponierte Höhenlage mit der schönen Fernsicht weit hinein nach Thüringen und Hessen veranlasste den örtlichen Heimatverein und die Gemeinde, eine Sitzgruppe und eine Schutzhütte unmittelbar an den Linden aufzubauen.

Eine selten dicke Esche

Ein weiteres Naturdenkmal in Schierschwende ist die etwa 22 Meter hohe Esche an der oberen Einfahrt zum Gut Schönberg, südlich der Straße zwischen Falken und Schierschwende. Fast fünf Meter misst ihr bemerkenswerte Umfang. Eine Sitzbank rund um den Stamm lädt Wanderer zu kurzer Rast ein.

Das Alter der Esche wird auf etwa 200 Jahre geschätzt. Unter Schutz gestellt wurde der beeindruckende Solitärbaum mit seiner ausladenden Krone im Jahr 2004.

Das Alter der Esche wird auf etwa 200 Jahre geschätzt. Der beeindruckende Solitärbaum steht nahe des Guts Schönberg.

Auf dem Berg thronendes Kleinod im Barockstil

Schloss Bischofstein

Hoch oben auf Schloss Bischofstein: Der Ausblick ist grandios. Zu Füßen liegt der Ort Lengenfeld unterm Stein, umgeben von sanften Waldhügeln. Bauwillige Grafen aus dem Mittelalter hatten schon immer einen Faible dafür, ihre Burg auf einer Anhöhe errichten zu lassen. Die gute Aussicht war damals weniger dem Geschmack geschuldet als dem rechtzeitigen Erspähen ungebetener Gäste.

Wer der Bauherr der Burg »Stein« war, ist kaum mehr nachvollziehbar. Aus einer Chronik geht hervor, dass der Landgraf Ludwig I. von Thüringen 1137 die Burg als Erbe übernommen hat.

Lange blieb sie nicht im Besitz der Landgrafenfamilie. Im Jahre 1316 kaufte der Erzbischof Matthias von Mainz die Hälfte dieser Burg. Aus der Burg »Stein« wurde bald Burg »Bischofstein«.

Erstmals urkundlich erwähnt ist dieser Name im Jahr 1409. Unterhalb dieser Burg gab es einen kleinen Marktflecken, die Stadt zum Stein. Im Dreißigjährigen Krieg wurden die Burg und die »Stadt zum Stein« teilweise zerstört. Das Schicksal der Burg schien besiegelt.

Eine Wiederauferstehung im neuen Stil sollte es Mitte des 18. Jahrhunderts geben. Der Kurfürst von Mainz, Johann Friedrich Karl von Ostein, ließ im Jahr 1746 die alte Burgruine abbrechen. Auch, wenn es seinerzeit das anglizistische Wort »recyceln« noch nicht gab: Aus dem aus Abriss gewonnenen Baumaterial ließ er ein Jahr später durch den Baumeister Christoph Heinemann aus Dingelstädt das »Schloss Bischofstein« als neuen Amtssitz seiner Amtsvögte errichten, ganz nach der Mode der gerade ausklingenden Barockzeit. Stand die ursprünglich Burg Stein im Nordwesten von Lengenfeld/Stein, auf dem Burgberg in etwa 400 Meter Höhe, »wanderte« das Schloss an den Südabhang des Burgberges, auf 316 Meter Höhe.

1802 wurde das Schloss durch die Säkularisation preußische Staatsdomäne, um einige Jahre später, 1815, wieder privat als Landsitz und Rittergut genutzt zu werden. Eine Schule wurde das Schloss Anfang des 20. Jahrhunderts. 1907 kaufte Dr. Gustav Marseille Schloss Bischofstein einschließlich der Ländereien, um eine private Internatsschule auf-

Der Dingelstädter Baumeister Johann Cristoph Heinemann verewigte sich unter dem Torbogen.

zubauen. Inhaber und Leiter des Internates als Privatschule war neben dem Pädagogen Dr. Marseille seit 1920 auch der klassische Philologe Dr. Wilhelm Ripke. Zum Freundeskreis von Dr. Marseille gehörte die bekannte Bildhauerin und Grafikerin Käthe Kollwitz, die während des Zweiten Weltkrieges für eine Zeit auf Schloss Bischofstein lebte. 1934 erhielt der humanistisch gesinnte Pädagoge Unterrichtsverbot, 1943 musste er das Schloss verlassen, das zur »SS-Heimschule« wurde.

Das Schloss Bischofstein in heutiger Form wurde 1747 als Sommerresidenz und Sitz der Vögte des Mainzer Kurfürsten Johann Friedrich Karl von Ostein erbaut.

Blick auf das Herrenhaus.

Der Besitzer des Schlosses war einst der Erzbischof von Mainz, dessen Wappen sich über dem Haupteingang befindet

Bischofsteiner Erinnerung
Abenteuer mit »Barry«

Zeitlebens bin ich immer ein Freund der Tiere in Haus und Hof gewesen. Als ich 11-jährig nach Bischofstein kam, war es vor allem der junge dicke Bernhardiner »Barry«, mit dem ich herzliche Freundschaft schloss.

Tagsüber lag er immer auf der Eingangstreppe zum Alten Schloss, nachts aber strich er rund um die Gebäude und erschreckte »Spätheimkehrer«. Er richtete sich auf, legte dem Überraschten die Pranken auf die Schulter und funkelte ihn aus seinen großen Augen an.

Mich hatte er in sein Herz geschlossen. Wir tobten miteinander wie Jungens und knuddelten auf dem Boden. Ich versorgte ihn auch mit Leckerbissen aus der Küche.

Eines Abends im November wollte ich vor dem Zubettgehen noch mal kurz Luft schnappen. In der finsteren Regennacht sprang mich »Barry« unvermutet an, so dass ich parterre ging.

Jetzt roch ich auch, dass die glitschige Unterlage, auf der ich festgehalten war, nicht vom Regen, sondern von »Barrys« guter Verdauung stammte. Endlich befreiten mich einige Küchenfrauen, die noch sauber gemacht hatten. Im Schlafsaal hielten sich alle die Nase zu. Ich musste mich unter dem Gelächter der Kameraden schleunigst ausziehen und die Klamotten anderwärts verstauen.

(aufgeschrieben von Enoch Lemcke, Schüler auf Bischofstein von 1924 bis 1928)

Eine kleine, schmucke Allee führt vom Herrenhaus zu einer einstigen Aussichtsplattform.

Zu DDR-Zeiten war das Schloss ein beliebtes FDGB-Erholungsheim. Bereits am 1. Juni 1948 trafen die ersten Feriengäste in Schloss Bischofstein ein.

Nach dem politischen Umbruch im Land war die Treuhand verantwortlich für die Immobilie. Schnell interessierten sich die Freimaurer dafür und pachteten das Schloss. Das Priorat für Kultur und Soziales mit Sitz in Mühlhausen plante eine Anknüpfung an die Nutzung als Ferienobjekt, zunächst als eine Kombination von Kur-, Sport- und Ferienhaus. Später sollte das Schloss eine Begegnungsstätte

für Kultur, Bildung und Kunst für Schüler aus ganz Europa werden. Aus den Plänen wurde nichts. Die Freimaurer zogen sich zurück. Das Schloss verfiel in den folgenden Jahren in eine Art Dornröschenschlaf.

Hoffnung weckte der 1999 gegründete Verein Internat Schloss Bischofstein. Er kaufte die Immobilie von der Treuhand mit dem Ziel, das Schloss als Internat zu nutzen. Im Frühjahr 2003 begann eine aus dem Verein hervorgegangene Investorengemeinschaft damit, das Schloss schrittweise zu sanieren.

Glück sollte die Investorengemeinschaft aber auch nicht haben. Der Internatsbetrieb musste aufgrund zu weniger Schüler und zu hoher Kosten am Ende des Schuljahres 2006/2007 eingestellt werden. Heute werden Teile des Schlosses als Alten- und Pflegeheim genutzt. Den vielen Umbauten im 20. Jahrhundert geschuldet, ist von der einstigen barocken Pracht im Inneren des Schlosses leider nichts mehr erhalten.

Wendehausen

Wo der Haselbach plätschert

Inmitten bewaldeter Berge, den südlichen Ausläufern der Eichsfelder Höhe, liegt im Quellgebiet des Haselbaches der Ort Wendehausen.

Die Umgebung des Ortes wird durch eine malerische Mittelgebirgslandschaft und dem Tal der Werra geprägt. Vorherrschende Gesteinsart ist Muschelkalk, in den sich der Bach Hasel tief eingegraben hat.

Etwa 850 Menschen wohnen in dem hübschen Dorf mit seinem eichsfeldtypischen Gesicht vieler Fachwerkhäuser.

Westlich der Ortslage erstreckt sich – bis zur hessisch-thüringischen Landesgrenze der – Treffurter Stadtwald. Als höchste Erhebung gilt der 461 Meter hohe Karnberg. Er befindet sich etwa zwei Kilometer nordwestlich der Ortslage.

Zahlreiche Funde belegen, dass Wendehausen schon in frühgeschichtlicher Zeit besiedelt war. Vermutlich ist der Ort in der fränkischen Besiedlungsperiode 500 bis 900 entstanden.

Urkundlich erwähnt wurde Wendehausen in einem Burgfrieden von 1333. Wendehausen gehörte bis 1802 zur ehemaligen Ganerbschaft Treffurt, die zu je einem Drittel dem Erzbischof von Mainz, den Sächsischen Kurfürsten und den hessischen Landgrafen zu Hessen-Kassel gehörte. Wendehausen war im Besitz der Mainzer Erzbischöfe, ist dadurch im Gegensatz zu den anderen Gebieten der Ganerbschaft katholisch geblieben und hat durch die Erzbischöfliche Verwaltung des Eichsfelds seine Zugehörigkeit dort gefunden.

Zu den Sehenswürdigkeiten zählen die 1720 erbaute Bonifatiuskirche und der Bonifatiusbrunnen. Dort soll Bonifatius selber neue Konvertite getauft haben.

Im April 1995 wurde Wendehausen in die neue Gemeinde Katharinenberg eingegliedert. Mit deren Auflösung kam der Ort im Dezember 2011 zur Landgemeinde Südeichsfeld. Etwa 850 Menschen wohnen in dem hübschen Dorf mit seinem eichsfeldtypischen Gesicht vieler Fachwerkhäuser.

Wendehausen mit seiner idyllischen Lage und den ausgedehnten Wäldern und Wanderwegen ist ein beliebter Ort für Erholungsuchende. Nahe Ausflugsziele sind der Normannstein bei Treffurt und der Heldrastein.

Ein Zeugnis der Religiösität der Wendehäuser

Zu den Sehenswürdigkeiten zählt die 1720 erbaute Bonifatiuskirche.

Wendehausen mit seiner idyllischen Lage und den ausgedehnten Wäldern und Wanderwegen ist heute ein beliebter Ort für Erholungsuchende.

Wendehäuser Bahntrasse

Statt Bimmelbahn nun Radwanderweg

Einst besaß Wendehausen einen Haltepunkt an der Vogteier Bimmelbahn, das war eine Eisenbahnstrecke, die den Ort mit den Nachbarstädten Mühlhausen, Treffurt und Wanfried verband. Die Strecke wurde 1911 in Betrieb genommen. Ab 1952 wurde der Bahnhof Treffurt nicht mehr angefahren. Bis 1960 war der Güterverkehr zur Endstation Normannstein in Betrieb, wo der Wendehäuser Steinbruch mit angegliedertem Betonwerk bedient werden musste. Im Personenverkehr war die Strecke bis 29. September 1968 bis Wendehausen in Betrieb.

Heute ist der Abschnitt Treffurt-Heyerode ein bei Radfahrern sehr beliebter Bahntrassenradweg. Die Strecke ist ein Teil des Unstrut-Werra-Radwanderwegs. Dieser Radwanderweg ist eine 32 Kilometer lange Verbindung quer über den Hainich zwischen dem Unstrutradweg in Mühlhausen und dem Werratalradweg bei Heldra. Ab Heldra kann auf dem Werratalradweg flussaufwärts Richtung Treffurt, Mihla, Creuzburg oder flussabwärts nach Wanfried, Eschwege, Bad Sooden-Allendorf gefahren werden.

Bis 1960 war der Güterverkehr zur Endstation Normannstein in Betrieb. Heute ist die alte Bahntrasse Radwanderweg.

Wendehäuser Grenzerfahrung

Eine uralte Rotbuche und ein Stück jüngerer Geschichte

Wegweiser machen auf die Agentenschleuse und Grenztürme aufmerksam, die heute Mahnmale und Erinnerungen sind.

An einem Feldweg von Wendehausen nach Katharinenberg steht ein interessantes Naturdenkmal: eine Rotbuche. Mit ihren geschätzten vierhundert Jahren ist die Rotbuche ein Methusalem ihrer Art. Kaum eine Buche schafft es bis in dieses hohe Alter. Von vielen Narben ist der Methusalem gekennzeichnet. Nur noch Stümpfe sind übrig geblieben von einst starken Ästen. Dennoch behauptet die Buche ihre Dominanz am Feldrain. An ihr kommt

Diese Lindengruppe steht auf dem Gelände des ehemaligen Gutes Karnberg.

keiner vorüber, ohne wenigstens einen Blick für sie übrig zu haben. 1941 wurde die Rotbuche zum Baumnaturdenkmal erklärt.

An ein Stück jüngster deutscher Geschichte erinnert der weitere Verlauf des Weges.

Über die Wüstung Vorwerk Scharfloh geht es eine gute Strecke entlang des ehemaligen Grenzstreifens, des so genannten Kolonnenweges. Wegweiser machen auf die Agentenschleuse und Grenztürme aufmerksam, die heute Mahnmale und Erinnerungen sind. Der einstige Kolonnenweg führt zudem vorüber an Rudimenten des ehemaligen Zaunes, die bei den Mainzer Köpfen besonders gut zu sehen sind. Zuvor, auf dem Karnberg, begegnet man dem zweiten Naturdenkmal von Wendehausen: einer Lindengruppe. Die steht auf dem Gelände des ehemaligen Gutes Karnberg, das einst ein Vorwerk des Rittergutes Kleintöpfer war. Wegen der direkten Nähe zur innerdeutschen Grenze wurde das Gut 1952 gänzlich geschliffen. Lediglich die Gutslinden, die früher zur Anlage gehörten, lassen den einstigen Standort des Gutshauses erkennen. Erst vor wenigen Jahren, 2004, wurden die Linden zum Naturdenkmal.

Die etwa 400 Jahre alte Rotbuche ist ein Methusalem ihrer Art.

Wendehäuser Sage

Wie der Bonifatiusbrunnen entstand

Der Bonifatiusbrunnen soll noch nie versiegt sein.

Als der Heilige Bonifatius auf seinen Bekehrungsreisen an die Werra kam, führte ihn sein Weg auch nach Wendehausen. Damals standen dort nur wenige Hütten. Wegen der schönen Lage des Ortes erbaute der Heilige eine Kapelle. Aber die frohe Botschaft vom Reich Gottes wollte den Leuten nicht in den Sinn. So wanderte Bonifatius weiter.

Als er später abermals an die Werra kam, suchte er Wendehausen wieder auf. Er war erstaunt, dass die von ihm erbaute Hütte und Kapelle noch unversehrt waren. Damals herrschte eine große Dürre im Land. Die Felder waren verdorrt, alle Quellen der Umgebung vertrocknet. Die Leute mussten bis zur Werra laufen, um Wasser zu holen. Da trat aus der Volksmenge ein Mann hervor, der im Dorf eine führende Stellung einnahm. Er stellte seine Lanze auf den Boden, umfasste sie mit beiden Händen und sprach zu Bonifatius: »Groß ist die Not in unserem Land. Allvater zürnt uns. Wir haben zu Wodan gebetet und Donar Opfer gebracht, dass er mit seinen Ziegenböcken durch die Luft fahre und ein Gewitter kommt. Aber es scheint, dass unsere Götter keine Macht haben. Hier hast du meine Lanze. Mach du es wie Moses. Bringst du Wasser aus dem Felsen her-

vor, so wollen wir dir und deinem Gott glauben.« Der Mann gab Bonifatius die Lanze. Dieser nahm sie, machte das Zeichen des Kreuzes darüber und warf sie unter Anruf des dreieinigen Gottes gegen den Felsen. Auf einmal hörte man im Berg ein Rauschen und nach kurzer Zeit entsprang dem Felsen eine starke Quelle.

Der Bonifatiusbrunnen ist seither auch bei größter Trockenheit noch nie versiegt.

Ein kleines Heiligtum ist den Wendehäusern ihr Bonifatiusbrunnen.

Rodeberg

Ein Berg als Namensgeber für eine Gemeinde

Ein Berg ist der Namensgeber für die Gemeinde Rodeberg. Der heute kahle und landwirtschaftlich genutzte Berg »Rode« ist mit seiner etwa 498 Meter Gipfelhöhe einer der höchsten Erhebungen am Nordrand des Hainich. Als höchste Erhebung gilt der 516 Meter hohe Berg Rain nahe dem Ortsteil Struth. Auf Grund der Höhenlage gegenüber der nur zehn bis zwölf Kilometer entfernten Kreisstadt Mühlhausen liegen die Temperaturen in Rodeberg im Jahresmittel etwa um drei Grad Celsius niedriger. »Kleinsibirien« nennen die Mühlhäuser darum manches Mal diesen Höhenort – und kommen im Winter gern zum Skilaufen und genießen im Sommer das schöne Freibad im Orsteil Eigenrieden. Rodeberg besteht aus den Ortsteilen Struth, Eigenrieden, Kloster Zella und Annaberg. Der größte Ortsteil ist Struth, der kleinste Annaberg.

Rodeberg ist eine Gemeinde im Unstrut-Hainich-Kreis. Erfüllende Gemeinde ist die Landgemeinde Südeichsfeld. Etwa 2100 Menschen leben in Rodeberg.

Die Gemeinde liegt etwa 20 Kilometer südlich von Heiligenstadt und acht Kilometer westlich von Mühlhausen, inmitten des Naturparks Eichsfeld-Hainich-Werratal.

Ausflügler und Wanderer finden in der ländlich geprägten Gemeinde und in unmittelbarer Nähe schöne Ziele und Sehenswürdigkeiten: den Mühlhäuser Landgraben, den Beginn des Wanderwegs »Rennstieg«, die Kirche Sankt Ulrich zu Eigenrieden, das ehemalige Benediktiner-Nonnenkloster Kloster Zella, den Mühlhäuser Stadtwald mit Spittelbrunnen und den herausragenden Mammutbäumen, Annaberg mit Statue der heiligen Anna (ehemaliger Wallfahrtsort), den Schäfersbrunnen (erbaut 1826, erneuert 2010/2011) bei Eigenrieden und viele andere.

Gründungssage

Der Ortsteil Struth soll von Überlebenden eines Dorfes Hirsingerode gegründet worden sein. Jenes Ur-Struth soll halbwegs zwischen den heutigen Orten Struth und Faulungen gelegen haben. Durch Einfälle der Ungarn oder Wenden soll dieses Struth zerstört worden sein.

Im fraglichen Zeitraum, während der Regentschaft König Konrads I., fanden auch nach Thüringen mehrere Einfälle statt, wobei sich an den Beutezug durch Franken und Thüringen im Jahre 912 noch zahlreiche Sagen und Überlieferungen knüpfen. An Stelle der Ungarn wurden meist die Hunnen genannt. Auch der sehr auffällige Flurname »Katalaunische Felder« unmittelbar östlich der einstigen Fliehburg beim Nachbarort Eigenrieden könnte diese Sage bestätigen. Auf den Katalaunischen Feldern in Frankreich kam es 451 zu einer Schlacht mit den Hunnen.

Urkundlich erstmals erwähnt wird Struth im Jahr 1273. Die Urkunde besagt, das ein Ritter Heinrich von Treffurt ein Reichsgut in Strut für 24 Mark Silber an das Kloster Zella verkaufte.

Rodeberg besteht aus den Ortsteilen Struth, Eigenrieden, Kloster Zella und Annaberg.

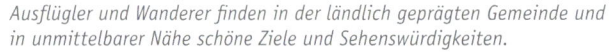

Ausflügler und Wanderer finden in der ländlich geprägten Gemeinde und in unmittelbarer Nähe schöne Ziele und Sehenswürdigkeiten.

Der Mühlhäuser Landgraben ist bei Wanderern sehr beliebt.

Struth

Höchstgelegener Ort im Landkreis

Struth gehörte zu den Reichsgütern der Region. Im 13. Jahrhundert war es im Besitz der Herren von Treffurt. Die älteste, auf den Ort Struth bezugnehmende Urkunde wurde im Jahr 1273 ausgestellt. Heinrich von Treffurt verkaufte das Reichsgut in »Strut« für 24 Mark Silber an das Kloster Zella.

Im beginnenden 19. Jahrhundert war Struth noch ein überwiegend landwirtschaftlich geprägter Ort. Mit dem Einzug der Leinenweberei im Dorf verbesserten sich die Lebensbedingungen der Menschen nur in geringem Maße. Vor allem die jüngeren Männer versuchten, als Wanderarbeiter in den Großstädten Arbeit zu finden.

Im ausgehenden 19. Jahrhundert begann man an verschiedenen Orten mit dem Abbau von Kalksteinblöcken für Bauwerke und Denkmale. Diesem Beispiel folgte Struth. Im Jahr 1897 entstanden die ersten Steinbrüche. Zunächst wurden Schotter und Pflastersteine geliefert. Vor dem Ersten Weltkrieg erlebte die Steingewinnung mit dem Bau der Eisenbahn-Nebenstrecken durch das Eichsfeld und den Hainich eine Blütezeit. Im Ort gab es auch Hausteinarbeiter und Steinmetze, die sich vor allem auf Werksteine, Steinsäulen und Grabsteine spezialisierten. Noch heute findet man in der Region Struther Hausteinprodukte.

Heute ist Struth die »Hauptstadt« der Gemeinde Rodeberg. Der Ort mit einer Höhenlage von 516 Meter gilt als höchste Siedlung des Landkreises. Er ist umgeben von Ackerflächen und Wiesen. Etwa 1650 Menschen wohnen in Struth.

Zahlreiche Vereine bereichern das traditionelle Kulturleben, so der Feuerwehrverein mit einer eigenen Kapelle, der Kirmesburschenverein, die Struther Sankt Jakobus-Schützen und der Struther Carnevals-Verein. Traditionen sind der Schützenumzug und der Kirmesumzug durch das Dorf.

Schlacht bei Struth

Am Ende des Zweiten Weltkrieges wurde ein großer Teil des Ortes durch Kampfhandlungen zerstört. Am 7. April 1945 erfolgte vom Nachbarort Küllstedt aus in Richtung Süden (Struth) der einzige größere Gegenangriff der deutschen 11. Armee in Thüringen. Der Angriff sollte versuchen, die bereits in Mühlhausen und Langensalza eingerückten US-Truppenteile abzuschneiden. Während der »Schlacht bei Struth«, durch Artillerie, Bodenkämpfe, Jagdbomber und nachfolgendes Abbrennen von Häusern wurden 65 Wohnhäuser, 77 Stallungen, 88 Scheu-

Nördlich des Ortes existiert ein Windpark mit zahlreichen Rotoren einer privaten Windkraftanlage. Sie dient auch als Landmarke.

nen und die Zigarrenfabrik zerstört. Zahlreiche Soldaten beider Seiten, aber auch 13 Einwohner der Gemeinde, wurden getötet. Der deutsche Angriff blieb in Struth stecken. Außer der Kirche in Struth blieb nur wenig an alter Bausubstanz erhalten. Die heutigen Wohn- und Wirtschaftsgebäude stammen größtenteils aus der Zeit von 1946 und danach.

Die Suiputzen

Als Zeugnisse eines oft derben Volkshumors bildeten sich bereits vor Jahrhunderten Besonderheiten des jeweiligen Dorfes charakterisierende Neck- und Spitznamen heraus. Demnach lebten hier im Ort die »Struither Suiputzen«, auch »Struther Strutzputzen« genant. Der Name wurde vom Sammeln des Löwenzahns als Schweinefutter abgeleitet.

Namensgeber für den Necknamen »Suiputzen« ist der Löwenzahn.

Zu den Sehenswürdigkeiten im Ort zählt die spätbarocke katholische Kirche Sankt Jakobus der Ältere im Zentrum der Ortslage.

Karneval in Struth

Den Männern geht's an die Krawatte

So schön ist in Struth der Karneval.

Einer der jüngsten Vereine in Struth ist der Struther Carneval Verein, der SCV. Im Jahr 1994 wurde er von Faschingsbegeisterten gegründet. Mit gut 100 Mitgliedern zählt er heute zu den größten Vereinen im Ort. Alljährliches Spektakel neben Kinderfasching, Rentnerfasching und Prunksitzungen ist der Fette Donnerstag.

Dann sind die Struther Hexen in ganz Struth unterwegs, um mit großen Scheren den Männern an den Kragen bzw. an die Krawatte zu gehen.

Die SCV-Hymne

Karneval in Struth
In Struth, in Struth ist Karneval,
da feiern viele Leut,
ob alt, ob jung
ob groß, ob klein
kommt, lasst uns fröhlich sein.
Auch Gäste kommen von weit her,
die stimmen mit uns ein:
In Struth, in Struth ist Karneval –
was kann denn schöner sein.

Willkommen all ihr Narren hier
zur fünften Jahreszeit.
Das Licht geht an;
es ist soweit
die Garde steht bereit.

Das Prinzenpaar, der Elferrat,
die stimmen auch mit ein:
In Struth, in Struth ist Karneval –
was kann denn schöner sein.

Der Stress treibt uns das ganze Jahr,
doch heut hat er kein Glück.
Wir feiern bis zum Morgengraun,
dazu ham wir Geschick.
Der SCV macht Stimmung heut,
drum schenket nochmal ein.

In Struth, in Struth ist Karneval –
was kann denn schöner sein.

Das Leben ist doch viel zu kurz,
drum Freunde seid bereit
zum Tanzen, Schunkeln, Närrischsein,
der Alltag ist noch weit.
Erhebet alle euer Glas
und stimmet mit uns ein:
In Struth, in Struth ist Karneval –
was kann denn schöner sein.

Vorsicht: Struther Hexe unterwegs

Heimatstube
Struther Brauchtumspflege

Wie haben die Menschen um 1900 gelebt, wie gewirtschaftet? Einen Einblick in den Alltag um diese Zeit gibt die heimatkundliche Ausstellung in Struth. Zigarrenherstellung, Hausstrickerei und Landwirtschaft prägten neben Handwerk wie Schuster und Schmied das Geschehen.

Ein Schwerpunktthema in der Heimatstube liegt auf den christlichen Traditionen. Sehenswert ist die Sammlung religiösen Wandschmucks, religiöser Gegenstände, Bildtafeln und Buchmaterialien.

Ein zweiter Schwerpunkt widmet sich der »Schlacht bei Struth« kurz vor Ende des Zweiten Weltkrieges. Zeitzeugnisse erinnern an jenen verhängnisvollen 7. April 1945. Von der Nachbargemeinde Küllstedt aus erfolgte der einzige größere Gegenangriff der deutschen 11. Armee in Thüringen. Dokumentiert wird in der Heimatstu-

Ein Schwerpunktthema in der Heimatstube liegt auf den christlichen Traditionen.

Die Struther Brautmode um 1900

Die Ausstellung dokumentiert auch die »Schlacht bei Struth«.

be zudem der Wandel im Vereinsleben von 1949 bis heute.
Der Eichsfelder Heimatverein Struth e.V. bemüht sich nicht nur um das Sammeln und Bewahren, sondern auch um eine historische Aufarbeitung und Dokumentation. Träger der Heimat-

stube ist die Gemeinde Rodeberg. Die Heimatstube hat ihre Adresse an der Große Gasse 22. Geöffnet hat sie alljährlich zum Tag der offenen Tür am zweiten Sonntag im August sowie nach Vereinbarung.

Annaberg

Ein idyllischer Wallfahrtsort

Diese kleine Kapelle erinnert an den einstigen Wallfahrtsort.

Annaberg ist der kleinste Ortsteil der Gemeinde Rodeberg. Die wenigen Wohnhäuser sind von beinah parkgroßen Grundstücken umgeben. Annaberg ist ein ruhiges Idyll.

Seinen Namen hat der Ort von der heiligen Anna, der Mutter Marias bzw. die Großmutter von Jesus Christus. Einst stand auf dem Annaberg eine Kapelle, die der Großmutter Jesu Christi gewidmet war. Der Annentag (Annatag) ist der 26. Juli. An diesem Tag pilgerten einst viele Südeichsfelder zu der hoch über dem früheren Benediktinerinnenkloster Zella traumhaft schön gelegenen Annenkapelle, die zum Besitz des Klosters Zella gehörte. Heute steht noch eine kleine Annenkapelle auf dem Annaberg.

Die Tradition des Annenfestes hat die Kirchgemeinde Struth wieder aufleben lassen. Die jährlichen Trachtenwallfahrten sind Höhepunkt im Gemeindeleben.

Schutzpatronin

Der Name Anna bedeutet die Begnadete. Die heilige Anna ist Patronin von Florenz, Innsbruck, Neapel, der Bretagne. Sie ist Schutzheilige der Mütter und der Ehe, der Hausfrauen, Hausangestellten, Ammen, Witwen, Armen, Arbeiterinnen, Bergleute, Weber, Schneider, Strumpfwirker, Spitzenklöppler, Knechte, Müller, Krämer, Schiffer, Seiler, Tischler, Drechsler, Goldschmiede; der Bergwerke. Die heili-

Annaberg ist ein ruhiges Idyll.

ge Anna ist weiterhin Patronin für eine glückliche Heirat, für Kindersegen und glückliche Geburt, für Wiederauffinden verlorener Sachen und Regen; gegen Gicht, Fieber, Kopf-, Brust- und Bauchschmerzen, Gewitter.

Um den Annatag herum beginnen die sommerlichen Hundstage, die bis in den August hinein andauern. Diese Jahreszeit wird durch den Aufgang des Hundssterns, des Sirius im Sternbild des großen Hundes, bestimmt und zeichnet sich durch große Hitze und die damit einhergehenden Gewitter aus.

Bauernregeln
Wenn am Annatag die Ameisen aufwerfen, so soll ein strenger Winter folgen.

Sankt Anna klar und rein wird bald das Korn geborgen sein.

Anna warm und trocken, macht den Bauer frohlocken.

Um Sankt Anna fangen die kühlen Morgen an.

Ist Sankt Anna erst vorbei kommt der Morgen kühl herbei.

Schönheiten am Rande

Giftpflanze des Jahres 2010

Schön und giftig: Die wegen ihrer Schönheit viel bewunderte Herbst-Zeitlose wächst auch an den Rändern und Böschungen des Waldes bei Annaberg. Das ist selten, denn die Schöne liebt es eher warm und ist ungern ungeschützt dem Wind ausgesetzt. Der Höhenort Annaberg mit seinem rauen Klima bietet nicht gerade die besten Bedingungen für die zarte Blume.

Die Herbst-Zeitlose hat sich jedoch daran gewöhnt und ist auch in anderen Gegenden von Rodeberg mittlerweile zuhause. Übrigens: Die Herbst-Zeitlose wurde 2010 zur Giftpflanze des Jahres gewählt.

Kloster Zella

Vom Benediktinerinnenkloster zum Altenpflegeheim

Kloster Zella war einst Kloster der Benediktinerinnen. Seit 1949 ist das ehemalige Benediktinerinnenkloster ein Altenheim. Die Evangelische Kirche der Kirchenprovinz Sachsen hat das Kloster nach dessen Erwerb im Jahr 1948 als solches eingerichtet. An dieser Nutzung hat sich bis heute nichts geändert. Heute unterhält der Verein »Evangelische Heimstätte Kloster Zella« das Altenheim.

Ein schmuckvolles Detail am Fachwerk

Ein verstecktes Kleinod

Malerisch liegt das Klosteranwesen westlich des Ortes Struth in einem Waldtal, am Lauf der Frieda. In Anlehnung an den Flusslauf wird das Kloster in alten Urkunden auch als »Zella Friedensspring« bezeichnet. Heute führt auch der Pilgerweg von Loccum nach Volkenroda an der Anlage vorüber. Historiker gehen davon aus, dass dieses Benediktinerinnenkloster bereits im 12. Jahrhundert gegründet wurde. Schnell hat sich der Frauenkonvent zu einem der wohlhabendsten Klöster des Eichsfeldes entwickelt. Es verfügte über weit verstreute Ländereien, Freihöfe, Mühlen und Dörfer.

Nach der Blütezeit im hohen Mittelalter setzte mit der Reformation und dem Bauernkrieg der Niedergang ein. Bewohner der Klösterdörfer Effelder und Struth plünderten die Propstei. Am 26. April 1525 zerstörte das von Mühlhausen angerückte Bauernheer unter der Leitung von Heinrich Pfeiffer das Kloster. Die Nonnen flohen aus dem Konvent, nahmen aber in späteren Jahren, als wieder Ruhe eingekehrt war, das klösterliche Leben wieder auf. Ein wirtschaftlicher Aufschwung

Idyllisch liegt die Klosteranlage in einem Waldtal. Die Klosteranlage ist auch für Besucher geöffnet.

Die Brunnenfigur zeigt den Bauernheiligen Wendelin.

in den folgenden Jahren ermöglichte den Wiederaufbau des Klosters.

Von Dauer sollte der Wiederaufbau nicht sein. Eine weitere Zäsur bedeutete der Dreißigjährige Krieg. Das Kloster wurde mehrfach geplündert und gebrandschatzt. Nach Kriegsende konnte Mitte des 17. Jahrhunderts erneut mit dem Wiederaufbau begonnen werden. Endgültig abgelaufen war die Zeit des Klosters jedoch im Jahr 1810. Der Konvent wurde aufgehoben. Ein Jahr später wurde die gesamte Immobilie verkauft. Überwiegend diente sie von nun an landwirtschaftlichen Zwecken. In die Klosterkirche, noch bis 1847 für Gottesdienste genutzt, wurden Stallungen und Lagerräume eingebaut. Erneut schweren Schaden nahm das Klosteranwesen während eines großen Brandes in der Nacht zum 28. November 1906. Die Wirtschaftsgebäude brannten bis auf die Grund-

Eine Zierde ist die über 300 Jahre alte Sonnenuhr über der Eingangspforte.

mauern nieder, auch die Kirche brannte vollständig aus. In den beiden darauf folgenden Jahren wurde das Kloster wieder aufgebaut.

Im Verlauf der Bodenreform gelangte die Anlage 1948 in den Besitz der evangelischen Kirche. Die ließ die Klosterkirche wieder für Gottesdienste instand setzen. Das Evangelische Hilfswerk richtete 1949 im Kloster unter Leitung des Diakons Friedrich Babendererde ein Altenheim ein.

Über dem nördlichen Torbau sind spätgotische Nischenstatuen zu sehen: Pieta (oben), der heilige Benedikt (links) und der heilige Nikolaus (rechts).

Eigenrieden

Barockkirche ist Schmuckstück

Eine Urkunde aus dem Jahr 1246 ist es, die den ersten schriftlichen Hinweis auf die Existenz einer Siedlung mit dem Namen »Oygeriedin«, also Eigenrieden, gibt. Ein »Heinricus de Oygeriedin« tritt als Zeuge einer amtlich besiegelten Schenkung auf, die zugunsten des Deutschherrenordens bei Sankt Marien in Mühlhauen erfolgt und diesem die Besitzrechte von Pfafferode überträgt.

Von nun an sind die von Eigenrieden bis ins Jahr 1472 nachweisbar. Das Geschlecht der Herren von Eigenrieden spielte offenbar eine Schlüsselrolle für die Existenz des Ortes. Historiker nehmen an, dass diese Herren so genannte Reichsministerialen waren, also königliche Beauftragte, denen Verwaltung und Schutz der Reichsgüter vom König übertragen wurden.

Das Gebiet um Eigenrieden gehörte zu einem umfangreichen Reichsgutsbezirk im Umfeld der Königshöfe Mühlhausen und Eschwege.

Westlich der Ortslage wurde im Mittelalter, 14. Jahrhundert, mit dem Bau des Mühlhäuser Landgrabens begonnen. Dieser Wall diente dem Schutz des ehemaligen Königsgutsbesitzes der freien Reichsstadt Mühlhausen und schloss Eigenrieden mit ein. Der Eigenrieder Abschnitt der Befestigungsanlage ist als Doppelgraben-Wallanlage ausgeführt. Am Westrand befand sich mit der Eigenrieder Warte ein bewachter Tordurchlass und Meldeposten für Mühlhausen. Teile der Eigenrieder Warte sind bis heute erhalten geblieben. Die historische Wallanlage »Landgraben« ist vor allem bei Wanderern ein beliebtes Kulturdenkmal. Ein sehenswerter naturnaher Buchenwald hat sich darauf entwickelt, durch den ein schmaler, etwa 26 Kilometer langer Pfad bis nach Sollstedt führt.

Zweithöchster Punkt im Hainich

Eigenrieden zählt mit seiner Lage 445 bis 483 Meter über dem Meeresspiegel zu den Höhenorten im Unstrut-Hainich-Kreis. Die Gemarkung umfasst Teile des Hainich im Süden des Ortes und reicht im

Norden bis an den Rand des Dörnaer Waldes. Die Waldfläche Eigenriedens ist der westliche Teil des Mühlhäuser Stadtwaldes, des größten Kommunalwaldes Thüringens. Sie bildet den nordwestlichsten Zipfel des Hainich. Auf Eigenrieder Gemarkung liegt mit der 493 Meter hoch gelegenen »Hohen Rode« auch der zweithöchste Punkt des Hainich. Der Ort selbst liegt geschützt in einer Talmulde.

Seit dem Jahr 1994 ist Eigenrieden Teil der Gemeinde Rodeberg. Etwa 530 Menschen wohnen in dem gastfreundlichen Rodeberger Ortsteil.

Der Mühlhäuser Landgraben mit der Eigenrieder Warte, der Schäfersbrunnen und die Mammutbäume im Mühlhäuser Stadtwald sind bei Wanderern und Touristen immer wieder beliebte Sehenswürdigkeiten. Eine Attraktion in den Sommermonaten direkt im Ort ist das schöne Freibad. Barockes Schmuckstück in Eigenrieden ist die Dorfkirche. Sie wurde im Jahr 1725 neu erbaut.

Eigenrieden zählt mit seiner Lage zu den Höhenorten im Unstrut-Hainich-Kreis.

Blick vom Burgberg auf Eigenrieden

Prächtig sind die Deckengemälde in der Kirche.

Das Dorf im Winterkleid

Die Dorfkirche Sankt Ulrich wurde im Jahr 1725 neu erbaut.

Eigenrieder Erkennungszeichen

Funkturm statt Radarstation

Die Gemeinde im Westen des Landkreises war während der Teilung Deutschlands nie ausgewiesenes Grenzgebiet zum Hessischen. Dennoch hatte die Gemarkung Grenzen, die nicht überschritten werden durften. Die südliche Anhöhe inmitten des Waldes war über Jahre Militärgelände der Sowjetunion. Weithin sichtbar war die in den Himmel ragende Radarstation, mit der angeblich der Flugverkehr bis nach Frankfurt hin beobachtet werden konnte.

Die Natur lässt nicht nur Gras über die Geschichte wachsen. Wo einst schwere Militärfahrzeuge fuhren, erobern sich die Pflanzen ihre Welt zurück.

An Stelle der Radarstation in Eigenrieden, die im Volksmund als »Café Moskau« bekannt war, steht heute ein Funkturm.

Dieser von der Bevölkerung »Café Moskau« genannte Turm war die Antwort der sowjetischen Großmacht auf die Stationierung der Cruise Missile der amerikanischen Streitkräfte auf der anderen Seite der Grenze zwischen den Staaten des Warschauer Vertrages und der Nato. Heute erinnern nur noch Reste betonierter Straßen an dieses jüngere Stück heikler deutscher Nachkriegsgeschichte. Der Turm wurde 1995, nur wenige Jahre nach der politischen Wende, gesprengt. Bauschutt von Häusern, Hallen und Baracken auf dem Gelände wurden während Arbeitsbeschaffungsmaßnahmen und Projekten zu Hügeln recycelt. Seit dem nehmen Sträucher und Bäume zunehmend wieder Besitz von dem Areal. Pflanzen nutzen die kleinsten sich bietenden Ritzen in den noch vorhandenen Betonstraßen für sich, über die noch bis zum Ende der 1980er Jahre schwere Militärfahrzeuge rollten. Die Natur lässt Gras über die Geschichte wachsen.

An Stelle der Radarstation steht heute ein Funkturm. Dieser ist von weitem sichtbar und kann ebenfalls als ein Erkennungszeichen von Eigenrieden angesehen werden.

Eigenrieder Anger

Prächtige Sommerlinden

Der Anger eines Dorfes stellt aus historischer Sicht das gesellschaftliche Zentrum des Ortes dar. Mit Bäumen wurden derartige Plätze schon sehr frühzeitig markiert.

Ein Baumnaturdenkmal befindet sich auf dem Eigenrieder Anger. Auf etwa 250 Jahre werden die alten Sommerlinden geschätzt. Im Jahr 1936 wurden sie unter Schutz gestellt. Wann die Bäume gesetzt wurden und aus welchem Anlass, lässt sich heute nicht mehr sagen. In einem Dorfplan aus dem Jahr 1847 ist der Anger bereits von Bäumen umstanden.

Noch heute ist das Eigenrieder Naturdenkmal ein beliebter Ort im dörflichen Leben. So wird seit einigen Jahren auf dem Anger mit einem Lichterfest die Adventszeit gefeiert. Solche »lebendigen Denkmale« sind der beste Schutz für deren Erhalt.

Auf etwa 250 Jahre werden die alten Sommerlinden auf dem Eigenrieder Anger geschätzt.

Black & Gold

KUNST – DEKORATION – GESCHENKE

Sie existieren noch … die originellen, beeindruckenden und außergewöhnlichen Läden, die sich gleich um die Ecke befinden und ein Sortiment bieten, welches nicht von der Stange ist. Die Galerie »Black & Gold« präsentiert Kunstwerke im modernsten Design und bietet als Schnittstelle von Kreativität und Kunst ein besonderes Ambiente mit einer faszinierenden Produktvielfalt.

Wird etwas Dekoratives für die Wohnung gesucht? Kleine Möbel, Lampen, Bilder oder Spiegel? Oder soll es ein ausgefallenes Geschenk für Freunde sein? In der Galerie »Black & Gold« findet man immer etwas Richtiges. Und wer nach einem anstrengenden Tag abschalten und den Stress des Alltags hinter sich lassen will, findet dort auch alles für ein entspannendes Bad am Abend. Von wohlduftenden Badezusätzen über handgefertigte Schafsmilchseifen, bis hin zu phantasievollen Dekorationen.

Eigentlich braucht man sich dann nur noch bei Kerzenlicht zurückzulehnen und einen aromatischen Tee aus dem vielfältigen Sortiment zu genießen. Öffnungszeiten: Dienstag bis Freitag von 9 bis 18 Uhr und Samstag von 9 bis 13 Uhr.

Beitrag von:
Black & Gold
Mühlhäuser Landstraße 46
99976 Eigenrieden
Tel. (03 60 26) 9 06 07
info@blackandgold-design.de
www.blackandgold-design.de

Gemeinde Anrode

Sehr jung und sehr alt

Die ehemalige Klosteranlage des Zisterzienserinnenklosters Anrode als ehemaliger Teil von Bickenriede stand Pate für den Namen Anrode.

Anrode ist eine Gemeinde am Rand des Eichsfeldes. Wenn auch die Geschichte der Region sehr, sehr weit zurückführt, ist die Geschichte der heute existierenden Gemeinde Anrode sehr, sehr jung. Sie beginnt am 1. Januar 1997. Anrode ist ein Ergebnis der Thüringer Gebietsreform. Die Gemeinde entstand aus der ehemaligen Verwaltungsgemeinschaft »Landgraben-West« – bestehend aus den Mitgliedsgemeinden Bickenriede, Dörna, Hollenbach und Zella – und der Gemeinde Lengefeld.

Die neue Gemeinde führt seitdem den Namen Anrode. Die ehemalige Klosteranlage des Zisterzienserinnenklosters Anrode als ehemaliger Teil von Bickenriede stand Pate für den Namen. Das Kloster Anrode ist berühmtestes Zeugnis der alten Geschichte der Region. Es wurde im Jahr 1268 auf dem Land des Mühlhäuser Bürgers Heinrich Kämmerer errichtet.
Das heutige Gemeindegebiet Anrode hat nun eine Gesamtfläche von 5243 Hektar. Der Verwaltungssitz der Gemeinde befindet sich im Ortsteil Bickenriede.

Eichsfeld-Tradition: An kirchlichen Feiertagen schmücken sich die katholischen Dörfer, wie hier in Zella.

Anrode zählt heute etwa 3300 Einwohner. Mit ihren Ideen, ihrem Fleiß und ihrer Bodenständigkeit gestalten sie das gesellschaftliche Leben in Anrode. Das Zusammenwirken aller ortsansässigen Vereine bei der Pflege des Brauchtums und der Tradition der einzelnen Ortsteile hat wesentlich zum Zusammenwachsen der neuen Gemeinde beigetragen.

Gepflegte Fachwerkhäuser wie dieses im Ortsteil Hollenbach prägen die Ortsansichten.

Die Lengefelder Warte ist ein Wahrzeichen entlang des Landgrabens, der auch durch Anrode führt.

Ortsteil Bickenriede

Nahe am Wasser gebaut

An der südöstlichen Landesgrenze des alten mainzischen Fürstentums Eichsfeld zu der ehemaligen freien Reichstadt Mühlhausen liegt Bickenriede. Der Landgraben als damalige Grenze führt unmittelbar am Ort vorbei. Durch Bickenriede fließt der Fluss Luhne, der bei Ammern (Ortsteil der Gemeinde Unstruttal) in die Unstrut mündet.
Der Name Bickenriede könnte von »Buchenried« herrühren und bedeutet somit eine sumpfige Niederung,

die mit Buchen bewachsen ist. Er könnte ebenso auf eine Niederlassung eines Siedlers Bicko im Ried deuten oder eine Ableitung von Roden sein und damit als Rodung von einem Bicko verstanden werden.
Erstmals urkundlich erwähnt wird Bickenriede im Jahr 1146. Am 12. August jenes Jahres bestätigte Erzbischof Heinrich I. von Mainz dem Erfurter Peterskloster eine Mühle und acht Hufen mit ebensoviel Hofstätten und zwei Wäldchen zu Bichenrid als Geschenk von den Brüdern Folrad und Flartog von Kirchberg. Der Dorfname lautete damals »Bichenrid«.

Das heutige Bickenriede ist ein Ort in idyllischer Landschaft, die durch mehrere Bergrücken und Talsenkungen gekennzeichnet ist. Sehenswürdigkeiten sind die Pfarrkirche Sankt Sebastian, der Stationsweg sowie der steinerne Tisch auf dem Anger. Bei Wanderern beliebt ist der Landgraben. Bickenriede ist nahe am Wasser gebaut und von mehreren Quellen umgeben. Der Köhlersborn liefert knapp 40 Liter Wasser in der Sekunde. Weitere Quellen sind der Ochsenborn am Landgraben, der Knöcherborn, der Bretterborn und das Saubörnchen im oberen Luhnetal.

Eine der Straßen in Bickenriede führt durch eine Furt, die bei Hochwasser der Luhne regelmäßig unter Wasser steht.

Eine Sehenswürdigkeit ist der steinerne Tisch auf dem Anger.

Blick auf die Dorfkirche

Das Kloster Anrode
Ein touristisches Kleinod

Seit dem die Gemeinde Bickenriede das Anwesen gekauft hat, erfolgen schrittweise die denkmalpflegerische Sicherungs- und Sanierungsarbeiten. Erste Ergebnisse sind sichtbar, wie Kirche und Gerichtshaus als Beispiele zeigen.

Als ein geschäftstüchtiger Westfale die Klosteranlage erstmals sah, schlug sein Herz höher. Getrieben von der Neugier, wie es wohl im anderen Teil Deutschlands aussehen mochte, war das alte Kloster nahe Bickenriede in den 1990er Jahren, um die Zeit der Wiedervereinigung des bis dato geteilten Deutschlands, eine seiner bemerkenswertesten Entdeckungen. »Ein wunderbares Ensemble«, schwärmt er noch immer. Er sieht es sowohl aus touristischer Sicht, vor allem aber auch aus der Sicht des Betreibers eines Tier- und Bauernmarktes. »Eine schönere Kulisse gibt es gar nicht«, schwärmt er. Seit Beginn der 1990er kommen er und seine Gilde einmal im Monat mit dem außergewöhnlichen Markt nach Anrode.

Neues Leben in alten Gemäuern

Die Gemeinde Bickenriede, zu der das Kloster gehört, sieht es gern. 1993 kaufte die Gemeinde die historischen Gebäude, die ehemals von einem volkseigenen Betrieb bewirtschaftet wurden. Längst war der Industriebetrieb aufgelöst und die traditionsbewusste Gemeinde suchte Möglichkeiten, die alten Gebäude für eine neue Verwendung nutzbar zu machen. Nach anfänglichen Bemühungen, die historische Gebäudesubstanz zu erfassen und zu sichern, existiert heute eine Stiftung für das Kloster Anrode. In der Zusammenarbeit verschiedener Partner wird behutsam restauriert und versucht, Altes einer neuen Nutzung zuzuführen.

Erste Ergebnisse sind sichtbar. Alte Stallungen wurden zu einem Museum für alte Handwerkstraditionen ausgebaut. In der historischen Scheune werden interessante Kulturveranstaltungen angeboten, die ein Publikum von weit her anlockt. Die Klosteranlage lädt zudem regelmäßig ein zum Tag des offenen Denkmals, dem alljährlichen Klosterfest, einem Weihnachtsmarkt und den regelmäßig stattfindenden, bei Einheimischen und Gästen gleichermaßen beliebten Tier- und Bauernmarkt.

Im ehemaligen Schafstall befindet sich heute ein Museum.

Wechselvolles Auf und Ab

Das Kloster hat eine lange Geschichte. Im Jahr 1268 wurde es auf dem Land des Mühlhäuser Bürgers Heinrich Kämmerer errichtet. Im darauffolgenden Jahr wurde das Kloster durch den zuständigen Mainzer Erzbischof bestätigt. Die dort wirkenden Frauen lebten nach der Regel des Ordens der Zisterzienserinnen.

Die Sanierung des Klosters Anrode ist den Bickenriedern schon lange eine Herzensangelegenheit – wie hier das Herrenhaus.

Der Eingang zum Herrenhaus

Zeitgenössische Künstler würdigen auf ihre Art den Denkmalschutz.

Erhaltung geht nur gemeinsam. Die Stiftung Deutscher Denkmalschutz fördert die Sanierung.

Spuren des Zerfalls heben hervor, was schon alles geleistet wurde.

Eine wechselvolle Geschichte begann mit einem ständigen Auf und Ab der Bedeutung des Klosters. Die ersten 80 Jahre brachten eine Blütezeit. Doch bereits 1357, so schreibt es die Chronik, gab es die erste Notsituation. Übermäßige Ausgaben hatten das Kloster verschuldet. Ständig wiederholende Unruhen sowie die Auswirkungen der Pest von 1349/1350 verschlechterten die wirtschaftliche Situation nochmals.

Heftigen Plünderungen war das Kloster während des Bauernkrieges 1525 ausgesetzt. Am 28. April 1525, nach der Flucht des Probstes und der Nonnen, wurde das Kloster überfallen und zerstört. Ein gelegter Brand vernichtete das gesamte Anwesen bis auf die Grundmauern. Ein Neuaufbau noch im selben Jahr war so dürftig, dass die Bauwerke bereits nach 50 Jahre wieder baufällig waren.

Als im Jahr 1577 Dormitorium, Refektorium, Wirtschaftshof und Mauer in Trümmern lagen, übernahm David Böddener das Amt eines weltlichen Kirchenvorstehers. Eine rege Bauphase begann. Probst Böddener, der 1612 verstarb, gelang es, das Nonnenkloster vollständig zu erneuern.

Eine jähe Wende brachte der Dreißigjährige Krieg, der von 1618 bis 1648 tobte. Der brachte das Kloster wiederum an den Rand des Abgrundes. Nach dessen Ende fand abermals ein Neuaufbau statt. Jedoch konnte sich Anrode in der 108-jährigen Friedenszeit nach dem Dreißigjährigen Krieg nicht völlig erholen. Das Kloster blieb wirtschaftlich schwach. Das geistliche Leben war verunsichert. Erst Ende des 18. Jahrhunds erlebte das Kloster mit Probst P. Stephanus Mande eine neue Blütezeit. Die allerdings von kurzer Dauer sein sollte.

Ende einer 500-jährigen Klostergeschichte

1810 wurden durch ein Dekret die Frauenklöster geschlossen. Die Geschichte des Zisterziensernonnenklosters war somit nach über 500-jährigem Bestehen beendet. Ein Gutsbetrieb wurde eingerichtet. Seit 1935 wurde das Klostergelände gewerblich genutzt. Für eine Flachsaufbereitung und eine Seilerei wurden die Gebäude teilweise stark um- und ausgebaut. 1991 wurde das Klostergut auch von den Betrieben verlassen. Zwei Jahre stand es leer, bis die Gemeinde Anrode die Immobilie kaufte. Schrittweise erfolgen seit dem denkmalpflegerische Sicherungs- und Sanierungsarbeiten.

Heute zählt die historische Klosteranlage mit ihren vielfältigen Angeboten zu den beliebtesten Sehenswürdigkeiten und Ausflugszielen in der Gemeinde Anrode.

Schrittweise bemühen sich Gemeinde, Verein und Stiftung um den Erhalt des Kulturerbes.

In dem historischen Torhaus ist heute eine Gaststätte untergebracht.

Dörna

Am schönsten ist es, wenn die Linden blühen

Die Einwohner pflegen ihre Häuser und machen Dörna zu einem sehr sehenswerten Ort.

Nur wenige Kilometer nordwestlich von Mühlhausen liegt Dörna, ein kleiner Ort mit etwa 370 Einwohnern. Durch seine Talmulde murmelt ein Bächlein, der Schildbach. Dörna befindet sich unmittelbar am Mühlhäuser Landgraben, einem der beliebtesten Wanderwege der Region, am Rand des Eichsfeldes. Am schönsten ist es in Dörna, wenn die Linden blühen. Doch so idyllisch, wie sich das Dörfchen dem Besucher heute bietet, war es nicht immer. Es gibt wohl kaum ein zweites Dorf im Landkreis, das unter Wasser, Plünderung und Brand ärger gelitten hat als Dörna.

Die nachweisbare Geschichte Dörnas beginnt sehr früh und fällt auf den Beginn der Zeitrechnung. Davon zeugen Bodenfunde, wie eine Bronzefiebel des ersten Jahrzehntes, Trümmer eines Eisenschmelzofens mit Erz und Schlacke sowie weitere Siedlungsnachweise. Diese Relikte stammen von einer Eisenschmelzersiedlung der Hermunduren, eines Teilstammes der Germanen.

Diese Siedlung fiel jedoch noch im ersten Jahrhundert einer verheerenden Überschwemmung zum Opfer. Eine zweite hermundurische Siedlung muss danach am hochwassergeschützten Kirchberg, in unmittelbarer Nähe einer heidnischen Kultstätte, bestanden haben. Diese Siedlung gilt als Keimzelle des späteren umwallten Dorfes »Thurnithi«. Urkundlich erstmals erwähnt wird Dörna als »Dornede« im Jahr 1004. Dieser Name ist sicherlich auch von den »Ur-Dörnaern«, den Hermunduren, geprägt. Er stammt von »Thurnithi« (Dorniges) ab und hielt sich bis

in das 16. Jahrhundert. Noch 1541 enthielt ein kirchliches Visitationsprotokoll diese Schreibweise. »Dornede« (Dorniges) wiederum lässt vermuten, dass es schon seit Siedlungsbeginn Bemühungen gab, sich vor Angreifern zu schützen.

Etwa ab dem Jahr 750 war der Ort zumindest schon durch eine umfassende Wall-Graben-Anlage, die den Kirchberg noch einmal rundum absicherte, geschützt. Alten Überlieferungen zufolge war auf dem Kirchberg einst eine Fliehburg. Die Kirche steht auf erhöhtem Plateau, das noch heute Wall und Graben erkennen lässt. Trotz dieser Schutzmaßnahme wurde Dörna von ritterlichen Raubzügen und Brandlegungen des öfteren heimgesucht. Doch die Dorfgemeinschaft ließ sich nicht unterkriegen. Sie ließ die zerstörte Heimstätte stets neu entstehen. Doch nicht nur Raubritter plagten die Dörnaer. Im Jahr 1613, so berichtet die Chronik, wurde der Ort von großen Wassermassen überflutet. Noch oft fiel den Dörnaer Hab und Gut ins Wasser – zuletzt 1864. Doch Dörna entstand stets neu. Begünstigt durch Zuzug aus benachbarten Wüstungen Bollrode, Tiefental und Tutterode, mit wachsendem Land-

und Waldbesitz, nahm Dörna als Kirch- Mühl- und Schuldorf sogar einen beachtlichen Aufstieg.

Heute ist der Ort vor allem wegen seiner ländlichen Ruhe, der Nähe zur Natur und der Nähe zur Stadt eine beliebte Wohngegend.

An die letzte Mühle im Ort erinnert noch dieses Wandgemälde.

Schöne Gebäude wie dieses sind eine Zierde in Dörna.

Zu den Sehenswürdigkeiten zählt der Kirchhof mit Torbogen.

Blick auf die Kirche, die einst vermutlich eine Fliehburg war.

Hollenbach

Ein Straßendorf mit Charme

Der Ortsteil liegt etwa fünf Kilometer nordwestlich der Kreisstadt Mühlhausen. Gegenwärtig leben etwa 300 Menschen in dem Dorf, das aus einem typischen Straßendorf hervorgegangen ist.

Erstmals urkundlich erwähnt wurde der Ort 1262 als Holebach, Holenbach oder Hoylbach. Die Ortsnamen besagen, dass die Siedlung am »Hohlen Bach« entstanden ist.

Die Flurnamen der Gemarkung weisen auf eine waldreiche, sumpfige, von Heideflächen durchzogene Niederung hin.

Die heutige Schreibweise Hollenbach findet sich vereinzelt und erstmalig 1566, häufiger zwischen 1626 und 1641, 1790 und 1824 und bleibt danach herrschend.

Die Thüringer Ortsnamensforschung setzt die Siedlung Hollenbach in die fränkische Kolonisationstätigkeit zwischen 531 bis 800. Die eigentliche Gründung des Dorfes wird verhältnismäßig spät angesetzt und auf das 8. Jahrhundert eingeengt. Darauf deutet die auffallend planmäßige Anordnung Hollenbachs als reines Straßendorf mit beidseitiger Anordnung der Gehöfte hin.

Die im Jahr 1262 beginnende urkundliche Überlieferung lässt als älteste Grundherren den Abt von Fuld sowie die Familie »de Ammern« und den Kämmerer von Mühlhausen erkennen. 1308 wurde Hollenbach dem Kloster Anrode verkauft. Wahrscheinlich ist das Dorf um 1337 in den Besitz der Stadt Mühlhausen gekommen, als König Ludwig von der Stadt 1000 Mark borgte.

Um 1400 waren 13 Landbesitzer, 1418 sogar nur zehn Steuerzahler in Hollenbach vorhanden. Auf dem nur mittelguten Boden wurde neben Getreide und Hackfrüchten Flachs angebaut, den man im nahegelegenen Flachswerk Anrode verarbeitete. Der Ortsausgang des Dorfes war im Mittelalter mit einem Schlagtor gesperrt. Auch die übrigen Teile des Dorfes waren gegen Überfälle gut gesichert. Die Reste eines Dorfgrabens sind an der Südseite der Ortslage in den dort gelegenen Gärten noch gut nachweisbar.

Die ersten Nachrichten über Zerstörungen und Brände tauchen 1424 auf. Im Februar des Jahres und im August 1429 steckten die Ritter von Hanstein das Dorf in Brand, plünderten und raubten das Vieh. Die Pest der Jahre 1438, 1452, 1463 und 1485 setzte dem Dorf ebenfalls erheblich zu.

Im 17. Jahrhundert versuchte die Stadt Mühlhausen, noch mehr aus den umliegenden Dörfern herauszuholen und erhöhte die Abgaben. Wie in anderen Dörfern lehnten sich auch die Bewohner Hollenbachs dagegen auf.

Hollenbach ist heute ein charmantes Dörfchen mit ausgeprägtem kulturellen Leben. Mit viel Liebe bauten sich die Hollenbacher ihr Dorfgemeinschaftshaus im Zentrum des Ortes aus. Das war im Jahr 2012 Festhalle für die 750-Jahr-Feier.

Blick auf die Hollenbacher Dorfkirche

»Hollenbach steht Kopf« begrüßte das Dorf im Jubiläumsjahr 2012 seine Gäste zur 750-Jahr-Feier.

Das Dorfgemeinschaftshaus ist ein Schmuckstück in Hollenbach.

Lengefeld

Sogar vom Dichterfürsten Goethe beschrieben

Lengefeld erstreckt sich etwa zehn Kilometer nordwestlich von Mühlhausen wie ein langes Feld in einer Mulde, durch das die Luhne fließt.

Das Dorf an der Luhne gehört zu den ältesten Orten im Landkreis. Lengefeld wurde erstmals im Jahr 897 im Zusammenhang mit einer Gütertrennung zwischen den Klöstern Hersfeld und Fulda urkundlich erwähnt. Es soll aber bereits schon bald nach dem Untergang des Thüringer Reiches im Jahr 531 gegründet worden sein. Bewiesen ist das jedoch nicht.

Lengefeld hat noch einige Namensverwandte bei Bad Kösen, Sangerhausen, Weimar, Korbach und im Erzgebirge. Das »Doringysche Lengevelth« (thüringische Lengefeld) wird zudem oft mit dem im heutigen Unstrut-Hainich-Landkreis befindlichen Ort Lengenfeld unterm Stein (Landgemeinde Südeichsfeld) verwechselt.

Lengefeld erstreckt sich etwa zehn Kilometer nordwestlich von Mühlhausen wie ein langes Feld in einer Mulde, durch das die Luhne fließt. Unmittelbar westlich des Ortes führt der Mühlhäuser Landgraben vorbei. Der 26 Kilometer lange Landgraben war frühmittelalterliche Befestigungsanlage, die zum Schutz der 19 Dörfer der Freien Reichsstadt Mühlhausen angelegt wurde. An den Durchfahrten befanden sich Schlagbäume und Warttürme, von denen die feindlichen Truppen mit Zeichen den reichsstädtischen Dörfern gemeldet wurden. Von den einst acht Warten ist heute noch an der Bundesstraße 247 die Lengefelder Warte, das »Tor zum

Eichsfeld«, gut erhalten und zum Symbol des guten Thüringer Geschmacks geworden. An der Lengefelder Warte hat sich ein gleichnamiger Landgasthof angesiedelt.

Bis Anfang des 19. Jahrhunderts führte durch den Ort eine alte Heer- und Handelsstraße von Nürnberg nach Hamburg, die unter anderem der Kurfürst von Mainz, die Königin Luise von Preußen und 1801 Johann Wolfgang von Goethe benutzten. Letzterer schrieb in sein Tagebuch: »Früh fünfeinhalb von Mühlhausen ab durch Ammern, wo man über die Unstrut kommt, in einem schönen Wiesengrunde nach Lengefeld, immer höher dem Eichsfelde näher.«

Fast bedeutungslos wurde die alte Handelsstraße, als 1817 die »Kunststraße« auf der Mark zwischen Horsmar und Lengefeld eröffnet wurde, die heutige Bundesstraße 247.

Im 19. Jahrhundert zog es auch zahlreiche Lengefelder in die Ferne, um Arbeit und Lohn, aber auch das Glück zu suchen.

Stellvertretend für namhafte, im Luhnedorf geborenen Lengefelder wird in Chroniken auf Professor Dr. Adolf Sellmann (1868 bis 1947) verwiesen. Er erwarb sich als Pädagoge, Autor, Regionalhistoriker und Chronist Verdienste, so dass in seinem Geburtsort eine Straße nach ihm benannt wurde. Seit den 1930er Jahren entstanden mehrere kleine

Von den einst acht Warten am Mühlhäuser Landgraben ist heute noch an der Bundesstraße 247 die Lengefelder Warte, das »Tor zum Eichsfeld«, gut erhalten.

Ein kleines Paradies für Wasservögel ist der Löschteich am Ortsrand.

Das Gebäude der Gemeindeschänke gehört zu den schönsten im Ort.

Eine versteckte Sehesnwürdigkeit im Ortszentrum ist dieser steinerne Tisch.

Neubaugebiete wie Schützenstieg, Siedlung, Mühlhäuser Tor, Bickenrieder Weg, Dörnaer Weg und Luhner Weg. Zu Beginn der 1990er Jahre entstand auf dem alten Sportplatz der moderne Wohnpark »Eiweideweg«. Heute leben in dem ruhigen und beschaulichen Lengefeld etwa 850 Menschen.

Zella

Naturerlebnis im Unstruttal

Im romantischen Tal der Unstrut, dicht am Mühlhäuser Landgraben, liegt das kleine Eichfelddorf Zella, in dem etwas mehr als 300 Einwohner leben.

Die erste urkundliche Erwähnung erfolgte im Jahr 1201, als bei einem Güterverkauf Hartung und sein Bruder Walther von Zcelle als Zeugen genannt werden. 1262 tauschte das Kloster Reifenstein seinen Besitz in Zella mit Albert Graf von Gleichenstein gegen Grundstücke in Be-

berstedt. So kam Zella zu den Gräflich Gleichensteinischen Besitzungen.

Im Dreißigjährigen Krieg hatte Zella wie alle Eichsfelddörfer schwer zu leiden. 1632 wurde es völlig zerstört und es sollte lange dauern, bis sich Zella wieder erholt hatte. Die in den Jahren 1733 bis 1735 neu gebaute Kirche Sankt Nikolaus zeigt im Baustil romanische Züge, während sich im Innern einer der schönsten Barockaltäre des Eichsfeldes befindet.

Heute ist Zella ein beschaulicher Ort. Diese dicke Sommer-Linde steht an der Straße zum Gut Breitenbich. Der Baum ist etwa 130 Jahre alt und seit 1941 als Naturdenkmal ausgewiesen.

Die Kirche Sankt Nikolaus wurde in den Jahren 1733 bis 1735 gebaut.

Blick auf die Unstrut, die durch den Ort fließt.

Seit dem Jahr 1997 ist Zella Ortsteil der Gemeinde Anrode. Kulturelle Höhepunkte in Zella sind das jährliche Kirchweihfest am Sonntag nach dem 4. Oktober, ein Sportfest sowie das Feuerwehrfest.

Bemerkenswert ist die Anzahl der schön sanierten eichsfeldtypischen Fachwerkhäuser, die das Ortsbild prägen.

Das reizvolle Unstruttal und der nahe Landgraben laden das ganze Jahr über zum Wandern und Erholen ein. Am schönsten ist es jedoch im Frühjahr, wenn die Frühjahrsblüher ihre Blütenteppiche ausbreiten. Die abwechslungsreiche Landschaft mit ihrer Vielfalt an Pflanzen und Tieren ist sowohl für Einheimische als auch Besucher ein wunderbares Naturerlebnis.

Heimatstube Zella

Ein Blick in die Vergangenheit

Die 800-Jahr-Feier in Zella im Jahr 2001 war der Verwaltung der Gemeinde Anrode Anlass, eine Heimatstube in diesem Ortsteil zu eröffnen. Die Einrichtung mehrerer Räume orientierte sich dabei an Wohnungen aus früheren Zeiten. Eine Wohnung zeigt eine gute Stube mit Küche, eine weitere ist um eine Schlafkammer erweitert. Dort ist zudem eine beachtliche Ausstattung an historischen Kleidungs- und Wä-

schestücken zu bewundern. Ein dritter Raum erinnert an den Alltag in der DDR-Zeit.

Das Glanzstück in der Heimatstube ist jedoch ein antiker Sakristeischrank aus dem Jahr 1740.

Eine Besonderheit ist zudem ein Modell des Ortes Zella. Es dokumentiert, wie das Dorf im Jahr 1675 vermutlich ausgesehen hat. Noch vorhandene alte Beschreibungen des Dorfes,

Chroniken und Schriftstücke ermöglichten diesen Teil der Ausstellung.

In zwei weiteren Räumen sind Exponate aus Landwirtschaft und Technik zu sehen. Und wer schon immer mal wissen wollte, was einst die »große Wäsche« in einem Haushalt bedeutete, findet auch diese beschwerliche Arbeit anschaulich dargestellt.

Zahlreiche Bilder und Fotos über den dörflichen Alltag runden die Ausstellung ab. Eine Landkarte zeigt die Heimatorte der nach dem Zweiten Weltkrieg nach Zella Vertriebenen.

In einer angrenzenden Scheune können Modelle der Kirche, der historischen Gebäude »Große Mühle« und »Erbsmühle« sowie des »Siechenhofes« besichtigt werden.

Sehenswert sind auch Trachten.

Erinnerung an die »große Wäsche«

Die Heimatstube hat ihre Adresse an der Straße Wegelange 1.

Glanzstück in der Heimatstube ist ein antiker Sakristeischrank aus dem Jahr 1740.

Gemeinde Dünwald

Das Tor zum Eichsfeld

Drei Dörfer schlossen sich im Jahr 1994 zu einer politischen Gemeinde zusammen: Beberstedt, Hüpstedt und Zaunröden. Fortan nannten sie sich Dünwald. Namenspate ist die Lage der Region. Dünwald liegt auf der Muschelkalk-Hochfläche des Dün am Nordrand des Unstrut-Hainich-Kreises, etwa 450 bis 470 Meter über dem Meeresspiegel. Dünwald grenzt an den Eichsfeld- und den Kyffhäuserkreis und bildet das »Tor zum Eichsfeld«. Die Gemeinde hat eine Gesamtfläche von etwa 2735 Hektar. Mit 1700 Einwohnern ist Hüpstedt der größte Ortsteil. Der kleinste Ortsteil ist Zaunröden. Dort leben etwa 120 Menschen. Beberstedt zählt etwa 760 Einwohner.

Über die Namen der Ortsteile Beberstedt und Hüpstedt gibt es eine interessante Vermutung. Ein Heimatforscher aus dem Landkreis Cuxhaven stellte fest, dass die Ortsnamen Beberstedt, Hüpstedt (und auch Sollstedt) bei Bremerhaven als Orte Beverstedt, Hipstedt und Sellstedt in ähnlicher An-

Blick über die Felder nach Zaunröden

ordnung vorkommen, ebenso das Flüsschen Luhne hier und Lune dort. Es wird daher vermutet, dass um das Jahr 800, zur Zeit Karl des Großen, aus dem Raum Bremerhaven die Ureinwohner möglicherweise zwangsausgesiedelt wurden und sich hier niederließen.

Der Beberstedter Anger

Brunnenfigur in Hüpstedt

Tradition und Brauchtum

Hüpstedter Heimatstube bewahrt das Erbe

Beinah ausgestorben ist das traditionelle Schusterhandwerk. In der Heimatstube im Ortsteil Hüpstedt erinnert eine historische Schusterwerkstatt noch an das Jahrhunderte alte Gewerbe, das einst in jedem Dorf, auch in Beberstedt, Hüpstedt und Zaunröden, zu finden war.

In dem im Jahr 1592 erbauten Gutshaus ist die Heimatstube untergebracht. Entstanden ist sie im Jahr 1996 auf Initiative des Eichsfelder Heimat- und Wandervereins Hüpstedt. Der Verein widmet sich der Heimatarbeit wie der Erkundung der Ortsgeschichte, der Pflege und Wiederbelebung des dörflichen Brauchtums sowie der Vervollständigung der Heimatstube. Akribisch und mit viel Liebe zum Detail wurden mehrere Räume im Gutshaus thematisch gestaltet. Im Obergeschoss wird das ländliche Wohnen dokumentiert. Eine Küche und ein Schlafraum, wie sie Anfang des 20. Jahrhunderts für die Region typisch waren, sind zu sehen. In einer Scheune sind historisches Landwirtschafts- und Handwerksgerät ausgestellt. Im Keller der Scheune gibt es einen kleinen Einblick in die Vorratshaltung der Vorfahren und in die lange Tradition der Hausschlachtung nach Eichsfelder Art. Haushaltsgeräte aus alten Zeiten ergänzen die Sammlung in der Heimatstube. Ein Nostalgiezimmer erinnert an die jüngere Geschichte, an die DDR-Zeit.

Ein weiterer Raum im Gutshaus ist Treffpunkt für die Mitglieder des Heimat- und Wandervereins.

Standesgemäße Kleidung von einst

Hüpstedter Mundart wird gepflegt und traditionelle Feste im Dorf werden vorbereitet.

Die Heimatstube hat in Hüpstedt, an der Mühlhäuser Straße 2, ihre Adresse.

In dem im Jahr 1592 erbauten Gutshaus ist die Heimatstube untergebracht.

Beberstedt

Ein Dorf der Musik und Tradition

Als »Befestide« wird das Eichsfelddorf Beberstedt im Jahr 1191 erstmals urkundlich erwähnt. Die Beberstedter Flur besteht zum größten Teil aus kargem, steinigem Boden. Vermutlich war Beberstedt ein sogenanntes Haufendorf mit einem Dorfkern, der sich später zur heutigen Kreuzform entwickelte. Der Anger mit seinen Fachwerkhäusern und der Kirche prägen noch heute das alte Dorfbild. Sehenswert in Beberstedt ist der alte Ziehbrunnen auf dem Anger. Der Brunnen stammt aus dem Jahr 1632. Der Anger diente einst als Gemeindeversammlungsort und als Richtplatz und ist bis heute der Mittelpunkt des Ortes geblieben. Weitere Sehenswürdigkeiten sind die schöne Dorfkirche sowie das Naturdenkmal »Linden auf dem Hellborn«, nordwestlich der Ortslage.

Zu den kulturellen Attraktionen im Ort zählen heute das Hähnekrähen, das Angerfest, das Waldfest, das Krautweihfest und die Kirmes.

Beberstedt ist eines der schönen Dörfer im Eichsfeld.

Fachwerkhäuser prägen noch heute das alte Dorfbild.

Blick auf die schöne Dorfkirche

Bekannt ist Beberstedt heute auch durch die »Original Obereichsfeld Musikanten«, eine über die Region hinaus beliebte Blaskapelle, die noch jedes Fest im Ort verschönerte. Zahlreiche Ausflugsziele in der näheren Umgebung laden zum Wandern und Radwandern ein.

Naturdenkmal Sommer-Linden

In Beberstedt gelten sie als kleine Attraktion: die starken Linden auf dem Hellborn. Wenn auch von den ursprünglichen drei Sommer-Linden eine wegen eines gefährlichen Pilzbefalls im Jahr 2005 gefällt werden musste, sind die verbliebenen zwei ein kleines Wahrzeichen auf dem Hellborn, der ein beliebtes Ziel für kleinere Ausflüge in die nähere Umgebung ist.

Unter Schutz gestellt wurden die Bäume bereits im Jahr 1936. Heute sind die zwei Baumveteranen etwa 160 und 200 Jahre alt und haben eine stattliche Höhe von gut und gern 23 bis 24 Meter erreicht. Die nördliche Linde ist von relativ schlankem Wuchs. Ihr Stamm verzweigt sich in etwa zwei Meter Höhe in zwei Einzelstämme.

Die südliche Buche ist recht knorrig gewachsen. Ihr Stamm verzweigt sich in etwa zwei Meter Höhe sehr stark. Für die gefällte Linde wurde im Frühjahr 2006 eine etwa zehn Jahre alte Ersatzlinde gepflanzt.

Im Schatten der Baumgruppe ist ein Rastplatz für Wanderer und Radfahrer angelegt.

> **Kann es etwas Schöneres geben als die Jahreszeiten eines Baumes?**
> Ein Baum steht in Schönheit von Jahr zu Jahr und behält seine Anmut und Würde. Seine Geheimnisse sind mitten in ihm, und er erzählt nichts von Menschen und ihren vorübergehenden Erlebnissen. Wir lernen etwas, wenn wir einen Baum betrachten. Ständig beschneidet er sich selbst, fortgesetzt wirft er alles Übermäßige ab. Wenn er an einer schwierigen Stelle wächst, sendet er tiefe Wurzeln hinab, um nach einem festen Halt zu suchen. Jedes Blatt ist einzigartig und schön – doch es dient auch dazu, giftige Stoffe aus der Atmosphäre zu entfernen, und sendet einen sauberen Duft aus, um uns vor der Hitze zu schützen. Neben einem Baum zu sitzen oder unter einer Eiche auf der Erde zu liegen ist der Gipfel des Genusses.
>
> *(Die weisen Frauen der Cherokee)*

171

Hüpstedt

Barockes Kleinod in der Kirche

Hüpstedt ist das nördlichste Dorf im Landkreis. Es ist etwa 15 Kilometer von der Kreisstadt entfernt und grenzt an den Eichsfeld- und Kyffhäuserkreis. Hüpstedt ist umgeben von Ackerland und Wald.

Im Jahr 1124 wurde Hüpstedt erstmals urkundlich erwähnt. Ein architektonisches Kleinod ist die Kirche Sankt Martin, die Mitte des 18. Jahrhunderts geweiht wurde. Seit 1984 schmückt sie ein Barockaltar, der um das Jahr 1725 gebaut wurde. Der Altar stammt aus der Kilianikirche in Mühlhausen.

Bis zum Beginn des 20. Jahrhunderts war die wirtschaftliche Lage des Ortes von der Landwirtschaft und der Hausweberei geprägt. Von 1912 bis 1926 brachte die aufblühende Kaliindustrie einen vorübergehenden Aufschwung.

In Hüpstedt, der der größte Ort in der Gemeinde Dünwald ist, gibt es eine Grund- und eine Regelschule sowie den katholischen Kindergarten »Sankt Christophorus«. Zu den jährlichen kulturellen Attraktionen im Ort zählen der Fasching, das Schützenfest, das Sportfest, das Feuerwehrfest, das Schachtfest und die Kirmes mit Hammeltreiben. Eine Blaskapelle, welche zu Festen und Feiern aufspielt, sind die »Hüpstedter Feuerwehrmusikanten«.

Sehenswürdigkeiten sind die Kirche Sankt Martin, das Klüschen sowie das alte Gutshaus, in dem ein Heimatmuseum zum Besuch einlädt.

Zahlreiche Ausflugsziele in der näheren Umgebung laden zum Wandern und Radwandern ein.

Im alten Gutshaus gibt es ein Museum zu besichtigen.

Die Kirche »Sankt Martin« stammt aus der Mitte des 18. Jahrhunderts.

Ein Baumriese

Eine bemerkenswerte Sommer-Linde steht unmittelbar am Ortsrand von Hüpstedt. Auf etwa 300 Jahre wird das Alter dieses Baum-Veteranen geschätzt. Etwa 26 Meter hoch ist der Baum bereits gewachsen.

Einer alten Sage nach, soll ein Bauer aus Hüpstedt diese Linde gepflanzt haben, als Dank dafür, dass er an dieser Stelle in einer eiskalten Winternacht das erste Licht erblickte, das ihm den richtigen Weg zurück ins Dorf wies. Das Licht rettete den Bauern vor dem Kältetod.

Der Dorfanger schmückt das Zentrum des Ortes.

Zaunröden

Der kleinste Ort im Bund

Die Dorfkirche im Zentrum des Ortes

Der kleinste Ort in Dünwald und einer der kleinsten Orte im Landkreis ist Zaunröden. Etwa 120 Einwohner fühlen sich in dem ruhigen, von Feldern und Wiesen umgebenen Idyll wohl.

So klein Zaunröden auch sein mag – die Geschichte des Ortes reicht weit zurück. Erstmals urkundlich erwähnt wird Zaunröden bereits im Jahr 1378. Auch eine Sehenswürdigkeit weist Zaunröden aus: die kleine Dorfkirche im Zentrum des Ortes, die evangelische Friedenskirche von 1614.

Die Ortschaft Zaunröden ist geprägt von gepflegten Fachwerkhäusern. Das Schützenfest gilt als jährlicher Höhepunkt im Kulturleben der Zaunröder.

Ausflugsziele in der näheren Umgebung laden zum ausgiebigen Wandern und Radwandern ein.

Gemeinde Menteroda

Bergmannsglück brachte Wohlstand

Im Nordosten des Landkreises, in einer witterungs-rauen Gegend, liegt Menteroda. Die Höhenlage des Ortes beträgt um die 400 Meter und bietet wegen des rauen Klimas und des wenig ertragreichen Bodens der Landwirtschaft keine guten Voraus-setzungen. Menteroda hat auf andere Art Bedeu-tung erlangt. Dort befanden sich Lagerstätten von Kalisalzen, Erdgas und geringen Mengen an Erdöl. So ist der Ortsname Menteroda eng verbunden mit dem Bergbau. 85 Jahre lang, von 1906 bis 1991, war Menteroda Sitz eines Bergbaubetriebes zur Gewinnung der begehrten Kalisalze. Das Kalisalz – Rohstoff für Düngemittel – machte Menteroda weit über die Grenzen Deutschlands hinaus bekannt.

Im Oktober 1905 wurde mit der ersten Bohrung in Menteroda begonnen, die am 4. Juni 1906 bei 973,3 Meter fündig werden sollte. Das Bohrloch befand sich unweit des Triftgrabens an der Straße nach Holzthaleben.

In den kommenden zwei Jahren wurden Werkstät-ten, Magazinschuppen, Kantine und Kesselhaus im Kaliwerk errichtet. Das Bergwerk beschäftigt be-reits 220 Personen aus den umliegenden Dörfern Menteroda, Holzthaleben, Urbach, Obermehler, Keula, Windeberg und Großbrüchter. In Menteroda lebten damals etwa 400 Menschen. Urbach stellte

den Bergleuten freistehende Häuser der nach Ame-rika Ausgewanderten als Wohnung zur Verfügung. Am 25. Mai 1909 wurde vom 981 Meter tief gele-genen Schacht das erste Kalisalz an die Erdober-fläche gefördert. Dieses Bergmannglück bewirkte die Anlage der späteren Schächte Volkenroda und Pöthen. Volkenroda war mit 1000 Meter der tiefste Kalischacht Europas.

Nach der Betriebsstilllegung 1991 wurden die Schachtanlagen zum Teil abgerissen, die Schächte mit Bauschutt, Erden und Industrieabfällen ver-füllt und die Abraumhalde weitgehend renaturiert. Heute erinnert ein Bergbaumuseum mit Schauan-lage an die Tradition des Bergbaus. Das Museum befindet sich am ehemaligen Schacht. Der einstige Bergbau-Standort wurde in den vergangenen Jah-ren zum Gewerbegebiet Menterodas entwickelt.

Vielen Menterödern ist die Geschichte des Kaliwerkes zum Teil noch aus eigenem Erleben bekannt. In den 85 Jahren ihres Bestehens wurden die Gruben zum größten Arbeitgeber in der Region. Dem Bergbau ist es zu verdanken, dass sich die Region um Menteroda schneller entwickelte und die Menschen zu einem bescheidenen Wohlstand gelangten.

Menteroda ist seit 1996 Amtssitz der gleichnamigen Einheitsgemeinde. Der gehören neben Mentero-

Fachwerkhaus in Urbach

Das alte Gut in Sollstedt

Bergbaumuseum in Menteroda

Brunnen in Kleinkeula

da die zuvor selbstständigen kleinen Gemeinden Kleinkeula, Sollstedt und Urbach an. Die Einheits-gemeinde zählt heute etwa 2180 Einwohner und ist damit eine der kleinsten selbstständigen Einheits-gemeinden im Unstrut-Hainich-Kreis.

Ortsteil Menteroda

Gegründet in rauer Natur

Ansichtskartenmotiv am Straßenrand

Am Nordostrand der Mühlhäuser Hardt liegt Menteroda. Gegründet wurde der Ort in einer rauen Natur – in einer Höhenlage zwischen 362 und 460 Meter, auf kargem Boden. Wann genau der Ort gegründet wurde, weiß niemand mehr zu sagen. Die Geschichte Menterodas liegt im Dunkeln, widersprüchlich sind die Angaben. Der Ortsteil Menteroda wurde erstmals im Jahre 966 erwähnt. Von Beraroda und Bettelroda ist die Rede. Im Jahre 1074 wird ein Meynhartrode genannt. Im Mittelalter, im Jahr 1197, wird ein »Bertaroda« erstmals urkundlich erwähnt.

Zu den überlieferten Tatsachen zählt aber, dass im Bauernkrieg, im Jahr 1525, der Ort vollständig zerstört wurde. Die Rede ist davon, dass die Einwohner selbst ihren Ort verwüstet hätten.

Erst seit 1553, nachdem der Ort wieder aufgebaut war, existiert eine ziemlich geschlossene Geschichtsschreibung, die viele interessante Details zu erzählen weiß. So wird berichtet über die Neugründung Menterodas 1553, vom Erwerb der Backgerechtigkeit und das Schafhalterecht im Jahr 1606 und über die unruhige Zeit des Dreißigjährigen Krieges von 1618 bis 1648. Die Chroniken berichten aus den Jahren 1716 bis 1720, als eine neue, steinerne Kirche gebaut wird und wie das Gemeindegebiet zuvor, im 17. Jahrhundert, an das Herzogtum

»Glück auf« – die Gemeindeschenke

Sachsen-Coburg-Gotha gekommen ist. Zu lesen ist auch von der Armut der Menschen, an der auch die Hausweberei zu Beginn des 19. Jahrhunderts nur wenig änderte. Die Armut wurde so stark, dass viele Menteröder Anfang des 19. Jahrhunderts nach Amerika übersiedelten, um dort ihr Glück zu versuchen. Doch dann wurde Kalisalz gefunden und der Ort erfuhr eine ungeahnte Blüte. 85 Jahre dauerte dieser Zeitabschnitt, von 1906 bis 1991, der Menteroda im In- und Ausland bekannt machte. Doch danach stand das Dorf wieder vor einem Neubeginn.

Heute sind in Menteroda etwa 90 Gewerbetreibende ansässig, darunter zwei Lebensmittelmärkte, zwei Gaststätten, Bäcker, Frisöre, verschiedene Handwerks- und Einzelhandelsbetriebe und einige Industriebetriebe.

Menteroda ist mit etwa 1700 Einwohnern der größte Ortsteil der Einheitsgemeinde.

Traditionsstätte

Erinnerung an den Bergbau

Einstige Technik ist heute technisches Denkmal.

Das Bergbaumuseum erinnert an das Kaliwerk.

Fast 90 Jahre klang der Bergmannsgruß »Glückauf« durch den Ort und war Zeuge des bescheidenen Wohlstands, den fleißige Bergleute durch ihre tägliche harte und gefährliche Arbeit schufen. In viele Länder der Erde wurde Kali aus Menteroda exportiert. Das Kaliwerk mit seinen etwa 1600 Beschäftigten hatte fast ein Jahrhundert das geistige und kulturelle Leben im Ort geprägt.

Seit Anfang der 1990er Jahre sind die Kalibergwerke geschlossen. Dem großen Engagement vieler ehemaliger Bergleute und Sponsoren ist es zu verdanken, dass eine Traditionsstätte Bergbau im ehemaligen Fördermaschinenhaus, ein Bergbaumuseum und eine Minigrube entstanden, die die bergmännischen Traditionen aufrecht erhalten. Im Februar 1999 wurde der

Bergmannsverein »Schlägel & Eisen« gegründet. So wie das Brauchtum in seiner geschichtlichen Entwicklung entstanden ist und zum kulturellen Erbe der Region prägend gehört, wird es nun durch den Verein aufgearbeitet, gepflegt und erhalten.

Ortsteil Kleinkeula

Jüngste Gemeinde mit langer Geschichte

Der Ortsteil Kleinkeula liegt an der nördlichen Grenze des Landkreises, etwa 16 Kilometer von der Kreisstadt Mühlhausen entfernt. Mit weniger als 100 Einwohner ist Kleinkeula eine der kleinsten Gemeinden im Landkreis und mit der Angliederung im Jahr 1950 an den damaligen Kreis Mühlhausen auch eine der jüngsten Landkreisgemeinden.

Klein, aber mit eigener Kirche

Geschichtlich ist Kleinkeula freilich viel älter. Im Jahre 955 wird Keula erstmals erwähnt. Der Name stammt aus dem Altdeutschen: Cula = Kuhle. Ursprünglich war die Siedlung vom 6. bis 8. Jahrhundert in einer Vertiefung in der Nähe einer Quelle angelegt. Später verlegte man den Ort – warum auch immer – nach Norden.

Das nahe gelegene Kloster Volkenroda hatte großen Besitz in der Ortsflur und errichtete einen Meierhof. Im Bauernkrieg wurde der Ort aber verwüstet. Erst 1553 wurde Kleinkeula unter Aufsicht eines Amtmannes im Auftrag des Kurfürsten August wieder aufgebaut, erlitt aber im Dreißigjährigen Krieg erneut Zerstörung.

Doch die Menschen ließen sich nicht entmutigen. Eine neue Kirche und ein Schulhaus mit Lehrerwohnungen wurden errichtet.

Ein Problem aber blieb: Kleinkeula hatte unter Wassermangel zu leiden. Einst hatte jeder Bauer eine in den Felsen gehauene Zisterne, worin Regenwasser gesammelt wurde. Im Jahr 1908 wurde dann ein Brunnen gebohrt – 40 Meter tief. Den Brunnen gibt es heute noch.

Grünanlagen schmücken den Ort. Die schönen Anlagen wurden 1969 angelegt.

Erst 1930 baute die Gemeinde eine Wasserleitung, die das Alltagsleben der Menschen enorm erleichterte.

Heute ist Kleinkeula ein liebens- und lebenswerter Ort mit zeitgemäßer Infra-Struktur.

Ortsteil Urbach

Ein urgemütliches Dorf

Urbach liegt etwa 355 Meter über dem Meeresspiegel, südwestlich der Hainleite, an einem Bach gleichen Namens. Die Quelle des Urbaches befindet sich etwa einen Kilometer westlich des Ortes am sogenannten Schwalbenbrunnen. Urkundlich wird Urbach im Jahr 874 als »Hurbach« erstmals erwähnt. Im Jahre 1139 ist abermals von Urbach zu lesen. Der Ort wird in Verbindung mit dem Handelsweg von Mühlhausen – Pöthen – Urbach – Brüchter genannt sowie in einem Zusammenhang mit dem Kloster Volkenroda.

1792 ist ein schlimmes Jahr. Fast das ganze Dorf geht bei einer Brandkatastrophe in Flammen auf.

Doch die Urbacher lassen sich nicht unterkriegen. In den Jahren von 1829 bis 1841 wird das jetzige Kirchenschiff gebaut. An der Stelle der alten, abge-

Urbach liegt an einem Bach gleichen Namens.

tragenen Kirche wurde der Grundstein gelegt. Der Name der Kirche ist »Sankt Johannis«. Im Jahr 1850 hat die Gemeinde ihr eigenes Backhaus.

Gerettet werden aus der Katastrophe von 1792 konnte unter anderem ein Kirchenregister. Es gibt heute noch in Urbach folgende Namen, die im Jahre 1633 bereits in diesem Register aufgeführt sind: Andrä, Burghardt, Dasbach, Driesch, Erdmann, Grüneberg, Hahn, Hartmann, Hey, Schleichardt, Schmidt, Schönstedt, Spangenberg, Steinbrück und Wacker.

Heute ist Urbach ein urgemütlicher, gepflegter Ort. Von allen Himmelsrichtungen bietet sich ein malerischer Blick auf das idyllische Dörfchen mit seinen zum Teil noch gut erhaltenen Fachwerkbauten, den roten Ziegeldächern und der inmitten des Ortes herausragenden Kirche.

Urbach ist heute ein idyllisches Dörfchen mit etwa 310 Einwohnern.

Die Kirche »Sankt Johannis« inmitten des Ortes

Ortsteil Sollstedt

Aus einem Rittergut entstanden

Hübsches Detail am Gutshof

Die Kirche Sollstedts steht unter Denkmalschutz. Sie ist bedeutsam wegen ihres nur noch selten anzutreffenden Fachwerks am Kirchenschiff.

Blick auf den Gutshof – Mit viel privatem Fleiß wird er erhalten und saniert.

Diese Grabplatte ist die einzig bis heute erhaltene. Sie wurde für die erste Frau Ernst Friedrich Knorr, Gertrud von Buttlar, angefertigt.

Sollstedt ist ein Höhendorf im Norden des Landkreises und liegt in einer durchschnittlichen Höhe von 455 Metern über dem Meeresspiegel. 1229 beginnt die Zeit der urkundlich nachweisbaren Geschichte Sollstedts. Erzbischof Christian von Mainz schenkte dem Kloster Volkenroda seine ihm dort gehörenden Besitzungen. Der wesentlich größere Teil der Liegenschaften war Reichsgut, mit dem die Grafen von Gleichen, Hugo von Weisensee und Heinrich Camerarius von Mühlhausen belehnt waren. Die Einwohner waren zum geringsten Teil Eigentümer des Bodens, den sie bebauten. Sie hatten das ehemalige Reichs- und spätere Klosterland zu »lehen« und mussten dafür Lehnsgelder oder Zins entrichten. Bauern mit eigenem Besitz mussten vor der Aufsaugpolitik des Volkenrodaer Klosters weichen, so dass es in den folgenden Jahrhunderten kein Dorf »Sollstedt« gab, sondern nur einen »Meierhof«, ein Vorwerk des Klosters Volkenroda.

Das Rittergut Sollstedt bildete einen selbstständigen Gutsbezirk und war das einzige Gut des Kreises Mühlhausen, das sich aus der Zeit des 15. Jahrhunderts bis in das 20. Jahrhundert von Generation zu Generation in der Familie Knorr fortgeerbt hatte. Es war Heinrich von Knorre, der im Jahr 1445 das ihm gehörende Gut Groß-Ballhausen gegen die Sollstedter Besitzungen tauschte. Das Dorf entwickelte sich zwischen 1850 und 1890 aus dem Gut.

Sollstedt ist nie ein reiches Dorf gewesen. Die Einwohner nährten sich als Landwirte von den geringen Erträgen des schlechten Bodens oder verdienten als Leineweber und Gutsarbeiter ihr tägliches Brot. Das Dorf besaß keine Gerechtigkeiten, keinen Wald und nur wenig Gemeindeland.

Die ärmliche Vergangenheit ist heute nicht mehr zu spüren. Der Fleiß der Menschen hat Sollstedt in einen hübschen, lebenswerten Ort verwandelt, der etwa 110 Einwohner zählt.

Die Sollstedter Grabplatten

Die von Knorrs ließen ihre Familienmitglieder in der Sollstedter Kirche beisetzen. Im Jahr 1845 berichtete Pfarrer Held, dass sich im Boden der Kirche nachweislich 25 Gräber befanden – allerdings mit der Inschrift nach unten. Wegen der dauernden Streitigkeiten mit der Gutsherrenfamilie hatte der Mühlhäuser Rat als Patron der Sollstedter Kirche in den 1720er Jahren angeordnet, die Grabplatten umzudrehen. Dieser eigenartige Bodenbelag bestand bis zu den Umbauarbeiten der Kirche im Jahr 1967. Lediglich zwei der alten Grabplatten waren von der Wendeaktion verschont geblieben. So befand sich bis zu den Umbauarbeiten in der Kirche vor deren Altar der Grabstein der 1655 verstorbenen Susanne Knorr und ihrem Sohn Ernst Wilhelm. Beide waren kurz nach der Geburt gestorben. Was mit dem Stein geschah, ist unbekannt.

Die zweite Grabplatte ist die einzig bis heute erhaltene. Sie wurde für die erste Frau Ernst Friedrich Knorr, Gertrud von Buttlar, angefertigt und steht heute an der Westwand der Kirche.

Gemeinde Weinbergen

Ort mit der höchsten Postleitzahl

Herzlich willkommen in der Gemeinde Weinbergen, im grünen Herzen Deutschlands. Weinbergen hat einiges zu bieten. Vor allem finden naturverbundene Wanderer hier eine Vielzahl von Möglichkeiten die Natur zu beobachten. So ist zum Beispiel der geografische Mittelpunkt Deutschlands nur wenige Kilometer entfernt. Zu Fuß kann man in etwa eineinhalb Stunden von Weinbergen in die benachbarte Gemeinde wandern und in Niederdorla den Mittelpunkt besuchen.

Eine Attraktion ist der Flugplatz in Bollstedt.

Die Einheitsgemeinde entstand 1994 innerhalb der Gebietsreform durch den Zusammenschluss der Gemeinden Bollstedt, Grabe, Höngeda und Seebach. Überregional bekannt ist die in der Gemeinde gelegene Staatliche Vogelschutzwarte Seebach. Ihren Sitz hat die Gemeindeverwaltung in Bollstedt.
Weinbergen schließt im Nordwesten an das Stadtgebiet von Mühlhausen an. Im Nordosten grenzt sie an Körner, im Südosten an die Verwaltungsgemeinschaft Unstrut-Hainich und im Westen an die Verwaltungsgemeinschaft Vogtei. Etwa 3100 Einwohner zählt die Gemeinde.
Das Gemeindegebiet liegt in der Höhenlage zwischen 182 Meter über dem Nullpunkt an der Unstrut bei Seebach und knapp 390 Meter auf dem im Norden gelegenen Forstberg.
Die Gemeinde Weinbergen wird von der Unstrut und ihren Nebenflüssen Notter und Seebach durchflossen.
Eine private Wetterstation mit Jahrzehnte langer Messreihe befindet sich im Ortsteil Grabe. Mit 8,7 Grad Celsius Jahresmitteltemperatur und 565 Milllimeter durchschnittlichem Jahresnieder-

Eine Begegnungsstätte ist der Schul-Bibel-Klang-Kunst-Garten in Höngeda.

schlag ist das Klima von Grabe relativ warm, aber bereits trocken.
Mit 99998 hat Weinbergen zusammen mit Körner die höchste Postleitzahl der Bundesrepublik Deutschland.
Sehenswürdigkeiten in Weinbergen sind die alte Dorfschmiede und der Flugplatz der Segelflieger in Bollstedt, die historische Furthmühle in Grabe, der Gondelteich und der Schul-Bibel-Klang-Kunst-Garten im Schulzentrum »Janusz Korczak« in Höngeda sowie die historische Wasserburg in Seebach.

Seebach

Heimat des Vogelschutzes

Der Ort Seebach mit seinen etwa 750 Einwohnern hat seinen Namen vom gleichnamigen Bach, an dessen linken Ufer er sich von Westen nach Osten ausdehnt.
Erstmalig im Jahr 859 wird Seebach urkundlich unter dem Namen Seebeche erwähnt.
Hervorgegangen ist der Ort Seebach wahrscheinlich aus einer fränkischen Militärkolonie zwischen 531 und 800.

In früheren Zeiten wurde zwischen Nieder- oder Wenigenseebach und Oberseebach, dem jetzigen Ort entschieden.
Welches Seebach zuerst existierte, konnte bislang nicht nachgewiesen werden. Das heutige Seebach lag in dieser Zeit am Ufer eines etwa eineinhalb Kilometer langen Sees, von dem heute nur noch der ehemals durchfließende Bach und einige Flurnamen zeugen.

Der namensgebende Seebach

Grundherren von Seebach waren die dem Thüringer Uradel angehörigen Herren von Seebach.
Im Jahr 1123 wurde die Johanneskirche in Seebach erbaut.
Albert und Hermann von Seebach erbauten im Jahre 1307 die Wasserburg, welche heute als Vogelschutzwarte über die Thüringer Landesgrenzen hinaus bekannt ist.
Nach Anmeldung werden Führungen durch die Burg und den schönen Naturpark angeboten.
Wunderschöne beschilderte Wanderwege laden Naturfreunde zu Ausflügen in die Umgebung ein.
Seebach ist von je her landwirtschaftlich geprägt. Auch heute hat die Landwirtschaft eine große Bedeutung für die Einwohner des Dorfes.
Seebach ist Ortsteil der Gemeinde Weinbergen.

Blick auf die Johanneskirche

Seebach ist Ortsteil der Gemeinde Weinbergen.

Wasserburg in Seebach

Eine Burg für den Vogelschutz

Ein sehenswertes Anwesen ist die sehr gut erhaltene und gepflegte Wasserburg in Seebach. Heute beherbergt sie die Staatliche Vogelschutzwarte des Freistaates Thüringen.

In diesem Schloss wohnt der Märchenprinz, mindestens aber die verwunschene Prinzessin. Die von sattem Grün umrankte Wasserburg in Seebach gehört wohl zu den romantischsten Burgen in Thüringen – und zu einer der geheimnisvollsten. Denn zur Geschichte sind nur wenige Daten bekannt. Nach historischer Überlieferung gilt als ihr Erbauer der Freie Bebo von Seebach im Jahr 1107. Sicher ist das aber nicht. Immerhin die Erwähnung des Herren von Seebach im Jahr 1123 setzt einen »festen Wohnsitz« voraus, der dem Adel angemessen ist. Die erste urkundliche Erwähnung datiert in das Jahr 1307. Der Erzbischof Peter von Mainz hat den Gebrüdern Albrecht und Hermann von Seebach die Hälfte des Schlosses zum Wiederkauf überlassen.

Dann Schweigen die Chroniken über 200 Jahre lang über die Geschichte des Schlosses. Erst 1524 spielt sie wieder eine Rolle. Hans von Berlepsch, der Burghauptmann auf der Wartburg, wird Schlossherr in Seebach. Wie viel Generationen zwischen jenem Hans von Berlepsch und dem Hans Freiherr von Berlepsch, der der spätere Nestor des Vogelschutzes werden sollte, liegen, weiß wohl niemand genau zu sagen. Hans Freiherr von Berlepsch erblickte jeden-

falls an einem Herbsttag, am 18. Oktober 1857, in der Burg Seebach das Licht der Welt. Er sollte durch sein Wirken die Wasserburg zu dem machen, was sie noch heute ist: ein Zentrum für Vogelschutz. Der junge Schlossherr interessierte sich seit seiner Jugend für die Vogelkunde. Die wohlhabende Familie ermöglichte ihm eine Vielzahl von Reisen, die ihn bis nach Südafrika führten. Die dabei gewonnenen Kenntnisse über Lebensraumansprüche und Nistgewohnheiten der Vögel regten ihn in den Jahren 1884 bis 1886 zur Umgestaltung des Burggartens zu einem Vogelschutzpark an. Sein Engagement im In- und Ausland führte 1908 zur Anerkennung seiner Vogelschutzwarte als »Versuchs- und Musterstation für Vogelschutz« durch die preußische Regierung.

Am 2. September 1933 verstarb der hochgeehrte Dr. h.c. Hans Freiherr von Berlepsch in Seebach. Geblieben ist sein Erbe: die Vogelschutzwarte. Sie führt bis heute die langjährige Tradition der ältesten Vogelschutzwarte Deutschlands fort – seit 1993 als eine Außenstelle der Thüringer Landesanstalt für Umwelt und Geologie Jena. Heute berät die Staatliche Vogelschutzwarte Seebach sowohl Behörden als auch private Personen auf den Gebie-

Ein etwa zwei Hektar großer Park gehört zur Wasserburg. Er lädt zu einem interessanten und erholsamen Rundgang ein.

Die historische Vogelausstellung in der Wasserburg zeigt verschiedene Vogelarten.

Ein Porträt im Treppenhaus erinnert an den heute noch hochgeehrten Dr. h.c. Hans Freiherr von Berlepsch.

Eine Rarität ist die Sammlung der verschiedensten Vogeleier aus aller Welt.

Nur selten kommt man den gefiederten Freunden so nahe.

Entdecken kann man das historische Familienwappen auch in Stein gemeißelt.

ten des praktischen Vogelschutzes und der angewandten Vogelkunde.

Seit 1998 unterstützt der Verein der Freunde der Vogelschutzwarte Seebach die Pflege des Berlepschen Erbes. Mit großem Engagement fördert er die Darstellungen des Lebenswerkes des Hans Freiherr von Berlepsch. In einer historischen Vogelausstellung können die Besucher verschiedene Vogelarten und die Vielgestaltigkeit der Vogelnester besichtigen.

Grabe
Ein Doppeldörfchen

In der Georgskirche steht ein nach den Plänen des Hofbaurats Stühler gefertigter Altar.

Ein besonderes Schmuckstück ist die unter Denkmalschutz stehende Furthmühle.

Grabe ist sieben Kilometer östlich von Mühlhausen gelegen, ein weiterer Ortsteil von Weinbergen.

Das vermutlich seit dem Jahre 500 existierende Grabe wurde im Jahr 997 als »Grabaha« in einer Urkunde Otto des III erwähnt. Der Monarch schenkte seine dortigen Besitztümer der Kirche Sankt Viktor bei Mainz.

Wahrscheinlich lebten aber bereits vor mehr als 10 000 Jahren Menschen in dieser Gegend. Durch einen Hortfund von Steinwerkzeugen konnte das belegt werden.

Grabe bildete sich 1964 aus den Orten Kleingrabe, links des Flüsschens Notter, und Großgrabe, rechts der Notter gelegen. Beide Ortsteile sind von altersher landwirtschaftlich geprägt. Heute bewirtschaften mehrere Voll- und Nebenerwerbsbetriebe die Grab'sche Flur. Etwa 1000 Schafe sorgen dafür, dass die Kulturlandschaft erhalten bleibt. Ein Landwirtschaftsbetrieb hat sich der Pferdezucht und dem Pferdesport verschrieben.

Im Ort sind viele Fachwerkhäuser zu bewundern, die den größten Teil der wunderschönen Hausfassaden ausmachen. Ein besonderes Schmuckstück ist die unter Denkmalschutz stehende Furthmühle, ein Vier-Seiten-Hof, der 1139 erstmals urkundlich erwähnt wurde und einst zum nahen Kloster Volkenroda gehörte.

Die Bürger des Ortsteils Grabe tragen durch ihre Heimatverbundenheit und Liebe zur Natur zur Erhaltung des Charakters des Ortes bei. Rührige Vereine prägen das kulturelle Leben im Ort.

Einzigartige Flora ist im Naturdenkmal Birntal bei Grabe zu bewundern.

Ein Ort der Begegnung
Honigede, Hungeda, Höngeda

Weithin sichtbar ist der Höngedaer Kirchturm.

Wer Ruhe und Entspannung oder auch Begegnungen sucht, ist im Ortsteil Höngeda goldrichtig. Eine Wegstunde südostwärts von Mühlhausen liegt das Dorf. Es gehört zu den alten Siedlungen des Landkreises. Schon im 8. Jahrhundert hat es bestanden. Urkundlich wird Höngeda erstmals im Jahr 825 als »Honide« erwähnt. In späteren Zeiten erscheint es unter den Namen »Honigede«, »Huege« und »Hungeda«.

Der Ort liegt in einer Talmulde und ist durch seinen 36 Meter hohen Kirchturm, der bereits als äußerer Wachturm der Mühlhäuser Stadtbefestigung diente, weithin sichtbar. Erst später wurde diesem Turm das Kirchenschiff angebaut.

Für Ruhe und Entspannung sorgen das idyllisch gelegene Naherholungsgebiet mit Gondelteich, Ziergeflügelteich und Tiergehege.

Das Herz der Höngedaer schlägt besonders kräftig für die Kultur. Ein Männerchor besteht bereits seit 1879. Im Jahr 1983 rückten die Frauen nach und gründeten ihren Frauenchor. Bekannt und beliebt ist der Höngedaer Carneval Club HCC. Auch die Feuerwehr hat eine lange Tradition. Aktiv am kulturellen Leben beteiligt sich auch das Förderschulzentrum »Janusz Korczak«. Der schön angelegte, sinnliche Schul-Bibel-Klang-Kunst-Garten ist ein Ort der Begegnung.

Kleinindustrie, Handwerk und Gewerbe sowie ein modernes Ziegelwerk sind in Höngeda angesiedelt.

Die Höngedaer sind bodenständige Leute, die sich auf jeden Besucher freuen, denen sie ihr schönes Dorf zeigen können.

Aktiv am kulturellen Leben beteiligt sich auch das Förderschulzentrum »Janusz Korczak«. Der schön angelegte, sinnliche Schul-Bibel-Klang-Kunst-Garten ist ein Ort der Begegnung.

Bollstedt

Ein Dorf in der Unstrutaue

Als »Bolestat« wird Bollstedt im Jahr 876 als Kaiser- oder Königsgut erstmals urkundlich erwähnt, als Ludwig II. einen Streit zwischen dem Erzbischof Luitbert von Mainz und dem Abt Sigishard von Fulda bezüglich des Zehnten in Thüringen schlichtete. Bollstedt ist der am linken Ufer der Unstrut (Flusskilometer 28) gelegene größte Ortsteil der Einheitsgemeinde Weinbergen. Der Ort mit seinen gastfreundlichen und engagierten Bürgern liegt in der bis zu zwei Kilometer breiten Unstrutaue zwischen Mühlhausen und Bad Langensalza und ist eingebettet in das flachwellige innerthüringer Ackerhügelland. Bollstedt ist auch Sitz der Gemeindeverwaltung. Es gibt kleine Handwerksbetriebe, eine Agrargenossenschaft und weitere kleine Unternehmen.

Bollstedt ist mehrheitlich landwirtschaftlich geprägt. Die umliegenden Hügel werden überwiegend ackerbaulich genutzt.

Die meisten Bollstedter sind in einem der zahlreichen Vereine wie Schützenverein, Sportverein, Feuerwehrverein oder auch Kirmesburschenverein, Geflügelzuchtverein oder Landschaftspflegeverein aktiv tätig. Damit ist für kulturelles Leben im Ort bestens gesorgt.

Die Kirche Sankt Bonifatius ist der Mittelpunkt des Dorfes.

Hübsche Fachwerkhäuser prägen das Ortsbild.

Alte Bauernhöfe sind zu Schmuckstücken geworden.

Ein Musterbeispiel für dörfliche Gemeinschaft ist die Landseniorentanzgruppe mit ihren zahlreichen Darbietungen zu vielen Festveranstaltungen – weit über die Dorfgrenzen hinaus. Auch Sehenswürdigkeiten gibt es – zum Beispiel die Kirche Sankt Bonifatius in der Mitte des Dorfes, umgeben vom Kirchhof, der einst ein Friedhof war. Die Kirche wurde im 16. Jahrhundert im gotischen Stil erbaut. Sehenswert ist zudem das kleine Dorfschmiedemuseum. Während Wanderungen zum »Hölzchen« und zur »Wachtkuppe« können im Frühjahr die unter Naturschutz stehenden Adonisröschen bewundert werden. Zudem finden Naturliebhaber die gewünschte Erholung. Eine besondere Eigenart besitzt das »Bollstedter Wäldchen«, ein idyllischer Hügel in der Bollstedter Flur: Er ist sogar vom Inselsberg aus zu sehen.

Sagenhaft alt

Sage und Geschichte wissen manches zu berichten. So heißt ein Feld in der Nähe der Unstrut »Kaiserfurt«. Die Sage erzählt, dass dort einst ein deutscher Kaiser, vermutlich Heinrich IV., in seinem Streit mit den sächsischen und thüringischen Großen durch die Unstrut gezogen sei.

Bei Erdarbeiten in der Gemarkung Bollstedt brachten Mühlhäuser Archäologen zwei germanische Grubenhäuser aus der Zeit des römischen Kaisers Augustus zutage. Aufgrund dieser Funde wird die Entstehung Bollstedts in die Jahre 150 vor bis 100 nach Beginn der Zeitrechnung eingeordnet.

Bollstedt liegt direkt an der Unstrut.

Siegfried Böhnings Malerei ist künstlerisches Gleichnis auch für innere Landschaften.

Bollstedter Begegnung

In der Galerie von Siegfried Böhning

Tee oder Kaffee ist stets ein herzlicher Willkommensgruß von Siegfried Böhning für die Gäste in seiner Galerie. Für Freunde gibt es Wein aus den gekelterten Trauben aus dem eigenen Garten. Der Maler, Grafiker, Zeichner und Bildhauer, Organisator von Kunstprojekten und Mitbegründer sowie Hüter des Vereins »Kunstwestthüringer« hält viel auf die Tradition der Thüringer Gastfreundschaft.

Er ist überhaupt eine sehr geerdete Persönlichkeit. Der Mühlhäuser Museumsdirektor Thomas T. Müller charakterisierte ihn nach einer ersten Begegnung einmal so: »Ein Mann, der in seinem Garten, der auf den Feldern und Fluren um Bollstedt seine Inspiration und gleichsam tiefe Verwurzelung findet. Und dennoch richtet sich sein Blick nie nur nach unten.

Der Künstler ist ein emsig Arbeitender. Die Ausstellung in seiner eigenen Galerie ist von Vielfalt geprägt.

Ebenso wie der Boden, auf dem er geht, ebenso wie die Umwelt, in der er lebt, ebenso zieht ihn das Unendliche an, das er nicht nur in den Weiten seiner Bilder, sondern auch in jenen des Raumes findet, den er – als studierter Physiker – mit dem Teleskop immer wieder neu erkundet.«

Seit einigen Jahrzehnten wohnt, lebt und arbeitet der Künstler Siegfried Böhning in dem alten Bauernhaus in der Pfarrstraße 6. Den einstigen Bauerngarten des Böhning'schen Anwesens gestaltete er so, dass dieser auch im Winter eine grünende Oase ist. Ebenerdig siedelte er in den 1990er Jahren seine Galerie an. Großzügige Fenster gestatten den Blicken der Besucher ein Ausschweifen auf die gestaltete Gartenlandschaft. Das ist die besondere Zugabe zu der eigentlichen Ausstellung in der Galerie. Diese im Laufe der Jahreszeiten und im Wechsel des Lichts sich ständig verändernde Ansicht braucht vor allem der Künstler selbst. Denn sein Sujet sind die Landschaften.

Seine bildlichen Landschaften sind allerdings ganz anders als die aus der Kunst des ausgehenden 19. Jahrhunderts. Sie sind weder ideal noch real noch heroisch. Die Böhning'schen Landschaften sind selten gleich als solche erkennbar. Als Physiker und Hobby-Astronom erweitert er sein Landschaftsbild. Es scheint, als betrachte er die Welt von oben, als studierte er die Grundmuster der Natur, immer darauf bedacht, die Balance zwischen Ordnung und Chaos zu wahren. »Insofern ist Siegfried Böhnings Malerei künstlerisches Gleichnis auch für innere Landschaften, also für Seelenlandschaften; insofern ist der Künstler ein Philosoph unter den

Böhning ist nicht nur Maler und Grafiker, er ist auch kreativer Gestalter.

Siegfried Böhning in seinem Atelier

Landschaftern – und er ist einer der letzten Vertreter dieses in Thüringen so traditionsreichen Sujets, das er nach dem Gesetz des Vergehens und des Werdens in seiner Kunst sowohl aufgehoben wie auf eigene Weise fortgeführt hat«, sagt der stellvertretende Museumsdirektor und Kunstwissenschaftler Jürgen Winter über den Bollstedter Künstler.

Wie sich der Betrachter der Böhning'schen Bilder auch zu den Bildern positionieren mag: Ein Besuch in der Galerie des Bollstedter Malers wird zu einem erinnerungswürdigen Erlebnis.

Herbsleben

Hauptsitz der Könige und des königlichen Gemüses

Herbsleben könnte einst der Hauptsitz des Thüringer Königreiches gewesen sein. Die Lage des Ortes ist optimal. Ein Indiz darauf könnte auch das ehemalige Schloss – einst ein Wasserschloss – gewesen sein. Die einstige Wasserburg diente der Sicherung des Unstrutübergangs. Heutige Besucher des Dorfes finden nur noch eine Schlossruine. Das innerhalb der Bodenreform zwangsenteignete Schloss wurde 1958/1959 abgerissen. Was blieb, sind alte Fotos, Beschreibungen der Anlage und ein Wandbild mit einer Ansicht, die das Herbslebener Schloss um das Jahr 1600 zeigt, umgeben von einem breiten Wassergraben. Aus dem zurückgelassenen Schutthaufen des abgerissenen Schlosses wurde nach 2000 mit viel Mühe und Aufwand eine Ruine rekonstruiert. Die Herbslebener Schlossruine zählt heute als begehbares Denkmal zu den Attraktionen im Landkreis.

Urkundlich erstmals erwähnt wird der heute etwa 3000 Einwohner zählende Ort um 780 unter dem Namen Herefridesleiben. Durch Schenkung gelangte er später an die Grafen von Henneberg, die wiederum ein ihnen höriges Adelsgeschlecht, die späteren Herren von Herbsleben, mit Dorf und Burg belehnten. Als erster Vertreter der Familie wird

Ein Wandbild zeigt das Herbslebener Schloss um das Jahr 1600.

1144 Heinrich Herviresleyben (Herbsleben) in einer Urkunde des Erzbischofs von Mainz genannt. 1351 ging die Lehnshoheit an die Landgrafen von Thüringen über. 1424 wurden Ritter von Herbsleben letztmals genannt. Es begann dann eine abwechselnde Zeit der Besitzverhältnisse. Erbteilungen, Verkäufe, Schenkungen und Erbschaften führten immer wieder zum Wechsel der Besitzer des Schlossgutes. 1830 ist die Fürstin zu Hohenlohe-Schillingsfürst

Die heute schön restaurierte Kirche Sankt Trinitatis (früher Sankt Wigbert) geht auf einen 1602/1603 erneuerten Bau zurück.

Grabplatten zeigen Christoph von Knobloch und seine Gemahlin Veronica

Sehenswert ist auch die Grabstätte der Familie Lutteroth. Die Familie hat viel für den Ort Kleinvargula getan. So stiftete sie auch die Orgel für die Kirche.

Die Kirche zählt zu den Sehenswürdigkeiten des Ortsteils Kleinvargula.

Bekannt ist Herbsleben zudem durch seine Lage am Unstrut-Radweg.

Ortsteil Kleinvargula

Auf der Ortsverbindungsstraße erreicht man von Herbsleben kommend nach etwa zweieinhalb Kilometer den Ortsteil Kleinvargula. Erstmals urkundlich erwähnt wird die Ortschaft im Jahr 1155 als Siedlung Varila. Wahrscheinlich um das Jahr 1500 entsteht die alte Kirche »Sankt Sixtus und Julianae«. Im Jahr 1506 wird Kleinvargula als Ort mit Kirche erwähnt.

Kleinvargula war kein unbedeutender Ort. Aus Chroniken geht hervor, dass es 1580 zwei Rittergüter gegeben hat, von denen jedes eigene Gerichtsbarkeit und eigene Gerichtspersonen besaß. Die Gerichtsbarkeit erstreckte sich auf die Schenke, Bäckereien und Verwaltung der »halben Dörfer« und alles, was damit zusammenhing. Das Obergut war im Besitz von Junker Vitzthum von Eckstedt, das Untergut im Besitz der Brüder von Dachrod. 1719 ist ein markantes Jahr in der Geschichte des Dorfes. Die alte, baufällig gewordene Kirche wird abgerissen. Noch im November dieses Jahres wird die neue Kirche eingeweiht. Sie zählt zu den Sehenswürdigkeiten des Ortsteils. Im Inneren der Kirche sind ein schöner Altar sowie eine alte, noch bespielbare Orgel zu sehen.

In der neu gestalteten kleinen Parkanlage von Kleinvargula können zu jeder Jahreszeit erholsame Stunden verbracht werden. Ein besonders schönes Bild ist im Frühjahr anzutreffen, wenn sich ein üppiger Blütenteppich von Märzenbechern entfaltet. Jährlich treffen sich die Einwohner und viele Gäste im Sommer zum traditionellen Parkfest. Ein landschaftlich schönes Gebiet mit alten Streuobstwiesen und einem natürlichen Wasserreservoir ist das nahe gelegene Balzertal.

Kleinvargula präsentiert sich den Besuchern als sehr gepflegter Ort.

Schlossherrin und 1847 ihr Sohn Viktor, der spätere Herzog von Ratibor. Noch zu Zeiten Viktors wird die unregelmäßige neuneckige Schlossanlage vor allem mit Bezug auf ihren aus der Renaissance stammenden Baustil hervorgehoben.

Die beiden ersten Kirchen von Herbsleben sind wohl eine Gründung Bonifatius und seines Gehilfen Wigbertus zwischen 731 und 736. Die heute schön restaurierte Kirche Sankt Trinitatis (früher Sankt Wigbert) geht auf einen 1602/1603 erneuerten Bau zurück. An ihrer Südseite eingelassene Grab- und Gedenksteine zeigen Christoph von Knobloch und seine Gemahlin Veronica.

Die Herren von Knobloch waren seit dem frühen 16. Jahrhundert in Herbsleben ansässig und besaßen etliche Lehen und Güter.

Heute ist Herbsleben vor allem wegen des königlichen Gemüses berühmt: dem Spargel. Der warme Lößboden in der Herbslebner Flur ermöglicht den in Thüringen sonst wenig verbreiteten Spargelanbau. Der Spargel aus Herbsleben hat sich besonders in den letzten Jahren zu einem Begriff und einer Marke entwickelt. Seit über 200 Jahren wird das empfindliche Edelgemüse hier angebaut und es entspricht höchsten Qualitätsansprüchen. So verwundet es nicht, dass in der Spargelsaison – sie beginnt Anfang Mai und endet am 24. Juni (Johannistag) mit dem letzten Spargelstechen – alljährlich zahlreichen Gäste zum Spargelfest den Ort besuchen.

Das schöne Rathaus in Herbsleben

Schlossruine Herbsleben

Aus einem Schuttberg wurde eine touristische Attraktion

Sehr gut erhalten zeigt sich die Bausubstanz aus dem frühen Mittelalter.

Sensation im Jahr 2000: Bei den begonnenen Ausgrabungsarbeiten des im Jahr 1958 abgerissenen Schlosses fanden sich unter den Schuttmassen der ursprünglich dreigeschossigen Anlage das Kellergewölbe und beträchtliche erhalten gebliebene Teile des Erd- und ersten Obergeschosses. Behutsam wurde eine polygonale Ringmauer freigelegt, in der eine Kapelle eingeschlossen war. Deren Bausubstanz wird von Archäologen in die Zeit um 1230 datiert. Unter

Zutritt zum ehemaligen Schloss ist über eine wiederhergestellte dreibogige Steinbrücke über den Burggraben möglich.

der ehemaligen Burgkapelle wurden zwei Räume aus dem 16. Jahrhundert freigelegt, die vermutlich als Verlies dienten, sowie ein Abort- und Kanalisationssystem. Mit der Räumung der umfangreichen Keller- und Kasemattenanlagen von Schutt und Müll wurde zugleich das Geländes gesichert.

Heute ist der Zutritt zum ehemaligen Schloss über eine wiederhergestellte dreibogige Steinbrücke über den Burggraben möglich. Die Steinbrücke stammt aus der Zeit nach 1747 und überspannte einen Graben von 30 Metern Breite und sechs Metern Tiefe.

Heute zählt die Herbslebener Schlossruine zu den Attraktionen im Ort. Der im Jahr 2004 gegründete »Verein Schlossruine Herbsleben« bietet Führungen durch die Schlossruine an und engagiert sich für deren Erhalt. Zudem hat sich der Verein zur Aufgabe gemacht, den Bekanntheitsgrad dieses geretteten Kulturdenkmals zu erhöhen und touristisch zu erschließen. Er veranstaltet regelmäßig verschiedene Aktionen auf dem Schlossgelände, um Groß und Klein für das Denkmal zu sensibilisieren und Aufklärungsarbeit zu leisten. Der »Verein Schlossruine Herbsleben« erhielt im

Die Herbslebener Schlossruine zählt zu den Attraktionen im Ort.

Jahre 2004 den Thüringer Denkmalschutzpreis für sein ehrenamtliches Engagement im Bereich der archäologischen Denkmalpflege.

Herbslebener Heimatmuseum

Ein Blick in die Vergangenheit

Blick in die gute Stube der Vorfahren

Nachgestellt ist eine Wohnküche um 1900.

Die über 200 Jahre alte Rathausuhr mit Glocke ist eines der wertvollsten Sammlerstücke im Heimatmuseum von Herbsleben. Seit 1991 gibt es das Museum, das in einem ehemaligen Kindergarten seinen Platz gefunden hat und auf Initiative der Gemeinde neu gegründet wurde. Eine Erstgründung datiert in das Jahr 1910 zurück. Im ehemaligen Schloss war das Museum untergebracht. Doch das Schloss wurde 1958 abgerissen. Lediglich ein Modell sowie Exponate zur Geschichte der Herbsleber Burg gibt es noch – zu sehen im neuen Heimatmuseum.

Aus anfänglichem Sammeln hat sich über die Jahre ein systematisches Ordnen der Realien entwickelt. Im Obergeschoss des Museums werden den Besuchern die Geschichte und das Brauchtum von Herbsleben vorgestellt.

In weiteren Räumen ist ein beachtlicher Bestand an Haus-, Hof- und Handwerksgeräten zu sehen, die Einblick geben in heute fast vergessene häusliche und handwerkliche Fertigkeiten und in die Beschwerlichkeiten des täglichen Lebens vor über 100 Jahren. Nachgestellt ist eine Wohnsituation um 1900, bestehend aus Wohn- und Schlafzimmer sowie einer Küche.

Ein beachtlicher Bestand an Haus-, Hof- und Handwerksgeräten ist zu sehen.

Zu den seltenen Exponaten zählt eine historische Ladeneinrichtung.

Ergänzt wird die Ausstellung durch jüngere Exponate aus der Zeit der DDR sowie von einer Dokumentation über den weithin berühmten Spargelanbau in Herbsleben. Die Tradition des Spargelanbaus reicht fast 200 Jahre zurück.

Das Herbslebener Heimatmuseum hat seine Adresse Am Dorfgraben 1.

Großvargula

Kleines Paradies im Unstruttal

Inmitten des idyllischen Unstruttales liegt die Gemeinde Großvargula. Die ruhige Lage des Ortes zieht viele Wanderer und Radfahrer durchs Unstruttal an. Besonders beliebt bei den Wanderern und Naturfreunden sind das artenreiche Auenschutzgebiet und die Streuobstwiesen – das Paradies von Großvargula.

Erstmalig urkundlich erwähnt wurde der Ort im Jahr 786 als Varila, als vier Bürger ihren Besitz an das Kloster Fulda übergaben. Im Jahre 1130 erhielt Johann von Vargula das Schenkenamt am Hofe des Landgrafen Ludwig auf der Wartburg von Eisenach.

Chronisten nehmen mit ziemlicher Sicherheit an, dass Vargula der ursprüngliche Sitz der Freiherren von Vargula gewesen ist. Die Freiherren wurden 1042 erstmalig erwähnt. Die in der Unstrutschleife von Wassergräben umgebene Burg Vargula wurde 1281 urkundlich genannt. Im Jahr 1727 wurde das Schloss erbaut. Bis Ende des 19. Jahrhunderts waren die Gebäude des Nachfolgebaus gut erhalten. Das mittelalterliche Tor existiert heute noch.

Heute zählt Vargula etwa 720 Einwohner. Erfüllende Gemeinde für Großvargula ist die Gemeinde Herbsleben.

Tiefroter Wein ist die Grundlage für den »Mons Lupi«.

Blick auf das Schloss

Inmitten des idyllischen Unstruttales liegt die Gemeinde Großvargula.

Großvargula ist einziges Weinanbaugebiet im Landkreis.

Für Genießer: Mons Lupi

Bekannt ist Großvargula neuerdings auch als nördlichstes Weinanbaugebiet in Thüringen und durch ein gutes Tröpfchen, den Rotwein »Mons Lupi«. Die Traube dafür wächst im einzigsten Wein-Anbaugebiet im Unstrut-Hainich-Kreis, am Hopfenberg. Allerdings: Kein Schild verrät, welche der unwegsamen Pisten zum Hopfenberg führt. Da muss man sich schon durchfragen.

Doch wie kamen die Großvargulaer auf die Idee, in dieser doch so nördlichen Gegend Wein anzubauen? Die Geschichte reicht in die 1950er Jahre. Eine Familie begann damit, diesen kleinen Südhang bei Großvargula für den Weinanbau zu kultivieren. Bis 1996 wurde der Weinanbau betrieben. Der Weinberg besitzt aber nur eine Größe von Dreiviertel Hektar, was einen weiteren wirtschaftlichen Weinanbau unmöglich machte. Zudem: Die bisher angebaute Rebsorte für einen lieblichen Weißwein war nicht mehr gefragt.

Auf Initiative einer Beschäftigungsgesellschaft wurde ein Konzept erarbeitet und im Jahr 2001 umgesetzt, das die Rodung des alten Weinberges und eine neue Aufrebung vorsah. Angebaut wurde nun die tiefrote Rebsorte Regent.

Die erste Weinlese nach der Neuanpflanzung erfolgte 2003 und brachte mehr als 1000 Flaschen Wein. Die entstandene Kostbarkeit trägt den klangvollen Namen »Großvargulaer Mons Lupi«.

Sehenswert ist die schöne Kirche.

Gemeinde Unstruttal

Beliebt bei Fahrradfahrern und Wanderern

Im März 1995 haben die Gemeinderäte der heutigen Ortsteile Ammern, Dachrieden, Eigenrode, Horsmar, Kaisershagen und Reiser zugestimmt, sich zu einer neuen Gemeinde zusammenzuschließen. Diese sollte den Namen »Unstruttal« tragen.

Der Sitz der Gemeinde Unstruttal ist der Ortsteil Ammern. Mit knapp 800 Hektar ist dieser Ortsteil flächenmäßig auch der größte. Der kleinste Ort ist Reiser mit knapp 490 Hektar.

Die Einheitsgemeinde Unstruttal zählt etwa 3300 Einwohner. Die meisten leben in Ammern (etwa 1300). Mit etwa je 300 Einwohner gehören Dachrieden und Eigenrode zu den kleinsten Orten.

Der niedrigste Punkt der Gemeinde liegt in Ammern, am Unstrutpegel, mit 210 Meter über dem Meeresspiegel, der höchste mit knapp 466 Meter an der Eigenröder Warte im Norden. Somit zählt Eigenrode mit zu den höchstgelegenen Orten im Landkreis.

Der Hauptort Ammern sowie die Ortsteile Reiser, Dachrieden und Horsmar liegen direkt an der Unstrut und am bei Fahrrad-Touristen sehr beliebten Unstrut-Radweg. Der Radweg begleitet den Fluss auf seinem etwa 190 Kilometer langen Lauf von der Quelle im Eichsfeld bei Kefferhausen durch das Thüringer Kernland, die Kyffhäuserregion und das südliche Sachsen-Anhalt bis zur Mündung in die Saale im Blütengrund bei Naumburg. Entlang des Rad- und Wanderweges durch das schöne Unstruttal stehen hübsche Rastplätze, die zum Verweilen und Genießen einladen.

Zudem führt durch die Gemeinde Unstruttal der Pilgerweg Loccum – Volkenroda.

Die Geschichte der heutigen Ortschaft Unstruttal reicht weit zurück. Die fruchtbare Aueniederung zwischen den Flüssen Unstrut und Luhne bewog die

Fahrt durch Eigenrode

Skulptur am Radweg Dachrieden – Reiser

Ortsansicht von Horsmar

Zu den natürlichen Attraktionen der Gemeinde gehört das Naturschutzgebiet Flachstal.

Menschen schon vor Tausenden von Jahren zur Ansiedlung. Das beweisen zahlreiche archäologische Funde von Siedlungsresten und Grabstätten. So kann zum Beispiel eine geschlossene Besiedlung des ammerschen Gebietes in der Jungsteinzeit nachgewiesen werden.

Naturschutzgebiet Flachstal

Zu den natürlichen Attraktionen der Gemeinde gehören neben der Unstrut vor allem das Naturschutzgebiet Flachstal, ein etwa vier Kilometer langes Trockental. Das Flachstal beginnt nördlich von Kaisershagen, verläuft zunächst von Nordwesten nach Südosten und macht nach anderthalb Kilometern einen Knick nach Südsüdwesten. Es endet am südöstlichen Ortsausgang von Reiser. Charakteristisch für das Flachstal sind ausgedehnte Enzian-Schillergrasrasen an den Talhängen, die durch Liguster-Schlehen-Gebüsche an den Talflanken und durch Holunder-Schlehen-Gebüsche auf der Talsohle stark gegliedert werden.

Aufgrund des Vorkommens seltener und schutzbedürftiger Pflanzen- und Tierarten ist das Flachstal seit 1999 auf einer Fläche von etwa 182 Hektar als Naturschutzgebiet ausgewiesen.

Für das Gebiet sind 220 Gefäßpflanzenarten sowie zahlreiche Brutvögel und Falterarten nachgewiesen. Das Hauptschutzziel liegt im Artenschutz der Tierwelt. Umso wichtiger ist der Erhalt einer strukturreichen Offenlandschaft als Lebensraum der dort nachgewiesenen seltenen Tiere.

Ammern

Ein gepflegtes Auedörfchen

Die fruchtbare Aueniederung zwischen den Flüssen Unstrut und Luhne bewog die Menschen bereits in urgeschichtlicher Zeit zur Ansiedlung in Ammern. Das beweisen zahlreiche archäologische Funde von Siedlungsresten und Grabstätten aus vergangenen Zeiten. So kann eine geschlossene Besiedlung des ammerschen Gebietes von der Jungsteinzeit vor etwa 7500 nachgewiesen werden.

Die erste urkundliche Erwähnung im Jahre 897 als Ambraha stammt aus einer Urkunde des ostfränkischen Kaisers Arnolf von Kärnten in der ein Gütertausch auf Fürsprache des Mainzer Erzbischofs Hatto und des Markgrafen Otto, Herzog von Sachsen, zwischen Huki, Abt des Klosters Fulda, und dem Grafen Chunrad bestätigt wird.

Der damalige Ortsname Ambraha erfuhr mehrfache Wandlungen ehe er seine heutige Schreibweise erhielt. Der Wortstamm blieb jedoch immer erhalten und deutet auf fließendes Wasser hin, das zu allen Zeiten um Ammern reichlich vorhanden war und ist.

Um 1380 ging das reiche Klosterdorf Ammern in den Besitz der Freien Reichsstadt Mühlhausen über und die ammerschen Bürger mussten für die Stadt Fron- und Spanndienste leisten, Steuern zahlen, die Bewachung und die Instandhaltung des Landgrabens absichern. In dieser Zeit wurde vermutlich auch eine Dorfbefestigungsanlage mit Graben, Wall, Hecken und zwei Toren angelegt.

Verheerende Auswirkungen zeigten sich für Ammern nach der Niederlage der Bauern im Jahre 1525 gegen die vereinten Fürstenheere im Bauernkrieg.

Nach der Schlacht von Bad Frankenhausen brannte die fürstliche Reiterei einen Großteil des Dorfes nieder. Ähnliche Folgen zog der Dreißigjährige Krieg nach sich, da abwechselnd kursächsische Truppen, schwedische Landsknechte, kroatische Söldner und kaiserliche Soldaten das Dorf heimsuchten. Ein 1762 entstandener Großbrand zerstörte das gesamte Unterdorf außer der Kirche und zwei Wohnhäuser am Kupferhammer.

Seit der Gründung des Landkreises Mühlhausen im Jahre 1816 gehört Ammern dem Landkreis an. Mit der Gebietsreform in Thüringen entschied sich der Gemeinderat für den Zusammenschluss mit den anderen vor dem Landgraben liegenden Dörfern und gab mit Bildung der Gemeinde Unstruttal seine Selbstständigkeit 1995 auf. In Ammern befindet sich der Sitz der Gemeindeverwaltung.

Ammern ist heute ein hübsches, gepflegtes Auedörfchen.

Die Sage von der Ammerschen Bärenjagd

Anno 1900 ist ein Mann durchs Dorf gelaufen und hat geschrien: Ein Bär ist in der Flur! Helft Leute, helft! Da alarmierte der Amtsvorsteher alle Einwohner, die auch sofort kamen und mit Mist- und Heugabeln bewaffnet vors Dorf zogen. Auch die Schützengilde schloss sich an. Da nun die Ammerschen ihre Felder durchkämmten, fanden sie tatsächlich ein zottiges Vieh, das sie unter lautem Geschrei in das Dorf trieben. Doch stellte sich da heraus, sie

Ein Brunnen ziert den Platz vor dem Kulturhaus.

Wasser ist um Ammern reichlich vorhanden.

Die Goldborn-Quelle ist beliebtes Wanderziel.

hatten einen Schäferhund aufgetrieben, der nach einer tüchtigen Tracht Prügel seinem Herren entlaufen war.

Kaum einen Tag darauf brachte die Zeitung einen Artikel über die sensationelle »Ammersche Bärenjagd«. Seit dem haben die Ammerschen den Spitznamen »Ammersche Bären« .

(Nach Aufzeichnungen von Karl Vockrodt)

Blick auf die Dorfkirche

Kaisershagen

Inmitten schöner Erholungsgebiete

Das Unstruttal-Dorf ist für Wanderer und Radfahrer gut erschlossen.

Ein hübsches, gepflegtes Angerdorf ist Kaisershagen. Die Ansiedlung beruht auf einer Gründung während der spätmittelalterlichen Rodungsperiode. Kaiser bzw. König hatten in und um das heutige Kaisershagen schon früh Besitz. Im Jahr 974 schenkte Kaiser Otto II. seiner Gemahlin Theophano Besitz, unter anderem auch in Tutensode in der Nähe von Kaiserhagen. Auf diesen alten kaiserlichen Besitzungen gründete sich auch Kaisershagen, wahrscheinlich als ein Reichsgut zur Versorgung der Kaiserpfalz in Mühlhausen.

Die erste urkundliche Erwähnung Kaisershagen datiert aus dem Jahre 1323 und bezieht sich auf einen Vorgang, in dem Johannes, Pfarrer von Kunichgeshayn (Kaisershagen), auf alle Ansprüche gegenüber der Stadt Mühlhausen als Schadensausgleich verzichtet, die seiner Person beziehungsweise seiner Kirche zugefügt wurden. Alle anderen früheren Angaben beziehen sich auf die Wüstung Tutensode, die in der Nähe südlich von Kaisershagen liegt. Der Name wurde von dem Heimatforscher Dr. Adolf Sellmann dahingehend gedeutet, dass ein Hof, der im kaiserlichen Besitz war, mit einem Gehege oder Gehölz zum Schutz umgeben wurde.

Als Rüdiger von Hagen 1333 in Mühlhäuser Gefangenschaft geriet, musste er Dachrieden und Kaisershagen an die Stadt abtreten und so wurde Kaisershagen ein reichstädtisches Dorf. Bis 1802 gehörte Kaisershagen zur Freien Reichsstadt Mühlhausen, von 1802 bis 1807 zum Königreich Preußen und ab 1807 zum Königreich Westphalen. Doch auch nur kurz währte diese Zugehörigkeit, denn 1813 wurde es wieder unter preußische Verwaltung gestellt und 1816 dem Landkreis Mühlhausen zugeordnet.

Ein Schmuckstein ziert die Ortsmitte des Dorfes.

Das nahe Flachstal ist sowohl bei den Einheimischen als auch den Gästen des Ortes beliebtes Wandergebiet.

Wie die Kaisershagener zu ihrem Spitznamen kamen

Trotz runder Dorfanordnung ließen sich in der Vergangenheit drei Ortsteile mit Ober- und Unterdorf sowie einer Art Vorstadt erkennnen, die jedoch durch eine Lückenbebauung ineinander gewachsen sind. Die Grünfläche des Oberdorfes bedeckte bis 1960 eine Wasserfläche. Dieser innerörtliche Weiher verhalf den Kaisershagenern zu dem Spitznamen »Pfützenlecker«.

Mit dem Vogtholz im Norden besitzt Kaisershagen auch einen Anteil am Laubwaldgebiet der Mühlhäuser Hardt. Mit 450 Meter über dem Meeresspiegel befindet sich dort nicht nur der höchste Punkt des Ortes, sondern auch eine der höchsten Erhebungen im Landkreis.

Das nahe Flachstal, die Mühlhäuser Hardt und das Reiersche Tal sind sowohl bei den Einheimischen als auch den Gästen des Ortes beliebte Ausflugsziele für die Erholung. Aber auch der Ort selbst ist geprägt durch viel Grün. Heute zählt Kaisershagen etwa 400 Einwohner.

Viel Grün ist ortsbildbestimmend.

Eigenrode

Jährlich wird ein Brunnenfest gefeiert

Das heutige Eigenrode entstand erst 1545 aus den baulichen Resten der wüsten Dörfer Eichelroda und Ebelroda, die sich nordöstlich der jetzigen Ortslage befanden. So steht es in Chroniken. Somit ist Eigenrode das jüngste Dorf in der Gemeinde Unstruttal – und mit etwa 300 Einwohnern auch das kleinste. Eigenrode hatte jedoch einen Vorgänger, der in einer Urkunde aus dem Jahre 1309 als Eygenrode erwähnt wurde und später offensichtlich von

seinen Einwohnern verlassen und wüst wurde. Ein Eigenroda wurde zuletzt im Landwehrgeldverzeichnis 1391/1392 erwähnt; die Flur ging an Kaisershagen und Dachrieden.

Der erste Teil des Ortsnamen »Eigen« wurde von dem ehemals Eigenröder Bürger Dr. Genzel als »eigener Besitz« aus dem Mittelhochdeutschen interpretiert, während sich die zweite Silbe auf eine Rodung bezieht.

Die Dorfkirche ist ein zentraler Punkt in Eigenrode.

Die Eigenröder Warte liegt direkt am Landgraben.

Typisch für Eigenrode sind hübsche Fachwerkhäuser mit Toreinfahrten.

Die Chronik berichtet immer wieder von schlimmen Hungerjahren, die durch die Wasserknappheit in der Höhenlage vor dem Landgraben hervorgerufen wurde. Dieses Problem wurde durch Brunnenbauten im 19. Jahrhundert aber letztlich erst mit dem Anschluss an das Leitungsnetz des Wasserlieferverbandes Ost-Obereichsfeld im Jahre 1928 gelöst. Das heute noch Anfang August gefeierte Brunnenfest erinnert alljährlich an diese Beschwernisse der Vorfahren.

Noch ein Blick in die Chronik: Im Jahr 1545 wurde das neue Eigenrode auf Anordnung des Steuereintreibers Christian Schmidt aus den Ruinen wieder aufgebaut. Ein aus derben Steinen erbauter Kirchturm, umgeben von einer zwei Meter hohen Kirchhofsmauer, vervollständigten eine kleine Verteidigungsanlage. Die wiederum war eingebaut in dem Gesamtverteidigungswerk der Freien Reichsstadt Mühlhausen, dem Mühlhäuser Landgraben mit der Eigenröder Warte.

Heute ist der Landgraben mit seinen Warten eines der bedeutendsten Bodendenkmale Thüringens und bei Einheimischen und Besuchern des Landkreises gleichermaßen beliebtes Wander- und Erholungsgebiet.

Zu den natürlichen Besonderheiten des Ortes zählt die große Angerlinde, die vermutlich noch aus dem Jahr 1545 stammt, die Friedenslinden von 1873, eine Streuobstwiese aus dem Jahr 1905 und Trockenrasen.

Durch die im Ort bestehenden Vereine wie Feuerwehr, Volkschor »Harmonie«, Karnevalsverein und andere sorgen für abwechslungsreiche Höhepunkte im Kulturkalender. Besondere Traditionsfeste sind das Brunnenfest am ersten Montag im August, die Kirmes Ende Oktober sowie die Sängerfeste des Volkschores.

Eigenrode hat sich durch den Fleiß seiner Bürger zu einem ansehnlichen Ort entwickelt, der vor allem durch seine aktiven Vereine sein Zusammengehörigkeitsgefühl erhielt.

Eine mittelalterliche Wallanlage

Der Landgraben

Mächtige Anlage über viele Kilometer: der Landgraben. Durch ein System von Gräben und Wällen, Toren und Warten sollte das Territorium der Freien Reichsstadt Mühlhausen Mitte des 14. Jahrhunderts weiträumig geschützt werden. Der Landgraben erstreckte sich einst von Heyerode über Eigenrieden, Bickenriede, Lengefelder Warte, Eigenröder Warte bis Menteroda. Der Ausbau dieser Befestigungsanlage war opferreiche Fronarbeit und schwere Bürde aller Dorfbewohner.

Nach Fertigstellung bildete die Wallanlage einen zum Eichsfeld geschlossenen Dreiviertelkreis von etwa zehn Kilometer Radius um seine Erbauerin Mühlhausen. Die befestigten Beobachtungsposten, die Warten, lassen heute noch Spuren erkennen: die Eigenrieder Warte, die Lengefelder Warte und die Eigenröder Warte, zum Beispiel.

Der ursprüngliche Landgraben ist im Hainich nur auf den letzten Kilometern des Rennstieges kurz vor Eigenrieden erhalten. Direkt neben dem Wanderweg ist er zu besichtigen. Nördlich von Eigenrieden verläuft er über Dörna, Horsmar und Eigenrode gut sichtbar bis kurz vor Menteroda, wo er sich in der Mühlhäuser Hart verliert.

Ein Kulturdenkmal

Der Landgraben ist eine als Kulturdenkmal eingetragene mittelalterliche Wallanlage. Er wurde etwa um das Jahr 1350 als Doppel- und Einfachgraben angelegt. Der Graben diente der Grenzbefestigung und dem Schutz des ehemaligen Königsgutsbesitzes um Mühlhausen vor Raubritterüberfällen aus Niedersachsen, Hessen und dem Eichsfeld. Der Landgraben ist etwa 26 Kilometer lang. Er reicht von Eigenrieden bis nach Sollstedt. Der Durchgang und Handel erfolgte im Mittelalter nur an den Warten, den bewachten Tortürmen, von denen es insgesamt sechs gab: Eigenrieder Warte, Dörnaer Warte, Lengefelder Warte, Horsmarer Warte, Eigenröder Warte und Sollstedter Warte. Die Durchfahrten waren mit Schlagbäumen gesichert. Über weitere Warten und Kirchtürme wurden zwischen dem Landgraben und der Stadt Mühlhausen Signale übermittelt.

Buchen auf dem Landgraben im Winterkleid

Bis ins Jahr 1808 wurde die Anlage unterhalten. Bis dahin hatten die 19 Dörfer des Königsgutsbezirkes, zu deren Schutz der Mühlhäuser Landgraben errichtet worden war, für Erhaltungsmaßnahmen am Graben sowie an den Warten an die Stadt Mühlhausen ein Landwehr- und Turmgeld zu zahlen.

Durch Hochwald führt der Wanderweg.

Im Frühjahr zaubern Frühblüher reichlich Blütenteppiche – auch nahe des Landgrabens.

Platz für Hochwald

Danach wuchs der bis heute erhalten gebliebene
strukturreiche Hochwald auf, der zu DDR-Zeiten
nicht genutzt wurde und auf weiten Strecken ei-

nen urwaldartigen Charakter angenommen hat.
Selbst nach 1992 wurden nur einzelne, wertvolle
Stämme herausgenommen. Der breite Waldstreifen
besteht vor allem aus alten Rotbuchen und Stie-
leichen, aber auch aus Esche, Bergahorn, Linden,
Feldahorn und anderen Baumarten. Auch die Els-
beere ist nicht selten. Der Mühlhäuser Landgraben
verbindet mehrere größere Waldgebiete miteinander.

Entlang des Mühlhäuser Landgrabens wurden zwischen 1667 und 1669 insgesamt 143 Grenzsteine
gesetzt, von denen bis heute viele erhalten geblieben sind. Sie weisen heute noch den Weg mit
der Mühlhaue, dem Hoheitszeichen der Freien

Etwa 26 Kilometer lang ist die historische
Wallanlage, der Landgraben.

Reichsstadt Mühlhausen auf der Vorderseite und
dem Mainzer Rad des Kurmainzischen Fürstentums
Eichsfeld auf der Rückseite. Selbst die jüngste Geschichte ist nachweisbar – durch die Schnitzerei
eines einst in Eigenrieden stationierten russischen
Soldaten in einer Buche.

Beliebt bei Wanderern

Über einen Fußpfad ist der Mühlhäuser Landgraben in seiner gesamten Länge zu erwandern. Sehr
beliebt sind Tageswanderungen vom Parkplatz an
der Eigenrieder Warte bis zur Lengefelder Warte
und zurück oder von der Lengefelder Warte bis zur
Mühlhäuser Hardt und zurück. Schöner Blickfang ist
auch die Eigenröder Warte.

Besonders reizvoll sind Wanderungen Ende April,
wenn sich die Frühjahrsblüher zu voller Pracht entfaltet haben, und Mitte Oktober, wenn Herbstlaub
den Wald in satte, bunte Farben hüllt. Ein Erlebnis ist der Landgraben mit seinem Hochwald aber
auch während knackig kalter Wintertage, wenn der
gefrorene Nebel die Zweige und Äste in klirrende
Kristallkleider hüllt und der Schnee unter den Win-
terstiefeln knirscht.

Im Hochsommer begegnet man oft dem
Aronstab, dem Vorboten des Herbstes.
Doch Vorsicht – die Pflanze ist giftig.

Der Weg führt von Sollstedt nach Eigenrieden.

Bei Wanderern ist der Weg sehr beliebt. Er bietet auch
schöne Plätze für kleine Pausen.

Dachrieden

Ein Dörfchen, das zum Ausflug einlädt

Wenn auch Dachrieden, in alter Zeit Dachrede genannt, ebenso wie Ammern, Görmar, Lengefeld, Emilienhausen, Diedorf sowie dem Eichsfeld in der Urkunde des ostfränkischen Kaisers Arnolf von Kärnten vom 28. Januar 897 genannt wird, ist aus der älteren Zeit des Dorfes nur sehr wenig überliefert. Es war ein Lehen der Herren von Gleichen, die damit wieder die Herren von Hagen belehnten. Eine Mühle schenkte Graf Heinrich von Gleichen 1294 an das Kloster Anrode, nachdem dieselbe bis dahin im Besitz Heinrichs von Hagen gewesen war. Als Rüdiger von Hagen 1333 in Mühlhäuser Gefangenschaft geriet, musste er Dachrieden und Kaisershagen an die Stadt Mühlhausen abtreten.

Eine Brücke über den Fluss Unstrut wurde im Jahr 1717 erbaut, die Kirche im Jahr 1736.

Das Dorf entwickelte sich im typisch ländlichen Charakter mit überwiegend vorherrschendem Ackerbau.

Aber auch Obstbau wurde schon sehr früh betrieben. Der Chronik zufolge war der Ort von einem Obstanbaugürtel von damals beachtlichem Ausmaß vollständig umgeben. Streuobstwiesen sind heute noch erhalten.

Die erste Silbe des Ortsnamens lässt sich auf das althochdeutsche Wort däha zurückführen, das Ton oder Lehm bedeutet und auf die Bodenbeschaffenheit der Dachrieder Gemarkung hindeutet. Beim zweiten Wortteil erfolgte wohl eine Lautumwandlung von »roden« auf »rieden« und bezieht auf eine Rodungsphase während der Besiedlung. Die schwierigen Bodenverhältnisse brachten den Dachriedern den Necknamen »Hackemänner« ein. Die Bearbeitung des Bodens durch die Landwirte erforderte nämlich einen erheblichen Arbeitsaufwand mit Hacken.

Zeitgenössische Kunst trifft historische Architektur: Diese moderne Skulptur steht ganz in der Nähe der Kirche, die im Jahr 1736 gebaut wurde.

Neben Landwirtschaft und Obstbau sind über Jahrhunderte auch Informationen über Mühlenbetriebe, die die günstige Lage an der Unstrut nutzten, überliefert. Eine Mühle ging 1874 in den Besitz der Firma Walter aus Mühlhausen über, die auf diesem Gelände eine Kammgarnspinnerei errichtete. Während des Zweiten Weltkrieges wurden diese Gebäude durch einen Rüstungskonzern genutzt, ehe 1957 das Möve-Werk einen friedlichen Fertigungsbereich in Dachrieden ansiedelte. Nach dem politischen Umbruch 1990 kam die Produktion für die Fahrzeugindustrie zum Erliegen. Heute wird ein Teil des Betriebsgeländes von einem Künstler als Atelier genutzt.

Dachrieden hat sich zu einem malerischen Dorf entwickelt. Die günstige Verkehrslage mit Bahnanschluss, die Nähe zum Naherholungsgebiet »Reiersches Tal«, die Waldflächen in unmittelbarer Nähe, gut ausgebaute Rad- und Wanderwege sowie ein Pilgerweg machen den Ort auch zu einem touristischen Kleinod in der Unstrut-Hainich-Landschaft.

Dachrieden ist auch als Künstlerdorf bekannt. Diese Figur steht vor dem Feuerwehrhaus.

Ein altes Betriebsgelände ist ideal für künstlerische Workshops – auch für kleine Künstler.

Ein Blickpunkt ist der alte Dorfbrunnen.

Reinhard Wand hat die kleinste Galerie im Landkreis. Die befindet sich in dem hübschen Fachwerkhäuschen.

Reinhard Wand liebt es witzig.

Im Kleinformat

Die kleinste Galerie im Landkreis ist in Dachrieden zu sehen

Mit den Maßen von knapp zwei mal zwei Meter ist die Mini-Galerie in Dachrieden vermutlich die kleinste Galerie Thüringens. In einem eigenen, schmucken Fachwerkhäuschen ist der Galeriezwerg zuhause. Das Häuschen steht wie zur Zierde mitten auf einem einst als Bauernhof genutzten Anwesen. Doch Landwirtschaft und Viehzucht sind schon vor Jahrzehnten ausgezogen. In einen Ferienhof umgewandelt haben es die Familie Reinhard und Christiane Wand. Von Hauptberuf Künstler, okkupierte Reinhard Wand das Fachwerkhäuschen als Mini-Galerie.

Trotz der minimalistischen Fläche von kaum fünf Quadratmeter holte er noch andere Kunstschaffende mit ins Häuschen: Olaf Meinel und Matthias Peinelt aus Mühlhausen. Als Künstlervereinigung »Trilobit« zeigen sie in der Mini-Galerie ihre Arbeiten. Die unverhoffte Vielfalt auf den knappen Quadratmetern überrascht: Malerei, Grafik, Reliefs, kleine Skulpturen und Objekte wetteifern um die Aufmerksamkeit des Besuchers. Der ist allerdings gut beraten, sich allein umzusehen. Schon bei einer Besucherzahl von zwei dürfte es dichtes Gedränge im Fachwerk geben.

Wer sich traut, ist begeistert

Dafür ist das Ambiente auf seine Art berauschend. Es liegt irgendwo zwischen einer Ausstellung zeitgenössischer Kunst und buntem Flohmarkt. Diese fast hautnahe Intimität mit der Kunst kommt gut an bei den Gästen: »Wer sich traut, über die Schwelle zu gehen, ist begeistert«, sind die Erfahrungen von Reinhard Wand. Wer von den Gästen noch mehr sehen möchte, der findet im Haupthaus Schmuckstücke im Großformat und im Hof und Garten stellt sich Olaf Meinel mit seinen Figuren aus Stein als klassischer Bildhauer vor.

Hautnah ist die Kunst zu erleben.

Die Mini-Galerie, so erzählt Reinhard Wand, sei eine aus der Not geborene Tugend. Die Erweiterung des Ferienhofes kostete ihn sein ehemaliges Atelier, das zugleich sein Schaufenster für Kunstinteressierte war. Freilich – manchmal könnte die Mini-Galerie größer sein. Die sieht immer aus, als würde sie jeden Moment aus den Nähten platzen. Doch an eine Vergrößerung denkt Reinhard Wand nicht. »Mehr Platz ist im Moment nicht«, sagt er und sieht auch kein wirkliches Manko in der winzigen Ausstellungsfläche. »Wir wechseln sehr oft unsere Arbeiten aus, so dass es immer Neues zu sehen gibt«, erklärt er.

Geöffnet hat die Galerie von Anfang April bis Ende Oktober donnerstags bis sonntags und feiertags von 10 bis 18 Uhr sowie nach Vereinbarung unter Telefon (03 60 23) 5 22 52. Ein Besuch ist kostenfrei.

Bunt und vielfältig sind die ausgestellten Arbeiten.

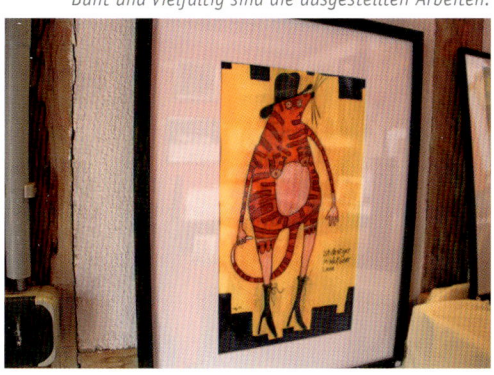

Natürliche Sehenswürdigkeit

Geheimnisvolle Trichter

Ganz in der Nähe von Dachrieden sind seltsame, schüsselförmige Senken zu finden. Es sind Erdfälle. Der größte von ihnen ist im »Hegeholz« versteckt. Wann einst die Erdfälle bei Dachrieden entstanden sind, weiß niemand genau zu sagen. »Da habe ich schon als Kind gespielt«, erinnern sich die Alten. Aber nicht in der Nähe des einen, der in dem kleinen Laubwäldchen liegt. Beinahe senkrecht stürzen in diesem Erdfall die Abbruchwände zwölf Meter in die Tiefe. Das wäre ein gefährlicher Spielplatz ge-

wesen. Aber in den anderen Erdfällen, die sich ihr Nest sanft in den Boden gebaut haben, da hätte er gern gespielt.

Es muss wie ein Erdbeben gewesen sein, als der Grund im »Hegeholz« nachgab und mit Getöse zwölf Meter tiefer stürzte. Um die zwanzig bis fünfundzwanzig Meter misst der Durchmesser dieser Doline, wie Fachleute einen Erdfall nennen.

Die Dachrieder Erdfälle zählen nicht zu den größten. Solch eine schüsselförmige Senke von meist

Um die 20 bis 25 Meter misst der Durchmesser dieser Doline bei Dachrieden. Etwa zwölf Meter tief stürzte der Boden.

Eine Naturschönheit im Wäldchen ist die Türkenbundlilie.

Geheimnisvoll wirkt das »Hegeholz«, wie die Dachrieder das Laubwäldchen nennen.

rundem oder elliptischem Grundriss in Karstgebieten können Durchmesser bis zu 200 Metern, ja sogar bis zu mehreren Kilometern aufweisen und eine Tiefe bis zu 300 Meter erreichen. Im Vergleich zu diesen Giganten, wie sie in Sarisariama-Tepui in Venezuela und Stano del Barro in Mexiko zu finden sind, sind die Dachriedener Erdfälle nur kleine Launen der Natur, über die längst wieder Bäume und Sträucher wachsen, als wäre nichts geschehen. Nur in der einen, der großen Doline, wächst noch fast nichts. An den senkrechten Wänden scheint sich nichts festhalten zu können. Geradezu unheimlich wirkt dieser Krater mitten im Wäldchen, auf den man so unverhofft trifft.

Potenzial zum Naturdenkmal

Solche eigenartigen Trichter, so erklären die Geologen, bilden sich durch das Einstürzen unterirdischer Hohlräume, die teils hunderte Meter unter der Erdoberfläche liegen und sich zuvor durch das Auflösen von wasserlöslichem Gestein oder durch das Ausspülen von Lockermaterialien entwickelt haben. Nur eine Frage der Zeit sei es, bis sie dem Druck der darüber liegenden Schichten nachgeben müssen.

Wie in Dachrieden. Ein solcher Trichter im Hegeholz – der mit den senkrechten Wänden – hat zumindest das Potenzial, zu einem Naturdenkmal erklärt zu werden. Das ist die Meinung von regionalen Naturwissenschaftlern. Sehenswert sind diese Erdfälle, diese rätselhaften Riesenlöcher, allemal. Aber Vorsicht: Der Erdfall in Dachrieden ist nicht gesichert und es geht steil bergab.

Ein bisschen unheimlich wirken die Krater im Wäldchen.

Reiser

Ein beliebtes Wanderziel

Reiser – der Name des Ortes ist eng verbunden mit Erholung in idyllischer Natur. Reiser liegt im Tal der Unstrut, auch bekannt als das »Reisersche Tal«. In der Nähe befinden sich das Naturschutzgebiet Flachstal, ein langgezogenes Trockental, und das Landschaftsschutzgebiet »Reiserscher Hagen«.
Der Ort selbst besteht vor allem aus mehreren geschlossenen Bauernhöfen in Fachwerkbauweise, die sich um die evangelische Kirche im Zentrum gruppieren. Der alte Ortskern wurde in der Unstrutaue auf dem Hochufer des Flusses angelegt. Die Unstrut hat sich zwischen dem Nachbarort Dachrieden und Reiser ihr Tal gegraben und hübsche Mäander

Der Festplatz von Reiser

Die evangelische Johanneskirche ist der Mittelpunkt des kleinen Ortes.

ausgebildet. Die Talhänge sind teils sehr steil und enden in einer ebenen, bis zu 150 Meter breiten Flussaue. Sie sind zum Teil bewaldet oder werden von gebüschreichem Weideland geprägt. Die Muschelkalkhöhen werden intensiv durch Ackerbau genutzt. Im Südosten befindet sich auch eine großflächige Obstbaumanlage. Die alte Bezeichnung »Weinberg« nördlich des Ortes weist auf den früheren Weinbau im Unstruttal bei Reiser hin.
Die erste urkundliche Erwähnung von Reiser lässt sich aus dem Jahr 1292 im Mühlhäuser Urkunden-

buch nachweisen. Dort noch Risern genannt, das als Pluralform vom althochdeutschen Wort »ris« sich ableitet und Zweig bedeutet, aber wohl auf eine Waldsiedlung hinweist.
Eine Urkunde aus dem Jahre 1382 erwähnt Reiser nochmals. Doch danach muss der Ort wohl wüst geworden sein, da aus den folgenden Jahrhunderten kein Schriftgut bekannt ist und auch der Zeitpunkt des Erwerbs durch die Freie Reichsstadt Mühlhausen im Dunkeln bleibt.
Keiner kann sagen, wann Reiser wieder aufgebaut wurde.
Die landschaftliche Schönheit des Reiserschen Tales und des Flachstales zogen besonders seit Beginn des 19. Jahrhundert die Stadtbewohner aus dem nahen Mühlhausen an. Dies führte zur Eröffnung verschiedener Gastwirtschaften in Reiser, die die neuen Lebensgewohnheiten nutzen wollten. Dieses Interesse blieb bis in die heutige Zeit erhalten.
Der Fleiß der Einwohner und die Förderung durch die Dorferneuerung ließen Reiser zu einem der schönsten Dörfer im Landkreis werden. Zurzeit leben etwa 400 Einwohner in Reiser.
In den Nachbardörfern werden die Reiserschen übrigens »die Lointemänner« genannt. Diese Bezeichnung soll ihren Ursprung durch die Handelsleute daher haben, die für die Reisersche Papiermühle als Lumpensammler im Gebiet auftraten.
Ein markantes Erkennungszeichen des Ortes ist das schöne Eisenbahn-Viadukt, das die Bahnstrecke Gotha-Leinefelde über die Unstrut führt. Die Eisenbahnstrecke selbst wird in einer Schleife östlich um Reiser herumgeführt und überwindet dadurch den Anstieg vom Unstruttal auf die Muschelkalkhöhen. Haltepunkte der Regionalzüge befinden sich in den Nachbarorten Ammern und Dachrieden.

Ein Wahrzeichen des Ortes ist das Eisenbahn-Viadukt.

Horsmar

Wo die »Pompärschen« wohnen

Das Forsthaus in Horsmar

Horsmar liegt romantisch im oberen Unstruttal. Der Ort ist eingebettet in einer landschaftlich reizvollen Tallage und wird von der Nordwestthüringer Hügellandschaft von den Erhebungen im Vorfeld des Düns flankiert. Die bekanntesten sind der Erbsberg, Kühmstedter Berg und Hoppberg. Der Mühlhäuser Landgraben bildet die Gemarkungsgrenze und zugleich die Trennlinie zum katholischen Eichsfeld.

Mit der Streusiedlung Beyrode, östlich von Horsmar gelegen, zählt der Unstruttal-Ortsteil etwa 560 Einwohner und ist damit der zweitgrößte in der Einheitsgemeinde.

Bodenfunde aus der Tallage der Unstrut um Horsmare beweisen eine Besiedlung, die bis in die Jungsteinzeit vor 7500 Jahren zurückreicht. Erstmals urkundlich erwähnt wird »Hursmare« im Jahr 1191 in einer Schenkungsurkunde an das Kloster Reifenstein. Als Zeugen dieses Rechtsgeschäfts werden Egolfus de Hursmare und sein Neffe Edelberus genannt. Der Name »Hursmare« stellt eine Vereinfachung des altsächsischen Namens Hurstmari dar und bedeutet Gebüsch oder Dickicht.

Die Backstorlinde – eine Winterlinde – wurde zum Naturdenkmal erklärt und zählt zu den Erkennungszeichen des Ortes.

Aus einer Urkunde aus dem Jahre 1293 geht hervor, dass Horsmar als Reichslehen im Besitz der Grafen von Gleichen war. Der Besitzübergang zur Freien Reichsstadt Mühlhausen lässt sich auf den Zeitraum um 1380 datieren.

Mit der Durchsetzung der Gebietsreform in Thüringen entschied sich der Gemeinderat für den Zusammenschluss mit den anderen vor dem Landgraben liegenden Dörfern und gab mit Bildung der Gemeinde Unstruttal seine Selbstständigkeit 1995 auf.

Die Land- und Forstwirtschaft prägte über Jahrhunderte das Dorf und bildete die Haupterwerbsquelle für die Einwohnerschaft. Außerdem bestanden mit einer Ober- und Untermühle sowie der Mühle im Ortsteil Beyrode Betriebe zur Verarbeitung der landwirtschaftlichen Produkte.

Die Horsmarschen handelten sich in der Vergangenheit den deftigen Spitznamen Pompärsche ein, der seinen Ursprung in einem ihnen nachgesagten Hang zur Prahlerei und dem »stets auffallen« haben soll. Doch wer Horsmar einmal selbst besucht, wird schnell feststellen, dass dort liebenswerte und hilfsbereite Menschen wohnen, die eben ihren ureigenen Stolz auf ihr Dorf und ihre Traditionen bewahrt haben.

Zu den Raritäten und Sehenswürdigkeiten des Ortsteils zählen neben der evangelischen Kirche

Horsmar liegt im oberen Unstruttal.

Sankt Pankratius die Heimatstube, die Originaltrachten aus den Jahren 1832 bis 1835 sowie eine umfangreiche Bildersammlung mit historischen Dokumenten sowie die Backstorlinde am südlichen Ortseingang. Diese Linde – eine Winterlinde – wurde zum Naturdenkmal erklärt und zählt zu den Erkennungszeichen des Ortes.

Die Horsmarer sind sehr heimatverbunden. Davon zeugen ein reges Vereinsleben sowie die Brauchtumspflege. Zu den rührigen Vereinen zählen der Männergesangsverein »Liederkranz« sowie der Trachtenverein.

Eine Sehenswürdigkeit ist die evangelischen Kirche Sankt Pankratius, ein Barockbau von 1721.

Heimatmuseum

Die gute Stube für Brauchtum und Tradition

Wo einst Schreiben, Lesen und Rechnen gelehrt wurden, wird heute die dörfliche Alltagskultur bewahrt. In die ehemalige Schule des Dorfes ist im Jahr 1992 die Horsmarer Heimatstube eingezogen. Liebevoll gepflegt wird sie von den Landfrauen des Heimat- und Trachtenvereins Horsmar e.V. Durch sie erhielten die dörflichen Traditionen in jüngster Zeit erst wieder Aufschwung. Im ganzen Haus sind das einstige tägliche Leben und die dörflichen Traditionen konserviert.

In den Räumen der alten Schule sind die Exponate nach Themen sortiert. Eine umfangreiche Exponate-Sammlung stellt einstige Landhandwerke genauso wie die Landwirtschaft, die Schlachterei, Imkerei, das Schuhmacherhandwerk, die Korbflechterei und das Schmiedehandwerk vor. Auch an die einstige Schule erinnert das Heimatmuseum. Dokumentiert ist ebenfalls Horsmars lange Geschichte. Bodenfunde aus der Tallage der Unstrut um Horsmar beweisen eine Besiedlung, die bis in die

Im Haus sind das einstige tägliche Leben und die dörflichen Traditionen konserviert.

Jungsteinzeit vor 7500 Jahren zurückreicht. Blickpunkte in dem schön ausgestatteten dörflichen Museum sind außerdem die Originaltrachten aus den Jahren 1832 bis 1835 sowie eine umfangreiche Bildersammlung mit historischen Dokumenten. Das Heimatmuseum hat seine Adresse an der Beberstedter Straße.

In der alten Schule wird dörfliche Tradition gepflegt.

Sehenswerte Raritäten sind zu bewundern.

Heimatsage

Der Elfentanz

Am Südrand des Dorfes führt vom Backhaustor der »Elseweg« nach den Hopfenhöfen an der Unstrut. Ihn durften die Elfen nicht überschreiten, wenn sie vom Fluss kommend, ihre Tänze aufführten. Dabei konnte man ihre schöne Gestalt, ihre geschmeidigen Bewegungen und ihre lockenden Blicke im Mondenschein der Mitternacht genau beobachten, wenn man sich ganz ruhig hinter den vielen Erlen am Weg versteckt hielt. Doch wehe dem, der sich ihnen näherte oder gar sie begehrte. Ihm blieb die Liebe einer Menschenfrau versagt und wenn er schon verlobt oder verheiratet war, straften ihn die Elfen mit Eifersucht und Untreue. Deshalb wurde der Elseweg von Spaziergängern, von Mädchen und Burschen und Liebespärchen gemieden.
Niemand wollte das hohe Glück der Liebe unnötig in Gefahr bringen. In dieser Hinsicht blieben die Nixen harmlos. Ihr Unterleib glich der Form eines Fisches und nur der Oberkörper dem einer Frau. Auffällig war ihr dunkles langwallendes Haar, das die Wasserwellen wie langes Moos flussabwärts zu tragen schienen. Sie wohnten, schwammen, tauchten und tanzten in der Unstrut nur zu ihrer eigenen Freude. Wurden sie von Menschen verhöhnt

Längst ist diese Wehranlage nahe Horsmar nur noch ein technisches Denkmal.

oder wagte gar jemand mit Steinen nach ihnen zu werfen, so nahmen sie schlimme Rache. Sie lockten die Kinder ins Wasser, die am Ufer spielten und be-

hielten sie neun Tage in ihrem Reich. Oft brachten sie Werke des Menschen durch Hochwasser in Gefahr oder vernichteten sie.

Orts-, Firmen-, Personen- und Sachregister

Ein herzliches Dankeschön

an alle, die mir mit Hinweisen und Zu-arbeiten bei der Verwirklichung dieses Buches geholfen haben, die mir als Radfahrerin oder Wanderin durch die ländlichen Gemeinden die bekannten und versteckten Sehenswürdigkeiten zeigten, die mir so manches Mal auch die private Gartentür öffneten und mich mit Kaffee oder Wasser versorg-ten, die mir gute Ratschläge gaben oder mich von Irrtümern befreiten und die mir immer mit der sprichwört-lichen Thüringer Gastfreundschaft begegneten – unwissend, dass ich als Buchautorin unterwegs war.

Ein herzliches Dankeschön an die Menschen in Landkreis-, Stadt- und Gemeindeverwaltungen, Touristinfor-mationen, Naturparkverwaltung, in den Museen und Galerien, Archiven und Bibliotheken, Vereinen und Ver-bänden, die mich mit ihrem reichen Wissen und mit interessanten Textbei-trägen unterstützt haben und so man-che schöne Bilder aus ihren Archiven suchten. Namentlich nennen möchte ich vor allem den Nationalparkleiter Manfred Großmann, den Direktor der Mühlhäuser Museen, Thomas T. Müller, die Leiterin des Stadtmuseums Au-

gustinerkloster Bad Langensalza, Dr. Ulrike Koeltz und den Mühlhäuser Ge-schichtsforscher Martin Sünder.
Ein Dankeschön auch an alle, die das Buch mit ihren herzlichen Grußwor-ten bereichern und an die Protago-nisten für ihre Text- und Bildbeiträ-ge.
Ein besonderes Dankeschön gilt mei-nem Mann Peter, der mich fast im-mer auf meinen Streifzügen durch die Region begleitete und der mich beim Schreiben dieses Buches mit ausreichenden Mengen Kaffee ver-wöhnte.

Ein Dankeschön auch allen Personen, die ich an dieser Stelle nicht nament-lich erwähnt habe, die mich aber im Kleinen ebenso wohlwollend und engagiert unterstützt haben. Dieses Buch über den Unstrut-Hainich-Kreis ist ein Gesamtwerk vieler.

Liebe Leserinnen und liebe Leser: Am meisten freue ich mich, wenn wir alle Sie ein bisschen neugierig auf den Unstrut-Hainich-Kreis gemacht haben und Sie uns einmal besuchen kommen.
Seien Sie herzlich willkommen!

Bildquellennachweis

Umschlag vorne: IH (7), Ralf Weise (1), Nationalparkverwaltung (1), Dennis Klauer (1)
Umschlag hinten: (von links oben im Uhrzeigersinn) Dennis Klauer (1), IH (1), Stadtinformation Bad Tennstedt (1), Nationalpark Hainich (1), IH (1), Peter Lühr (1), Nationalpark Hainich (1), IH (4), Dennis Klauer (1)

Seite 3: IH (1); 4: IH (1); 5: Glenn Meyer (1); 6: IH (1); 7: Rüdiger Biehl (1), IH (2); 8: IH (4); 9: IH (3), Edition Limosa GmbH (1); 10: IH (3); 11: IH (3); 12: Rüdiger Biehl (1), Nationalparkverwaltung (2); 13: Rüdiger Biehl (5); 14: Nationalparkverwaltung (4); 15: Nationalparkverwaltung (6); 16: Reko GmbH (2); 17: Reko GmbH (3); 18: Reko GmbH (5); 19: Nationalparkverwaltung (3), Rüdiger Biehl (1), IH (1); 20: Nationalparkverwaltung (2); 21: IH (2), Nationalparkverwaltung (2); 22: IH (6); 23: IH (3); 24: Hendrik Offenhammer (1), IH (2); 25: Peter Lühr (1), IH (1); 26: IH (2); 27: IH (2); 28: IH (4); 29: IH (1); 30: IH (3), Glennmeyer (1); 31: IH (5); 32: IH (5); 33: Mühlhäuser Museen (1), Glenn Meyer (4); 34: IH (1), Ammerscher Bahnhof (3), Café Schikore (2); 35: Brauhaus Zum Löwen (3), IH (2); 36: Mühlhäuser Museen (5); 37: Mühlhäuser Museen (3), IH (3); 38: Mühlhäuser Museen (6); 39: Humanitas (5); 40: IH (4); 41: IH (4); 42: Mühlhäuser Werkstätten (4); 43: Mühlhäuser Werkstätten (3); 44: IH (4); 45: IH (1), IH (1); 46: ÖHK (4); 47: ÖHK (4); 48: IH (4); 49: IH (3), Ausflugsgaststätte Waldfrieden (4); 50: IH (5); 51: IH (3), Mediterrana Spa (4); 52: IH (3); 53: IH (6); 54: IH (3), C. Strecker (3); 55: IH (8); 56: IH (5); 57: IH (6); 58: IH (6); 59: Stadtverwaltung Bad Langensalza (1), Peter Lühr (2), Sandra Krieghoff (1), Dennis Klauer (1); 60: Peter Lühr (1), IH (2); 61: Dennis Klauer (1), IH (3), Josephine Wapsa (1); 62: Touristinformation Bad Langensalza (5), Erika Goldau (1);63: Touristinformation Bad Langensalza (3), IH (4); 64: Peter Lühr (2), Dennis Klauer (2), Josephine Wapsa (1); 65: Hendrik Offenhammer (3), Dennis Klauer (1), Peter Lühr (1), Rehaklinik An der Salza (2); 66: IH (3); 67: IH (4); 68: IH (4); 69: Möbel Knappstein (3); 70: IH (6); 71: IH (5); 72: Diako Diakonie-Verbund (5); 73: IH (4); 74: TMP (5); 75: Rumpelburg (3), IH (1); 76: IH (5); 77: IH (7); 78: IH (6); 79: IH (6); 80: IH (6); 81: IH (3), Gemeinde Nägelstedt (1); 82: IH (4), Heimatstube Nägelstedt (1); 83: IH (5); 84: IH (5), Mühlhäuser Museen (1); 85: IH (6); 86: IH (1), Stadtinformation Bad Tennstedt (2), VG Bad Tennstedt (1); 87: Stadtinformation Bad Tennstedt (3), Spargelhof Kutzleben (1), IH (1); 88: IH (4); 89: Stadtinformation Bad Tennstedt (3), IH (1); 90: IH (5); 91: IH (3), Gemeinde Blankenburg (1); 92: IH (4); 93: Spargelhof Kutzleben (1), IH (2); 94: IH (3); 95: IH (5); 96: IH (4); 97: IH (7); 98: IH (6); 99: IH (6); 100: IH (5); 101: IH (3); 102: IH (4); 103: IH (5); 104: IH (5), IH (1); 105: IH (7); 106: IH (6); 107: IH (5); 108: IH (6); 109: IH (3); 110: IH (5); 111: IH (3); 112: IH (4); 113: IH (4); 114: IH (5); 115: IH (4); 116: IH (4); 117: IH (5); 118: IH (4); 119: IH (4); 120: IH (5); 121: IH (4); 122: Mühlhäuser Museen (3), IH (3); 123: IH (3), Verwaltungsgemeinschaft Unstrut-Hainich (2); 124: IH (4); 125: IH (3); 126: Mühlhäuser Museen (5), IH (1); 127: IH (5); 128: IH (5), Nico Lange (1); 129: IH (5); 130: IH (4); 131: IH (3); 132: IH (4), Fa. Zilling (4); 133: IH (4), Tobias Kleinsteuber (2); 134: IH (8); 135: IH (2), IH (2); 136: IH (3), IH (2); 137: IH (1), IH (4); 138: IH (5); 139: IH (3), IH (1); 140: IH (4); 141: IH (5); 142: IH (6); 143: IH (6); 144: Fa. Rosenstock (7); 145: IH (2), IH (1); 146: IH (8); 147: IH (5); 148: IH (3); 149: Eichsfelder Kanonenbahn gGmbH (4); 150: IH (5), IH (1); 151: IH (5); 152: IH (3); 153: IH (3); 154: IH (6); 155: IH (5); 156: IH (4); 157: IH (3); 158: IH (3), Ralf Weise (2); 159: IH (3); 160: IH (5); 161: IH (5); 162: IH (3), Black & Gold (2); 163: IH (7); 164: IH (6); 165: IH (4); 166: IH (5); 167: IH (3); 168: IH (5); 169: IH (7); 170: IH (3), Mühlhäuser Museen (2); 171: IH (3); 172: IH (4); 173: Bergmannsverein Schlägel & Eisen (1), IH (3); 174: IH (2), Bergmannsverein Schlägel & Eisen (2); 175: IH (5); 176: IH (4); 177: IH (5); 178: IH (7); 179: IH (4); 180: IH (4); 181: IH (4); 182: IH (3); 183: IH (3); 184: IH (3), Mühlhäuser Museen (3); 185: IH (4), IH (1); 186: IH (4); 187: IH (4); 188: IH (4); 189: IH (3); 190: IH (2); 191: IH (6); 192: IH (4); 193: IH (4); 194: IH (4); 195: IH (3); 196: IH (4); 197: IH (4)

Bildmaterial, das in den mit Adressabbindern gekennzeichneten Beiträgen zu finden und in obiger Auflistung nicht aufgeführt ist, wurde dem Verlag von den Protagonisten des Buches ohne Bildautoren-Nennung zur Verfügung gestellt. Bilder der im Buch vertretenen Institutionen und Protagonisten sind demnach von diesen geliefert und verantwortet.

Alle Bilder, die im Nachweis mit IH gekennzeichnet sind, stammen von Iris Henning.

Textquellennachweis

Die Autorentexte, bei denen nicht andere Autorinnen oder Autoren genannt sind, stammen aus der »Redaktion am Hainich«, von Iris Henning. Die Texte wurden von der Autorin aus vielen Quellen mit Akribie recherchiert oder aus unmittelbaren Informationen verfasst. Dennoch kann eine Gewährleistung für die Richtigkeit aller Angaben nicht gegeben werden. Die Textquellen sind in der Regel Sekundärquellen aus der Bibliothek der Autorin, die auch Dateien aus dem Internet enthält. Weitere Quellen sind Kreisarchiv, Stadtarchiv, Landratsamt, Nationalparkverwaltung Hainich, Mühlhäuser Museen, Stadtmuseum Bad Langensalza, Stadtverwaltung Mühlhausen, Stadtbibliothek Mühlhausen, Matthias H. Herzer (Bauernkriegsspektakel), Naturimpressionen im Jahresverlauf Hainich-Werratal (Ralf Weise), viele von den Gemeinden zur Verfügung gestellte Ortsporträts, Ortschroniken und Festschriften, wissenschaftliche Publikationen, Dorferneuerungspläne, Chronik von Walther Fuchs, »Kein schöner Land ... – Eine Heimatchronik«; »Die Unstrut – Porträt einer Kulturlandschaft«, »Märchen, Sagen und Geschichten aus Bad Langensalza«, Sagenbuch des Preußischen Staats I., Glogau 1871; Thüringer Sagen aus der Umgebung von Mühlhausen, Erfurt 1983 und viele andere. Ein Textnachweis wie bei einer wissenschaftlichen Arbeit würde hier den Rahmen sprengen. Die Autorin ist der Überzeugung, keine Urheberrechte verletzt zu haben.